普通高等教育"十二五"应用型本科规划教材

高级汉语阅读

（下册）

总主编　崔　巍

主　编　于红梅

副主编　石　斌　崔军艺　如仙古丽·阿不都热衣木

编写者　（以姓氏拼音为序）

崔军艺　邓雪琴　董华荣　董媛媛　付　江

何　玲　蒋　英　罗花蕊　石　斌　王　群

王莹莹　徐　芳　于红梅　于　丽　张小刚

张迎治　赵玉霞　郑彩霞　钟　洁

校　对　崔军艺　石　斌　于红梅

西安交通大学出版社
XI'AN JIAOTONG UNIVERSITY PRESS

图书在版编目(CIP)数据

高级汉语阅读(下册)/于红梅主编. —西安:西安
交通大学出版社,2015.12(2017.7重印)
ISBN 978 - 7 - 5605 - 8130 - 9

Ⅰ.①高… Ⅱ.①于… Ⅲ.①汉语-阅读教学-少数
民族教育-教材 Ⅳ.①H194

中国版本图书馆 CIP 数据核字(2015)第 292244 号

书　　名	高级汉语阅读(下册)	
主　　编	于红梅	
责任编辑	李嫣彧　　雒海宁	

出版发行	西安交通大学出版社
	(西安市兴庆南路 10 号　邮政编码 710049)
网　　址	http://www.xjtupress.com
电　　话	(029)82668357　82667874(发行中心)
	(029)82668315(总编办)
传　　真	(029)82668280
印　　刷	虎彩印艺股份有限公司

开　　本	787mm×1092mm　1/16　印张 22　字数 535 千字
版次印次	2015 年 12 月第 1 版　2017 年 7 月第 2 次印刷
书　　号	ISBN 978 - 7 - 5605 - 8130 - 9
总 定 价	45.00 元

前　言

　　《高级汉语阅读》是为少数民族学生编写的汉语阅读课专用教材。教材分上、下两册，上册具有通识性，适用于所有已掌握4000个汉语词汇，具有一定阅读能力的汉语学习者。下册偏重于医学科普阅读，适用于大中专院校医药卫生专业的少数民族学生。

　　本教材编写的特点是：一、以单元专题为中心，发散性选取语料。每个单元是一个大专题，下设的每个课又是一个小专题，每个课都围绕着小专题选取和改编语料。单元阅读测试练习的语料又是对本单元相关内容的巩固和扩展。每一单元的题材和体裁丰富多样，且兼顾知识性、趣味性和科学性。通过大量、广泛的专题阅读，增加相关的词汇量和文化背景知识，以充实和完善头脑中的知识图示，从而加快阅读的速度和提高阅读理解的准确性。二、练习的编排包括对语言知识、阅读理解能力、语篇结构、阅读技巧和阅读速度等方面的训练。练习方式、题型设计突出高级汉语阅读语篇教学的特点，题型以分析素材与主题之间的关系、概括阅读材料的主旨为多，着重培养学生语篇分析能力、概括能力和快速通览全篇的能力。三、对阅读技巧进行专门的指导和练习。每课都安排了针对某项阅读技能的专门训练，"理论指导"加"实践练习"，让学生真正懂得如何进行有效的阅读。每课的限时速读和细读训练，可以培养学生良好的阅读习惯和语感。另外，为了缓解阅读疲劳，增加了一个"说一说"练习，把读和说更好地结合在一起。

　　教材上、下两册共12个单元，每个单元包括5个课和一个单元阅读测试练习，共60个课，12个单元阅读测试练习。每课的体例为：主课文——词语提示——练习——说一说——阅读技能指导与练习——阅读1——练习——词语提示——阅读2——练习——词语提示。每个单元阅读测试练习包括6篇阅读语料。

　　建议每课2学时完成。第1学时处理主课文，通过细读帮助学生深刻、准确地理解和把握主课文的语言点、相关文化背景知识以及篇章结构等。第2学时进行速读训练，在进行适当的阅读技巧指导和练习后，要求学生在一定的时间内完成读后练习。在巩固主课文所学的语言点的同时，扩大相关背景知识的积累并掌握一定的阅读技巧。阅读速度要求200～250字／分钟。

　　本教材在编写过程中参阅和选用了大量报刊杂志上的美文以及一些优秀网站上的电子资源，还得到了新疆医科大学各级领导、各位同仁以及西安交通大学出版社的大力支持与帮助，在此一并表示衷心的感谢。

　　由于水平有限，本教材肯定存在一些不足和缺点，希望您能提出批评和建议，以便我们进一步修订和完善。

编　者

2015年6月

目　录

第九单元　人体结构篇

第十单元　医学诺贝尔篇

第七单元　自然环境篇

大自然是我们赖以生存的环境,我们也是自然界浩如烟海的生物中的一员,我们的命运与大自然是休戚相关的。让我们携起手来,共同保护我们生活的这片土地,爱护我们生活的家园。

第 31 课　神秘的宇宙

人类对宇宙的认识可以追溯到远古时代。在中国,有盘古开天的传说。在传说中,天地初始是一片混沌,后来盘古开天辟地,才混沌初分。在西方,有上帝造人的传说。在上帝造人的七日之后,天地初开。一直到现在,人类对宇宙的探索还在进行当中。面对浩淼无垠的宇宙,没有人知道它来自哪里又将去向何方,而其中究竟隐藏着多么巨大的秘密? 这正是人类千百年,甚至数万年来急于解开之谜。

对于宇宙是什么这个问题,让我们先有一个清晰的认识。古人云,上下四方为之宇,古往今来为之宙,按照物理学的观点,上下四方是空间,也就是一个三维的概念,而古往今来是时间,是一个一维的概念,所以,宇宙两个字联系起来,是一个四维空间。可见古人对于宇宙的定义,是带有朴素的唯物辩证法的观点的。而按照现代的观点,宇宙是指广袤空间和其中存在的各种天体以及弥漫物质的总称,并且宇宙是处于不断的运动和发展之中的。也就是说人类目所能及的地方以及人类还没有看到但是仍然存在的物质都是宇宙。

要知道宇宙有多大,还得从地球说起。现在我们知道地球的直径约 12,800 千米,周长约 40,000 千米。这太大了,没有人能看到它的表面是弯曲的,所以古时候的人多认为地球是方的或扁平的等等。后来知道地球是圆的,从一个地方出发,绕地球一周后又可回到原来的地方。但由于地球太大了,使许多航海家闹出一些历史性的笑话来。如哥伦布于 1492 年从西班牙到美洲,他以为已到达了东方的印度,所以把那里的土著民族叫做印第安人,中美洲的群岛今天也叫东印度群岛。1519 年麦哲伦从西班牙出发,他的船队于 1522 年回到其出发地,经过地球一周,才证明地球确实是圆的。

地球虽大,可是它在太阳系中充其量是沧海一粟。地球与其他七位行星"兄弟"一起日夜绕着他们的"母亲"——太阳旋转,连同 66 颗"月球"般的卫士、神秘莫测的慧星、数以千计的小行星和无数的流星,组成太阳系。尽管太阳系有这么多成员,但它所占的宇宙空间直径仅为 120 亿公里。比太阳系范围更大的是银河系,银河系有 1,000 多亿颗"太阳"——恒星,所占宇宙空间直径已达 10 万光年。

然而,银河系并不是宇宙空间的尽头。在银河系之外,还有许许多多星系,人们管它们叫"河外星系"。天文学家已发现 10 亿多个河外星系,每个河外星系都包含有几亿、几百亿甚至几千亿颗恒星和大量的星云和星际物质。所有河外星系又构成更庞大的总星系。目前,通过射电望远镜和空间探测,已观测到距离我们地球约 200 亿光年的一种似星非星的天体,取名"类星体"。这种天体的发现,把今天人类视线拓展到 200 亿光年的宇宙深空。所以我们所说的宇宙是一个无限的概念。

宇宙自形成之日起就一直处于不断的运动变化之中,按照现代流行的观点,宇宙在不断的膨胀,也就是说,宇宙在逐渐的涨大。

宇宙的运动是绝对的,静止是相对的。正如行星有自转和公转,恒星亦有自转和公转,而星系也同样在作快速的旋转一样,宇宙也必然在作不停的运动和变化。而且我们已经知道,地球过去和现在的运动速度、轨道和形状是不同的,北斗七星几万年前的形态和现在也是不同,所有这些证据都说明了宇宙在进行不停的运动和变化。

我们人类是生活在地球上,更确切地说实际上是生活在一个运动不止、噪声、干扰不断的行星上,并时时刻刻在作宇宙旅行,并且随时都有与其他小行星相撞的可能,碰撞后必将产生爆炸,产生声、光、电效应。所有行星(如火星、金星、水星等)及卫星(如月亮)都遭遇到上述来自宇宙炮弹——陨石、小行星的轰击,因此这些星球上都有环形山的痕迹。此外,宇宙中还有无数的周期和非周期彗星在穿行。太空中充满各种光子流、粒子流、宇宙尘埃……我们所不知道的可能比我们所知道的还多得多。神秘的宇宙就是有如此奥妙的结构,有如此神奇地运动,如永动机般地运行,变化万千,运作不止。可以说,宇宙中几乎没有不运动的星体。

（选自网络资料,有删减）

词语提示

浩淼无垠	〈组〉	hào miǎo wú yín	宽广、广阔的无边无际。
目所能及	〈组〉	mù suǒ néng jí	目光所能到达的地方。
沧海一粟	〈组〉	cāng hǎi yī sù	大海里的一粒谷粒。比喻非常渺小。
探测	（动）	tàn cè	探求测量。
费解	（形）	fèi jiě	（文章的词句、说的话）不好懂。
绝对	（形）	jué duì	指无条件的、不受任何限制的、永恒的、普遍的。
相对	（形）	xiāng duì	指有条件的、暂时的、有限的、特殊的。
三维	（名）	sān wéi	数学名词,几何学及空间理论的基本概念,通常的空间有"三维",平面是"二维",直线只有"一维"。
彗星	（名）	huì xīng	绕着太阳旋转的一种星体,通常在背着太阳的一面拖着一条扫帚状的长尾巴,体积很大,密度很小。通称扫帚星。
行星	（名）	xíng xīng	沿椭圆轨道围绕太阳运行的天体。
流星	（名）	liú xīng	在太阳系中沿着极其相近的轨道运行的天体。
恒星	（名）	héng xīng	本身能发出光和热的天体。
光年	（名）	guāng nián	天文学上的一种距离单位,即以光在 1 年内在真空中走过的路程为 1 光年。光速每秒约 30 万公里,1 光年约等于 94,605 亿公里。

练习

一、根据课文内容判断正误

1. 古人对宇宙的定义包含有朴素的唯物辩证法。　　　　　　　　　　　　　　（　　）
2. 哥伦布的环球航行证明了地球是圆的。　　　　　　　　　　　　　　　　　（　　）
3. 宇宙空间是没有尽头的。　　　　　　　　　　　　　　　　　　　　　　　（　　）
4. 太阳系是银河系的一个组成部分。　　　　　　　　　　　　　　　　　　　（　　）
5. 现代流行的观点认为,宇宙一直处于无规律的变化过程中。　　　　　　　　（　　）
6. 在宇宙中随时都可能遭受到炮弹的轰击。　　　　　　　　　　　　　　　　（　　）

二、选择画线部分词语在句子中的意思

1. 人类对宇宙的认识可以<u>追溯</u>到远古时代。
   - A. 探讨,研究
   - B. 述说已经过去的事情
   - C. 逆流向河流的源头走
   - D. 追求根源,探索事物的由来本末

2. 在传说中,天地开始是一片<u>混沌</u>。
   - A. 愚昧无知
   - B. 指宇宙形成前的状态,含浑然广大之意
   - C. 指人的精神,精气
   - D. 中医名词,指人体的正气,与"邪气"相对

3. 他以为已到达了东方的印度,所以把那里的<u>土著民族</u>叫做印第安人。
   - A. 某一个民族的名称
   - B. 专指印第安人
   - C. 指世世代代居住在本地的人
   - D. 发达地区的人对经济、文化不发达地区人的称呼

4. 地球虽大,可是它在太阳系中<u>充其量</u>是沧海一粟。
   - A. 最多　　　　B. 确实　　　　C. 至少　　　　D. 只是

5. 这种天体的发现,把今天人类视线<u>拓展</u>到 200 亿光年的宇宙深空。
   - A. 使伸开展开　　B. 开拓扩展　　C. 延长伸展　　D. 延期

6. 所有行星及卫星都<u>遭遇</u>到上述来自宇宙炮弹——陨石、小行星的轰击。
   - A. 碰上、遇到(不幸或不利的事情)　　B. 不幸的经历
   - C. 受到不幸或损坏　　　　　　　　　D. 遭受灾殃

三、选择合适的词语填空

绝对　相对　探测　检测　目所能及　浩淼无垠　无限　混沌　沧海一粟

1. (　　)于小王来说,他好像更适合担任公司销售总监的职位。
2. 在冷冻水产品出口之前,(　　)小组要使用专门的设备(　　)食品中是否存在金属异物。
3. 登临楼台,凭栏远眺,只见东海(　　),水天一线。
4. 是呀,如果(　　)都是喜欢的事物该多好!
5. 我本人只是(　　),渺小得很。真正伟大的是中国人民,是中国共产党,是中华人民共和国!

6. 因此（　）并非杂乱的随机现象，它是源自明确的规则，表面上却杂乱随机的行为。

四、根据课文内容选择正确答案

1. 这篇文章主要介绍了：
   A. 人类对宇宙的认识　　　　　　　B. 宇宙的概念
   C. 宇宙的运动　　　　　　　　　　D. 宇宙的形状

2. 有关地球，下面哪一种说法是错误的？
   A. 地球太大，所以人们看不到它表面的弯曲
   B. 地球太小，它只是太阳系中的沧海一粟
   C. 地球在不断的运动，它的形状过去和现在是不同的
   D. 地球是一颗行星，它只属于太阳系，不属于银河系

3. 下列哪一项不能够证明宇宙是不停地旋转和运动的？
   A. 地球过去和现在的运动速度、轨道和形状是不同的
   B. 北斗七星几万年前的形态和现在不同
   C. 地球以前是扁的，后来逐渐变成了圆的
   D. 行星有自转和公转，恒星亦有自转和公转，星系也在快速地旋转

4. 行星上环形山的痕迹主要来源于：
   A. 炮弹　　　　　　　　　　　　　B. 陨石、小行星的轰击
   C. 光子流、粒子流和宇宙尘埃　　　D. 周期和非周期的彗星

5. 下面哪一项符合文章的原意？
   A. 类星体是人们观测到的一种星体
   B. 我们生活在一个永不停止运动的宇宙中
   C. 古人认为宇宙是一个一维的概念
   D. 宇宙空间的尽头是类星体

6. 对宇宙的描述，下列的表述哪一项是最准确的？
   A. 宇宙是从有限发展成为无限的
   B. 宇宙的空间直径是 200 亿光年
   C. 人们对宇宙的认识是已知大于未知
   D. 宇宙中没有绝对静止的天体

五、根据课文内容回答问题

1. 远古时代人们对宇宙的认识是怎样的？
2. 现代人是如何对宇宙进行定义的？
3. 为什么说宇宙的运动是绝对的，静止是相对的？

说一说

1. 有人说地球很大，有人说地球很小，你认为谁说得对？为什么？
2. 请同学们根据所学知识介绍一下宇宙。

抓细节之一：排除法

像"下列关于……的说法正确/错误的是"、"本文没有提到的是"、"下列符合本文叙述的是"这样的提问方式，大都是对文章细节的考查。由于选项中干扰细节涉及的内容较宽泛，所以排除法是我们经常用到的抓细节方法。

运用排除法步骤如下：首先根据问题的题干和选项在文中定位；然后找出选项和阅读语料之间的对应关系；最后排除无关信息，确定正确答案。例如：第31课主课文中第四题第2小题"有关地球，下面哪一种说法是错误的？"，先确定题干是针对"地球"的提问，然后快速返回文章锁定跟地球内容有关的第三、四自然段，接着根据选项对照原文逐一排除不符合要求的答案，A、B选项符合文义，是正确的，选项C在第三、四自然段没有提及，跳过去看D选项，从第四自然段可知地球是一个行星，属于太阳系，太阳系属于银河系，那地球肯定属于银河系，而选项D认为地球不属于银河系，故答案D是错误的。为了确认D是正确答案，再扩大阅读范围查找C选项中的关键词"地球的过去和现在"，在第七自然段，经过对比可知C选项与原文意思相符，那么最终确定答案是D。

排除法是我们在阅读理解中经常使用的一种方法，是提高正确率和效率的有效途径之一。

📖 **练习**

阅读下列短文并完成相应的练习

随着近代科学的飞速发展，科学技术成果大量涌现，使我们的生活发生了巨变。在以相对论、量子论、DNA双螺旋结构和板块学说的提出为标志的科学革命的推动下，科学理论无论在深度和广度上均得到迅猛的发展。信息技术、现代生物技术、新材料技术、新能源技术、航天技术等迅速地改变着世界的面貌，推动着社会的进步。另一方面，在科学技术与社会发展的同时，也产生了生态环境恶化、资源枯竭等一系列负面的问题。可以说是高科技在人类贪欲的驱使下，无限制地掠夺大自然，破坏了大自然原有的平衡；自然也会给人类自身带来巨大的灾难，像水土流失，生态失衡，环境污染，出现了前所未闻的疾病。这些都严重阻碍了社会的可持续发展，甚至对整个人类社会提出了严峻的挑战。

1. 关于科学技术给人类带来的变化，说法错误的是：
   A. 科学技术推动了社会的进步
   B. 科学技术导致了生态环境的恶化
   C. 科学技术造成了资源的枯竭
   D. 科学技术灭绝了大自然的主人—人类

📖 **阅读1**

宇宙，是所有天体共同的家园，然而我们的宇宙并非从来就有，它也有着诞生和成长的过程。现代科学发现，我们的宇宙大概形成于二百亿年以前。在一次无比壮观的大爆炸中，我们的宇宙诞生了！宇宙一经形成，就在不停地运动着。宇宙没有开始，没有结束，没有边界，更没有诞生与毁灭，只有一个个阶段的结束与开始。

人们对宇宙结构的认知处于十分幼稚的状态，他们通常按照自己的生活环境对宇宙构造作幼稚的推测。在中国西周时期，生活在华夏大地上的人们提出的早期盖天说认为，天穹像一口锅，倒扣在平坦的大地上；后来又发展为后期盖天说，认为大地的形状也是拱形的。公元前7世纪，巴比伦人认为，天和地都是拱形的，大地被海洋所环绕，而其中央则是高山。古埃及人把宇宙想象成以天为盒盖、大地为盒底的大盒子，大地的中央则是尼罗河。古印度人想象圆盘形的大地负在几只大象上，而象则站在巨大的龟背上。公元前7世纪末，古希腊的泰勒斯认为，大地是浮在水面上的巨大圆盘，上面笼罩着拱形的天穹。

早在西汉时期中国就有了宇宙演化观念，《淮南子》中认为世界有它的开辟之时，有它的开辟以前的时期，也有它的开辟以前的以前的时期。文中还具体勾画了世界从无形的物质状态到浑沌状态再到天地万物生成演变的过程。

最早认识到大地是球形的是古希腊人。公元前6世纪，毕达哥拉斯从美学观念出发，认为一切立体图形中最美的是球形，主张天体和我们所居住的大地都是球形的。这一观念为后来许多古希腊学者所继承，但直到1519—1522年，葡萄牙人麦哲伦率领探险队完成了第一次环球航行后，地球是球形的观念才最终被证实。

公元2世纪，托勒密提出了一个完整的地心说。这一学说认为地球在宇宙的中央安然不动，月亮、太阳和诸行星以及最外层的恒星都在以不同速度绕着地球旋转。地心说曾在欧洲流传了一千多年。1543年，哥白尼提出科学的日心说，认为太阳位于宇宙中心，而地球则是一颗沿圆轨道绕太阳公转的普通行星。1609年，开普勒揭示了地球和诸行星都在椭圆轨道上绕太阳公转，发展了哥白尼的日心说，同年，伽利略则率先用望远镜观测天空，用大量观测事实证实了日心说的正确性。1687年，牛顿提出了万有引力定律，深刻揭示了行星绕太阳运动的力学原因，使日心说有了牢固的力学基础。从这以后，人们逐渐建立起了科学的太阳系概念。

18世纪中叶，康德等人还提出，在整个宇宙中，存在着无数像我们的天体系统（指银河系）这样的天体系统。而当时看去呈云雾状的"星云"很可能正是这样的天体系统。此后经历了长达170余年的曲折的探索历程，直到1924年，才由哈勃用造父视差法测仙女座大星云等的距离，从而确认了河外星系的存在。

近半个世纪，人们通过对河外星系的研究，不仅已发现了星系团、超星系团等更高层次的天体系统，而且已使我们的视野扩展到远达200亿光年的宇宙深处。

（选自网络资料，有删减）

练习

速读第1遍，完成下面的练习（建议阅读时间5分钟）

一、根据阅读内容选择正确答案

1. 古代人们对宇宙结构的不同认识，说明了一个什么问题？
   A. 思维不同导致认识不同   B. 文化不同导致认识不同
   C. 生活环境不同导致认识不同   D. 民族不同导致认识不同

2. 中国西汉时期《淮南子》中阐述了一个什么观点？
   A. 宇宙有很多阶段   B. 宇宙是不断发展演变的
   C. 宇宙是一成不变的   D. 宇宙是丰富多彩的

3. 公元前6世纪，毕达哥拉斯通过什么认识到地球是圆形的？

A. 环球航行　　　　　　　　　B. 科学理念的发展

C. 人们对宇宙的不断认识　　　D. 美学观念

4. 在欧洲流行了1000年的地心说：

A. 是正确的观点　　　　　　　B. 是科学的观点

C. 是错误的观点　　　　　　　D. 有待于进一步研究

5. 人们逐渐建立起了科学的太阳系概念是从什么时候开始的？

A. 托勒密的地心说　　　　　　B. 牛顿的万有引力定律

C. 哥白尼的日心说　　　　　　D. 开普勒的理论

细读第2遍，完成下面的练习

二、根据阅读内容判断正误

1. 我们的宇宙是在一次非常壮观的大爆炸中诞生的。　　　　　　（　　）

2. 任何事物有诞生就有毁灭，同样宇宙有开始也有结束。　　　　（　　）

3. 公元前7世纪，巴比伦人认为天空像一口锅，倒扣在平坦的大地上。（　　）

4. 麦哲伦率领探险队完成了第一次环球航行后，证实了地球是球形的。（　　）

5. 哥白尼提出了日心说，并用大量观测事实证实了日心说的正确性。（　　）

6. 我们现在还未探测到宇宙的全部面貌。　　　　　　　　　　　（　　）

三、选择画线部分词语在句子中的意思

1. 在一次**无比**壮观的大爆炸中，我们的宇宙诞生了！

A. 非常　　　　B. 无法比较　　　C. 不能对比　　　D. 最大

2. 古希腊的泰勒斯认为，大地是浮在水面上的巨大圆盘，上面**笼罩**着拱形的天穹。

A. 遮掩　　　　B. 掩藏　　　　　C. 覆盖　　　　　D. 笼络

3. 这一学说认为地球在宇宙的中央安然不动，月亮、太阳和**诸**行星以及最外层的恒星都在以不同速度绕着地球旋转。

A. 付诸　　　　B. 各种　　　　　C. 每个　　　　　D. 许多

4. 伽利略则**率先**用望远镜观测天空，用大量观测事实证实了日心说的正确性。

A. 起先　　　　B. 首先　　　　　C. 率领　　　　　D. 最初

5. 当时看去呈云雾状的"星云"很可能正是这样的天体系统。

A. 呈现　　　　B. 好像　　　　　C. 类似　　　　　D. 如同

词语提示

天穹	（名）	tiān qióng	天空。
混沌	（形）	hùn dùn	我国民间传说中指盘古开天辟地之前天地模糊一团的状态。
牢固	（形）	láo gù	坚固、结实。
星云	（名）	xīng yún	由星际空间的气体和尘埃结合成的云雾状天体。
造父视差法	（名）	zào fù shì chā fǎ	物理学中一个关于光度、亮度和距离关系的公式。
星系	（名）	xīng xì	是一个包含恒星、气体的星际物质、宇宙尘和暗物质，并且受到重力束缚的大质量系统。

阅读2

地球是围绕太阳旋转的九大行星之一，它是一个离太阳不太远也不太近的第三行星。它的周围有一圈大气组成它的最外一层，就是气圈。

在这层下面，有些地方是由岩石造成的大陆，大致占地球总面积的十分之三，也就是石圈的表面。其余的十分之七都是海洋，称为水圈。水圈的底下，也都是石圈。不过，在海底下的这一部分石圈的岩石，它的性质和大陆上露出的岩石的性质一般是不同的。大海底下的岩石重一些、黑一些，大陆上的岩石比较轻一些，一般颜色也淡一些。

石圈不是由不同性质的岩石规规矩矩造成的圈子，而是在地球出生和它存在的几十亿年的过程中，发生了多次的翻动，原来埋在深处的岩石，翻到地面上来了。这样我们才能直接看到曾经埋在地下深处的岩石，也才使我们能够想象到石圈深处的岩石是什么样子。

随着科学不断地发展，人类对自然界的了解是越来越广泛和深入了，可是到现在为止，我们的眼睛所能钻进石圈的深度，顶多也还不过十几公里。而地球的直径却有着 12,000 多公里呢！就是说，假定地球像一个大皮球那么大，那么，我们的眼睛所能直接和间接看到的一层就只有一张纸那么厚。再深些的地方究竟是什么样子，我们有没有什么办法去侦察呢？有。这就是靠由地震的各种震波给我们传送来的消息。不过，通过地震波获得有关地下情况的消息，只能帮助我们了解地下物质的大概样子，不能像我们在地表所看见的岩石那么清楚。

地球深处的物质，和我们现在生活上的关系较少。和我们关系最密切的，还是石圈的最上一层。我们的老祖宗曾经用石头制造石斧、石刀、石钻、石箭等等从事劳动的工具。今天我们不再需要石器了，可是，我们现在种地或在工厂里、矿山里劳动所需要的工具和日常需要的东西，仍然还要向石圈里要原料。随着人类的进步，我们向石圈索取这些原料的数量和种类也是越来越多了。但是，石圈最上层能够给人类利用的各种好东西并不是永远采取不尽的。石圈上层能够给人类利用的各种矿物原料，正在一天天地少下去，而且总有一天要用完的。

那么怎么办呢？一条办法，是往石圈下部更深的地方要原料，这就要靠现代地球物理探矿、地球化学探矿和各种新技术部门的工作者共同努力。另一条办法，就是继续找寻和利用新的物质和动力的来源。热就是便于利用的动力根源。比如近代科学家们已经接触到了的许多方面，包括太阳、地球内部的巨大热库和热核反应热量的利用，甚至于有可能在星际航行成功以后，在月亮和其他星球上开发可能利用的物质和能源等等。

（选自《聆听科学中国科普佳作百年选》，有删减）

练习

速读第 1 遍，完成下面的练习（建议阅读时间 4 分钟）

一、根据阅读内容选择正确答案

1. 第二自然段中"在这层下面，就是有些地方是由岩石造成的大陆"中的"这"指的是什么？
   A. 太阳　　　　　B. 地球　　　　　C. 气圈　　　　　D. 石圈

2. 石圈：
   A. 是由不同性质的岩石规规矩矩造成的圈子
   B. 存在于水圈底下，占地球总面积的 30％
   C. 现在可见的石圈在几十亿年前可能处于地下深处

D. 大陆上的岩石比海底岩石重一些、黑一些

3. 我们对地球进行深层探测的原因是：
   A. 人们必须要了解居住的地球
   B. 地球深处的物质和我们生活关系密切
   C. 人类的科学技术水平越来越高
   D. 人类想从深层获得更多的原料

4. 石圈能提供的资源正在渐渐减少，我们该怎么办呢？
   A. 停止对石圈资源的开发和利用
   B. 加强对深层石圈的开发、寻找新的资源
   C. 寻找热力资源和动力资源
   D. 开发月亮和其他星球上的资源

5. 科学家已经接触并能够利用的热能是：
   A. 太阳能　　　　B. 地球内部的热库　C. 热核反应热量　　D. 以上三者都有

细读第 2 遍，完成下面的练习

二、根据阅读内容回答问题

1. 地球由哪些部分组成？课文主要介绍的是哪部分？
2. 海洋底下的石圈岩石与大路上露出的岩石有什么不同？
3. 地震的各种震波给我们传送来的地球内部的消息不足之处是什么？
4. 作者认为我们应该怎样解决石圈上可利用的矿物质资源日益减少的问题？
5. 往石圈下部更深处索取原料需要依靠什么？

三、用所给的词语替换下列句子中的画线部分词语，保证句子意思基本不变。

取之不竭　索要　夺取　大概　最多　最起码　叫做

1. 在这层下面，有些地方是由岩石造成的大陆，<u>大致</u>占地球总面积的十分之三，也就是石圈的表面。　　　　　　　　　　　　　　　　　　　　　　　　　　（　　）
2. 其余的十分之七都是海洋，<u>称为</u>水圈。　　　　　　　　　　　　　　　（　　）
3. 可是到现在为止，我们的眼睛所能钻进石圈的深度，<u>顶多</u>也还不过十几公里。（　　）
4. 随着人类的进步，我们向石圈<u>索取</u>这些原料的数量和种类也是越来越多了。（　　）
5. 但是，石圈最上层能够给人类利用的各种好东西并不是永远<u>采取不尽</u>的。（　　）

词语提示

规规矩矩	〈组〉	guī guī ju ju	指人的品行方正，谨守礼法，有素质。
翻动	（动）	fān dòng	改变原来的位置或样子。
侦察	（动）	zhēn chá	探查摸清对方有关情况。
老祖宗	（名）	lǎo zǔ zōng	指祖先。
石钻	（名）	shí zuàn	石头做的钻。
石器	（名）	shí qì	考古学名词。特指人类早期制作的石头工具。一般认为，旧石器时代使用打制石器，新石器时代使用磨制石器。

第 32 课　世界地球日

我们的地球——是孕育世上所有生命的母亲；她是保护这些生命得以成长的本源；她蕴藏着一切现代文明；她象征着我们最本质的财富。地球——我们永远不变的希望，我们世代延续的生机，我们共同的家园！

每年的 4 月 22 日是"世界地球日"。世界地球日活动起源于美国。1970 年 4 月 22 日，美国首次举行了声势浩大的"地球日"活动。这标志着美国环保运动的崛起，同时促使美国政府采取了一些治理环境污染的措施。

作为人类现代环保运动的开端，"地球日"活动推动了多个国家环境法规的建立。1990 年 4 月 22 日，全世界 140 多个国家和地区同时在各地举行了多种多样的宣传活动，主题是如何改善全球整体环境。这项活动得到了联合国的首肯，其后，每年的 4 月 22 日被确定为"世界地球日"。

世界地球日活动的举办，旨在唤起人类爱护地球、保护家园的意识，促进资源开发与环境保护协调发展。世界地球日每年都没有国际统一的特定主题，它的总主题始终是"只有一个地球"。从 20 世纪 90 年代起，中国每年 4 月 22 日都举办世界地球日宣传活动，并根据当年的情况确定活动主题。

地球是人类的共同家园。然而在本世纪以来，随着科学技术的发展和经济规模的扩大，人类赖以生存的地球发生了巨大的变化。统计表明：自 1860 年有气象仪器观测记录以来，全球年平均温度升高了 0.6 摄氏度，最暖的 13 个年份均出现在 1983 年以后。20 世纪 80 年代，全球每年受灾害影响的人数平均为 1.47 亿，而到了 20 世纪 90 年代，这一数字上升到 2.11 亿。

另有资料表明：截至 2013 年，世界人口已经高达 70 多亿，到 21 世纪中期将达 100 亿。全球已有 30％的土地因人类的活动遭致退化，每年流失土壤约 240 亿吨。全世界每年流入海洋的石油达一千多万吨，重金属几百万吨，还有数不清的生活垃圾。水中的病菌和污染物每年造成约 2,500 万人死亡。全球每年向大气中排放的二氧化碳约有 230 亿吨，比本世纪初增加了 25％，与此同时空气中的颗粒物质、二氧化硫、一氧化碳、硫化氢等污染物也大量增加。自然环境的恶化也严重威胁着地球上的野生物种。如今全世界森林面积以每年约 1,700 万公顷的速度消失，平均每天有 140 种生物消亡等。全球 12％的鸟类和四分之一的哺乳动物濒临灭绝，过度捕捞已导致三分之一的鱼类资源枯竭。

近年来，随着环保意识的普及与加强，国际社会正逐步采取相关措施保护地球环境，并初见成效。2000 年制定的《联合国千年宣言》将环境保护问题纳入其中。2005 年 2 月 16 日，旨在控制温室气体排放的《京都议定书》正式生效，标志着人类在控制全球环境方面迈出了一大步。此外，一些民间环境保护团体也日趋活跃，成为政府之外的一支生力军。

所有这一切都在向人类发出警示：人类在破坏地球环境的同时，也在毁灭着自己。人类只有一个地球，尊重地球就是尊重生命，拯救地球就是拯救未来。

世界地球日，过一天丰富的绿色生活。

（选自新华网，有删减）

词语提示

孕育	（动）	yùn yù	怀孕生育,比喻既存的事物中酝酿着新事物。
本源	（名）	běn yuán	事物产生的根源。
蕴藏	（动）	yùn cáng	蕴积而未显露或未发掘。
声势浩大	〈组〉	shēng shì hào dà	形容声势和气势非常大。
崛起	（动）	jué qǐ	兴起。
首肯	（动）	shǒu kěn	点头表示同意。
濒临	（动）	bīn lín	面临,紧接。
日趋	（副）	rì qū	一天一天地走向;逐渐地。
枯竭	（动）	kū jié	干涸,枯竭。
警示	（名）	jǐng shì	警告,启示。

练习

一、根据课文内容判断正误

1. 每年的"世界地球日"是 4 月 22 日。 （ ）
2. 美国采取治理环境污染措施始于 1970 年的世界地球日。 （ ）
3. 1990 年 4 月 22 日,全世界有 40 多个国家同时举行了环保宣传活动。 （ ）
4. 世界地球日每年都有国际统一的特定主题。 （ ）
5. 有资料表明,目前全球人口正在不断增长,而人类的生存环境却逐渐在恶化。 （ ）
6. 本文的主题是号召我们爱护地球。 （ ）

二、选择画线部分词语在句子中的意思

1. 举办世界地球日活动的目的之一是促进资源开发与环境保护<u>协调</u>发展。
   　A. 和谐一致　　　B. 融洽发展　　　C. 共同发展　　　D. 稳步发展
2. 人类<u>赖以</u>生存的地球发生了巨大的变化。
   　A. 信赖　　　　　B. 依赖　　　　　C. 需要　　　　　D. 相互
3. 全球已有 30％的土地因人类的活动<u>遭致</u>退化。
   　A. 遭遇　　　　　B. 趋向　　　　　C. 遭到　　　　　D. 走向
4. 近年来,环保意识得到了<u>普及</u>与加强。
   　A. 普遍　　　　　B. 涉及　　　　　C. 迅速　　　　　D. 推广
5. 环境保护问题已被<u>纳入</u>国际性问题。
   　A. 列入　　　　　B. 接受　　　　　C. 收进　　　　　D. 交付
6. 《京都议定书》正式<u>生效</u>,标志着人类在控制全球环境方面迈出了一大步。
   　A. 产生效果　　　B. 发生效力　　　C. 实施　　　　　D. 公布

三、选择合适的词语填空

　首肯　崛起　濒临　日趋　枯竭　孕育

1. 由于乱砍滥伐等人类经济活动的破坏,使核桃的野生分布区的面积日渐缩小,已经处于

（　　）灭绝的境地。

2. 经过一年来的勤奋努力,他的工作能力得到了领导的（　　）。

3. 二十年后,我们又将会看到哪些国家能够（　　）,成为世界机器人强国呢?

4. 气候变化可能会增加海水酸性、破坏珊瑚礁,从而加速渔业资源的（　　）。

5. 新疆旅游（　　）成熟,已经融入世界旅游的大格局。

6. 黄河是（　　）中华儿女的摇篮。

四、根据课文内容选择正确答案

1. 世界地球日活动的发起者是:

　　A. 联合国　　　　B. 美国　　　　C. 中国　　　　D. 文中没提到

2. 世界地球日的总主题是:

　　A. 地球是人类的共同家园　　　　　B. 地球是生命的母亲

　　C. 善待地球　　　　　　　　　　　D. 只有一个地球

3. "地球日"活动的意义不在于:

　　A. 标志着人类现代环保运动的开端　　B. 推动了各国环境法规的建立

　　C. 使联合国认识到环境保护的重要性　D. 唤起了人类爱护地球的意识

4. 世界地球日确立的时间是:

　　A. 1970 年以后　　B. 1990 年以后　　C. 2005 年以后　　D. 2006 年以后

5. 第五、六自然段列举了大量的数据主要是为了说明:

　　A. 人类的生存环境正在发生着巨大的变化

　　B. 向人类敲响警钟

　　C. 地球蕴藏着无数的财富

　　D. 地球是我们的家园

6. 将环保问题作为国际性的问题的文件是:

　　A.《美国治理环境污染措施》　　　　B.《世界地球日活动主题》

　　C.《联合国千年宣言》　　　　　　　D.《京都议定书》

五、根据课文内容回答问题

1. 举办世界地球日的目的是什么?

2. 自然环境的恶化给地球上的野生物种带来的威胁是什么?

3. 地球所发生的一切给人类的警示是什么?

说一说

1. 你知道我们人类共同的家园——地球现在面临什么问题吗?请简单谈谈。

2. 地球是我们赖以生存的家园,那么我们应该如何保护她呢?

阅读技能指导

抓细节之二:快速定位法

在阅读理解中当针对文中某处具体细节提出问题,例如问某人做了什么事、某地发生了什么情况、某物有什么特点等,问题题干部分往往含有专有名词、提示情节发展的关键字眼等标志性词,以此作为定位关键词,在原文中快速锁定答案的有效区域,然后进行筛选和甄别,排除干扰信息,留下有用的信息,并加以归纳,最后确定正确答案,这就是阅读技巧中的快速定位法。简言之,就是在题干中找关键词,回原文快速定位答案区域并确定答案。例如:主课文中第四题第 1 题"世界地球日活动的发起者是哪一个国家?",先确定专有名词"世界地球日"为定位关键词,然后根据"世界地球日"去原文快速锁定答案的有效区域为第二自然段,从中可知"世界地球日活动起源于美国",由此确定答案为 B 美国。

要注意的是,细节提问往往有一定的技巧性。题干和选项的表述与原文不会完全一样,所以在文章中往往找不到现成答案,其实只是在用不同的词语或句式来表达而已。

定位法可以保证我们以较快的速度在短时间内有目的、高效率地阅读材料,从而排除其他无用信息的干扰,获得所需信息。

练 习

阅读下列短文并完成相应的练习

"愁"能导致感冒。医学研究发现,人经常发愁,容易引起免疫功能下降,机体杀伤、吞噬病原微生物和炎细胞的能力会被削弱,干扰素水平也会降低,造成呼吸道防御功能暂时性减退,给病毒以可乘之机。

英国感冒研究小组的学者为健康的自愿受试者做了心理方面的测试,把受试者按心理压力程度分成不同等级,然后让他们感染感冒病毒。结果,心理压力大及性格内向的一组要比心理压力小及性格外向的一组的感冒症状更严重。

1. 人经常发愁造成的后果是:
   A. 免疫功能下降
   B. 心理压力大
   C. 机体吞噬病原体的能力降低
   D. A 和 C
2. 英国感冒研究小组的测试结果表明:
   A. 心理压力大的人感冒症状严重
   B. 心理压力小的人感冒症状严重
   C. 性格外向的人感冒症状严重
   D. 性格内向的人感冒症状不严重

阅读1

由于人们对工业高度发达的负面影响预料不够,预防不利,导致了全球性的三大危机:资源短缺、环境污染、生态破坏。人类不断地向环境排放污染物质,但由于大气、水、土壤等的扩散、稀释、氧化还原、生物降解等的作用,污染物质的浓度和毒性会自然降低,这种现象叫做环境自净。如果排放的物质超过了环境的自净能力,环境质量就会发生不良变化,危害人类健康和生存,这就发生了环境污染。

环境污染使人类认识到环境保护的重要性。人类在保护环境方面经历了四个阶段:限制,治理,预防,规划。

　　限制，就是限制污染源。从 19 世纪中叶开始，近代工业迅速发展，于是产生了环境污染。当时，人们往往是在污染发生后对污染源以及污染物的排放量进行限制。结果比较被动，民众怨声载道，反公害的斗争此起彼伏。

　　治理，指的是治理污染。到上个世纪 60 年代，不少国家不断发生公害，治理环境污染成为迫切的任务。工业发达国家先后建立了环保机构，颁布了一系列政策、法令，并采取政治、经济手段，取得了一定效果。但治理不是治本的办法，只是应急措施。

　　预防，是指预防环境污染和生态破坏，这实际上是防治结合、以防为主的综合防治。人类在保护环境的过程中认识到，环境保护一定要全球性的联合行动。从 20 世纪 70 年代起，各国多次举行各种类型的世界性环境保护会议，并签署了一系列国际间各国环境保护的宣言、公约和协定。70 年代后期以来，世界各国的环境保护由防治工业污染扩大到自然资源的保护。1980 年 3 月，包括我国在内的大多数国家公布了保护世界生物资源的纲领性文件——《世界自然资源保护大纲》，要求采取国际合作，保护和利用人类共有的资源和财富。

　　规划，指对环境进行整体规划和协调。从上个世纪 80 年代开始，许多国家把环境保护的重点放到建设"第三代环境"上来。所谓"第三代环境"建设，就是追求人类工作、生产、生活环境的舒适性。这些国家制定了经济增长、合理利用自然资源和环境效益相结合的长远政策，强调人类与环境协调发展。

　　纵观世界环境保护事业的发展，资本主义国家走了一条"先污染后治理"的弯路。我国政府把合理开发和充分利用自然资源作为我国环境保护的基本国策，把"三同步"（经济建设、城乡建设和环境建设同步规划、同步实施、同步发展）和"三统一"（经济效益、社会效益和环境效益统一）作为处理经济建设与环境保护关系的基本指导思想，在防治工业污染，实施城市环境综合整治，保护生态环境方面取得明显的进展。但环境污染和生态破坏仍然存在，任务十分艰巨。

（选自中国自然网，有删减）

练习

速读第 1 遍，完成下面的练习（建议阅读时间 5 分钟）

一、根据阅读内容选择正确答案

　　1. 环境污染的产生始于：

　　　　A. 人类产生之初　　　　　　　　B. 近代工业发展时期

　　　　C. 近代工业革命之后　　　　　　D. 20 世纪 70 年代以后

　　2. 关于保护环境的四个阶段，下列说法正确的是：

　　　　A. 限制阶段——19 世纪中叶，治理阶段——20 世纪 60 年代

　　　　　　预防阶段——20 世纪 70 年代，规划阶段——20 世纪 80 年代

　　　　B. 限制阶段——19 世纪中叶，治理阶段——20 世纪 60 年代

　　　　　　预防阶段——20 世纪 80 年代，规划阶段——21 世纪末

　　　　C. 限制与治理同时进行

　　　　D. 预防与规划同时进行

　　3. 在限制阶段，人们对_____进行限制。

　　　　A. 污染源　　　　B. 污染物的排放量　　　　C. A 和 B　　　　D. 工业废水

4. 各国意识到应对自然资源进行保护是在：
   A. 20 世纪 60 年代　　　　　　　　B. 20 世纪 70 年代
   C. 20 世纪 80 年代　　　　　　　　D. 20 世纪 80 年代以后

5. 下列哪一项是本文中提到的《世界自然资源保护大纲》中的内容？
   A. 限制染污源的排放量　　　　　　B. 强调人类与环境协调发展
   C. 要求各国把环境保护作为基本国策　D. 以国际合作形式保护自然资源

6. 在 80 年代以后，许多国家把环境保护的重点放到：
   A. 对环境的整体规划和协调上　　　B. 合理利用自然资源上
   C. 强调人类与环境协调发展上　　　D. 第三代环境建设上

细读第 2 遍，完成下面的练习

二、根据阅读内容判断正误

1. 大自然中的污染物质的浓度和毒性在大气、土壤、水的帮助下会降低。　　（　　）
2. 环境质量之所以发生不良变化是因为我们向大自然排放污染物质。　　　（　　）
3. 颁布政策、法令，建立了环保机构是治理环境污染最根本的方法。　　　（　　）
4. 环境保护不能仅依靠个别人，需要各国协同努力。　　　　　　　　　　（　　）
5. 70 年代后期以来，世界各国的环境保护由自然资源的保护扩大到防治工业污染。（　　）
6. 治理环境污染和保护生态平衡，任重而道远。　　　　　　　　　　　　（　　）

三、选择画线部分词语在句子中的意思

1. 但由于大气、水、土壤等的扩散、稀释、氧化还原、生物降解等的作用，污染物质的浓度和毒性会自然降低，这种现象叫做环境自净。
   A. 宇宙万物　　B. 不拘束　　C. 不经人力干预　　D. 当然

2. 从 19 世纪中叶开始，近代工业迅速发展，于是产生了环境污染。
   A. 中间　　　　B. 中期　　　C. 年代　　　　　D. 一个世纪

3. 结果比较被动，民众怨声载道，反公害的斗争此起彼伏。
   A. 反倒　　　　B. 反而　　　C. 反映　　　　　D. 反对

4. 但治理不是治本的办法，只是应急措施。
   A. 从根本上解决　B. 根本措施　　C. 治理根除　　　D. 原本

5. 纵观世界环境保护事业的发展，资本主义国家走了一条"先污染后治理"的弯路。
   A. 不直的路　　　　　　　　　　B. 花费冤枉工夫的方法
   C. 拐弯的路　　　　　　　　　　D. 错误的方法

词语提示

氧化还原	〈组〉	yǎng huà huán yuán	物质得氧的反应为氧化，物质失氧的反应为还原，氧化和还原同时发生的反应就是氧化还原。
生物降解	〈组〉	shēng wù jiàng jiě	环境中的有机物通过生物代谢作用而分解或矿化的现象。
怨声载道	〈组〉	yuàn shēng zài dào	怨恨的声音充满道路，形容群众普遍不满。

颁布	（动）	bān bù	公布（法令、条例）等。
签署	（动）	qiān shǔ	在重要的文件上正式签字。
纲领	（名）	gāng lǐng	起指导作用的原则。

阅读2

　　大自然给我们提供的自然资源并非取之不尽，然而人类正在摧毁养育了自身数百万年的自然环境。在近代，现代信仰和现代技术已经把古老的信仰和传统扫地出门。现在，大大小小的森林、草原、沼泽，所有动植物生存的自然环境，都在以惊人的速度消失。许多动植物物种也在不断消失。每一个物种都是各具特色的，都是经过千百万年缓慢进化才活到今天的。即使像北极和南极这样的野生自然环境的坚固堡垒，也有被人类糟蹋和破坏的迹象。有无数人，已经或正在迅速忘却人类在世间万物中的正确地位和作用。看到人类破坏自然的速度，有头脑、有理性的人无不感到惊讶。

　　我想到了世界上（尤其是北美）那些持漠然态度的人们的生活情趣和精神道德所发生的迅速变化。如果我们能回到美洲印第安人、美洲土著人当年的生活方式，那将是对环境危机的最佳解决方案。因为千百年来，印第安人一直与大自然和谐相处，只索取他们生活的必需品。他们感谢大自然的恩赐，同时回报大自然。我知道，有些年纪较大的人仍然根据老的价值观念生活，对天神和造物主仍然非常尊重。虽然这听起来颇具诱惑力，可是我认为，现在几乎没有多少西方人能够忍受这样的生活方式。因为这意味着要放弃已被我们认为是必须的那些奢侈物品。

　　在我看来，残忍是人类最大的罪恶。只要我们承认每个生灵都有感觉，都可能体验到痛苦。那么如果我们仍然故意让动物受苦，我们同样是有罪过的。

　　如果我们承认人类不是唯一具有个性特征的动物，不是唯一能进行理性思维、解决问题的动物，也不是唯一能体验欢乐、悲哀和绝望的动物，尤其不是唯一懂得心理和肉体痛苦的动物，我们就不会那么傲慢，也不会那么坚定地认为只要能对人这种动物有利，就可以绝对有权随意地利用其他的生灵。诚然，我们人类是很独特的，但我们也不像旧观点所认为的那样，与动物王国的其他成员有多大的不同。了解了这一点，我们就可以少一点傲气，对与我们共享这颗星球的可爱动物们，特别是具有复杂的大脑和社会行为的动物，我们应当另眼相看，尊重它们。

　　我们只要列举几个大声疾呼对动物要有仁爱之心的人，就会意识到他们有多么的伟大。阿尔伯特·爱基斯坦恳求我们把爱的范围扩大到"所有生灵以及整个美丽的大自然"。阿尔贝特·施韦策认为，"我们需要一个包括对待动物在内的无限制的道德规范"。圣雄甘地说，"从一个国家的人对待动物的方式就可以知道他们的为人"。

　　我们面前的路程依然很漫长，不过我们已经朝着正确的方向前进了。只要我们能有爱心，不残酷地对待人类和动物，我们就将站到一个人类道德与精神演进的新时代的门槛上，并最终实现我们独特的品质：人道主义。

（选自《读者》2003 年第 12 期，有删减）

练习

速读第1遍,完成下面的练习(建议阅读时间5分钟)

一、根据阅读内容选择正确答案

1. 自然资源面临枯竭,世界人口不断增长,导致的结果是:
   A. 地球无法为人类提供食物和住处
   B. 野生自然环境和许多数物种在不断消失
   C. 人类已经忘记自己在世间万物中的位置
   D. 世界经济发展受阻,人类信仰危机

2. 所有动植物生存的自然环境中哪一项没有提到?
   A. 森林 　　　　 B. 草原 　　　　 C. 海洋 　　　　 D. 沼泽

3. 文中所说的野生自然环境的坚固堡垒是指:
   A. 森林 　　　　 B. 海洋 　　　　 C. 南北极 　　　　 D. 美洲

4. 西方人不能接受印第安人的生活方式,是因为:
   A. 他们无法放弃已经习惯了的生活奢侈物品
   B. 双方的信仰和价值观念不同
   C. 双方的生活情趣和精神道德不同
   D. 西方人对天神和造物主的敬畏远不如印第安人

5. 作者认为人类如何能做到尊重动物,与它们和谐相处?
   A. 承认自己不是唯一具有个性特征的动物
   B. 承认自己不是唯一能进行理性思维、解决问题的动物
   C. 承认自己不是唯一能体验欢乐、悲哀和绝望及肉体痛苦的动物
   D. 以上都是

6. 文中引用的三位伟人的话共同说明了:
   A. 伟人的崇高品德 　　　　　　 B. 对动物要有仁爱之心
   C. 对动物也要有人道主义精神 　　 D. 虐待动物是有罪的

细读第2遍,完成下面的练习

二、根据阅读内容回答问题

1. 人类摧毁自然环境带来的后果是什么?
2. 为什么说美洲印第安人的生活方式是对环境危机最好的解决方案?
3. 为什么现在几乎没有多少西方人能够忍受美洲印第安人、美洲土著人当年的生活方式?
4. 人类怎样才能与大自然界的动物和睦相处?
5. 文中最后一段说到"我们已经朝着正确的方向前进了",其具体的含义是什么?

三、用所给的词语替换下列句子中的画线部分词语,保证句子意思基本不变。

固然 呼吁 刮目相看 忘记 用之不竭

1. 大自然给我们提供的自然资源并非<u>取之不尽</u>,然而人类正在摧毁养育了自身数百万年的自然环境。 　　　　　　　　　　　　　　　　　　　　　　　　( )
2. 有无数人,已经或正在迅速<u>忘却</u>人类在世间万物中的正确地位和作用。 ( )

3. <u>诚然</u>,我们人类是很独特的,但我们也不像旧观点所认为的那样,与动物王国的其他成员有多大的不同。　　　　　　　　　　　　　　　　　　　　　　　　　（　　）

4. 特别是具有复杂的大脑和社会行为的动物,我们应当<u>另眼相看</u>,尊重它们。　（　　）

5. 我们只要列举几个<u>大声疾呼</u>对动物要有仁爱之心的人,就会意识到他们有多么的伟大。
　　　　　　　　　　　　　　　　　　　　　　　　　　　　　　　　　　　（　　）

词语提示

摧毁	（动）	cuī huǐ	用强大的力量彻底破坏;毁坏。
进化	（动）	jìn huà	事物逐渐发展变化、特指生物从较低级、较简单的状态向较高级、较复杂的状态演变。
堡垒	（名）	bǎo lěi	比喻难于攻破的事物或不容易接受进步思想影响的人。
颇具	（副）	pō jù	很有。
奢侈	（形）	shē chǐ	指挥霍浪费钱财,过分追求享受。
傲慢	（形）	ào màn	看不起人,对人怠慢没有礼貌。
门槛	（名）	mén kǎn	比喻界限,关口。

第 33 课　全球森林资源告急

　　世界上只有 20％ 的原始森林保存完整，由于木材资源的短缺，木材非法采伐与贸易已愈演愈烈，非法采伐已成为全球林业面临的一个紧迫问题。专家们认为，木材走私与毒品走私、武器走私和野生动物走私，已并列为危害最严重的四大国际走私犯罪活动。森林是鸟类最主要的栖息地之一，也对我们人类的生存环境起到重要的保护作用。广袤的森林被称为"地球之肺"，但地球上的森林正面临前所未有的危机。

　　最近装修房子的人一定会发现，建材市场上的国产实木几乎已无处可寻，进口实木地板却铺天盖地。而两三年前装修房子的人却可以大量使用国产优质实木。

　　其实专家们早就预言了这种状况：自 1998 年"天然林保护工程"紧急实施后，大范围禁止树木采伐，国内木材产量锐减。但中国对木材及森林产品的需求不断增长，必然会从周边国家增加进口来弥补需求。于是中国一下子变成了世界第二大木材进口国，进口量仅次于美国。

　　中国目前庞大的消费量和巨大的加工能力令全球林木业瞩目。近年，环保界针对中国林木消耗的呼声也日渐高涨，自 2003 年以来已全面展现出来。

　　根据国际森林研究中心和位于华盛顿的非政府组织 Forest Trends 的统计，中国进口的木材、纸浆和纸张的总价值从 1997 年的 64 亿美元激增到 2002 年的 112 亿美元，增幅达 75％。

　　加拿大的卑诗省一直是中国进口纸浆的主要供应商。来自加拿大的消息说，中国市场是卑诗省木材行业唯一增长的海外市场。以 2001 年至 2002 年为例，卑诗省与中国的木材贸易数字上升达 54％。卑诗省林业界还计划合作投资 1,200 万加元，在中国上海兴建一处名为"中国梦幻之家"的木结构房屋群示范项目，旨在拓展对中国的木材出口。

　　与此同时，加拿大的环保组织发起了一场反对"中国梦幻之家"项目的活动。2003 年 4 月 17 日，来自加拿大的林业环保组织"森林保护网络"在北京召开新闻发布会，呼吁中国消费者不要购买来自该国卑诗省沿海雨林的林木产品，以保护这片珍贵的温带原始雨林，一个相关的专题研讨会同日也在上海举行。

　　此后，类似的呼声源源不断从太平洋彼岸的加拿大传来。

　　森林危机的后果是无情的，但危机往往也是机遇，因为危机会促使我们反思。

　　中国政府早就表明愿意与外国政府和绿色组织合作，努力阻止非法木材及木材产品的交易。2002 年 12 月，中国和印度尼西亚签署了一项初步协议，旨在禁止非法木材的交易。另外，中国也正在和国际社会共同努力，建立森林认证体系。

　　森林认证是由一个独立的中立机构来证明木材生产商的经营过程符合环保原则，确保木材生产不会竭泽而渔，拥有生物多样性和珍稀树种的森林不会被误砍，原始森林和林区原住居民的权益受到尊重和保护。总之，森林认证有助于推动健康有序的木材生产与贸易，使森林得到可持续的经营。

　　中国消费者也可用自己的行动来帮助减少对原始森林的砍伐，那就是只购买附有"森林认证"(FSC)标签的木制品。学者们认为，市场机制是推动森林认证的动力，也就是说，是消费者的选择在推动森林认证，而林业企业的行为将服从"市场的手"的指挥。

（选自新华网，有删减）

词语提示

栖息	（动）	qī xī	停留；休息（多指鸟类）。
广袤	（形）	guǎng mào	有广阔的意思，指土地的面积。东西的宽度为广、南北的长度为袤。
弥补	（动）	mí bǔ	把不够的部分填足。
铺天盖地	〈组〉	pū tiān gài dì	形容声势大，来势猛，到处都是。
前所未有	〈组〉	qián suǒ wèi yǒu	从来没有。
瞩目	（动）	zhǔ mù	注目。
拓展	（动）	tuò zhǎn	开拓，扩展。
呼吁	（动）	hū yù	倡导，号召。
签署	（动）	qiān shǔ	在重要文件上正式签名。
竭泽而渔	〈组〉	jié zé ér yú	掏干了水塘捉鱼。比喻取之不留余地，只图眼前利益，不作长远打算。

练习

一、根据课文内容判断正误

1. 世界上已有 80% 的原始森林遭到破坏。　　　　　　　　　　　（　）
2. 卑诗省已在上海兴建了"中国梦幻之家。"　　　　　　　　　　（　）
3. 禁止树木采伐后，国内对森林产品的需求随之降低。　　　　　（　）
4. 加拿大环保组织分期在北京、上海两地举行了反对"中国梦幻之家"项目的研讨会。

　　　　　　　　　　　　　　　　　　　　　　　　　　　　　　（　）
5. "森林认证"是针对木材生产商而言的。　　　　　　　　　　　（　）
6. "森林认证体系"是由中国独立建立的。　　　　　　　　　　　（　）

二、选择画线部分词语在句子中的意思

1. 由于木材资源的短缺，木材非法采伐与贸易已<u>愈</u>演愈烈。
   A. 越　　　　　B. 更加　　　　　C. 好　　　　　D. 还
2. 这家企业由于经营不善，连续几年都是亏损，因无法弥补损失，现已<u>宣告</u>破产。
   A. 宣传　　　　B. 公告　　　　　C. 宣布　　　　D. 明确
3. 股市风险大，它可能使你的财富一夜之间锐增，也可能一夜之间<u>锐</u>减。
   A. 尖锐　　　　B. 急剧　　　　　C. 突然　　　　D. 猛地
4. 加拿大卑诗省在上海兴建了一处木结构房屋群，<u>旨</u>在拓展对中国的木材出口。
   A. 意义　　　　B. 目的　　　　　C. 终于　　　　D. 要求
5. 这次学生会举办的原创文学作品大赛，得到了各学院的支持，同学们热情<u>高涨</u>，积极响应。
   A. 向上浮动　　B. 积极参与　　　C. 急剧上升　　D. 支持
6. 年轻人都喜欢超级女声，这一热潮持续到现在。

A. 坚持　　　　　B. 延续不断　　　　C. 继续　　　　　D. 持久

三、选择合适的词语填空

广阔　广袤

1. 中国人口众多,土地（　）,有着丰富的物产资源。

2. 蔚蓝的天空,（　）无际。

休憩　栖息

3. 湖泊江河既养育了人类,也是鱼虾的主要（　）之地。

4. 居委会非常重视居民的业余文化生活,棋牌室、院内的凉亭、京剧演唱班,都是居民（　）的好去处。

瞩目　关注

5. 香港回归祖国十周年万众（　）,大批记者和游客汇集香港。

6. 最近中央电视台新闻频道推出了一档以（　）民生为宗旨的新闻专题栏目。

拓展　发展

7. 基于培养综合素质人才的需要,现在学校越来越重视学生的素质（　）训练。

8. 近几年来,特别是改革开放以后,国家给予经济特区以各项优惠政策,使得特区的经济得到了迅速的（　）。

四、根据课文内容选择正确答案

1. 非法采伐越来越猖狂的原因是:
   A. 木材资源不足　　　　　　　　B. 木材利润高
   C. 越来越多的人喜爱木结构房屋　　D. 人们装修房子急需木材

2. 国内木材产量急剧下降,是在:
   A. 1998 年　　　B. 2001 年　　　C. 2002 年　　　D. 2003 年

3. 木材进口量第一的是:
   A. 中国　　　　B. 美国　　　　C. 加拿大　　　D. 印度尼西亚

4. 据国际森林研究中心的统计,中国木材资源主要进口中哪一项没有提到?
   A. 木材　　　　B. 纸浆　　　　C. 纸张　　　　D. 示范性木结构房屋

5. 加拿大环保组织反对"中国梦幻之家"项目是为了:
   A. 履行环保组织的职责　　　　　B. 完成加拿大政府的委托
   C. 保护卑诗省的经济贸易　　　　D. 保护卑诗省的雨林资源

6. 下面哪一项不是中国为阻止非法木材及新产品贸易做的努力?
   A. 希望中国消费者只购买有 FSC 标志的木制品
   B. 建立森林认证体系
   C. 与印尼签署禁止非法木材交易的协议
   D. 不再从加拿大进口木材

五、根据课文内容回答问题

1. 危害最严重的四大国际走私犯罪活动是什么?

2. 中国变成了世界第二大木材进口国的原因是什么?

3. 中国政府为解决森林危机做了哪些事情?

说一说

1. 你知道地球上的森林对我们人类的贡献是什么吗？

2. 广袤的森林被称为"地球之肺"，但地球上的森林正面临前所未有的危机。那么我们应该怎么做呢？

阅读技能指导

语篇信号词之一：什么是信号词

所谓信号词是作者在实现语篇意义连贯时常常使用的一些词汇。如：然而、因此、总之、可是等等。通过信号词可以明白作者的态度、意图和倾向，可以理解和预测事情发生的顺序、事物间的因果关系和对比关系，还能迅速理出文章的发展线索，从宏观上把握住文章的大意和语篇结构，区分段落主旨和细节。此外，还能根据不同的信号词，预测下文，及时调整阅读速度，在较短时间里准确获取所需要的信息。信号词的掌握，无疑对提高学生的阅读理解能力和应试能力有很大的帮助。

根据信号词所表达的有关信息、事实情况和资料之间的逻辑关系可分成五大类：表列举与补充关系、表因果关系、表顺序与序列关系、表转折和对比关系、表归纳与总结关系。

在此需要强调的是信号词联系的是整个语篇、段落和句子之间的关系，而不是句内之间的逻辑关系。

练习

阅读后选择合适的信号词填空

反之　其次　比如　因此　首先　然而　最后

1. 此前，科学家们对病毒大小的印象只是10纳米到500纳米之间，这是大多数传统病毒的大小。_____，当直径达到1微米（约为1,000纳米）的"潘多拉病毒"出现在科学家们眼前时，他们都惊呆了。

2. 目前，已发现的6,500多种遗传病中，因基因缺陷引起的遗传病就大约有3,000多种。_____，基因治疗的主要对象是遗传病患者。

3. 不是所有的细菌都是"坏蛋"，有些还是挺善良的，_____，在我们肠道内就住着上百万的细菌，帮助消化食物。

4. 人体抵抗力处于劣势时，结核病容易发生、发展，_____，感染后不易发病，即使发病病情也较轻，而且易于痊愈。

5. 我们又该怎样去挽救水资源？_____，我们必须合理利用水资源，尽可能循环利用水资源，提高利用率。_____，我们应实施环保措施，坚决杜绝污染水资源，尤其是工业废水生活污水应经处理再排放。_____，须提高人们的环保和忧患意识，不让点滴水源白白流失。

阅读1

酷热的盛夏已来临，知了无精打采地叫着。人们亟需一些能消暑的游泳场所，可放眼四周,寻找那些记忆中的游泳乐园,却发现小溪流已濒临干涸,池塘已淤泥充塞、水草连天或恶臭难闻,游泳馆里更是人满为患。于是,人们把目光都集中到了山清水秀的水库。

尽管"××市饮用水源"的石碑矗立在库区旁,尽管媒体连篇累牍地宣传报道着不能到库区游泳,而且水库四周都用红笔赫然书写着"禁止游泳"的警示语,尽管水库的位置是那么的"藏在深闺",人们还是蜂拥而至。夕阳西下时,坝上坝下,香车云集,游泳爱好者们竭尽登坡爬墙之能事后,纷纷投入温馨清凉的水世界,尽情地嬉耍玩乐,像一尾尾"苟延残喘"的鳙鱼般忘怀于这青山绿水之间。那些在水库里以消暑为乐者,你可曾想过你的一时痛快是以我们水源的污染为代价。

请那些游泳者回头看一看我国水资源的现状吧。据统计,我国的人口占世界总人口的22％,而淡水仅占世界的8％,人均占有水资源为世界人均的1/4。我国由于缺水导致土地沙化,且以每年2,460平方公里的速度递增,每年造成的直接经济损失高达540亿元。由于缺水,地下水被过度开采,一些地区的地面下沉,如西安地面已下沉一米多,著名的大雁塔发生倾斜,将成为又一比萨斜塔;河湖干枯,如素有"千湖之省"之称的湖北省,现今至多叫"百湖之省"了,所以缺水已经成为威胁中华民族生存和发展的一个紧迫问题。

再如濒江临海,以水而兴的上海,水资源状况同样也不容乐观。尽管水资源的总量较为充沛,但可利用的淡水资源却十分有限。可使用的淡水仅占地表水资源的20％,人均水资源量为全国人均的40％,世界人均的10％。作为全上海市的80％饮用水水源的黄浦江的水源日趋恶化,这更加重了水资源的短缺,严重影响到了上海的生活环境和城市形象。

虽然,经济需要不断发展,商业需要不断繁荣,但是谁又能想到这背后的辛酸与悲剧呢?难道我们的发展定要以此为代价吗?难道你能忍心看着流水向我们"挥手自兹去",你能忍心看着"世界上最后一滴水是我们自己的眼泪"吗?当人类经历生态上甘岭时,你难道还有心情去高唱"你的眼泪我无所谓"吗?

那么,我们又该怎样去挽救水资源呢?首先,我们必须合理利用,尽可能循环利用水资源,提高利用率,其次,我们应实施环保措施,坚决杜绝污染水资源,尤其是工业废水和生活污水应经处理后再排放,最后,须提高人们的环保和忧患意识,不让点滴水源白白流失。

人非草木,孰能无情。朋友,请善待生命之源,珍惜节约水资源——即使是你的眼泪!让我们伸出双手去挽留这一个很可能"即将"告别人类的朋友,与她携手去创造美好和谐的明天……

(选自网络资料,有删减)

练习

速读第1遍,完成下面的练习(建议阅读时间5分钟)

一、根据阅读内容选择正确答案

1. 水库的位置是那么的"藏在深闺"是什么意思?
   A. 说明水库的位置很隐蔽　　　　B. 说明水库的位置很远
   C. 说明水库的位置很静　　　　　D. 说明水库的位置很深

2. "当人类经历生态上甘岭时,你难道还有心情去高唱'你的眼泪我无所谓'吗?"理解正确的一项是:
   A. "上甘岭"表明水资源缺乏

B. "你的眼泪我无所谓"是一首歌表明我不在乎你是否流泪

C. 当人类水资源匮乏的时候就产生了生存危机

D. 当人类水资源匮乏的时候就没有心情唱歌了

3. 对我国水资源描述正确的一项是：

　　A. 人均占有量占世界总人口的 22％　　　B. 淡水仅占世界的 6％

　　C. 人均占有量为世界人均的 1/4　　　　D. 淡水仅占地表水资源的 20％

4. 以下哪一个例子不是用来说明我国缺水状况的？

　　A. 土地沙化以每年 2460 平方公里的速度递减

　　B. 西安地面已下沉一米多

　　C. 大雁塔发生倾斜，将成为又一比萨斜塔

　　D. 素有"千湖之省"之称的湖北省变为"百湖之省"

5. 关于上海现在的水资源状况，表述错误的是：

　　A. 濒江临海，以水而兴　　　　　　　　B. 水资源的总量较为充沛

　　C. 淡水资源较为充沛　　　　　　　　　D. 水源水质日趋恶化

细读第 2 遍，完成下面的练习

二、根据阅读内容回答问题

1. 我们采取了哪些措施来保护水库？

2. 我国水资源的现状是什么样的？

3. 上海的水资源现状是怎样的？

4. 如何挽救水利资源，作者提出的建议是什么？你还有什么建议？

5. 以《别说你的眼泪我无所谓》作为文章的题目是否合适，为什么？

三、选择画线部分词语在句子中的意思

1. 那些在水库里以消暑为乐者，你可曾想过你的一时痛快是以我们水源的污染为代价。

　　A. 一个时期　　B. 同一时候　　C. 短时间　　　　D. 突然

2. 由于缺水，地下水被过度开采，一些地区的地面下沉。

　　A. 超过限度　　B. 程度　　　　C. 过渡　　　　　D. 度过

3. 河湖干枯，如素有"千湖之省"之称的湖北省，至多叫"百湖之省"了。

　　A. 颜色淡　　　B. 质朴　　　　C. 不艳丽　　　　D. 向来

4. 再如濒江临海，以水而兴的上海，水资源状况同样也不容乐观。

　　A. 如果；凭借　　B. 例如；凭借　　C. 例如；目的在于　　D. 如果；因为

5. 人非草木，孰能无情。朋友，请善待生命之源，珍惜节约水资源——即使是你的眼泪！

　　A. 谁　　　　　B. 什么　　　　C. 比较　　　　　D. 熟悉

词语提示

无精打采	〔组〕	wú jīng dǎ cǎi	形容精神不振，提不起劲头。
亟需	〔动〕	jí xū	急切需要。
干涸	〔动〕	gān hé	河流、池塘等干枯无水。

人满为患	〈组〉	rén mǎn wéi huàn	因人多造成了困难。
山清水秀	〈组〉	shān qīng shuǐ xiù	形容风景优美。
矗立	(动)	chù lì	高耸直立。
连篇累牍	〈组〉	lián piān lěi dú	形容篇幅过多,文辞冗长。
不辞辛劳	〈组〉	bù cí xīn láo	虽然劳累和辛苦也不推辞,形容工作勤奋努力。
蜂拥而至	〈组〉	fēng yōng ér zhì	像一窝蜂似地一拥而来。形容很多人乱哄哄地朝一个地方聚拢。
苟延残喘	〈组〉	gǒu yán cán chuǎn	勉强延续临死前的喘息。比喻暂时勉强维持生存。
充沛	(形)	chōng pèi	丰富;饱满;旺盛。
杜绝	(动)	dù jué	遏制、彻底制止。
忧患	(动)	yōu huàn	忧虑祸患或担忧祸患。
善待	(动)	shàn dài	友善地对待;好好对待。

阅读2

　　人类和千千万万的物种都要依赖淡水的哺育。但在 21 世纪初,因为人口增长、不合理使用和污染,地球的生命之液被逐渐榨干。缺水造成疾病滋生,粮食歉收,甚至战争阴云重起。拯救淡水资源,拯救地球,拯救我们自己,今年是一次机遇,2003 年被联合国定为"国际淡水年"。

　　在地球为人类提供的"大水缸"里,可以饮用的水实际上只有"一汤匙"。地球有 70.8% 的面积为水所覆盖,但其中 97.5% 的水是咸水,无法饮用。在余下的 2.5% 的淡水中,有 87% 是人类难以利用的两极冰盖、高山冰川和永冻地带的冰雪。人类真正能够利用的是江河湖泊以及地下水中的一部分,仅约占地球总水量的 0.26%。而且分布极不均匀,约 65% 的水资源集中在不到 10 个国家,而约占世界人口总数 40% 的国家和地区却严重缺水。人类使用水资源的方式以及污染更加剧了水资源的紧张形势。

　　水资源不仅仅是一个环境和经济问题,同时也是社会和政治问题。没有足够的淡水,人将渴死,农作物将干枯。因此,对水资源的争夺甚至有酿成暴力冲突的危险。全球水资源紧缺日益加剧,已经向人类亮出"黄牌",如果再不解决水危机,21 世纪人类可能被开除地球的"球籍"。

　　民以食为天,而世界未来的粮食生产取决于是否有充足的水源。联合国粮农组织预测,到 2030 年,世界粮食需求量将比目前增长 60%,其中绝大部分粮食增产依靠灌溉维持的集约化农业,因此灌溉用水将大幅增加。

　　随着水污染造成的危害加剧,"环境难民"也不断增加。世界很多地区的人为生存而与自然进行着艰苦的斗争,为水不得不离开生养自己的土地。自 20 世纪 90 年代开始,全世界有 3/4 的农民和 1/5 的城市人口全年得不到足够的生活淡水,因水而被迫背井离乡的人已超过因战乱出逃的难民。水资源之争甚至还成为地区或全球性冲突的潜在根源和战争爆发的导火索。其实受到水短缺和水污染威胁的不仅是人类,淡水生态系统中的物种密度最大,是地球上最脆弱的生态系统之一。在世界淡水鱼类中,有 20% 受到威胁,濒临灭绝。

　　专家提出,解决淡水不足的办法有 4 条:寻找新水源、重新分配淡水资源、减少不必要的浪费以及循环利用。

节约用水是保护淡水资源的关键。根据测算，一个人每天需要 5 升水用于饮用和做饭，另外还需要 25 升水用于个人卫生。但是，在全球的不同地区，每个家庭使用的水量存在着惊人的差别。在加拿大，一个中等家庭每天需要使用的水量是 350 升，而在非洲，一个中等家庭每天平均使用的水量仅为 20 升。西式马桶每冲一次就要用去发展中国家每人平均一整天用于清洗、饮用、清洁和烹饪的全部用水量。今天，农业用水占淡水总需求量的 69％。在发展中国家，农业用水甚至达到 80％。因此，如果科学地改变播种、灌溉和收获的方式，就会出现较大差别。据估计，由于灌溉系统缺陷造成的浪费，有时可占消费水的 60％。

（选自水信息网，有删减）

练习

速读第 1 遍，完成下面的练习（建议阅读时间 5 分钟）

一、根据阅读内容选择最正确答案

1. 下列哪一项不是本文提到的缺水的危害？
   A. 疾病蔓延　　　　　　　　B. 粮食收成不好
   C. 引发战争　　　　　　　　D. 影响世界经济发展

2. 第二自然段列举了一些数据，是为了说明：
   A. 地球为人类提供的可饮用水非常少
   B. 人类使用水资源的方式加剧了水资源的紧张
   C. 水资源是一个环境问题
   D. 世界上很多国家严重缺水

3. "环境难民"是由于_____造成的。
   A. 水源不足　　　B. 水污染严重　　　C. 战争　　　　D. 人类对水的浪费

4. 保护淡水资源最重要的是：
   A. 寻找新的水资源　　　　　B. 重新分配淡水资源
   C. 节约用水　　　　　　　　D. 减少水污染

5. 文章最后一句话："据估计，由于灌溉系统的缺陷造成的浪费，有时可占消费水的 60％。"是要告诫我们：
   A. 要减少灌溉用水　　　　　B. 灌溉系统不完善会造成很大浪费
   C. 灌溉用水量急剧增加　　　D. 现在的灌溉系统是有缺陷的

细读第 2 遍，完成下面的练习

二、根据阅读内容判断正误

1. 因为人口增长、不合理使用和污染，地球的生命之液已经被榨干了。　　　　（　）
2. 在地球为人类提供的"大水缸"里，可以饮用的水仅约占地球总水量的 0.26％。　（　）
3. 对水资源的争夺已经酿成很多暴力冲突，所以水资源也是社会和经济问题。　（　）
4. 很多人为水不得不离开生养自己的土地，我们可以把这些人称为"环境难民"。　（　）
5. 水短缺和水污染除了威胁人类外，还会威胁到淡水生态系统中的物种。　　　（　）
6. 保护淡水资源最关键的是要对水进行循环利用。　　　　　　　　　　　　（　）

三、用所给的词语替换下列句子中的画线部分词语,保证句子意思基本不变。

缺点不足 加重 造成 颠沛流离 日渐

1. 对水资源的争夺甚至有酿成暴力冲突的危险。 （　　）
2. 全球水资源紧缺日益加剧,已经向人类亮出"黄牌"。 （　　）
3. 随着水污染造成的危害加剧,"环境难民"也不断增加。 （　　）
4. 因水而被迫离乡背井的人已超过因战乱出逃的难民。 （　　）
5. 据估计,由于灌溉系统的缺陷造成的浪费,有时可占消费水的60％。

词语提示

哺育	（动）	bǔ yù	养育。
歉收	（动）	qiàn shōu	农作物产量低于一般水平。
滋生	（动）	zī shēng	引起;产生。
导火索	（名）	dǎo huǒ suǒ	比喻直接引发冲突的事物。

第 34 课　海豚救人的故事

民间流传着很多海豚救人的故事。早在古代的一些故事中，人们就把海豚描绘成具有很高思维能力的"人道主义者"。

传说有这样一个故事：有一位音乐家随身带着很多钱去旅行。很不幸，他上了一艘海盗船，船上的海盗们知道他带着钱后，就想杀死音乐家拿走那些钱。音乐家在临死前要求海盗让他演奏完最后一曲音乐，海盗们同意了。那位音乐家一演奏完就跳进了大海，他闭上眼睛等死。过了一会儿，音乐家发现自己没有死，相反，好像有人把他从海底托上来了，他睁开眼睛一看，是一群海豚托着他。原来音乐家演奏的美妙乐曲吸引了附近的一群海豚，它们游到音乐家的身边并托起他，一直把他送到了海岸上。就这样，由于海豚的帮忙，音乐家终于死里逃生。

关于海豚救人的故事很多。在二战时，有架飞机在战斗中被敌人的飞机击落了，飞行员跳伞后急忙登上了一条小船，谁知道，这条小船已经很旧了，根本不能使用。正在这千钧一发的时刻，一群海豚游了过来，将小船轻轻地推到了岸边，飞行员很幸运地得救了。

那么，海豚为什么要救人？很多科学家也对这个问题产生了兴趣，可是，直到今天也没有统一的看法。科学家们对海豚救人主要有下列三种解释。

"照料天性"说：海豚救人的美德，来源于海豚对其子女的"照料天性"。海豚喜欢推动海面漂浮物体，它常常爱把自己刚出生不久的幼仔托出水面，或者抬起生病或负伤的同伴。海豚的这种"照料天性"不仅表现在对同类中，而且对其他动物也是如此，甚至对各种无生命的物体，如大海中漂浮的乌龟尸体、木头等等也表现出同样的怪癖。因而一旦遇上了溺水者，就可能本能地将其当作一个漂浮的物体推到岸边去，从而使人得救。

"见义勇为"说：海豚与人类的许多相似之处一直为人津津乐道。海豚聪明伶俐，因为它有一个发达的大脑，而且沟回很多，沟回越多，智力便越发达。海豚是一种高智商的动物，它的救人"壮举"是一种自觉的行为。因为在大多数情况下，海豚都是将人推向岸边，而没有推向大海。研究者认为，世界上有许多关于海豚保护游泳者的报道，当海豚感觉到人类可能处于危险中，就会马上行动起来保护他们。

"玩兴大发"说：海豚天生好动，善于模仿，最喜爱的就是在水中嬉戏，因此，所有被碰上的东西都成了它们的玩具。海豚为什么会把人推向岸边，而不是将人当作玩具那样一直在水中戏弄呢？这与海豚的习性有关，海豚喜欢在深水和浅水中来回巡游。如果人在深水区落水，正好碰上一群向浅水区游击的海豚时它们就会顺水推舟把人半推半玩地带到浅水区，或把落水者推到岸边。

那么以上哪一种说法比较合理呢？

"见义勇为"说认为海豚具有思维能力，它具有跟人类一样的"人道主义"品德，这种解释缺乏科学根据，无法令大多数人信服，海豚的智力虽然很高，但它们到底是动物，不是人，不可能具有人类那样的智力和品德；"玩兴大发"说认为海豚很喜欢跟人类在一起玩耍，海豚救人很可能是它玩耍时的一种行为，但是这种说法也同样不能完全让人满意。

而"照料天性"说认为海豚救人的行为完全是出于一种动物的本能、一种生存的本能。若一只海豚在水下有窒息危险时，只要它的同伴能够前去救护，把它托出水面，它的头部一露出水面，就会自动地打开头顶上的喷水孔，并开始呼吸空气，不再有生命危险。正是这种特殊的生存方式,才使海豚形成了喜欢推动海面上的漂浮物的本能。海豚的这种救护同伴的本能是在长期的进化过程中慢慢形成的,对于保护自己的同类,使自己的种族不断发展有十分重要的意义。

随着科学研究的深入,海豚救人的真正奥秘也许就会被揭示出来,不管怎样,我们人类都应为我们拥有这样一个可爱的动物朋友而感到幸运。

(选自网络资料,有删减)

词语提示

死里逃生	〈组〉	sǐ lǐ táo shēng	形容经过了极其危险的境遇,幸免于死。
千钧一发	〈组〉	qiān jūn yī fà	钧:古代重量单位,一均为三十斤。用一根头发悬挂着三万斤重的东西。比喻极其危险。
溺水	〈动〉	nì shuǐ	淹没在水中。
见义勇为	〈组〉	jiàn yì yǒng wéi	看到了正义的事情就奋勇地去做。
津津乐道	〈组〉	jīn jīn lè dào	很有兴趣地谈论。
沟回	〈名〉	gōu huí	人体大脑上沟状的结构。
顺水推舟	〈组〉	shùn shuǐ tuī zhōu	比喻顺势或乘便行事。

练习

一、根据课文内容判断正误

1. 人们很早就认识到海豚具有很高的智力。　　　　　　　　　　　　　( )
2. 海豚喜欢推动海面上漂浮的物体。　　　　　　　　　　　　　　　　( )
3. 如果海豚看到大海中有一根漂浮的木头,它一定会推动这根木头。　　( )
4. 海豚推动落水的人时,知道自己是在救人。　　　　　　　　　　　　( )
5. 海豚的头部有一个喷水孔可换气,长时间待在水里会有窒息的危险。　( )
6. 海豚喜欢托起物体的本能是在救护同伴的生存过程中慢慢形成的。　　( )

二、选择画线部分词语在句子中的意思

1. "照料天性"__说__:海豚救人的美德,来源于海豚对其子女的"照料天性"。
　　A. 谈、讲　　　　B. 解释　　　　　C. 一种文体　　　D. 言论、主张

2. 它常常爱把自己刚出生不久的__幼仔__托出水面。
　　A. 崽子　　　　　B. 家畜、家禽　　C. 孩子　　　　　D. 幼小的动物

3. 海豚的这种"照料天性"不仅表现在对同类中,而且对其他动物也是如此,甚至对各种无生命的物体,如大海中漂浮的乌龟尸体、木头等等也表现出同样的__怪癖__。
　　A. 性格孤僻　　　B. 奇怪的爱好　　C. 怪异的性格　　D. 奇怪的特点

4. 海豚与人类的许多相似之处一直__为__人津津乐道。
　　A. 被　　　　　　B. 为了　　　　　C. 表述目的　　　D. 因为

5. 这种解释缺乏科学根据,无法令大多数人__信服__。
　　A. 佩服　　　　　B. 深信佩服　　　C. 信任　　　　　D. 信守

6. 随着科学研究的深入，海豚救人的真正奥秘也许就会被<u>揭示</u>出来。

    A. 展示   B. 揭露   C. 揭开显示   D. 揭发

三、选择合适的词语填空

死里逃生 千钧一发 成群结队 见义勇为 津津乐道 顺水推舟

1. 你不要（　　），这次事故不查清决不罢休。

2. 有句歇后语：鲤鱼脱钩（　　）。

3. 人们如汹涌的潮水，（　　）地挤向出口。

4. 有句歇后语：头发丝吊大钟（　　）。

5. 在抢险救灾工作中，涌现了大批（　　）、不怕牺牲的英雄人物。

6. 直到现在，还有人对十年前的那件事情（　　）。

四、根据课文内容选择正确答案

1. 海盗们为什么没有马上杀死音乐家？

    A. 想得到更多的钱   B. 想满足音乐家最后的愿望

    C. 心里很同情音乐家   D. 想听音乐家的演奏

2. 第二次世界大战时，那个飞行员怎么了？

    A. 他的飞机被敌人打下来了   B. 把敌人的飞机打下来了

    C. 跳伞时受伤了   D. 遇到了一大群鲨鱼

3. 飞行员后来是怎么得救的？

    A. 在海上被别的船救走了   B. 上了一条海盗船

    C. 找到了一架飞机   D. 被一群海豚推上了岸

4. "海豚救人是因为它有人道主义品德"这一说法为什么不对？

    A. 海豚救人的事是非常少见的

    B. 海豚不可能具有人类的智力和道德

    C. 没有研究结果证明海豚有思维能力

    D. 人们认为海豚想找人玩耍才救人

5. 海豚天生有一种什么特性？

    A. 关心生病的同伴和幼仔   B. 常常在大海里保护救助人类

    C. 喜欢靠着漂浮的木头游泳   D. 喜欢托起海面上漂浮的物体

6. 海豚的这种本能是怎么形成的？

    A. 其他海豚教的   B. 人类训练的

    C. 在进化中形成的   D. 跟敌人斗争学会的

五、根据课文内容回答问题

1. 文中提到海豚救人的故事中，哪个故事让你觉得最有趣，并说明原因。

2. 关于海豚救人的原因有哪三种说法？你更倾向于哪一种？

3. 为什么说海豚是一种聪明伶俐的动物？

说一说

1. 有很多动物和人类的关系非常密切，你知道有哪些吗？

2. 请同学讲讲自己和动物之间发生的故事或者自己看到的有关动物和人类的故事。

阅读技能指导

语篇信号词之二：表列举与补充关系

表列举与补充关系的信号词表明下文出现的内容和前文是同类事物,或者是对前文的补充说明,而不会是新的或者相反的信息。当遇到如下信号词:例如、比如、举一个例子、譬如、同样的,像一样、即、也就是说、具体地说等,便可知作者将要或正在举例说明自己的观点,或者是对前文的补充和具体说明,没有新的观点出现,这时可以加快阅读速度。

练 习

阅读下列短文并完成相应的练习

生物对花朵也有自己独特的喜好。比如,鸟类就特别喜欢红色的花朵,蛾子特别喜欢白色的花朵,而蜜蜂则特别喜欢黄色和蓝色的花朵。这与不同动物的视觉有很大的关系,鸟类对红色比较敏感,而蜂类则对黄色和蓝色比较敏感。

1. 找出表示列举和补充的信号词。
2. 文中举例是为了说明:
    A. 生物对花朵有各自独特的爱好
    B. 不同的动物视觉有差异
    C. 鸟类对红色比较敏感
    D. 蜂类对黄色和蓝色比较敏感

阅读1

正当德国上上下下关注着一部反映 2006 世界杯德国足球队的纪录片《德国,一个夏天的童话》时,在明斯特却上演着另一场感人的童话故事。故事的主人翁是两只天鹅,一个叫皮特的黑天鹅和他的恋人,一只"白天鹅"。

5 月,在一个阳光灿烂的日子里,一只不知来自何方的美丽的黑天鹅在明斯特美丽的人工湖——亚湖边寻觅到了他的恋人,一只静守着亚湖的沉默的"白天鹅"。

从此以后,黑天鹅就在"白天鹅"身边定居下来,成了忠实的护花使者。他每天围绕着白天鹅起舞,为她唱着情歌,当有别的游人划着游船靠近时,他会不顾一切地冲过去,极力驱赶,直到游人远去。他一直期待着白天鹅有一天能和他共舞,同吟。他期待着自己的真诚能打动白天鹅,哪怕对自己眨眨眼睛,点点头。

半年来,他不曾离开过白天鹅,只是有几天他生病时,有好心的市民将他移往别处看护了两天,病一好,他又急急忙忙飞回来,深怕有谁动了他的新娘。只是至今他也不知道,他的美丽的新娘其实是一只塑料制的小天鹅船。

善良的人们为他的爱情故事所打动,谁也不想打破他的爱情梦,努力帮他延续着他的爱情梦。

刚开始,黑天鹅不适应与人交往,时间长了,发现人们对他很友好,不仅喂食,还会给他挠痒痒,也就不再戒备了。

随着时间的推移,如何保证黑天鹅安全过冬,成了明斯特城一个重要的话题,当地的报纸纷纷开辟了专栏和专题,让市民参与讨论,集思广益,探讨最佳的过冬保护措施。后来经过大家集中讨论,认为既不能分开黑"白"天鹅,又不能让寒冬冻坏黑天鹅,唯一的办法就是把黑"白"天鹅迁移到动物园去,最后决定只有进行水上迁移。在这三里长的路上,每天迁移多久才能让他适应? 最后人们计算出每天迁移两百米是最佳距离。

迁移第一天惊动了全城。来自各国的新闻媒体记者跟踪拍摄,电视台记者更是摄下了迁移的过程。动物园的院长亲自指挥,专门派一个动物护理员保护黑天鹅,按每天的移动计划,11月9号就可以迁移到新家,那儿非常适合他过冬。

饲养员用谷物和新鲜的沙拉引诱黑天鹅紧跟着白天鹅船。迁移过程中,他并不是一直那么听话,偶尔会调皮的游向相反的方向,人们只好将白天鹅船再划回去,将他吸引回来。

随着日子一天天过去,人们都在担心,黑天鹅是否会适应动物园的生活? 是否会在某一天,黑天鹅会离开白天鹅船,从而结束这一场轰轰烈烈的神奇爱情?

黑天鹅皮特和他挚爱的"白天鹅"正在成为明斯特市一个新的标志。黑天鹅的爱情故事不仅吸引着众多的游客,也吸引了来自世界各地的记者们。人们纷纷传播着他们的故事,用不同的语言。一家旅游品专卖店正在以他们的故事为背景制作一系列工艺品和编写一部儿童童话书。

(选自新浪网,有删减,作者:周俊)

练习

速读第1遍,完成下面的练习(建议阅读时间5分钟)

一、根据阅读内容选择正确答案

1. "黑天鹅就在"白天鹅"身边定居下来,成了忠实的护花使者。"中"护花使者"有什么含义?

   A. 指那些对女性进行保护,避免危险的男性们

   B. 保护鲜花的使者

   C. 为女性送信的人

   D. 女性的追求者

2. 对这只黑天鹅的爱情,以下哪一项不是人们持有的态度?

   A. 担心　　　　　B. 友好　　　　　C. 关注　　　　　D. 沉默

3. 黑天鹅皮特为"白天鹅"做了什么?

   A. 和白天鹅一起跳舞　　　　　B. 和白天鹅一起唱歌

   C. 吃人们给它的食物　　　　　D. 一直追随白天鹅

4. 根据本文以下哪种事情不会发生?

   A. 黑天鹅和它的新娘白头偕老　　　　　B. 黑天鹅移情别恋

   C. 白天鹅移情别恋　　　　　D. 黑天鹅离开了白天鹅

5. 把黑"白"天鹅迁移到动物园去,是因为:

   A. 到亚湖观看的人太多,影响了观看

   B. 动物园可以收费,产生经济收益

   C. 动物园环境好,利于黑天鹅过冬

D. 全体市民参与讨论，集思广益的结果

细读第 2 遍，完成下面的练习

二、根据阅读内容判断正误

1.《德国，一个夏天的童话》是一个关于德国足球队的童话故事。（　　）

2. 黑"白"天鹅最后是一起走水路迁移到新家的。（　　）

3. 有人已经以这个故事为背景写出了一部童话故事。（　　）

4. 饲养员用谷物和新鲜的沙拉来喂养黑天鹅。（　　）

5. 黑天鹅与人相处得一直很好。（　　）

6. 黑天鹅因不适应动物园的生活而离开了白天鹅，最终结束了这一场轰轰烈烈的神奇爱情。（　　）

三、选择画线部分词语在句子中的意思

1. 病一好，他又急急忙忙飞回来，深怕有谁动了他的新娘。

A. 非静止的　　　　B. 伤害　　　　　C. 可变的　　　　D. 发动

2. 善良的人们为他的爱情故事所打动，谁也不曾想打破他的爱情梦。

A. 是　　　　　　　B. 为了　　　　　C. 被　　　　　　D. 作为

3. 随着时间的推移，如何保证黑天鹅安全过冬，成了明斯特城一个重要的话题。

A. 转移　　　　　　B. 发展　　　　　C. 推动　　　　　D. 临近

4. 迁移第一天惊动了全城，来自各国的新闻媒体记者跟踪拍摄。

A. 跟随　　　　　　B. 跟前　　　　　C. 踪迹　　　　　D. 踪影

5. 饲养员用谷物和新鲜的沙拉引诱黑天鹅紧跟着白天鹅船。

A. 诱发　　　　　　B. 引导　　　　　C. 劝导　　　　　D. 诱导

词语提示

寻觅	（动）	xún mì	寻求、探索。
忠实	（形）	zhōng shí	忠诚老实。
打动	（动）	dǎ dòng	使产生友好同情的感情（如怜悯、感谢、悔恨、体贴等）。
戒备	（动）	jiè bèi	警戒防备；对人有戒心而加以防备。
集思广益	〈组〉	jí sī guǎng yì	指集中群众的智慧，广泛吸收有益的意见。
惊动	（动）	jīng dòng	举动影响别人；使吃惊或受干扰。
挚爱	（名）	zhì ài	诚挚相爱，指世间最真实和真诚的情感。

阅读2

这是听来的一个发生在西藏的故事。发生故事的年代距今有好些年了，可是，我每次乘车穿过藏北无人区时，总会不由自主地想起这个故事的主人公——那只将母爱浓缩于深深一跪的藏羚羊。

那时候，枪杀、乱逮野生动物是不受法律惩罚的。就是在今天，可可西里的枪声仍然带着

罪恶的余音低徊在自然保护区巡视卫士们的脚步难以到达的角落。当年举目可见的藏羚羊、野马、野驴、雪鸡、黄羊等，眼下已经成为凤毛麟角了。

当时，经常跑藏北的人总能看见一个肩披长发，留着浓密大胡子，脚蹬长筒藏靴的老猎人在青藏公路附近活动。那支磨蹭得油光闪亮的权子枪斜挂在他的身上，身后的两头藏牦牛驮着沉甸甸的各种猎物。猎获的那些皮毛自然会卖来一笔钱。他除了自己消费一部分外，更多地用来救济路遇的朝圣者。

杀生和慈善在老猎人身上共存。促使他放下手中权子枪的是在发生了这样一件事之后——应该说那天是他很有福气的日子。大清早，他从帐篷里出来，伸伸懒腰，正准备要喝一铜碗酥油茶时，突然瞅见两步之遥对面的草坡上站立着一只肥肥壮壮的藏羚羊。他丝毫没有犹豫，就转身回到帐篷拿来了权子枪。他举枪瞄了起来，奇怪的是，那只肥壮的藏羚羊并没有逃走，只是用乞求的眼神望着他，然后冲着他前行两步，两条前腿扑通一声跪了下来。与此同时只见两行长泪就从它眼里流了出来。老猎人的心头一软，扣扳机的手不由得松了一下。藏区流行着一句老幼皆知的俗话："天上飞的鸟，地上跑的鼠，都是通人性的。"此时藏羚羊给他下跪自然是求他饶命了。他是个猎手，不为藏羚羊打动也是情理之中的事。他双眼一闭，扳机在手指下一动，枪声响起，那只藏羚羊便栽倒在地。它倒地后仍是跪卧的姿势，眼里的两行泪迹也清晰地留着。

那天，老猎人没有像往日那样当即将猎获的藏羚羊开宰、扒皮。他的眼前老是浮现着给他跪拜的那只藏羚羊。他觉得有些蹊跷，藏羚羊为什么要下跪？这是他几十年狩猎生涯中唯一见到的一次情景。夜里，躺在地铺上的他久久难以入眠，双手一直颤抖着……

次日，老猎人怀着忐忑不安的心情对那只藏羚羊开膛扒皮，他的手仍在颤抖。腹腔在刀刃下打开了，他吃惊得叫出了声，手中的屠刀咣当一声掉在地上……原来在藏羚羊的子宫里，静静卧着一只小藏羚羊，它已经成形，自然是死了。这时候，老猎人才明白为什么那只藏羚羊的身体肥肥壮壮，也才明白它为什么要弯下笨重的身子对自己下跪：它是在求猎人留下自己孩子的一条命呀！

天下所有慈母的跪拜，包括动物在内，都是神圣的。

老猎人的开膛破腹半途而停。

当天，他没有出猎，在山坡上挖了个坑，将那只藏羚羊连同它那没有出世的孩子掩埋了。同时埋掉的还有他的权子枪……

从此，这个老猎人在藏北草原上消失。没人知道他的下落。

（选自《新民晚报》2000年9月25日，有删减）

练习

速读第1遍，完成下面的练习（建议阅读时间5分钟）

一、根据阅读内容选择正确答案

1. 下面哪一句话可以作为表现本文主题的话？
   A. 天下所有慈母的跪拜，包括动物在内，都是神圣的
   B. 我永远忘不了那只将母爱浓缩于深深一跪的藏羚羊
   C. 杀生和慈善在老猎人身上共存，而促使他放下手中的权子枪是那只藏羚羊
   D. 老猎人在藏北草原上消失的原因

2. "当年举目可见的藏羚羊、野马、野驴、雪鸡、黄羊等，眼下已经成为凤毛麟角了。"中"凤毛麟角"最贴切得意思是：

    A. 比喻数量很多   B. 比喻只剩毛和骨头了

    C. 比喻数量很少   D. 比喻可贵而稀少

3. 关于藏北生活的老猎人，文中未提到的是：

    A. 身上斜挂着杈子枪   B. 救济路过的朝圣者

    C. 猎获的猎物皮张可以用来卖钱   D. 也会去拉萨朝觐

4. "他觉得有些蹊跷，藏羚羊为什么要下跪?"中"蹊跷"指的是：

    A. 奇怪   B. 郁闷   C. 伤心   D. 后悔

5. 藏羚羊给老猎人下跪并流下了眼泪是因为：

    A. 乞求猎人饶命   B. 藏羚羊通人性

    C. 乞求猎人留下腹中孩子的性命   D. 非常害怕，无法行走

细读第 2 遍，完成下面的练习

二、根据阅读内容回答问题

1. 请描述一下老猎人的形象。

2. 为什么说杀生和慈善在老猎人身上是共存的?

3. 老猎人给藏羚羊开腹时，为什么中途停手了? 那时他的心情是怎样的?

4. 老猎人在掩埋了藏羚羊的同时，也埋掉了杈子枪，这一举动表现了什么?

5. 展开想象：老猎人的去向。

三、用所给的词语替换下列句子中的画线部分词语，保证句子意思基本不变

徘徊迟疑 乱抓 惴惴不安 看见 随处可见

1. 那时候，枪杀、乱逮野生动物是不受法律惩罚的。   （   ）

2. 当年举目可见的藏羚羊、野马、野驴、雪鸡、黄羊等，眼下已经成为凤毛麟角了。 （   ）

3. 他正准备要喝一铜碗酥油茶时，突然瞅见两步之遥对面的草坡上站立着一只肥肥壮壮的藏羚羊。   （   ）

4. 他丝毫没有犹豫，就转身回到帐篷拿来了杈子枪。   （   ）

5. 次日，老猎人怀着忐忑不安的心情对那只藏羚羊开膛扒皮，他的手仍在颤抖。   （   ）

词语提示

不由自主	〈组〉	bù yóu zì zhǔ	由不得自己，控制不住自己。
巡视	（动）	xún shì	巡行视察。
凤毛麟角	〈组〉	fèng máo lín jiǎo	凤凰的羽毛，麒麟的角。比喻珍贵而稀少的人或物。
饶命	（动）	ráo mìng	免除一死；给予活命。
颤抖	（动）	chàn dǒu	颤动；发抖。

第 35 课　雪山向日葵

从雪山下来,已是傍晚时分,阳光依然炽烈,亮得晃眼。从很远的地方就望见了那一大片向日葵海洋,像是天边扑腾着一群金色羽毛的大鸟。

车渐渐驶近,你喜欢你兴奋,大家都想起了梵高,朋友说停车照相吧,这么美丽这么灿烂的向日葵,我们也该做一回向阳花儿了。

秘密就是在那一刻被突然揭开的。

太阳西下,阳光已在公路的西侧停留了整整一个下午,它给了那一大片向日葵足够的时间改换方向,如果向日葵确实有围着太阳旋转的天性,应该是完全来得及付诸行动的。

然而,那一大片向日葵花,却依然无动于衷,纹丝不动,固执地颔首朝东,只将一圈圈绿色的蒂盘对着西斜的太阳。它的姿势同上午相比,没有一丝一毫的改变,它甚至没有一丁点儿想要跟着阳光旋转的那种意思,一株株粗壮的葵干笔挺地仁立着,用那个沉甸甸的花盘后脑勺,拒绝了阳光的亲吻。

夕阳逼近,金黄色的花瓣背面被阳光照得通体透亮,发出纯金般的光泽。像是无数面迎风招展的小黄旗,将那整片向日葵地的上空都辉映出一片升腾的金光。

它宁可迎着风,也不愿迎着阳光么?

呵,这是一片背对着太阳的向日葵。

那众所周知的向阳花儿,莫非竟是一个弥天大谎么?

究竟是天下的向日葵,根本从来就没有随着太阳旋转的习性,还是这雪山脚下的向日葵,忽然改变了它的遗传基因,成为一个叛逆的例外?

或许是阳光的亮度和吸引力不够么? 可在阳光下你明明睁不开眼。

难道是土地贫瘠使得它心有余而力不足么? 可它们一棵棵都健壮如树。

也许是那些成熟的向日葵种子太沉重了。它的花盘,也许脑子里装了太多的东西,它们就不愿再盲从了么? 可它们似乎还年轻,新鲜活泼的花瓣一朵朵一片片抖擞着,正轻轻松松地翘首顾盼,那么欣欣向荣,快快活活的样子。它们背对着太阳的时候,仍是高傲地扬着脑袋,没有丝毫谄媚的谦卑。

那么,它们一定是一些从异域引进的特殊品种,被雪山的雪水滋养,变成了向日葵种群中的异类? 可当你咀嚼那些并无异味的香喷喷的葵花籽时,你还能区分它们么?

于是你胡乱猜测:也许以往所见那些一株单立的向日葵,它需要竭力迎合阳光,来驱赶孤独,权作它的伙伴或是信仰;那么若是一群向日葵呢? 当它们形成了向日葵群体之时,便互相手拉着手,一齐勇敢地抬起头来了。

它们是一个不再低头的集体。当你再次凝视它们的时候,你发现那偌大一片向日葵林子的边边角角,竟然没有一株,哪怕是一株瘦弱或是低矮的向日葵,悄悄地迎着阳光凑上脸去。它们始终保持这样挺拔的站姿,一直到明天太阳再度升起,一直到它们的帽檐纷纷干枯飘落,一直到最后被镰刀砍倒。

当它们的后脑勺终于沉重坠地,那是花盘里的种子真正熟透的日子。

然而你却不得不也背对着它们,在夕阳里重新上路。

雪山脚下那一大片背对着太阳的向日葵，就这样逆着光亮，在你的影册里留下了一株株直立而模糊的背景。

（选自《散文鉴赏词典》，有删减，作者：张抗抗）

词语提示

炽烈	（形）	chì liè	极热。
付诸行动	〈组〉	fù zhū xíng dòng	（把计划、方案等）落实到行动上。
无动于衷	〈组〉	wú dòng yú zhōng	心里一点不受感动；一点也不动心。
纹丝不动	〈组〉	wén sī bù dòng	一点也不动。
颔首	（动）	hàn shǒu	点头。
蒂盘	（名）	dì pán	向日葵的头。
伫立	（动）	zhù lì	长时间地站着。
弥天大谎	〈组〉	mí tiān dà huǎng	天大的谎话。
习性	（名）	xí xìng	长期在某种自然条件或社会环境下所养成的特性。
贫瘠	（形）	pín jí	（土地）薄，不肥沃。
盲从	（动）	máng cóng	不问是非地附和别人；盲目随从。
抖擞	（动）	dǒu sǒu	振作。
翘首顾盼	〈组〉	qiáo shǒu gù pàn	抬起头来望，希望看到心里希望发生的事情。
谄媚	（动）	chǎn mèi	用卑贱的态度向人讨好。
欣欣向荣	〈组〉	xīn xīn xiàng róng	形容草木茂盛。比喻事业蓬勃发展。
异域	（名）	yì yù	外国；他乡；外乡。
异类	（名）	yì lèi	不同的种类。

练习

一、根据课文内容判断正误

1. 我们是在太阳刚刚升起时看到那一大片向日葵的。 （　　）
2. 所有向日葵都有着围着太阳旋转的天性。 （　　）
3. 我们看到的雪山下的那一大片向日葵背对着太阳。 （　　）
4. 那片向日葵背对太阳是基因突变造成的。 （　　）
5. 所有的向日葵都背对太阳。 （　　）
6. 成熟的向日葵种子太重了导致它不能转向太阳。 （　　）

二、选择画线部分词语在句子中的意思

1. 从雪山下来，已是傍晚时分，阳光依然炽烈，亮得晃眼。

    A. 眼睛明亮　　　　　　　　　　B. 很快在眼前闪过

    C. 摇动、摆动眼睛　　　　　　　D. 光芒闪烁

2. 那一大片向日葵花，却依然无动于衷，纹丝不动，固执地颔首朝东。

      A. 点头　　　　　B. 摇头　　　　　C. 低头　　　　　D. 抬头

3. 它的姿势同上午相比，没有一丝一毫的改变，它甚至没有<u>一丁点儿</u>想要跟着阳光旋转的那种意思。

      A. 极少的一点儿　　B. 一些　　　　　C. 没有　　　　　D. 很小的点

4. 金黄色的花瓣背面被阳光照得<u>通体</u>透亮，发出纯金般的光泽。

      A. 相通　　　　　B. 通常　　　　　C. 全部　　　　　D. 连结

5. 难道是土地<u>贫瘠</u>使得它心有余而力不足么？

      A. 贫困　　　　　B. 不肥沃　　　　C. 贫寒　　　　　D. 贫弱

6. 也许以往所见那些一株单立的向日葵，它需要竭力迎合阳光，来驱赶孤独，<u>权作</u>它的伙伴或是信仰。

      A. 权力　　　　　B. 权利　　　　　C. 权衡当作　　　　D. 暂且当作

三、选择合适的词语填空

付诸行动　　无动于衷　　纹丝不动　　弥天大谎　　心有余而力不足　　欣欣向荣

1. 他坐着（　　），宛如凝固了一般。

2. 我虽然有心帮你的忙，无奈（　　）。

3. 所有的远大理想和美好愿望只有（　　）才能变为现实。

4. 春雨过后，田里的庄稼（　　）。

5. 谁会相信他这（　　）？

6. 你苦口婆心地劝他，他却（　　），一句话也听不进去。

四、根据课文内容选择正确答案

1. 下面哪一句不是比喻句？

    A. 从很远的地方就望见了那一大片向日葵海洋，像是天边扑腾着一群金色羽毛的大鸟

    B. 朋友说停车照相吧，这么美丽这么灿烂的向日葵，我们也该做一回向阳花儿了

    C. 夕阳逼近，金黄色的花瓣背面被阳光照得通体透亮，发出纯金般的光泽

    D. （金黄色的花瓣）像是无数面迎风招展的小黄旗，将那整片向日葵地的上空都辉映出一片升腾的金光

2. 关于这片向日葵，不符合原文意思的是哪一项？

    A. 这片向日葵在雪山脚下　　　　　B. 傍晚时分我们看到了向日葵

    C. 有些瘦弱或低矮，有些健壮如树　　D. 相对于别的向日葵是异类

3. 这片向日葵没有随着太阳旋转，是因为：

    A. 雪山改变了它的基因　　　　　B. 阳光的亮度和吸引力不够

    C. 土地贫瘠　　　　　　　　　　D. 没有确切的答案

4. 作者对这片向日葵的态度是什么？

    A. 怪异　　　　　B. 赞许　　　　　C. 叛逆　　　　　D. 不相信

5. "它们始终保持这样挺拔的站姿，一直到明天太阳再度升起，一直到它们的帽檐纷纷干枯飘落，一直到最后被镰刀砍倒。"，以下哪一项不符合这句话的意思？

    A. "它们"指代的是向日葵　　　　　B. "这样"是指背对太阳的样子

    C. 三个"一直"是递进关系　　　　　D. 三个"一直"是并列关系

6. "那众所周知的向阳花儿,莫非竟是一个弥天大谎么?",这句话中的"弥天大谎"指的是什么?

    A. 向日葵是向阳花

    B. 向日葵根本从来就没有随着太阳旋转的习性

    C. 向日葵是背对着太阳的

    D. 向日葵有随着太阳旋转的习性

五、根据课文内容回答问题

1. 作者将向日葵比成"一个不再低头的集体",她是如何证实这个观点的?

2. 对雪山向日葵特点形成的原因进行了一系列的猜想,其作用是什么?

3. "雪山脚下那一大片背对着太阳的向日葵,就这样逆着光亮,在你的影册里留下了一株株直立而模糊的背景。"为什么作者说向日葵的背景是"直立而模糊"的?

4. 结合全文内容,说说作者通过对雪山向日葵的描写颂扬了什么精神?

说一说

1. 向日葵是该向阳,还是不该向阳,请你谈谈你的观点。

2. 请谈谈你所了解的植物的生活习性。

阅读技能指导

语篇信号词之三:表转折和对比关系

表比较和对比的信号词主要在一类事物类似或区别于另外一类事物,或者话题从一个主题转移到另外一个主题时使用。这样的信号词有:另一方面、相反、其实、反过来、反而、相对来说、但是、可是、只是、不过、然而、而、否则等等。

当你在阅读时看到这类信号词,要放慢阅读速度,因为下文往往是与上文相反或不同的观点。这些观点有可能是作者真正要表达的主要观点,不过也有可能与实际情况正好相反。

练习

阅读下列短文并完成相应的练习

2014 年 3 月 4 日,法国一家媒体报道称,由于全球变暖,西伯利亚永久冻土融化并释放出在冰封状态下存活了 3 万年的病毒。虽然被冰封了 3 万年之久,可这种病毒仍然有传染性,幸运的是它的目标只是阿米巴变形虫,对人类无害。不过,研究者们认为随着地球永久冻土的融化,一些古老的病毒可能会从冻土中复活,造成远古病毒的大回归,甚至有些病毒为了生存会进化出"超级病毒",到那时,它们对人类会构成何种威胁,真的是难以预测。

1. 找出该段中表示转折和对比的信号词。

2. 远古病毒的回归可能对人类的影响是:

    A. 不会威胁到人类   B. 威胁巨大

    C. 很难说清楚   D. 预测不了

📖 阅读 1

　　厦门是一座风光旖旎的"海上花园"，先贤曾诗赞其"一城如花半倚石，万点青山拥海来"。然而，这座林木茂密，花卉缤纷的"海上花园"，却时常有外来生态杀手伺机侵入。"猫爪藤"和"加拿大一枝黄花"就是两个有着美丽面孔的外来生态杀手。

　　猫爪藤是多年生木质藤本植物，因其叶子顶端长有吸附能力很强、酷似猫爪的三枚小钩状卷须而得名。160多年前，猫爪藤作为观赏性植物从原产地美洲引入厦门。想当初，红砖楼房外，常绿的猫爪藤沿着庭园栅栏疏密有间地攀爬着，鹅黄色的花不时从青藤间探出，确也是一道风景。但随着时光的推移，猫爪藤便渐渐暴露出其生态杀手的真面目。繁殖能力极其旺盛的猫爪藤，借助强劲的海风将其种子四处传播。生根发芽之后，不仅其发达的根系会疯狂地与其他植物争夺养分，而且坚硬、锋利的"猫爪"还能紧紧抓住树皮往上攀爬，以层层叠叠的茎、叶构成网状的"藤罩"遮盖整个树冠，使树木因无法进行光合作用而枯死；而后它再向四周扩散，攀援周围的其他树木并覆盖，最终导致成片的树林死亡。在厦门受猫爪藤危害较重的鼓浪屿，许多古树名木被猫爪藤裹缠得面目全非、惨不忍睹。

　　猫爪藤的胡作非为让人忍无可忍，但铲除猫爪藤却并非易事。猫爪藤的根扎进地下40厘米左右，与其他树木的根纠缠在一起，难于斩除，而且猫爪藤还有贮藏着丰富养分的块根，即使把地面的藤蔓统统割掉，它很快又能长出新芽。上个世纪90年代初鼓浪屿就开始着手清理猫爪藤的工作，到2004年7月清理面积已达12万多平方米。尽管如此，形势仍不容乐观，要防止猫爪藤重新在鼓浪屿蔓延显然还需要旷日持久的艰苦斗争。

　　"加拿大一枝黄花"的容貌比"猫爪藤"更姣美。它有着小向日葵般的花梗和鸡冠般的黄穗，与其他名花相配非常好看。这种花原产于北美，具有超强的繁殖能力，平均每株可产生2万多粒种子，经风、鸟等途径向四周扩散，只需3年时间就能迅速成片。生长过程中和其他植物争光、争肥，肆意排挤其他植物，最后导致在它生长区域里的其他植物一律消亡。在引进后短短几十年间，这种花已在许多省市泛滥成灾。

　　前一两年，"加拿大一枝黄花"也悄悄潜入厦门。2005年，厦门有关部门组织过调查，发现东孚、集美等地有五、六个场（圃）种植这种花，种植历史有1年以上，面积约200亩，厦门市的花店一般也都有销售这种花。所幸，在调查中尚未发现大面积野生存活的"加拿大一枝黄花"。

　　"猫爪藤"和"加拿大一枝黄花"当初都是作为观赏性植物被有意引进的。在引种地区，这些植物不再受原产地各种天敌的威胁，生长的环境阻力变小，繁殖速度极快，最终成了生态杀手，对本土植物的多样性构成严重威胁。"猫爪藤"和"加拿大一枝黄花"带给本土植物的是生存的危机，带给厦门人的则是深沉的思考。

（选自网络资料，有删减）

✍ 练习

速读第1遍，完成下面的练习（建议阅读时间5分钟）

一、根据阅读内容选择正确答案

　　1. "一城如花半倚石，万点青山拥海来"说明了什么？

　　　　A. 厦门的气候　　　　　　　　　B. 厦门的地理位置

　　　　C. 厦门的城市建筑特色　　　　　D. 厦门的风土人情

2. 关于"猫爪藤"说法正确的是哪一项？

    A. 猫爪藤是多年生木质藤本植物,其根部吸附能力很强

    B. 猫爪藤因叶子顶端长有很像猫爪的三枚小钩状卷须而得名

    C. 猫爪藤难于斩除主要是因为其根扎进地下 20 厘米,并与其他树木的根纠缠在一起

    D. 现在鼓浪屿的猫爪藤已经清除干净

3. 关于"加拿大一枝黄花"说法不正确的是哪一项？

    A. 加拿大一枝黄花主要用于插花

    B. 加拿大一枝黄花和猫爪藤的产地一样

    C. 加拿大一枝黄花对其他植物的致命伤害是争光、争肥,肆意排挤其他植物

    D. 加拿大一枝黄花在厦门较少受到天敌的威胁

4. 以下哪一项是厦门市为消除生物杀手做的工作？

    A. 在花店里禁止销售加拿大一枝黄花

    B. 引进猫爪藤与加拿大一枝黄花的天敌

    C. 铲除大量的猫爪藤

    D. 清除野外的加拿大一枝黄花

5. 以下哪一项不是猫爪藤与加拿大一枝黄花对比的相同之处？

    A. 都是外来引进植物   B. 都对环境有影响

    C. 都有很强的繁殖能力   D. 根系都非常发达

细读第 2 遍,完成下面的练习

二、根据阅读内容判断正误

1. 厦门时常会入侵许多杀手。   （   ）

2. 猫爪藤和加拿大一枝黄花对人类危害很大。   （   ）

3. 猫爪藤和加拿大一枝黄花不是厦门的土著植物。   （   ）

4. 厦门在引入猫爪藤与加拿大一枝黄花之前不知道它们的危害。   （   ）

5. 猫爪藤与加拿大一枝黄花的危害主要是针对植物的。   （   ）

6. 猫爪藤在厦门已经被铲除了。   （   ）

三、选择画线部分词语在句子中的意思

1. 坚硬、锋利的"猫爪"还能紧紧抓住树皮往上攀爬,<u>以</u>层层叠叠的茎、叶构成网状的"藤罩"遮盖整个树冠。

    A. 用   B. 按照   C. 以为   D. 表示目的

2. 猫爪藤的胡作非为让人忍无可忍,但铲除猫爪藤却<u>并非</u>易事。

    A. 是非   B. 并且   C. 错误   D. 并不是

3. 这种花原产<u>于</u>北美,具有超强的繁殖能力,平均每株可产生 2 万多粒种子。

    A. 于是   B. 在   C. 从   D. 表示比较

4. 生长过程中和其他植物争光、争肥,肆意排挤其他植物,最后导致在它生长区域里的其他植物<u>一律</u>消亡。

    A. 一切   B. 一个样子   C. 全部   D. 没有新意

5. <u>所幸</u>,在调查中尚未发现大面积野生存活的"加拿大一枝黄花"。

A. 高兴　　　　　B. 非常幸运　　　　　C. 希望　　　　　D. 福气

词语提示

风光旖旎	〈组〉	fēng guāng yǐ nǐ	形容景色柔和美好。
先贤	〈名〉	xiān xián	已故的有才德的人。
裹缠	〈动〉	guǒ chán	缠绕裹扎。
面目全非	〈组〉	miàn mù quán fēi	样子完全不同了。形容改变得不成样子。
惨不忍睹	〈组〉	cǎn bù rěn dǔ	凄惨得叫人不忍心看。
胡作非为	〈组〉	hú zuò fēi wéi	不顾法纪或舆论，毫无顾忌地做坏事。
斩除	〈动〉	zhǎn chú	斩断去除。
不容乐观	〈组〉	bù róng lè guān	指实际现况不允许往好的方向想，也用来形容事情事态发展不好，凶多吉少，不利因素很多。
旷日持久	〈组〉	kuàng rì chí jiǔ	荒废时间，拖得很久。
泛滥成灾	〈组〉	fàn làn chéng zāi	江河湖泊的水溢出，造成灾害。比喻不好的文章或思想到处传播，影响极坏。

阅读2

　　我们为何给人送花？赠人以花可表达抚慰之情或柔情蜜意，也可用于恭喜庆贺或请求宽恕。我们天生就知道送花有一种强大的心理效应，然而在接受鲜花的心理效应方面还没有进行过多少科学研究，尽管花卉已经形成了一个规模可观的国际产业。

　　进化心理学的研究表明，花卉能够激发我们积极的情感和其他深层心理变化，在这一点上人类与其他任何物种几乎都不一样；更让人惊奇的是，花卉可能利用了它对人类的这种独特影响来不断进化。进化生物学认为，植物往往为了吸引众多不同物种而进化，从而使其不断传播开来。但是这种的理论提出，植物——人类共同进化的根据是花儿带来的感情奖赏。

　　拉特格斯大学的一个心理学家和遗传学家小组的研究表明，我们人类就是花卉进行繁衍战略的一部分。他们认为，至少五千年里人类一直在广泛种植花卉，与其他植物相比，它们拥有非常大的进化优势。他们还指出，花卉的形状和香味能够引起强烈的情感反应，这不只是一个简单的巧合。

　　为了验证其论点，这个研究小组给150位妇女带去不同的礼物，其中包括鲜花、水果和糖果等。结果发现，得到鲜花的妇女比得到其他礼物的妇女要兴奋得多，而且这种效应持续了数日。再者，得到鲜花的妇女比之前更积极地回答问题。他们通过另外的实验发现，鲜花不仅能够拉近人们之间的距离，能使人露出笑容、开口交谈，而且还能促进认知功能，比如提高记忆力等。有些人得到鲜花后的情感表现甚至完全出乎研究人员的意料。

　　科学家们提出了各种进化理论来解释鲜花带来的这种非同寻常的心理效应。有一种理论认为，人类对风景和植物的欣赏跟人类原始时期的生存条件有关，当时人们要根据环境线索来寻找食物。由于花儿这种美丽的东西跟食物采集息息相关，人类变得"从感情上"欣赏这种美，所以会喜欢花。在鲜花盛开的地方就意味着将来会结出果实供人食用，这样的地方也可能比较适合人类繁衍生息。然而拉特格斯大学的心理学家们认为，鲜花各种不同的感觉因素在共同影响人的情绪,因此鲜花是"超级刺激物",通过多通道感觉相互作用,直接影响人的情绪,而这些引起感觉注意的因素多数会造成我们的心理状态出现深度变化。

对人类基本没有食用或其他生存价值的开花植物,它们利用对人的情感作用实现了与人类的共同进化,这跟狗的进化情况很相像。开花植物就相当于人类的动物伙伴。所以,下次你给别人送花就知道,你利用花的时候,花也在利用你。

(选自网络资料,有删减)

练习

速读第1遍,完成下面的练习(建议阅读时间4分钟)

一、根据阅读内容选择正确答案

1. 下列各句中,不属于"花也在利用你"的一项是:
   A. 花卉可能利用了其能激发人积极的情感和其他深层心理变化这一影响来不断进化
   B. 花可用来表达抚慰之情或柔情蜜意,也可用于恭喜庆贺或请求宽恕
   C. 开花植物可能利用花儿给人带来的感情奖赏不断进化
   D. 我们人类可能就是花卉进行繁衍战略的一部分

2. 根据文意,下列各句中不属于鲜花带来的"心理效应"的一项是:
   A. 得到鲜花比得到其他礼物更能让人兴奋
   B. 得到鲜花后的人更愿意与他人交谈、沟通
   C. 鲜花能够使人与人之间的关系更加密切
   D. 得到鲜花后的人身体会更健康

3. 文中第4段,拉特格拉斯大学的心理学家和遗传学家研究小组的实验是为了验证:
   A. 鲜花能够拉近人与人之间的距离
   B. 鲜花可以使人露出笑容,开口说话
   C. 鲜花可以提高人的记忆力
   D. 鲜花的形状和香味能够引起人强烈的情感反应

4. 根据本文提供的信息,下列推断正确的一项是:
   A. 鲜花盛开的地方将来一定会结出果实
   B. 开花植物利用对人的情感作用实现了与人类的共同进化
   C. 科学研究证实,鲜花跟食物采集相关,所以人类"从感情上"喜欢花
   D. 已经证实鲜花是"超级刺激物",直接影响人的情绪

5. 适合做本文标题的是:
   A. 鲜花的进化
   B. 你利用花,花也在利用你
   C. 接受鲜花的心理效应研究
   D. 鲜花对人的影响

细读第2遍,完成下面的练习

二、根据阅读内容回答问题

1. 我们给别人送鲜花一般表达什么样的感情?
2. 人类在花的进化中起了什么作用?
3. 通过试验,研究小组发现接受鲜花的人常有什么表现?

4. 对于鲜花带给人类积极的心理影响,科学家们提出了怎样的解释?

5. 你是否同意本文的观点,请举例支持自己的观点。

三、用所给的词语替换下列句予中的画线部分词语,保证句予意思基本不变

表明　原谅　体谅　论证　引发　导致　起码

1. 赠人以花可表达抚慰之情或柔情蜜意,也可用于恭喜庆贺或请求<u>宽恕</u>。　　　（　　）

2. 进化心理学的研究<u>表明</u>,花卉能够<u>激发</u>我们积极的情感和其他深层心理变化。　（　　）

3. 他们认为,<u>至少</u>5000 年来人类一直在广泛种植花卉。　　　（　　）

4. 为了<u>验证</u>其论点,这个研究小组给 150 位妇女带去不同的礼物,其中包括鲜花、水果和糖果等。　　　（　　）

5. 在鲜花盛开的地方就<u>意味着</u>将来会结出果实供人食用。　　　（　　）

词语提示

抚慰	（动）	fǔ wèi	抚恤、安慰。
繁衍	（动）	fán yǎn	繁殖衍生;逐渐增多。
持续	（动）	chí xù	无间隔、连续不断。

单元阅读测试练习七

阅读1

只有敬畏自然才能保护自然。

先来说敬自然。实际上，即使有了现代科学，人类在自然面前还算不上小学生。

地球出现 46 亿年了，若将这个时间比喻成 24 小时，人类只出现了 1 秒钟，以 1 秒钟学到的本领就来挑战自己的祖师爷，除了嫩点，多少还有点不自量力吧？最好的工程师加上最强大的技术设备，开动着隆隆的机器，用成百上千的温度和大气压，外加催化剂才能生产出来的氮肥，小小固氮菌在无声息中搞定；人类自己不能制造食物，而所有的绿色植物在眼睛看不见的工厂里（叶绿体），也是在无声息中将无机的二氧化碳和水合成了有机物，释放我们呼吸的氧气。而科学家们竟不十分明白它们是怎么工作的。在自然界里，老资格的除了植物和细菌，连我们身边的蚂蚁、蝴蝶都有 3.5 亿年的年龄，所有生物的共同努力使我们所依赖的生态系统运转着。对于这样完美的自然，我们难道不该敬重吗？

再看畏自然。"非典"至今听起来让人不寒而栗。别的不说，满大街的人们都戴着口罩走动，立马增加了人与人的距离——原先的同胞变成了有可能的污染源；北京人再也没有了昔日的荣耀，似乎变成了世界上最不受欢迎的人。就是这样小小的生命（20～450 纳米之间），却让陆地上最庞大、掌握了最先进的科学武器的人类感觉到恐惧。去年的"禽流感"，最近的海啸和地震都造成了大量人员的伤亡。在自然发怒的时候，人没有不怕的，即使是最聪明的科学家。

不敬重自然的结果是轻视自然进而破坏自然，而敬重自然才能保护自然，免遭自然的报复。人类虽然上天了，也入地了，可是环境在迅速污染，生活环境在碎片化和岛屿化，蓝天碧水已成为奢侈。近 100 年里，物种消失的速度超过了过去几万年，二氧化碳增加的速度也是一百年等于过去的一万年，谁之过？英国科学家最近的研究表明，地球在面临第六次生物大灭绝，如果前五次是自然发生的，这一回可实实在在是人类造的孽。全球变暖、臭氧层扩大、水资源危机、人口爆炸以及土地荒漠化，哪一点离开了所谓科学的进步？科学家为什么又制止不住呢？塑料被认为是近 100 年来人类最糟糕的发明，那么原子弹呢？转基因呢？对于我们朝夕相处的自然，我们不敬重它、不怕报应，其结果自然是加速生态环境的恶化。今天的自然生态退化，当年的"人定胜天"就没有责任吗？

"人类属于大地，但大地不属于人类。世界上的万物都是联系着的，就像血液把我们的身体各部分联结在一起一样。生命之网络非人类所编织，人类只不过是这个网络中的一根线、一个结。但人类所做的这一切，最终会影响到这个网络，也会影响到人类本身。"印第安酋长西雅图的话，道出了人与万物息息相关的联系。我们强烈呼吁人类保护自然和回归自然，与自然和谐相处。要做到这点，首先要谦虚谨慎，从敬畏自然做起。

（选自中国国家地理中文网，有删减）

练习

速读第1遍，完成下面的练习（建议阅读时间5分钟）

一、根据阅读内容选择正确答案

1. 如果人类轻视自然，最有可能会导致：
   A. 人类自己生产氮肥　　　　　　　　B. 出现海啸和地震
   C. "非典"和"禽流感"　　　　　　　　D. 物种消失的速度加快

2. "全球变暖，臭氧层扩大，……哪一点离开了所谓科学的进步？"这句话表达的含义是：
   A. 没有科学的进步，就没有社会的发展
   B. 科学的进步给人类也带来了很多的灾难
   C. 科学的进步，只会给人类带来灾难
   D. 人类不应该发展科学

3. 下面哪一项是人类敬畏自然的根本原因？
   A. 固氮菌的工作效率比人类高　　　　B. 人类竟不知道叶绿素是怎样工作的
   C. 蚂蚁、蝴蝶的年龄都远远大于人类　D. 人类在自然面前很渺小

4. 人类不敬畏自然的后果不包括下面哪一项？
   A. 大气中二氧化碳含量快速增加　　　B. 大量物种加快了消失速度
   C. 自然与人类和谐共处　　　　　　　D. 生态环境的恶化在加速

5. 下面哪一项最符合文章原意？
   A. 人类只有敬畏自然，才能保护自然，免遭自然的报复
   B. 人类不应该发明塑料、原子弹和转基因，这会破坏自然
   C. 人类根本不应该进行科学研究和发明
   D. 人类应该发展科学，最终彻底征服自然

细读第2遍，完成下面的练习

二、根据阅读内容回答问题

1. 我们要保护好自然首先要怎么做？
2. 固氮菌的作用是什么？
3. 北京人为什么成为世界上最不受欢迎的人？
4. 作者认为是什么导致了环境的恶化？
5. "人类属于大地，但大地不属于人类"说明了什么？

词语提示

不自量力	〈组〉	bù zì liàng lì	自己没有准确地估量自己的能力。指过高地估计自己的实力。
运转	（动）	yùn zhuǎn	使机器转动。
不寒而栗	〈组〉	bù hán ér lì	不冷而发抖，形容非常恐惧。
昔日	（名）	xī rì	以前；往日。

造孽	（动）	zào niè	佛教指前世做坏事今生受报应、现在做坏事将来要受报应。现泛指干坏事。
退化	（动）	tuì huà	泛指事物由优变劣，由好变坏。
编织	（动）	biān zhī	使条状物互相交错或钩连而组织起来。
呼吁	（动）	hū yù	指某项主张公开要求大众的支持，而号召人们去干这件事。
回归	（动）	huí guī	发生倒退或表现倒退；常指趋于接近或退回到中间状态。
息息相关	〈组〉	xī xī xiāng guān	呼吸也相互关联，形容彼此的关系非常密切。

阅读2

　　自然环境是人类生存、繁衍的物质基础；保护和改善自然环境，是人类维护自身生存和发展的前提。这是人类与自然环境关系的两个方面，缺少一个就会给人类带来灾难。

　　我们生活的自然环境，是地球的表层，由空气、水和岩石（包括土壤）构成大气圈、水圈、岩石圈，在这三个圈的交汇处是生物生存的生物圈。这四个圈在太阳能的作用下，进行着物质循环和能量流动，使人类（生物）得以生存和发展。

　　据科学测定，人体血液中的60多种化学元素的含量比例，同地壳各种化学元素的含量比例十分相似。这表明人是环境的产物。人类与环境的关系，还表现在人体的物质和环境中的物质进行着交换的关系。比如，人体通过新陈代谢，吸入氧气，呼出二氧化碳；喝清洁的水，吃丰富的食物，来维持人体的发育、生长和遗传，这就使人体的物质和环境中的物质进行着交换。如果这种平衡关系破坏了，将会危害人体健康。

　　人类为了生存、发展，要向环境索取资源。早期，由于人口稀少，人类对环境没有什么明显影响和损害。在相当长的一段时间里，自然条件主宰着人类的命运。到了"刀耕火种"时代，人类为了养活自己并生存、发展下去，开始毁林开荒，这就在一定程度上破坏了环境。于是，出现了人为因素造成的环境问题。但因当时生产力水平低，对环境的影响还不大。到了产业革命时期，人类学会使用机器以后，生产力大大提高，对环境的影响也就增大了。到本世纪末，人类利用、改造环境的能力空前提高，规模逐渐扩大，创造了巨大的物质财富。据估算，现代农业获得的农产品可供养50亿人口，而原始土地上光合作用产生的绿色植物及其供养的动物，只能供给一千万人。由此可见，人类已在环境中逐渐处于主导地位。但是，严重的环境污染和生态破坏也随之出现在人类面前。大气严重污染、水资源空前短缺、森林惨遭毁灭、可耕地不断减少、大批物种濒临灭绝，人类赖以生存的自然环境正处在危机之中。日益恶化的环境向人类提出：保护大自然，维持生态平衡是当今最紧迫的问题。

　　　　　　　　　　　　　　　　　　　　　　（选自《中国自然百科全书》，有删减）

练习

速读第1遍，完成下面的练习（建议阅读时间4分钟）

一、根据阅读内容选择正确答案

　　1. 人类（生物）生存的交汇处是：

　　　　A. 大气圈　　　　B. 水圈　　　　　C. 岩石圈　　　　D. 生物圈

2. 下面不属于本文提到的人类与环境的关系的是：

A. 自然环境是人类生存、繁衍的物质基础

B. 自然环境随时有可能向人类报复

C. 人体的物质与环境的物质进行物质交换

D. 人是环境的产物

3. 人类对环境的破坏影响开始增大是在：

A. 原始社会　　　B. 刀耕火种时代　　C. 产业革命时期　　D. 20世纪未

4. 关于最后一个自然段中"日益恶化的环境"，下列哪一项未提到？

A. 水资源短缺　　　　　　　　B. 可耕地减少

C. 物种逐渐减少　　　　　　　D. 煤炭资源不足

5. 人类现在面临的最急需解决的问题：

A. 自我生存、繁衍　　　　　　B. 加快生产力发展

C. 保护大自然　　　　　　　　D. 发展农业

细读第2遍，完成下面的练习

二、根据阅读内容判断正误

1. 人类与自然环境的关系是相互依存的。　　　　　　　　　　　　（　　）

2. 地球表层的四个圈进行物质循环和能量流动必须借助于太阳能的作用。（　　）

3. 在刀耕火种时期以前，人类就已经能够控制大自然了。　　　　　（　　）

4. 人类向环境索取资源，是由于生存和发展的需要。　　　　　　　（　　）

5. 当人类逐渐主宰环境的时候，也严重地破坏着环境。　　　　　　（　　）

6. 即使为了生存和发展，人类也只应该保护自然，也不应该改善自然。（　　）

词语提示

地壳	（名）	dì qiào	地质学专业术语，是指由岩石组成的固体外壳，地球固体圈层的最外层，岩石圈的重要组成部分。
维持	（动）	wéi chí	保持使继续存在。
主宰	（动）	zhǔ zǎi	主管；支配。
刀耕火种	〈组〉	dāo gēng huǒ zhòng	一种原始的耕种方法，把地上的草烧成灰做肥料，就地挖坑下种。
空前	（形）	kōng qián	前所未有。
主导	（动）	zhǔ dǎo	统领全局；推动全局发展起主导作用。
紧迫	（形）	jǐn pò	事物的紧急迫切状态；急迫。

阅读3

现代高科技的利用和发展，为人类造就了一个光怪陆离、丰富多彩的世界。人们过上了电气化、自动化的现代生活，享用着我们祖先未曾享用过的丰富物产，达到了高质量的消费水平。然而，由于排放设施的不完善和不科学，大量的废气、废物在大气和空间中堆积起来，形成各种

恶臭,直接或间接地损害人们的健康。

所谓恶臭,是气态的大气污染物,是指能刺激人的感觉器官引起不快或者有害感觉的气味。这种气味一般是从恶臭物质中散发出来的,这类物质主要有:氯、氨和硫化氢等无机化合物;硫醇、脂肪酸类等有机化合物。散发出的气味有:臭鸡蛋味、烂洋葱味、粪尿味、烂卷心菜味等。气味浓的物质不一定比气味弱的物质更有毒性,如氯气的毒性比氨气强,而气味却比氨气弱;一氧化碳没有气味,却是一种有毒气体。有许多恶臭是数种气体混合而成的。

恶臭的主要危害,首先是对呼吸系统的影响。当人们闻到恶臭时,就会反射性地抑制吸气,使呼吸次数减少,深度变浅,甚至完全停止呼吸。其次是对循环系统的影响。随着呼吸的变化,会出现脉搏和血压的变化。三是对消化系统的影响。恶臭会使人厌食、恶心,甚至呕吐。四是对内分泌系统的影响。经常受恶臭刺激,会使内分泌系统紊乱,降低代谢活动。五是影响神经系统。长期接触恶臭,"久闻不知其臭",引起嗅觉疲劳、失灵。六是对精神的影响。恶臭使人烦躁、思想不集中、记忆力衰退。

恶臭有强弱之分。日本将恶臭强度划分为 0~5 级。各种恶臭物质的臭味强度超过 2.5~3.5 级时,表明大气已受到恶臭污染,需要采取防治措施。

防治恶臭,主要是减少恶臭的散发源。恶臭的污染源主要是工业生产过程中的废气、施肥和生活排泄物的不当处理等。恶臭是一种公害,对人体健康影响极大,因此,必须防止这些物质的产生。在人口集中地区和其他依法需要特殊保护的区域内,禁止焚烧沥青、油毡、橡胶、塑料、皮革、垃圾以及其他产生有毒有害烟尘和恶臭气体的物质。这是因为,沥青、橡胶、油毡、塑料、垃圾和皮革等物质,在焚烧过程中会产生大量有毒有害烟尘及恶臭气体物质,危害人体健康和生命安全,特别是在人口稠密或者集中地区,其危害和影响将更加强烈。对已散发出来的恶臭,可以采取气体洗涤法、臭氧氧化法、直接燃烧法、接触氧化法等措施加以治理。

(选自中国人大网,有删减)

练习

速读第 1 遍,完成下面的练习(建议阅读时间 4 分钟)

一、根据阅读内容选择正确答案

1. 恶臭的产生是由于:
    A. 自动化、电气化程度加深　　　　　B. 没有科学地排放废气、废物等
    C. 人们的免疫能力越来越弱　　　　　D. 环境污染使得空气质量下降

2. 下列哪一种症状是恶臭对消化系统的影响造成的?
    A. 厌食、恶心、呕吐　　　　　　　　B. 内分泌系统紊乱
    C. 烦躁不安,注意力不集中　　　　　D. 呼吸次数减少

3. 在日本当恶臭臭味强度达到多少级时,需要采取防治措施?
    A. 0 级　　　　　B. 1 级　　　　　C. 3 级　　　　　D. 5 级

4. 防治恶臭的方法哪一项没被提到?
    A. 隔离气体法　　B. 直接燃烧法　　C. 臭氧氧化法　　D. 接触氧化法

5. 受恶臭气体影响最大的地区是:
    A. 农村　　　　　　　　　　　　　　B. 城市
    C. 人口稠密地区　　　　　　　　　　D. 依法需要保护的区域

细读第 2 遍，完成下面的练习

二、根据阅读内容回答问题

1. 现在的排放设施存在什么问题，造成的不良影响有哪些？
2. 什么是恶臭？恶臭物质主要指哪些？
3. 恶臭的危害主要有哪几方面？
4. 恶臭的污染源主要来自哪里？
5. 如何防止恶臭物质的产生？

词语提示

光怪陆离	〈组〉	guāng guài lù lí	形容奇形怪状，五颜六色。
抑制	（动）	yì zhì	约束；压制。
公害	（名）	gōng hài	各种污染源对社会公共环境造成的污染和破坏；比喻对公众有害的事物。
焚烧	（动）	fén shāo	烧毁、烧尽。
稠密	（形）	chóu mì	又多又密。
洗涤	（动）	xǐ dí	冲荡；清洗。又作除去罪过、积习、耻辱等。

阅读 4

沙漠是指地面完全为沙所覆盖、植物非常稀少、雨水稀少的荒芜地区，常常被视为"不毛之地"。不少人都以为，一望无际、沙丘连绵起伏的沙漠与荒漠是一回事。其实，沙漠只是荒漠的一种，可以说是一种极致的代表。而最常见的荒漠是石漠，那是一大片不见边际的光秃岩地，地面零星散布着石头，荒凉空寂。那么什么是荒漠呢？对此很难下确切的定义，20 世纪 30 年代，法国地理学家卡普雷以一种植物作为荒漠的标记，认为一个人只要发现有这种植物的芒刺附在袜子上，他就进入了荒漠。至今，仍以植物的生长情况作为辨别荒漠的准则：一个地方因缺水而使全区三分之二的面积没有植被，以致表土和岩石裸露，遭受剧烈的风化侵蚀，那就是荒漠。

世界上有两条炎热荒漠带。北半球荒漠带由撒哈拉沙漠、阿拉伯半岛鲁卜哈利沙漠、亚洲中部荒漠和北美洲荒漠组成。南半球荒漠带由卡拉哈里沙漠、非洲纳米布沙漠和澳大利亚的一些荒漠构成。

年降雨量和年蒸发量是反映沙漠化程度的重要指标。在沙漠地区，年降雨量一般都少于 254 毫米，而在一些被称作半荒漠的地区，年降雨量也不过在 254 毫米到 508 毫米之间。因此沙漠的最大特点之一就是干旱少雨。雨量不足是世界各地沙漠的共同特征。大自然一手铸就了沙漠极端干热的自然条件，使沙漠的生态系统成为地球上最脆弱的生态系统之一。然而需要强调的是：沙漠，就像森林和草地一样，也是地球上的自然生态环境之一。只是对于地球生命来说，沙漠的生存条件十分严酷，有些地方甚至是生命的禁区。

许多人疑惑，为什么要保护沙漠？在他们看来，沙漠不过是一片荒漠，仅有一点儿单调的生物点缀其间。其实，他们完全没有看到事物的本来面目。以北美西部的沙漠为例，有数百种生物生活其间，其中相当一部分是稀有的，甚至是快要灭绝的。它们的数量不大，既要依靠相当独特的生活方式以抗争恶劣的环境,又要在文明高度发达的今天,拼命对抗来自于人类活动的威胁。

不错,沙漠是一片看似荒凉的脆弱生态系统,然而它却是这个星球上客观存在的、必不可少的一部分,是自然生态密不可分的一部分,对于维持全球及地区的生态平衡有着十分重要的意义。就像我们可以不喜欢寒冷的冬天,但仍然要接受一年有四季一样。

更重要的是,一些沙漠生物还演化出不少只适合于其所在沙漠的特殊生活习性,以至于假如它们突然迁移到附近相邻的其他沙漠,都将不能生存。因此,为了保护沙漠生态,一些国家关闭了沙漠公路,建立了国家沙漠公园。但这仅仅保护了某一个沙漠的一小部分,在剩下的大部分区域里,仍然可以看到各种车辆碾压下的沙漠野生生物所受的煎熬。

保护沙漠不仅仅是为了满足摄影师、自然科学家、环境保护主义者的需要,更重要的是为了我们整个人类和让人不得不敬佩的沙漠生命。

(选自《大自然探索》2003 年第 5 期,有删减)

练习

速读第 1 遍,完成下面的练习(建议阅读时间 5 分钟)

一、根据阅读内容选择正确答案

1. 辨别荒漠是根据:
   A. 雨水稀少　　　　　　　　　　B. 地面完全为沙覆盖
   C. 植物的生长情况　　　　　　　D. 极度干热

2. 沙漠化程度的重要指标是:
   A. 地面被沙化程度　　　　　　　B. 年降雨量
   C. 年蒸发量　　　　　　　　　　D. B 和 C

3. 下列哪一项不是一些国家为保护沙漠生态所采取的措施?
   A. 迁移沙漠生物　　　　　　　　B. 关闭沙漠公路
   C. 建立国家沙漠公园　　　　　　D. B 和 C

4. "就像我们可以不喜欢寒冷的冬天,但仍然要接受一年有四季一样。"这句话在文中的意思是:
   A. 虽然我们不喜欢冬天,但不得不去适应它
   B. 我们可以不喜欢冬天,因为还有春夏秋三季
   C. 沙漠是一种客观存在,我们应当接受它
   D. 沙漠就像冬天,让人不得不接受

5. 本文作者的观点是:
   A. 沙漠是干旱的杰作
   B. 认识沙漠改造沙漠
   C. 保护沙漠以便更好地进行自然科学研究
   D. 保护沙漠就是保护人类自己及沙漠生命

6. 对于地球生命而言,沙漠_____。
   A. 生存条件严酷　　　　　　　　B. 可以改造
   C. 充满神秘感　　　　　　　　　D. 充满恐惧

细读第 2 遍，完成下面的练习

二、根据阅读内容回答问题

1. 沙漠与荒漠有什么不同？
2. 世界上有两条炎热荒漠带，分别是什么？
3. 为什么说沙漠是地球上最脆弱的生态系统之一？
4. 我们为什么要保护沙漠？
5. 如果把沙漠中的生物迁移到别处，结果会怎样？为什么？

词语提示

不毛之地	〈组〉	bù máo zhī dì	不生长草木庄稼的荒地。形容荒凉、贫瘠。
一望无际	〈组〉	yī wàng wú jì	一眼望不到边。形容非常辽阔。
连绵起伏	〈组〉	lián mián qǐ fú	连续不断而且高低不平。
裸露	（动）	luǒ lù	露在外头；没有东西遮盖。
铸就	（动）	zhù jiù	造成；形成。
极端	（形）	jí duān	事物发展所达顶点。
脆弱	（形）	cuì ruò	不坚强；不稳固。
禁区	（名）	jìn qū	禁止随意进入或触动的地区。
单调	（形）	dān diào	单一；重复而缺少变化。
点缀	（动）	diǎn zhuì	衬托；装饰。
密不可分	〈组〉	mì bù kě fēn	形容十分紧密，不可分割。
煎熬	（动）	jiān áo	比喻焦虑、痛苦。

阅读5

哺乳动物之所以称之为哺乳动物，就是它们用乳腺分泌的乳汁喂养幼仔。大部分哺乳动物都在母体内发育长成。哺乳动物刚出生都很孱弱，母乳使它们迅速成长。

早期的哺乳动物体形很小。它们同恐龙生活在一起，有时甚至偷吃恐龙蛋，但它们却生存了下来。在生物进化史上的每个转折关头，它们都有不寻常的表现，不同哺乳动物在其进化过程中显现出差异。

最早出现的是鼠类。它们繁殖速度很快，从怀孕到出生不过三周的时间。刚出生的小鼠开始时对外部世界还不适应，不过很快它们便长出了适应各种气候环境的皮毛。仅就繁殖速度而论，便足以使鼠类成为哺乳动物中数量最多的动物。

哺乳动物身上的毛是它们引以为荣的东西。如北极熊有两层毛，它是它们生活在寒冷的北极所必不可少的。北极熊油亮的白毛下掩藏着一个秘密：它们的皮肤是黑色的。这是自然造化的聪明之处，黑色的皮肤能更好地吸收毛层反射的热能。毛皮既能防止身体的热量向外散发，又能阻止外部的寒气侵入体内。

哺乳动物的皮毛不仅能够保暖，它还能传递信息。臭鼬身上的条纹是一种警告标志，它喷出的臭气使人窒息。刺猬是另一种身上长刺的家伙，它密布身上的刺毛既能把敌人吓跑，在遇到意外时也能派上用场。比如从高处跃下来，它能把身体弹起来，起缓冲作用。

哺乳动物的乳汁是它们的杰作之一。它含有的各种营养物质足以满足它们幼仔生长发育的需要。有趣的是，人类在哺乳期结束后对乳汁仍然情有独钟。他们还会食用其他动物乳汁制成的乳制品，包括奶油、黄油、酸奶、奶酪等等。也许由于哺乳动物从小彼此间就有着密切的关系，因此它们终生都保持一种群体的理念，沼狸就是典型的一种。沼狸，在群体生活中分工明确：有负责照管幼仔的，有负责捕猎动物的，有负责处理饲料的，有负责警戒的，各司其责。

集体群居，人多势众，当然会更安全。有时候它们的数目会多得惊人。在美国亚利桑那州发现的一群蝙蝠，数目竟多达五千万只。不过其他的哺乳动物对群居的热心程度则稍差。例如家猫通常都是四五只组成一个家庭。也有一些哺乳动物只有一只幼仔。

最杰出的哺乳动物也许是我们最熟悉的，这就是人。人是大型哺乳动物中最成功的，他们生长发育很慢，在母体里要呆 9 个月，甚至于还要较长时间才能长大成人和独立生活。出生一年后我们还站立不起来，还要为此继续努力。其他哺乳动物要比人成长的快得多，因为它们有这种需要。

我们也许没有接受过这样的教海，但是我们对于自己的同类——哺乳动物永恒的兴趣却是毋庸置疑的。哺乳动物之所以对我们有吸引力是很容易理解的，因为人类只是动物王国中的一小部分。不过我们对世界的影响远远超过我们的数量。由于老练、智慧、灵活和善爱，人类是不可战胜的。

（整理自中央电视台《人与自然》2005 年 11 期，有删减）

练习

速读第 1 遍，完成下面的练习（建议阅读时间 4 分钟）

一、根据阅读内容选择正确答案

1. 下面哪一项符合文章原意？

　　A. 哺乳动物都在母体内发育长成

　　B. 哺乳动物的乳汁富含各种营养物质，在哺乳期后，它们还用乳汁制成各种乳制品

　　C. 蝙蝠不喜欢群居，数量越少越好

　　D. 人类对哺乳动物有永恒的兴趣，是因为人类自己也是哺乳动物

2. "北极熊有两层毛，它是它们生活在寒冷的北极所必不可少的。"中代词"它、它们"分别指的是：

　　A. "它"指的是北极熊的毛，"它们"指的是北极熊

　　B. "它"指的是北极熊，"它们"指的是北极熊的毛

　　C. "它"和"它们"指的都是北极熊

　　D. "它"和"它们"指的都是北极熊的毛

3. 关于哺乳动物的皮毛，下列说法不正确的是：

　　A. 刺猬的毛就是它身上的长刺

　　B. 刺猬的长刺既可御敌也可以防身

　　C. 臭鼬皮毛发出令人窒息的臭味，可以赶跑敌人

　　D. 哺乳动物的皮毛不仅能够保暖，它还能传递信息

4. 关于沼狸表述不正确的是哪一项？

　　A. 沼狸过着群体生活

B. 每个沼狸都有自己的工作和责任

C. 沼狸用乳汁喂养幼仔

D. 母沼狸只负责照管幼仔

5. 人类与其他哺乳动物相比,有什么特点?

   A. 对人以外的其他哺乳动物不感兴趣

   B. 人类在哺乳期结束后,对乳汁不再有兴趣

   C. 人类缺乏群体的理念

   D. 人类的生长发育很慢

细读第 2 遍,完成下面的练习

二、选择画线词语的正确解释

1. 哺乳动物刚出生都很<u>孱弱</u>,母乳使它们迅速成长。

   A. 懦弱   B. 软弱   C. 柔弱   D. 虚弱

2. 在生物进化史上的每个转折<u>关头</u>,它们都有不寻常的表现。

   A. 关卡   B. 的时候   C. 关键时刻   D. 时机

3. 它们繁殖速度很快,从怀孕到出生<u>不过</u>三周的时间。

   A. 不止   B. 表示转折   C. 不超过   D. 只是

4. 仅就繁殖速度而论,便<u>足以</u>使鼠类成为哺乳动物中数量最多的动物。

   A. 加以   B. 完全可以   C. 足够认为   D. 完全以为

5. 因此它们终生都保持一种群体的理念,沼狸就是<u>典型</u>的一种。

   A. 充分显现出其个性特征

   B. 具有代表性

   C. 文学作品中具有鲜明个性的文学形象

   D. 类型

词语提示

孱弱	(形)	chán ruò	瘦小虚弱。
转折	(动)	zhuǎn zhé	在发展过程中改变原来的方向、形势或趋势。
引以为荣	〈组〉	yǐn yǐ wéi róng	以此事为光荣。
窒息	(动)	zhì xī	呼吸困难甚至停止。
毋庸置疑	〈组〉	wú yōng zhì yí	不必怀疑。

阅读6

现在科学界发现植物有高级思维活动,最著名的,也是影响比较大的,是美国中央情报局一位搞测谎的电子专家做的。1966 年,有一次他在花园里给植物浇水,突然心血来潮:把测谎仪接到植物身上看看会怎样。他把测谎仪接到植物身上,继续给植物浇水。出现的结果却使他很震惊,因为这个电子仪器画出了一系列很复杂的锯齿状的曲线。而这种曲线所表达的信息是人正处在高兴的状态。此后,又有不少科学家通过不同的试验发现植物其实也有思维,也有喜怒哀乐。

所有植物都是"好色"的。各种植物不但自身有美丽的外衣,而且有良好的视觉,它能辨别各种波段的可见光,尽可能地吸收自己喜爱的光线。近年来,农业科学家发现,用红光照射农作物,可能增加糖的含量;用蓝光照射植物,则蛋白质的含量增加;紫色光可以促进茄子的生长。所以,根据植物对颜色的喜好和具体的生产需要,农作物种植者可以给植物加盖不同颜色的塑料薄膜。同样,在培育观赏植物的过程中,也可以利用植物的"好色"性。一些生物科学家开始研究植物的"好色"性,并由此形成了一门叫"光生物学"的科学。

植物不但"好色",而且"好声"。科学家研究发现,植物可以对各种各样的音乐作出不同的反应。如果植物伴随着音乐成长,根系和叶绿素都会增多。玉米和大豆"听"了《蓝色狂想曲》,心情舒畅,发芽特别快。不同的植物对音乐的欣赏也是很挑剔的,胡萝卜、甘蓝和马铃薯偏爱音乐家威尔第、瓦格纳的音乐,而白菜、豌豆和生菜则喜欢莫扎特的音乐。有些植物宁愿不听音乐,也不愿意听不喜欢的音乐,为了表示厌恶,它们会付出死亡的代价。比如玫瑰这种高雅的植物在听到摇滚乐后就会加速花朵的凋谢,而牵牛花更为"刚烈",听到摇滚乐的4个星期后就会完全死亡。

植物还有强烈的同情心。美国犯罪中心曾经用植物做了一些有名的情感实验。实验之一,科学家把活的小虾从一个容器中缓缓倒入滚烫的开水锅中,再把在一旁"目睹"这一悲剧的植物的叶片和测试仪连接起来。当小虾快掉入开水锅时,植物的"情感曲线"开始波动,好像人类焦急时的表现。当小虾掉入开水锅时,植物的"情感曲线"突然上升,好像被吓了一跳似的,也好像人类悲痛时的表现。实验之二,在有两株植物的房间进入了6个人,其中一个人掐断了一株植物,然后6个人离开,研究者把测试仪和没有"被害"的植物叶片连接起来。过了一会儿,6个人分别在不同时间进入房间,其他5个没有掐断植物的人进入房间的时候,没有"被害"的植物表现平静。当掐断植物的"罪犯"进入房间的时候,没有"被害"的植物的"情感曲线",出现大的波动,就像人们发怒一样。

也许我们应该用一个全新的视角来看待这些问题,植物可能有一套不同于人类的思维和感知系统,等待我们去发现和研究……

(选自网络资料,有删减)

练习

速读第1遍,完成下面的练习(建议阅读时间5分钟)

一、根据阅读内容选择正确答案

1. 关于科学界发现植物有高级思维活动的试验,下列不正确的是:

A. 1966年美国中央情报局的搞测谎的电子专家无意中发现的

B. 这个试验最初并不是经过深思熟虑而做的

C. 复杂的锯齿曲线表明植物在被浇水时很开心

D. 该试验结果不具有普遍意义

2. 关于植物"好色"不正确的是:

A. 植物能辨别各种波段的可见光,尽可能地吸收自己喜爱的光线

B. 不同波段的光可以促使植物不同成分的增长

C. 不同的植物喜欢不同的颜色

D. 植物喜欢和自己一样颜色的光

3. 关于植物对颜色的喜好的具体表现，文中未提到的是：
    A. 红光照射农作物可能增加糖的含量
    B. 蓝光照射植物，蛋白质的含量会增加
    C. 用多彩的光照射观赏植物，会促使其颜色更加艳丽
    D. 紫色光照射茄子，可以促进其生长
4. 关于植物"好声"正确的一项是：
    A. 胡萝卜、甘蓝、白菜喜欢一样的音乐
    B. 植物对音乐的好恶一样
    C. 如果没有喜欢的音乐，植物也可选择不太喜欢的音乐
    D. 摇滚音乐不适合玫瑰花这种高雅的植物
5. 关于植物同情心的实验，下列表述正确的是：
    A. 由测试仪器反映植物的情感曲线
    B. 由美国心理中心做的
    C. 实验一当小虾掉入开水锅时，植物表现出人类悲痛的感觉
    D. 实验二当掐断植物的"罪犯"进入房间时，没有"被害"的植物表现平静

细读第 2 遍，完成下面的练习

二、根据阅读内容判断正误

1. 科学界已经证实植物也有思维，也有喜怒哀乐。　　　（　　）
2. 植物"好色"是指植物喜欢吸收自己喜欢的光线。　　　（　　）
3. 植物的"好色"在农业的发展中起到了一定作用。　　　（　　）
4. 植物"好声"是指植物都喜欢各种各样的音乐。　　　（　　）
5. 甘蓝会用死亡来回应自己不喜欢的音乐。　　　（　　）
6. 牵牛花听到摇滚音乐会立即死亡。　　　（　　）

词语提示

心血来潮	〈组〉	xīn xuè lái cháo	指心里突然或偶然起了一个念头。
辨别	（动）	biàn bié	对不同的事物在认识上加以区别。
喜好	（名）	xǐ hào	兴趣；爱好。
挑剔	（动）	tiāo tī	过分严格地在细节上挑选。
代价	（名）	dài jià	为得到某种东西或实现某个目标而付出的钱物、精力等。
高雅	（形）	gāo yǎ	高尚雅致。表现受过良好教养的高尚举止或情趣。
刚烈	（形）	gāng liè	刚强有气节。
掐断	（动）	qiā duàn	把东西弄断。
波动	（动）	bō dòng	像波浪那样起伏不定；不稳定。

第八单元 生命科学篇

20世纪后半叶是生命科学迅猛发展的时代,其发展速度之快,令人瞩目:利用基因技术培育的食品走上百姓的餐桌,利用基因治疗方法开始挽救病人的生命,动物克隆技术取得突破性进展,人类数千年来的梦想正随着生命科学的发展而逐一实现。我们有理由相信:未来,世界将会创造更多的奇迹。

第 36 课   生命的奇迹

地球生命千姿百态、千差万别,据说这些千差万别的生命个体是起源于共同祖先的,这不禁使我们好奇:它又发生于何时何地呢? 地球生命为什么会如此辉煌呢? 是如何产生的,又是如何从初级到高级,从简单到复杂进化的呢?

早先的自然学家都认为后代所表现出的基因特性就是父母基因特性的中和。孟德尔通过豌豆实验发现,有时某些遗传特性没有在下一代中表现出来,而是在第三代身上有所体现;有时父母从未表现出的特性在一下代身上表现出来,由此他认识到遗传和变异是基因的基本特性,纠正了之前将基因仅视为遗传表达的最小单位这一错误认识。

尽管生命体的所有细胞都包含了完整的基因密码,但在特定的细胞中只有个别基因表现活跃。不同基因在活跃性方面的差别将直接影响不同细胞的差别。基因的活性由基因的复杂程度来控制。除此之外,基因还可以对细胞活动进行控制,使细胞在新陈代谢过程中完成正常的生长、分化和衰老过程等。如果基因出现故障,可能会造成细胞在不恰当的时间或不恰当的地方肆意增长,从而导致癌变。一般说来,简单有机体是完全受制于基因的,而对于像人类这样的拥有数十亿个细胞的复杂有机体,基因所起的作用更具体。

基因在遗传过程中通常会发生变异,这种变异发生于胚胎(受精卵中),那么变异的特性就可能延续给下一代。由于变异基因与其所能够影响的特定细胞的概率较小,所以进化过程中某一物种出现变异的时间往往也很长。这样,两个具有共同基因序列的生物体很可能拥有相同的祖先。通过对那些没有发生变异的基因研究,科学家能够估算出地球生命的"家谱"。通过人类基因组计划及相关研究提供的数据,我们能够确认以下事实:地球大概形成于45亿年前,而直到38亿年前,才有生命迹象出现。随着研究的进一步深入,人类总有一天能将地球生命家谱修补完善。因此,基因同样也详细记录了地球生命进化发展的轨迹。

生命的精彩就在于它的多样性。每一个物种的不同个体都是千变万化,然而这一切的产生都与性密不可分。性在自然界中处处存在。以其最简单的形式来理解,性只是分别来自父母双方的基因进行融合和交换,再传播到下一代。这种基因的交换保证了每一个子代都与其父代有所不同,表现在父子之间就具有了若干差别。这种差异确保了物种能够更好地适应环境的变化。

生物的进化也展现出了性的多样化。在有些物种中,雄性要为争夺配偶展开激战;但另一些物种,却是雌性通过竞争来吸引雄性的注意。有时候雌性需要长得更大更壮,这样才能产生更多的卵;但就人类而言,体格更为强壮的往往是男性。有些物种是雌性尽心尽职地抚养幼崽,而有些物种却是由雄性来抚养下一代。更有甚者,例如大多数的海鱼,小鱼从一出生就得不到父母的照顾,自生自灭。由于初生的小生命更容易夭折,大鱼则生产更多的卵来保证物种的延续,而那些存活下来的小生命适应能力也非常强。另外,海洋里的有些蠕虫具有双重性别,这些雌雄同体的动物可以对自己的真实性别自由地进行选择。而有种鱼更可以随环境不同来改变性别,因此它们的生命里性别往往不是单一的。

（选自《大自然探索》2003 年第 5 期）

词语提示

起源	（动）	qǐ yuán	开始发生。
孟德尔	（名）	mèng dé ěr	奥地利遗传学家,遗传学的奠基人。
基因	（名）	jī yīn	是指携带有遗传信息的 DNA 序列,遗传的基本结构和功能单位。
染色体	（名）	rǎn sè tǐ	细胞核中载有遗传信息（基因）的物质,在显微镜下呈丝状或棒状,由核酸和蛋白质组成,在细胞发生有丝分裂时期容易被碱性染料着色,因此而得名。
变异	（名）	biàn yì	生物有机体的属性之一,它表现为亲代与子代之间的差别。变异有两类,即可遗传的变异与不遗传的变异。
肆意	（副）	sì yì	不顾一切由着自己的性子（去做）。
家谱	（名）	jiā pǔ	记载本族世系和重要人物事迹的书。
基因组	（名）	jī yīn zǔ	每个人个体细胞中的细胞核中包含分别来自父体和母体的两套染色体,基因组就是每一套染色体上的全部基因。基因组包括有机体的全部遗传特征。
迹象	（名）	jì xiàng	指表露出来的不很显著的情况,可借以推断过去或将来。
蔓延	（动）	màn yán	形容像蔓草一样不断向周围扩展。
夭折	（动）	yāo zhé	未成年而死;比喻事情中途失败。

练习

一、根据课文内容判断正误

1. 生命的进化是由初级到高级、简单到复杂。　　　　　　　　　　（　）
2. 遗传特性一般都在下一代中表现出来。　　　　　　　　　　（　）
3. 孟德尔通过实验发现,遗传是基因的基本特性之一。　　　　　　（　）
4. 癌变是由于细胞非正常性增长造成的。　　　　　　　　　　（　）
5. 物种的性别是多样化的,有的是单一性别,有的是双重性别。　　（　）

6. 生物的进化与性无关。 （　　）

二、选择画线部分词语在句子中的意思

1. 地球的各种生命真是千姿百态，千差万别。
   A. 多种样子　　　　B. 多种姿势　　　　C. 多种的态度　　　　D. 千百种姿态

2. 地球生命起源于共同的祖先，其辉煌令人惊叹！
   A. 光辉灿烂　　　　　　　　　B. 颜色多样
   C. 种类很多　　　　　　　　　D. 让人想象不到

3. 眼睛虽小，但由于其构造复杂，势必需要不同的基因之间紧密合作。
   A. 其他　　　　　　B. 它的　　　　　　C. 基因　　　　　　D. 无意义

4. 通过对遗传基因传承关系的精细研究，科学家可以了解某些特性基因的大致位置。
   A. 遗传　　　　　　B. 传播继承　　　　C. 承接　　　　　　D. 播散

5. 基因也同样记录了地球生命进化发展的轨迹。
   A. 奇迹　　　　　　B. 足迹　　　　　　C. 现象　　　　　　D. 轨道

6. 一般说来，简单有机体是完全受制于基因的。
   A. 控制　　　　　　B. 接受　　　　　　C. 被控制　　　　　D. 管制

三、选择合适的词语填空

势必　　迹象足迹　　蔓延　　树立　　奠定　　夭折　　去世　　肆意

1. 通过对遗传基因传承关系的研究，可以为发现和预防遗传病（　　）良好的基础。
2. 她的孩子在一岁时不幸（　　），给她带来了沉重的精神打击。
3. 种种（　　）表明，犯罪分子是从没有关闭的窗户进入室内行窃的。
4. 洪水退后，政府立即派出医疗队前往水灾区，救助灾民，防止疫情发生和（　　）。
5. 花园内的杂草太多，如不及时清除，（　　）会影响花木的生长。
6. 尽管父母有能力为我们提供丰裕的生活条件，但作为孩子，也不能（　　）挥霍。

四、根据课文内容选择正确答案

1. 在孟德尔之前，人们认为：
   A. 遗传是基因的基本特性　　　　　B. 变异是基因的基本特性
   C. 基因是遗传表达的最小单位　　　D. 遗传特性会在第三代身上体现

2. 生命体中所有细胞都包含了完整的基因密码，它们
   A. 表现都很活跃　　　　　　　　　B. 不会影响细胞的差别
   C. 出现故障时，表现活跃　　　　　D. 复杂的程度控制其活性

3. 基因变异的特性很可能：
   A. 延续给下一代　　　　　　　　　B. 延续给第三代
   C. 影响特定细胞　　　　　　　　　D. 慢慢消失

4. 科学家能够推算出地球生命的"家谱"，是通过：
   A. 对没有发生变异的基因研究
   B. 对遗传过程中发生变异的基因的研究
   C. 性在自然界中处处存在的现象的研究
   D. 对遗传基因传承关系的研究

5. 基因的交换表现在子代和父代之间的差异，这种差异：
   A. 使得物种能够适应环境变化　　　　B. 使物种能够抵抗病毒
   C. 使子代更加强壮　　　　　　　　　D. 使父代承担起抚养子代的责任

6. 每一个物种的不同个体是千变万化的，这是因为：
   A. 性在自然界中无处不在　　　　　　B. 基因的交换
   C. 基因的遗传变异　　　　　　　　　D. 生物的进化

五、根据课文内容回答问题

1. 早先的自然科学家认为基因的特性是什么？
2. 孟德尔的豌豆实验发现了什么？
3. 基因有哪些特点？

说一说

1. 你认为一个人的一生该如何度过才算得上精彩？
2. 举例说明日常生活中，我们离基因遥远吗？为什么？

阅读技能指导

语篇信号词之四：表因果关系

表因果关系的信号词常用以指示句子或段落之间的因果逻辑关系。阅读时要特别关注，因为这往往是阅读理解的考查点。这类信号词主要有：因为……，所以……；之所以……，是因为……；因此；因而；于是等。

练习

阅读下列短文并完成相应的练习

2014 年 3 月 4 日，法国微生物学家克拉维莱和阿贝热尔夫妇宣布，他们在俄罗斯西伯利亚地区的冻土层中发现了世界上第 3 种巨型病毒。这种解冻的病毒是迄今发现的最大病毒，足足有 1.5 微米长，可以在光学显微镜下直接观察到。他们采集了一些地下 30～40 米处的冰层样本带回实验室。用阿米巴虫作为"诱饵"，想看看冰水里面是否含有能够感染阿米巴虫的病毒。因为，如果阿米巴虫被感染，就说明冰层里面的病毒能够"复活"。

1. 找出表示因果关系的信号词。
2. 克拉维莱和阿贝热尔夫妇为什么用阿米巴虫作为"诱饵"？
   A. 这种病毒比阿米巴虫还大
   B. 希望阿米巴虫被感染
   C. 想看看冰水里面是否含有阿米巴虫病毒
   D. 想知道冰层里的病毒是否能够复活

阅读1

人体是一台伟大的机器，内部充满了各种化学物质，它的各个部分能够精确的合作。它可以产生很多东西,从汗液到记忆,它还有许多你不知道的秘密。

不同肤色是如何产生的呢?人的皮肤可能是乳白色的。表皮中的血管为肌肤添加了红色。黄色还补充了点底色。最后,还有对付紫外线的黑色。这四种颜色以不同的比例混合就产生了世界上的所有人的肤色。

正如打哈欠能传染一样,最新证据表明笑也可以传染。实际上,听到笑声确实可以刺激大脑中与面部表情有关的区域。在社会交流中,模仿起着很重要的作用,打喷嚏、笑、哭和打呵欠可能是建立社会关系的一种方式。

进化有时并不完美。如果出错,或许我们会有翅膀而不是智齿,有时无用的组织也会保留在物种当中,因为它们并没有坏处。早期,智齿被用作第三批碎肉的臼齿,但是,因为大脑的生长导致我们的下颚骨结构变化,使我们的嘴变得十分狭窄拥挤。

我们知道体内激素的变化可以促进生长和为生育作准备,为何青春期总是那么的情绪烦躁?实际上,像睾丸激素这样的荷尔蒙影响了大脑中神经元的发育,其变化可重塑大脑结构,从而导致许多行为变化。当女人到了 50 岁左右时,控制荷尔蒙和生育的每月一次的月经就逐渐消失了。卵巢就产生越来越少的雌性激素,那些没有成熟的卵子不再像先前那样有规律地排放到子宫中。没被利用的卵泡就开始退化,然后就不能再怀孕,大脑就会控制停止排卵。

吃饭到底为了什么?吃饭主要是为大脑提供能量。大脑只有我们整个身体重量的 2%,但它需要人体 20%的氧和卡路里。为保证我们的大脑有足够的能量,三根主要的脑动脉不断地输送氧。如果其中一条动脉稍微停一下或阻塞了一下,就会让大脑细胞缺少能量,破坏那里的工作。这就是我们所谓的中风。

骨骼的一个作用是分解平衡人体矿物质。研究显示,我们人体的骨骼除了支撑身体和肌肉之外,骨骼还可以调节我们的钙含量。骨骼含有磷和钙,当钙含量下降时,特定激素会使骨骼分解提高骨骼的钙含量,直到达到必须的标准为止。

一种气味或一种声音可以唤起我们遥远过去童年时代的记忆。这种联系可以很明显也可以不可预测,例如,自行车铃声可以唤醒过去的一段记忆。最近的一项研究对此进行了解释。发表在 2007 年 1 月《认知》杂志上的一篇文章称当人的身体姿势与当时印象深刻的那个姿势相类似时,能够更快更好地唤醒记忆。

知道吗?我们每个人都携带着一种危险的液体,即使机场的安检也无法从你身上取走它,因为它存在于你的内脏里面,它就是你胃里的盐酸,工业上经常用它来处理金属。而在我们的胃就可以将这种毒液安全的储存在我们的消化系统内,分解你胃里的食物。

(选自网络资料,有删减)

练习

速读第 1 遍,完成下面的练习(建议阅读时间 5 分钟)

一、根据课文内容选择正确答案

1. 人到了青春期行为多变是因为:
   A. 人体结构发生了变化 B. 生长发育的外在表现
   C. 荷尔蒙影响了大脑神经元的发育 D. 青春期情绪易烦躁

2. 女人停经后不能再怀孕是因为:
   A. 雌性激素减少 B. 卵巢不产生卵子

C. 卵子进入不了子宫 　　　　　　D. 卵泡开始退化

3. 下列哪项不是骨骼的作用？

　　A. 骨骼有平衡人体矿物质作用　　B. 骨骼有支撑身体和肌肉的作用

　　C. 骨骼可以调节钙的含量　　　　D. 骨骼含有钙和磷

4. 自行车的铃声可以唤醒过去的一段回忆是因为：

　　A. 自行车的铃声很熟悉　　　　　B. 自行车的铃声代表了童年的记忆

　　C. 过去的这一段回忆有自行车的铃声　　D. 记忆被深深印在我们的感官中

5. 这篇文章说明了：

　　A. 人体有许多我们不知道的秘密　　B. 人体是台伟大的机器

　　C. 人体的各个部分能精密合作　　D. 人体的进化有时并不完美

细读第 2 遍，完成下面的练习

二、根据阅读内容判断正误

1. 不仅打哈欠可以传染，连微笑也能传染。　　　　　　　　（　）

2. 智齿是人类进化中保留下来的无用组织。　　　　　　　　（　）

3. 青春期的奇异变化可能是体内荷尔蒙变化所致。　　　　　（　）

4. 一个女人到了 50 岁左右，月经可能就没有了。　　　　　（　）

5. 大脑消耗了人体的绝大多数能量。　　　　　　　　　　　（　）

6. 人体所需的钙质必须从外界摄取的食物中获得。　　　　　（　）

三、选择画线部分词语在句中的意思

1. 表皮中的血管<u>为</u>肌肤添加了红色。

　　A. 因为　　　　　B. 向　　　　　C. 在　　　　　D. 给

2. 黄色还补充了点<u>底色</u>。

　　A. 色彩　　　　　B. 颜料　　　　　C. 基础色　　　　　D. 最底下的颜色

3. 实际上，像睾丸激素这样的荷尔蒙影响了大脑中神经元的发育，<u>其</u>变化可重塑大脑结构，从而导致许多行为变化。

　　A. 荷尔蒙　　　　B. 睾丸　　　　C. 大脑　　　　D. 神经元

4. 一种气味或一种声音就可以<u>唤起</u>我们遥远过去童年时代的记忆。

　　A. 从睡梦中叫起　　　　　　　　　B. 激起回忆

　　C. 从睡梦中醒来　　　　　　　　　D. 大声叫喊

5. 我们每个人都<u>携带</u>着一种危险的液体。

　　A. 随身带着　　　B. 装备佩带　　　C. 病毒侵入体内　　D. 手拉着

词语提示

打哈欠	〈组〉	dǎ hā qiàn	困倦时嘴张开，深深吸气，然后呼出，是血液内二氧化碳增多，刺激脑部的呼吸中枢而引起的生理现象。
喷嚏	〈名〉	pēn tì	鼻黏膜受刺激，急剧吸气，然后很快地由鼻孔喷出并发出声音的现象

臼齿	（名）	jiù chǐ	哺乳类或似哺乳类动物位于颌末端,较大的、以研磨为用途的牙齿。
纤毛	（名）	xiān máo	是从一些真核细胞表面伸出的、能运动的突起。
睾丸	（名）	gāo wán	睾丸位于阴囊内,左右各一。
荷尔蒙	（名）	hé ěr méng	激素。希腊文原意为"奋起活动",它对机体的代谢、生长、发育、繁殖、性别、性欲和性活动等起重要的调节作用。
中风	（名）	zhòng fēng	中医病名,又称类中风,脑卒中,卒中,多因气血逆乱、脑脉痹阻或血溢于脑所致。

阅读2

当人们真正进入到生命科学的范围之后,就会发现,一切是那样地令人激动和富有魅力,从而不由自主地被吸引着一步一步地去深入探索生命的奥秘。对于生命的研究在改善人类的状态方面有着显著的作用,比如古诗说"人生七十古来稀",如今是"人生八十不稀奇",又比如粮食亩产量近十余年里成倍增长,许多悲观学者所预言的"人类大饥荒"并没有出现。

生命科学是系统地阐述与生命特性有关的重大课题的科学。支配着无生命世界的物理和化学定律同样也适用于生命世界,无须赋于生活物质一种神秘的活力。对于生命科学的深入了解,无疑也能促进物理、化学等人类其他知识领域的发展。比如生命科学中一个世纪性的难题是"智力从何而来?"我们对单一神经元的活动了如指掌,但对数以百亿计的神经元组合成大脑后如何产生出智力却一无所知。可以说对人类智力的最大挑战就是如何解释智力本身。对这一问题的逐步深入破解也将会相应地改变人类的知识结构。

生命科学研究不但依赖化学、物理知识,也依靠后者提供的仪器,如光学和电子显微镜、蛋白质电泳仪、超速离心机、X-射线仪、核磁共振分光计、正电子发射断层扫描仪等等,举不胜举。生命科学家也是由各个学科汇聚而来。学科间的交叉渗透造成了许多前景无限的生长点与新兴学科。

生命科学研究的一个主要课题是:生物物质的化学本质是什么?这些化学物质在体内是如何相互转化并表现出生命特征的?生物大分子的组成和结构是怎样的?细胞是怎样工作的?形形色色的细胞怎样完成多种多样的功能?基因作为遗传物质是怎样起作用的?什么机制促使细胞复制?一个受精卵细胞怎样在发育成由许多极其不同类型的细胞构成的高度分化的多细胞生物的奇异过程中使用其遗传信息?多种类型细胞是怎样结合起来形成器官和组织?物种是怎样形成的?什么因素引起进化?人类现在仍在进化吗?在一特定的生态小环境中物种之间的关系怎样?何种因素支配着此一环境中每一物种的数量?动物行为的生理学基础是什么?记忆是怎样形成的?记忆存储在什么地方?哪些因素能够影响学习和记忆?智力由何而来?除了在地球上,宇宙空间还有其他有智慧的生物吗?生命是怎样起源的?等等。

在上述问题的研究中积累起来的知识已经或正在应用于人类社会,并产生了巨大的效益,如减少人类疾病和动植物病害、改善人类的营养状况、减少环境公害、保护自然资源等等。

近年来,生物工程的兴起,使我们面临着重大的机遇与挑战。在这一关键时刻,我们必须有所作为,理解并参与作出决定。

（选自中国医学网,有删减）

练习

速读第 1 遍，完成下面的练习（建议阅读时间 7 分钟）

一、根据阅读内容选择正确答案

1. 生命科学的研究依赖多方面的知识，文中没提到的是：

　　A. 生物知识　　　　　　　　　　B. 物理知识

　　C. 化学知识　　　　　　　　　　D. 核磁共振分光计

2. "人生八十不稀奇"是说：

　　A. 人一般都能活到八十岁　　　　B. 人活到八十岁已经不稀奇

　　C. 人很少能活到八十岁　　　　　D. 人生不过八十来年

3. 作者认为，深入了解生命科学，可以：

　　A. 促进物理、化学等人类其他知识领域的发展

　　B. 促进对单一神经元活动的了解

　　C. 挑战人类的智力

　　D. 改变人类的生存状态

4. 生命科学家是由各个学科汇聚而来的，学科间是：

　　A. 相互信赖　　　B. 交叉渗透　　　C. 互不相干　　　D. 相互排斥

5. 生命科学的研究面临重大的机遇与挑战，这是因为：

　　A. 生物工程的兴起　　　　　　　B. 物理知识的丰富

　　C. 化学知识的延伸　　　　　　　D. 人类生存环境发生着巨大的变化

细读第 2 遍，完成下面的练习

二、根据阅读内容回答问题

1. 什么是生命科学？了解生命科学的意义是什么？

2. 对人类智力的最大挑战是指什么？

3. 生命科学研究或正在研究着的主要课题是什么？（试举三种）

4. 在对生命科学的研究中积累起来的知识对人类社会产生了怎样的影响？

三、用所给的词语替换下列句子中的画线部分词语，保证句子意思基本不变。

阐明　不胜枚举　大有作为　存储　一清二楚

1. 生命科学是系统地<u>阐述</u>与生命特性有关的重大课题的科学。　　　　　　（　　）

2. 我们对单一神经元的活动<u>了如指掌</u>。　　　　　　　　　　　　　　　（　　）

3. 生命科学研究不但依赖化学、物理知识，也依靠后者提供的仪器，如光学和电子显微镜、蛋白质电泳仪、超速离心机、X－射线仪、核磁共振分光计、正电子发射断层扫描仪等等，<u>举不胜举</u>。　　　　　　　　　　　　　　　　　　　　　　　（　　）

4. 记忆<u>存储</u>在什么地方？（　　）

5. 在这一关键时刻，我们必须<u>有所作为</u>，理解并参与做出决定。　　　　　（　　）

词语提示

阐述	（动）	chǎn shù	阐明陈述，详细地解释，述说，论述。
赋予	（形）	fù yǔ	意指给予，交给，寄托（重大任务、使命等）。
了如指掌	〈组〉	liǎo rú zhǐ zhǎng	形容对情况非常清楚，好像指着自己的手掌给人看。
举不胜举	〈组〉	jǔ bù shèng jǔ	列举也列举不完，形容数量很多。
形形色色	〈组〉	xíng xíng sè sè	形容事物种类繁多，各式各样。

第 37 课　基因在人类生活中的应用

你也许想象不到，未来的某一天，当你生病了，医生将会和你一起观察计算机模拟的有病细胞的活动，共同商讨使用哪种基因药物来治疗。这绝不是人们的幻想，而是基因专家对未来基因治病的预测。据科学家预测，到 2030 年，通过基因方法生产药物将十分常见，绝大多数疾病都将找到预防和治疗的办法，人们将会了解到自己的病究竟是环境造成的，还是遗传基因在起作用。那时将通过计算机来模拟人类细胞的活动，而许多传统的实验工具如试管等将派不上用场。

那么，究竟什么是基因？"基因"一词，是由英语"gene"音译而来的。基因又被称为遗传因子，是丹麦遗传学家威·约翰逊提出来的。

在 20 世纪 40 至 60 年代，许多科学家经过实验研究，肯定了基因的化学成分主要为DNA，基因是 DNA 分子的片段，而 DNA 则是组成染色体的主要化学成分，基因具有控制生物遗传性状的功能，它存在于染色体上。染色体是遗传物质——DNA 的载体，生物的每个细胞里都含有染色体。基因不仅可以把遗传信息传递给下一代，还可以使这些遗传信息在下一代身上表达出来，使后代具有与上一代相似的性状。

随着对基因研究的不断深入，科学家发现许多疾病是由于基因结构与功能发生改变所引起的。将来，科学家不仅能发现有病的基因，而且还能对基因进行诊断、治疗和预防。这项成果将给人类的健康和生活带来不可估量的利益。

所谓基因治疗是指利用基因工程的技术方法，把正常的基因移植到患者的细胞中，以取代病变基因。或者通过控制某些有病基因的功能，来治疗某些遗传疾病。目前，已发现的 6500多种遗传病中，因基因缺陷引起的遗传病就有 3,000 余种。因此，基因治疗的主要对象是遗传病患者。

第一例基因治疗是 1990 年在美国进行的。当时，4 岁和 9 岁的两个小女孩都患了严重的免疫缺陷症。科学家对她们进行了基因治疗并取得了成功，标志着基因治疗已经从实验研究过渡到临床应用。

目前基因治疗的最新进展是用一种叫做基因枪的技术来进行基因治疗。利用基因枪技术能把药物送到人体内所需要的任何部位，既能取代传统的疫苗接种法，又能用来治疗遗传病。此外，科学家们还在研究胎儿基因疗法。对未出生的胎儿进行基因治疗，就可以防止生出患有遗传病的新生儿，从根本上提高后代的健康水平。

所谓基因工程药物，是指研究那些可以重组 DNA，治疗有病基因的药物。这一研究将对人类的健康产生重要影响，具有十分诱人的发展前景。

基因工程是要研究并发现较小分子的蛋白质药物。传统药物的蛋白质分子都比较大，不容易穿过细胞膜，因而影响药物发挥作用，而小分子药物就不存在这个问题，具有明显的优越性。

发展基因药物的另一个原因是，许多过去年代已被治愈的传染病，由于长久用药，细菌都产生了耐药性，现在这些疾病又卷土重来。其中情况最严重的是结核病。据世界卫生组织报道，现在已出现全球性的肺结核病危机。本来即将被消灭的结核病又死灰复燃，而且出现了多种耐药性结核病。科学家还指出，在今后的一段时间里，会有数以百计的感染细菌性疾病的人将无药可治，同时病毒性疾病的日益增多，使人类防不胜防。科学家们在人体、昆虫和植物种子里找到一些小分子的抗微生物多肽,这种物质具有强烈的杀菌作用,有可能成为新一代的"超级抗生素"。

(选自网络资料,有删减)

词语提示

染色体	(名)	rǎn sè tǐ	遗传信息的主要携带者,存在于细胞核内。
不可估量	〈组〉	bù kě gū liàng	不能估计测量。
免疫	(名)	miǎn yì	由于具有抵抗力而不患某种传染病,有先天性免疫和获得性免疫两种。
缺陷	(名)	quē xiàn	欠缺或不够完备的地方。
进展	(名)	jìn zhǎn	(事情)向前发展。
诱人	(形)	yòu rén	吸引人。
治愈	(动)	zhì yù	(疾病)被治疗痊愈。
耐药性	(名)	nài yào xìng	又称抗药性,系指微生物、寄生虫以及肿瘤细胞对于化疗药物作用的耐受性。一旦产生,药物的化疗作用就明显下降。
卷土重来	(组)	juǎn tǔ chóng lái	形容失败后集中所有力量又猛扑过来。
死灰复燃	〈组〉	sǐ huī fù rán	比喻已经停歇的事物又重新活动起来。
无药可治	〈组〉	wú yào kě zhì	没有药可以治疗。
防不胜防	〈组〉	fáng bù shèng fáng	形容防备不过来。
多肽	(名)	duō tài	分子结构介于氨基酸和蛋白质之间的一类化合物,由氨基酸构成,但与蛋白质又有所不同,属于它们之间的中间物质。

练习

一、根据课文内容判断正误

1. 基因存在于染色体上,能控制生物遗传的性状。　　　　　　　　（　　）
2. 基因能使遗传信息表达出来,使后代跟上一代完全一样。　　　　（　　）
3. 在基因治疗中,科学家是运用杀死病变基因或改变基因数量的办法治病的。（　　）
4. 基因缺陷引起的遗传病占已发现的遗传病的一半左右。　　　　　（　　）
5. 基因治疗的主要对象是遗传病患者。　　　　　　　　　　　　　（　　）
6. 通过基因工程可发现较小分子的蛋白质药物,以充分发挥药效。　（　　）

二、指出画线词语的正确解释

1. 这项成果将给人类的健康和生活带来<u>不可估量</u>的利益。
    A. 不能计算　　　　B. 计算不了　　　　C. 不可以估计　　　　D. 不可以测量
2. 目前基因治疗的最新<u>进展</u>是用一种基因枪技术来进行基因治疗。
    A. 向前发展　　　　B. 进行展开　　　　C. 开展　　　　D. 内容

3. 治疗者把特定的 DNA 用基因枪技术<u>导入</u>小鼠的体内。

    A. 领导   B. 带领   C. 送到   D. 注射

4. 所谓基因工程药物,是指研究那些可以<u>重组</u> DNA,治疗基因的药物。

    A. 继续帮助   B. 重新组织   C. 情况很严重   D. 病情很重

5. 由于长久用药,细菌都产生了耐药性,现在这些疾病又<u>卷土重来</u>。

    A. 重新流行   B. 无法治疗

    C. 样子很脏   D. 和泥土混在一起

6. 本来即将被消灭的结核病又<u>死灰复燃</u>,而且出现了多种耐药性结核病。

    A. 被消灭   B. 重新燃烧起来   C. 重新出现   D. 活过来

7. 现在病毒性疾病的日益增多,使人类<u>防不胜防</u>。

    A. 很难办   B. 感到很麻烦

    C. 不愿意预防   D. 防备不过来

三、选择合适的词语填空

用场   缺陷   卷土重来   死灰复燃   无药可治   防不胜防

1. 胜败兵家事不期,包羞忍耻是男儿;江东子弟多才俊,(　　)未可知。

2. 我们决不能让封建迷信等落后现象(　　)。

3. 这个空瓶子终于派上了(　　)。

4. 他受尽了窝囊气,看不惯社会上那套(　　)的恶习。

5. 哈叭儿之类,是不足惧的,最可怕的却是口是心非的所谓"战友",因为(　　)。

6. 生理(　　)可以通过医学技术来弥补。

四、根据课文内容选择正确答案

1. 基因原先被称为:

    A. DNA 分子   B. 遗传因子   C. 遗传分子   D. 细胞的染色体

2. 在生物体内:

    A. 染色体都不太多   B. 每个细胞都有染色体

    C. 染色体和基因数量差不多   D. 基因和染色体性状相同

3. 1990 年在美国进行的第一例基因治疗:

    A. 被治疗者是两个成年人   B. 手术不太成功

    C. 患者患有免疫缺陷症   D. 采用了基因枪新技术

4. 哪一项不是基因枪能达到的治疗效果?

    A. 能进行基因治疗   B. 能导入特定的 DNA

    C. 能重组人体的 DNA   D. 能取代传统疫苗

5. 进行胎儿基因疗法的优越之处是:

    A. 避免母亲怀上有病婴儿   B. 不让有遗传病的婴儿出生

    C. 能尽早治好胎儿的遗传病   D. 减少未出生婴儿家庭的负担

6. 基因工程研究较小分子药物的原因是:

    A. 药效更好   B. 传统药物有耐药性

    C. 分子药物便宜又方便   D. 病人更愿意服用

五、根据课文内容回答下列问题

1. 基因对人体有什么作用?
2. 在基因研究中,科学家有什么发现?
3. 基因治疗主要针对什么人?
4. 什么是基因工程药物?
5. 研究基因药物对人类健康有什么意义?

说一说

1. 基因在我们日常生活中扮演着什么样的角色?(至少举三个)
2. 你对"转基因食品"有什么看法?

阅读技能指导

语篇信号词之五:表顺序与序列关系

表顺序与序列关系的信号词常用以说明一些有关活动和事情发生的先后顺序,或者处理某一事物或问题的程序、步骤等。在陈述若干观点、原因或描述事情发展的步骤、程序时,作者往往使用这些词。这样的信号词有:首先(起先)、其次、再次、最后;第一、第二、第三……;开始、接着、然后、此外;接着;同样等。读者借助这些词,能迅速理出文章的条理,对文章的层次和结构有一个较清晰的了解。

练习

阅读下列短文并完成相应的练习

人在郁闷时,只要你略微动起来了,你就会惊讶地发现,郁闷能被轻易地驱逐。

为什么动起来会有这么大功效?原来,身体一动,心情往往就要跟着发生变化,人的注意力发生转移,尤其是从事需要全神贯注投入的体育运动,烦恼更会完全抛在脑后,郁闷也必然会减轻;其次,动起来后环境发生了变化,那种足以将人囚禁于郁闷中的特定情境,突然不存在了,这种外在环境的转移,往往是由静到动,由晦暗逼仄的室内到明亮宽敞的户外,由沉寂压抑到喧闹、生机勃勃。最后,动起来需要消耗一定的能量,而心理压力和不良情绪也会随之得到一定程度的消解释放。_____,有的人在极其苦闷的时候,干脆不去管它,选择某种剧烈的运动,出一身大汗,洗个热水澡沉沉睡一觉,第二天醒来精神就会好得多。

1. 在文中找出表示顺序和序列的信号词。
2. 在文中画线处填出相应的信号词。
3. 下面哪一项不是动起来的功效?
   A. 烦恼减轻了　　　　　　　　B. 郁闷的环境消失了
   C. 心理压力得到了释放　　　　D. 室内变得宽敞明亮了

阅读1

"克隆"一词是英语词"clone"的音译。我国以前曾将其译为"无性生殖"或"无性繁殖"。

什么意思呢？"无性"，当然就是没有阴阳结合的过程，而是由同一个"祖先细胞"通过分裂方式繁殖而形成的纯细胞系。这个细胞系中每个细胞由于基因（遗传信息）彼此是相同的，从而决定了每个细胞由基因所控制的性状（例如细胞的个头、性状）是彼此相同的。由于上一代和下一代的遗传信息是一致的，所以可以简单地说，克隆是生命的全息复制。

因此，克隆技术在现代生物学中被称为"生物放大技术"。所谓"克隆羊"，就是无性繁殖的羊，它没有父母双亲，而是某一只羊的"翻版"后代。形象地说，就像孙悟空拔下一根汗毛再吹口气，便又生出一个甚至成千上万个一模一样的小孙悟空。克隆可以分为四个层次：微生物或细胞、植物、动物和人，以及在自然界发生的克隆和只有人工条件下发生的克隆。

实际上，在人们身边有许多自然界的克隆存在。"无性繁殖"并不是什么新东西。它在植物界和低等动物中是大量存在的。比如，植株扦插，从一个柳树枝上剪下几根小条，插进土里，以后它就长成相似的柳树；再比如，把土豆切成许多小块埋在土里，再长出的新土豆便是原先土豆的复制和"无性繁殖"。这种"无性繁殖"，也叫"克隆"。无性繁殖本来是一种低级的生殖方式。生物进化的层次越低，越有可能采取这种生殖方式；进化层次越高，则越不可能采取这种生殖方式。

克隆技术的应用十分广泛。首先，它是种植业和畜牧业中选育遗传性质稳定的优质品种的理想手段。其次，克隆技术在医学领域的应用具有十分诱人的前景。目前，美国、瑞士等国已经能够利用克隆技术培植的人体皮肤进行植皮手术。不久前，有一位美国妇女在一次煤气炉意外爆炸中受伤，75％的身体被严重烧伤。医生从她的身上取下一小块未损坏的皮肤，送到一家生化科技公司。一个月后，该公司利用先进的克隆技术培植出了一大块健康的皮肤，使患者迅速地痊愈了。这一新成就避免了异体植皮可能出现的排异反应，给病人带来了福音。科学家预言，在不久的将来，他们还将借助克隆技术"制造"出人的乳房、耳朵、软骨、肝脏，甚至心脏、动脉等组织和器官，供应医院临床使用。再次，克隆技术还可用来大量繁殖许多有价值的基因，例如，在基因工程操作中，科学家们为了让细菌等微生物"生产"出名贵的药品（如治疗糖尿病的胰岛素、有希望使侏儒症患者重新长高的生长激素和能抗多种病毒感染的干扰素等），分别将一些相应的人体基因转移到不同的微生物细胞中，再设法使这些微生物细胞大量繁殖。与此同时，人体基因数目也随着微生物的繁殖而增加。在人体基因被大量"克隆"时，微生物将大量地"生产"出人们所需要的名贵药品。

（选自网络资料，有删减）

练习

速读第 1 遍，完成下面的练习（建议阅读时间 5 分钟）

一、根据阅读内容选择正确答案

1. 关于克隆，哪一项是错误的？
   A. 克隆就是无性繁殖，是生命的复制
   B. 高等动物的克隆，只有在人工条件下才可能发生
   C. 自然界中是不存在克隆的，克隆是人类创造的新技术
   D. 人类也是可以被克隆的

2. 下列哪一项不是无性繁殖？
   A. 克隆羊　　　　　B. 植株扦插　　　　　C. 土豆的繁殖　　　　　D. 羊的自然繁殖

3. 目前克隆技术还未应运于哪一领域？

    A. 种植业选种育种　　　　　　　B. 制造人的肝脏、心脏等器官

    C. 畜牧业选育优良品种　　　　　D. 培植人体皮肤

4. 文中提到的可用克隆技术繁殖的有价值基因有哪些？

    A. 胰岛素、生长激素

    B. 胸腺素、甲状腺素

    C. 雄性激素、抗多种病毒感染的干扰素

    D. 肾上腺素、皮质激素

5. 下列哪一项是文中没有提到的内容？

    A. 克隆的概念　　　　　　　　　B. 克隆的层次

    C. 克隆技术的应用　　　　　　　D. 老百姓对克隆技术的态度

细读第 2 遍，完成下面的练习

二、根据阅读内容判断正误

1. 纯细胞系中的每个细胞无论是遗传基因还是遗传性状都是相同的。　　（　　）

2. 克隆羊可能有自己的父母亲。　　（　　）

3. 人属于克隆的第三个层次。　　（　　）

4. 克隆现象在自然界中并不陌生。　　（　　）

5. 利用克隆技术培植的皮肤也会相互排斥。　　（　　）

6. 人类已经利用克隆技术，克隆出了耳朵、肝脏、心脏等组织和器官。　　（　　）

三、选择画线部分词语在句子中的意思

1. 所谓"克隆羊"，就是无性繁殖的羊，它没有父母双亲，而是某一只羊的"翻版"后代。

    A. 翻印的版本。

    B. 未得原出版者、著作者同意将图书重印发售。

    C. 玩一个游戏玩完一遍。

    D. 长得一样。

2. 克隆技术在医学领域的应用具有十分诱人的前景。

    A. 诱导人

    B. 对人有吸引力

    C. 倾向于达到某些贬义的目的而方式方法不够光彩

    D. 使用手段，使人意识模糊而做坏事

3. 一个月后，该公司利用先进的克隆技术培植出了一大块健康的皮肤，使患者迅速地痊愈了。

    A. 恢复健康　　　　B. 伤口愈合　　　　C. 病情好转　　　　D. 出院

4. 科学家预言，在不久的将来，他们还将借助克隆技术"制造"出人的乳房、耳朵、软骨、肝脏，甚至心脏、动脉等组织和器官，供应医院临床使用。

    A. 预料中的话　　　B. 预感　　　　　　C. 预先说出　　　　D. 预测

5. 将一些相应的人体基因转移到不同的微生物细胞中，再设法使这些微生物细胞大量繁殖。

    A. 施展法术　　　　B. 办法　　　　　　C. 想办法　　　　　D. 设计方法

词语提示

全息	（名）	quán xī	特指一种技术，可以让从物体发射的衍射光能够被重现，其位置和大小同之前一模一样。从不同的位置观测此物体，其显示的像也会变化。因此，这种技术拍下来的照片是三维的。
扦插	（动）	qiān chā	一种培育植物的常用繁殖方法。可以剪取植物的茎、叶、根、芽等（在园艺上称插穗），或插入土中、沙中，或浸泡在水中，等到生根后就可栽种，使之成为独立的新植株。
排异反应	〈组〉	pái yì fǎn yìng	异体组织进入有免疫活性宿主的不可避免的结果，这是一免疫过程。
侏儒症	（名）	zhū rú zhèng	指儿童的身高低于同性别、同年龄、同种族儿童平均身高的 2 个标准差（－2SD，标准线称 SD），每年生长速度低于 5 厘米者。
干扰素	（名）	gàn rǎo sù	一种广谱抗病毒剂，并不直接杀伤或抑制病毒，而主要是通过细胞表面受体作用使细胞产生抗病毒蛋白。

阅读2

农业，自古以来都离不开土壤。在旧社会，农民如果失去了土地，就等于失去了生活的保障。他们不得不流落他乡，沦为乞丐。

然而现代农业的发展，创造出了无土栽培技术。无土栽培就是不用土壤，而是利用人造根系环境取代土壤进行栽培的技术。

无土栽培技术出现于 20 世纪 60 年代。它的诞生对传统的农业无疑是强有力的挑战，它既为农业生产的工厂化奠定了基础，又可以保证农产品优质高产。

那么，无土栽培是如何进行生产的呢？现在我们来看一看无土栽培的方式。第一种是水培法。就是在水中配以作物生长需要的氮、磷、钾及其他元素，农作物是生长在水中的。第二种称为基质栽培。就是用蛭石、珍珠岩、炉渣等吸水性、透气性良好的材料做基质，植物所需要的营养通过管道和其他方法渗透到基质中去。第三种叫做立体种植法。将基质装在塑料袋中，形成立柱式，植物就生长在立柱上，形成上下四周都生长的绿色柱。

无土栽培技术通常多用来进行大规模的蔬菜栽培和花卉栽培，并且取得了可观的经济效益。蔬菜工厂搞的就是以无土栽培技术为基础的现代化农业生产。日本这样的蔬菜工厂已有数百家。例如，他们把油菜的种子播种在工厂的培养床上，自动浇水萌发，发芽后的最初五天不用日光照射，采用营养液催生，所以生长很快，第六天进行光照"绿化"。先后只经过七天，嫩嫩的油菜便可上市。因此，在蔬菜工厂中，一个月可以收获四次油菜。

生菜和青菜，由于生长速度快，非常适合无土栽培工厂化生产。把这些蔬菜的种子播种在一条特制的传送带上，传送带上有许多盒子，盒子中间放有人造土壤，种子在人造土壤中发芽。一昼夜，传送带仅移动几厘米，但蔬菜生长必需的营养成分却能得到可靠的供应。"阳光"则是日光灯。当传送带移动 20 米之后,蔬菜也就可以收获了。所以,从一端播种,另一端就可以收割。新鲜的蔬菜就这样源源不断地从工厂中生产出来。至于种花,也是同样的道理。

无土栽培技术有许多优点:第一,避免了土壤中残留细菌、昆虫的侵害;第二,避免了一般栽培中遇到的土壤理化性质不一致的情况,使蔬菜在相同的环境下迅速生长;第三,免去耕地、施肥、锄草等劳动,节省人力、时间和许多农业机械;第四,肥料和水分不易流失,可以循环使用;第五,不受自然条件的影响,一年四季都可以生产;第六,可以实行自动化控制,进行大规模的工厂化生产。

正因为无土栽培技术有这么多优点,近几年又出现许多新的无土栽培技术,如荷兰的石棉法、英国和日本的营养液膜法、意大利的雾耕法、加拿大的锯木屑水耕法和美国的霹耕法。我国的科技人员在湖面上进行大规模的水稻栽培法,使水稻生产由平原、山川推进到湖、河水面上,使无土栽培从室内走向大自然,这无疑又是一大突破。

(选自《科学造物主—生物工程漫谈》,有删减,作者:毕东海)

练习

速读第 1 遍,完成下面的练习(建议阅读时间 5 分钟)

一、根据阅读内容选择正确答案

1. 无土栽培出现于:
   A. 20 世纪 80 年代　　　　　B. 21 世纪
   C. 20 世纪 60 年代　　　　　D. 20 世纪 90 年代

2. 哪一项不是无土栽培的方式?
   A. 水培法　　　B. 基质栽培　　　C. 立体栽培　　　D. 温室栽培

3. 无土栽培通常多用于哪些方面?
   A. 大规模的蔬菜栽培和花卉栽培　　　B. 粮食种植
   C. 家庭种植　　　　　　　　　　　　D. 城市绿化

4. 中国在无土栽培技术方面的突破是:
   A. 发明了营养液膜法　　　　　B. 发明了锯木屑水耕法
   C. 发明了石棉法　　　　　　　D. 使无土栽培从室内走向室外

5. 下列哪种说法正确?
   A. 无土栽培彻底取代了传统的农业生产方式
   B. 日本是无土栽培技术最发达的国家
   C. 无土栽培技术具有规模大、速度快、经济效益高的特点
   D. 无土栽培技术效益高,成本也高

细读第 2 遍,完成下面的练习

二、根据阅读内容回答问题

1. 无土栽培不同于其他栽培的特点是什么?
2. 无土栽培都有哪些方式?
3. 无土栽培技术有什么优点?
4. 我国在无土栽培技术上有什么突破?

三、用所给的词语替换下列句子中的画线部分词语，保证句子意思基本不变。

发芽　接连不断　使用　存留　叫花子

1. 他们不得不流落他乡，沦为<u>乞丐</u>。　　　　　　　　　　　　　　（　　）
2. 他们把油菜的种子播种在工厂的培养床上，自动浇水<u>萌发</u>。　　　（　　）
3. 发芽后的最初五天不用日光照射，<u>采用</u>营养液催生，所以生长很快。（　　）
4. 新鲜的蔬菜就这样<u>源源不断</u>地从工厂中生产出来。　　　　　　　（　　）
5. 避免了土壤中<u>残留</u>细菌、昆虫的侵害。　　　　　　　　　　　　（　　）

词语提示

流落他乡	〈组〉	liú luò tā xiāng	被迫离开家乡，漂泊外地。
蛭石	（名）	zhì shí	一种天然、无毒的矿物质，在高温作用下会膨胀的矿物。它是一种比较少见的矿物，属于硅酸盐。
炉渣	（名）	lú zhā	火法冶金过程中生成的浮在金属等液态物质表面的熔体，其组成以氧化物为主，还常含有硫化物并夹带少量金属。

第 38 课　冬眠在医学上的应用

日本的近藤宣昭博士以冬眠用于人体为目标的研究已经进行 20 多年了，取得了许多成果。近藤博士说："我们哺乳类，如果往前追溯的话，可说是从两栖纲冬眠的物种进化而来的，即人类原先具有能够冬眠的遗传特性。如果能够把冬眠用于人类，则掌握了开发若干强力药的有用法宝。"他认为冬眠对动物有很多益处，不仅能异常顽强地抗衡细菌或癌，而且延长了寿命。

冬眠除给动物带来了长寿外，还能带来什么？在医学上有价值吗？自上个世纪 50 年代起科学家就已经开始进行这方面的研究。科学家发现，如果给冬眠的哺乳动物（黄鼠和仓鼠等）照射致死量的放射性射线，不在冬眠状态的鼠马上就死亡，而处在冬眠状态的鼠的生存率却很高。同样，对冬眠中的哺乳动物投入致死量的细菌，未发现细菌感染，冬眠结束的时候，动物体内投放的细菌全部消失了。对此，近藤博士认为冬眠中动物身体的免疫力变得很强，使细菌不能繁殖而被免疫系统杀死。冬眠中的哺乳动物对癌的抵抗力非常强。将致癌的化学物质涂在正常动物皮肤上，皮肤会发生癌变。但是在冬眠中的动物身上完全看不到这样的癌变。

由于冬眠中的动物能抵抗放射线，科学家为此预言，人类如果进入冬眠状态，也就可以抵抗宇宙射线的辐射，到时，人类漫长的宇宙旅行也就成为可能。

对于人类来说，不管是出于何种原因，如果身体缺乏锻炼，就会迅速导致骨质丢失。长期卧床的病人，太空宇航员，他们都容易患骨质疏松症。大多数冬眠动物也会受到类似的影响，只有黑熊是个例外，沉睡几个月的黑熊其骨质不会发生任何退化现象，它们的骨骼仍然与冬眠前一样强健，这真是太神奇了。

科学家发现黑熊年龄越大骨骼越强健，而我们人类则相反，年龄越大骨骼就变得越脆弱。在充分利用钙和保持骨骼强壮方面，黑熊一定有什么绝招，这正是人们想知道的。

骨质丢失与血液中保持一定含量的钙有关，显然黑熊具有某种特殊的本领使血液中的钙保持在适当水平。其他的冬眠动物由于大小便等原因会使钙流失，而黑熊在冬眠过程中不吃不喝也不排便，通过膀胱吸收尿液，并将其中的氮转化为蛋白质，身体内的钙也不会流失。但如果这种方式运用到人类身上，可就适得其反了，人可能会患上严重的尿毒症。

如果人类能够知道熊在进入老年时仍然能保持骨骼强健的奥秘，那么科学家也许就能找到对付人类骨质疏松症的途径。

研究人员还发现熊在冬眠过后，它们的肌肉力量也不受到任何影响。熊的这种保持肌肉活力的机能使得它们即使在冬眠过程中遭受到了其他食肉动物的侵扰，比如狼或狮子等，也能及时做出反应，选择反击或者逃跑。

通过植入黑熊体内的小仪器，研究人员观察到这样一个现象，它们在睡梦中也在运动，其方式就是周期性的身体颤抖。这是一种较为剧烈的肌肉抽搐活动，这是黑熊冬眠过后仍然能保持肌肉强健的奥秘所在。这一发现为人类治疗肌肉萎缩等带来了新希望，也为太空航行的宇航员如何保持肌肉活力打开了新的视野。如果让人学会如何周期性地刺激肌肉神经，也许他们就能像黑熊一样通过身体颤抖来达到锻炼的目的。

动物冬眠是大自然中一种奇妙的现象，动物冬眠中的种种生存策略在医学上也有着重要意义，科学研究将会进一步揭开动物冬眠现象的种种奥秘，用动物的智慧来解除困扰人类的某些病痛。

（选自《大自然探索》2004 年第 12 期）

词语提示

追溯	（动）	zhuī sù	逆流而上，向江河发源处走，比喻探索事物的由来。
两栖纲	（名）	liǎng qī gāng	脊椎动物从水生向陆生过渡的一个中间类群，它们既保留了水生祖先的许多特征，又获得了一系列陆生脊椎动物的特点。
进化	（动）	jìn huà	事物由简单到复杂，由低级到高级逐渐变化。
抗衡	（动）	kàng héng	对抗，不相上下。
繁殖	（动）	fán zhí	生物产生新的个体以传代。
骨质疏松	（名）	gǔ zhì shū sōng	指骨密度进行性下降，从而使骨变得脆弱，容易骨折。
退化	（动）	tuì huà	生物体在进化过程中某一部分器官变小，构造简化，机能减退甚至完全消失。
适得其反	〈组〉	shì dé qí fǎn	恰恰得到与预期相反的结果。
尿毒症	（名）	niào dú zhèng	肾脏机能减退或丧失，不能将体内废物充分排除，积聚在血液和组织里而引起的中毒现象。症状是头痛、恶心、抽搐等，常引起死亡。多发生在肾炎后期。
萎缩	（动）	wěi suō	本文中指肌肉功能活动衰退。

练习

一、根据课文内容判断正误

1. 近藤博士认为，人类的遗传基因中就有能够冬眠的特性。　　　　　　（　　）
2. 动物在冬眠时，它体内的免疫力也消失。　　　　　　　　　　　　（　　）
3. 大多数冬眠动物如果不运动，会导致骨质丢失。　　　　　　　　　（　　）
4. 黑熊在冬眠过程中不吃不喝不排便，因此很容易患尿毒症。　　　　（　　）
5. 黑熊冬眠时肌肉的抽搐是在运动，以保持肌肉的强健。　　　　　　（　　）
6. 科学家已经揭开了动物现象的各种奥秘，并用于医学。　　　　　　（　　）

二、选择画线词语在句子中的意思

1. 哺乳类动物是从两栖纲冬眠的物种进化来的，即人类原先具有冬眠的遗传特性。
   A. 立即　　　　　B. 就是　　　　　C. 也　　　　　　D. 即使
2. 如果能够把冬眠用于人类，则掌握了开发若干强力药的有用法宝。
   A. 多少　　　　　B. 许多　　　　　C. 不少　　　　　D. 大概
3. 科学家预言，人类如果进入冬眠状态，也就可以抵抗宇宙射线的辐射。

A. 预科　　　　　B. 打算　　　　　C. 提前说出　　　　D. 计算

4. 科学家也许能找出对付人类骨质疏松症的<u>途径</u>。

A. 道路　　　　　B. 方法　　　　　C. 窍门　　　　　D. 形式

5. 熊保持肌肉活力的机能使它在冬眠时也可免受食肉动物的<u>侵扰</u>。

A. 袭击　　　　　B. 吞食　　　　　C. 追击　　　　　D. 侵犯

6. 如何治愈艾滋病,这个难题一直<u>困扰</u>着人类。

A. 困惑　　　　　B. 骚扰　　　　　C. 围绕　　　　　D. 打扰

三、选择合适的词语填空

收缩　萎缩　繁殖　增殖　抗衡　平衡　适得其反　进化　退化

1. 生物自生命第一次出现起就一直在(　　),现存的物种都是几十亿年来改变和选择的结果。

2. 只有加强体育锻炼,才能提高自身的机体免疫力,也才能增加与各种疾病(　　)的能力。

3. 我本来想帮你,没想到(　　),反而给你带来了麻烦。

4. 熊猫的(　　)能力无法与鼠相比。

5. 无论在课堂训练时你的听力和口头表达能力多强,一旦训练停止,这种能力就会(　　)。

6. 霍金1942年1月8日出生于英国牛津,在大学期间肌肉(　　),不久半身不遂。

四、根据课文内容选择正确答案

1. 冬眠给动物带来的好处,下列哪一项没提到?

A. 使动物长寿　　　　　　　　　B. 保持骨骼和肌肉强健

C. 抵御细菌　　　　　　　　　　D. 使动物具有自我体温调节能力

2. 文章中说"人类进入冬眠状态后,就可以实现宇宙旅行"的根据是:

A. 人类有冬眠的遗传特性

B. 人类进入冬眠后可以抵抗宇宙射线的辐射

C. 科学家在这方面的探索已经获得了成功

D. 冬眠时,体内的细菌消失

3. 黑熊冬眠后,没有发生退化的是:

A. 骨骼　　　　　B. 肌肉　　　　　C. 骨骼和肌肉　　　D. 神经系统

4. 人类治疗肌肉萎缩的新希望来自:

A. 黑熊冬眠后仍能保持肌肉强健给科学家的启发

B. 对宇航员太空航行的认识

C. 科学家不断的努力

D. 人类强体健身意识的加强

5. 熊在冬眠过程中也能反抗食肉动物的袭击,是因为:

A. 自身体格强壮　　　　　　　　B. 肌肉仍然保持着强健

C. 骨骼强健　　　　　　　　　　D. 警惕性高

6. 处于冬眠状态下的黑熊会周期性地颤抖的原因是:

A. 保持体内钙质维持在一定水平　B. 保持肌肉强健

C. 保持体内脂肪低消耗　　　　　D. 让自己处于警惕状态

五、根据课文内容回答问题

1. 科学家根据冬眠中的动物能抵抗放射线这一点儿,想到了什么?
2. 科学家发现人类与黑熊的骨骼随年龄的增长有什么不同? 为什么?
3. 黑熊冬眠过后仍能保持肌肉的强健给人类带来了什么启示?
4. 动物的冬眠充满了许多的奥秘,课文中提到了哪些?

说一说

1. 你知道动物冬眠的故事吗?
2. 你是如何看待"冬眠"的?

阅读技能指导

语篇信号词之六:表归纳与总结关系

表归纳与总结关系的信号词常常引出的是结论性的话,起着总结上文观点的作用。一般出现在一段文字或篇章临近结尾的地方,具有很强的概括性,通常反映文章或段落的主旨,所以在阅读的时候一定要多加注意。

这类信号词主要有:总而言之、总之、综上所述、简而言之、由此可见等。

练习

阅读下列短文并完成相应的练习

总之,由于各种因素造成的环境噪声从多方面影响着人体和精神,日益成为破坏环境,损害人体健康,造成工作和经济损失的无形杀手。

1. 找出本段中表示概括和总结的标志词。
2. 根据这一段可知前面讲述的主要内容可能是:
   A. 噪声对人体和精神的影响
   B. 噪声对环境的影响
   C. 噪声是如何产生的
   D. 噪声如何破坏环境

阅读1

血流不止就会在短时期内夺走人的性命,尽管使用止血钳、烧灼伤口、药物收缩血管等都是现行的止血方法,却都有不尽如人意之处。最近两项高科技止血新法通过了效果确认,在人体运用的前景大为可观。

纳米肽纤维,止血仅需 15 秒。纳米肽蛋白纤维原本只是被用来为仓鼠的脑细胞做修复的,科学家却在实验过程中发现了它神奇的止血功效。10月份,美国麻省理工学院和香港大学医学院的专家们在合作研究中,发现纳米肽蛋白纤维液体能够迅速止血。

这种液体主要由缩氨酸组成,接触到伤口以后,会自行聚合成保护性的透明凝胶,像一道屏障封闭伤口,从而达到止血的效果。目前,科学家已经在一系列哺乳动物身上展开试验,从老鼠到猪,所试验的器官组织包括大脑、皮肤、肝脏、脊髓、腿骨动脉等部位。

这种纳米肽蛋白纤维凝结物在伤口上是透明的,所以在手术中无须将它移除,避免了伤口受到污染的可能,这给其将来在无菌环境下进行手术中的运用提供了必要条件。另外,纳米肽蛋白纤维几周后在生物体内会自动降解为普通的氨基酸,被周边的细胞吸收,无毒无副作用,也不会引起体内通常会有的排异反应。相比目前军事上常用的止血剂,这种液体的优点在于无论伤口多深或者形状多么奇怪,都不会影响它的效果。

但是,让科学家困惑的是他们现在还无从知晓这种物质在生物体内是如何发挥神奇作用的,因为止血最基本的原理就是使伤口的血液凝结成块,但是纳米肽蛋白纤维却并不是这样。因此,预计这种液体真正运用于临床医治病人至少需要 3 年的时间,并且首先会被用在战场和交通事故的急救中。

尽管一切都还没有修成正果,但很多外科医生都已经对此表示了浓厚的兴趣。它的形状就像是衬衫的袖口翻边,一旦流血,把它绑在受伤的四肢上,在几秒钟内血就会被止住——这就是深度超声波止血带,美国五角大楼已经拨款 5100 万美元,专用于此项目的研发。

纽约飞利浦研究所超声波成像和治疗专家帕西雷说:"根据美国五角大楼的一份报告,内出血损伤是导致士兵在战场上死亡的首要原因。"为此,美国国防先进技术研究计划署组织了美国国内各类研究所共同完成这一项目,期望在 4 年内投入军事应用。

虽然超声波止血带在人体生理运用上的可行性已经得到了充分的证明,但是战场上的情况远比实验室严酷和复杂。因此,要投入到军事领域的应用,超声波止血带还必须通过温度、灰尘、噪音、潮湿等影响的一系列严峻考验。

(选自网络资料,有删减)

练习

速读第 1 遍,完成下面的练习(建议阅读时间 5 分钟)

一、根据阅读内容选择正确答案

1. 文中认为目前的止血方法如何?
   A. 作用不是很明显　　　　　B. 迅速而有效
   C. 不够完美　　　　　　　　D. 已经落伍

2. 用纳米肽蛋白纤维来止血是:
   A. 一次意外
   B. 建立在科学研究基础上的
   C. 给仓鼠做脑细胞修复时发现的奇妙功能
   D. 已经运用到人体上了

3. 与传统止血方法相比,用纳米肽蛋白纤维来止血的优点不包括:
   A. 可迅速使血液凝聚成块　　B. 手术中不用将它移除
   C. 不会使伤口受到污染　　　　D. 可自动降解

4. 超声波止血带的最大优点是:
   A. 不受环境的制约　　　　　B. 短时间内迅速止血
   C. 携带方便　　　　　　　　D. 便于操作

5. 最适合本文的题目是:

A. 纳米肽纤维的止血功效　　　　B. 新的止血方法

C. 止血领域的新突破　　　　　　D. 高科技止血：从死神手里抢时间

细读第 2 遍，完成下面的练习

二、根据阅读内容判断正误

1. 用纳米钛纤维来止血，只需要 15 秒即可见效。　　　　　　　　　　　（　　）

2. 避免伤口受到污染，是无菌手术的必要条件。　　　　　　　　　　　（　　）

3. 纳米蛋白纤维是通过让血液迅速凝结成块来止血的。　　　　　　　　（　　）

4. 这种手术已经广泛应用于军事和交通事故的急救中。　　　　　　　　（　　）

5. 美国对深度超声波止血带研究非常重视。　　　　　　　　　　　　　（　　）

6. 超声波止血带应用于军事还需要进一步的研究。　　　　　　　　　　（　　）

三、选择画线词语在句子中的意思

1. 血流<u>不止</u>就会在短时期内夺走人的性命。

　　A. 不停止　　　　B. 不仅　　　　　C. 不限于　　　　D. 不只

2. 这种液体主要由缩氨酸组成，接触到伤口以后，会<u>自行</u>聚合成保护性的透明凝胶，像一道屏障封闭伤口，从而达到止血的效果。

　　A. 自己实行　　　B. 自己处理　　　C. 自己解决　　　D. 自己主动

3. 这种纳米肽蛋白纤维凝结物在伤口上是透明的，所以在手术中无须将它<u>移除</u>。

　　A. 清理掉　　　　B. 移动　　　　　C. 消失　　　　　D. 移开

4. 让科学家困惑的是他们现在还无从<u>知晓</u>这种物质在生物体内是如何发挥神奇作用的。

　　A. 知道　　　　　B. 了解　　　　　C. 理解　　　　　D. 掌握

5. 尽管一切都还没有<u>修成正果</u>，很多外科医生却已经对此表示了浓厚的兴趣。

　　A. 修行成功　　　　　　　　　　　B. 好的归宿

　　C. 取得成功　　　　　　　　　　　D. 事情没有结束

词语提示

缩氨酸	（名）	suō ān suān	一般以"蛋白质的一种"来说明，由 2 到 50 个氨基酸连接的构造物，它表现出不同于蛋白质的活性和机能。
降解	（动）	jiàng jiě	高分子化合物的大分子分解成较小的分子的过程。
肽	（名）	tài	介于氨基酸和蛋白质之间的物质。
严峻	（形）	yán jùn	严厉；严格。

阅读2

　　据英国媒体 12 月 18 日报道，随着人工智能技术的飞速发展，机器人的使用正变得越来越频繁。美国科学家们日前表示，他们已经成功地研制出可以利用脑电波进行控制的机器人。

　　12 月 17 日，国际人脑计算机学术会议在英属哥伦比亚的惠斯勒市举行。美国华盛顿大学教授瑞奥展示了他们最新研制成功的脑电波控制机器人。

瑞奥表示，这一最新技术取得的成功表明，科学家们有朝一日将可以利用脑电波机器人来帮助残疾病人。瑞奥说，科学家们只需要通过可进行脑皮层电描法的感应电极板，便可接收并解读癫痫症患者脑部发出的信号。

机器人通常都是按照事先设计好的程序执行任务。而这种新型机器人原理不同，它先感应并分析各个构件的反应，然后再根据具体反应自行制定行动程序。

参与这项研究的美国脑神经学副教授鲁塔德指出，此前曾以一名 14 岁癫痫症患者为程序进行测试，期间他们要求少年完成多种运动神经及语言任务，例如移动手指、舌头等。结果研究人员成功地通过计算机程序提供的脑电波扫描纪录，掌握了该少年脑部的活动情况。随后科学家们又把感应电极板连接至计算机游戏"太空侵略者"，发现这名残疾少年只须凭借思维就能驱使画面中的炮台随着思想移动。鲁塔德兴奋地指出，"他以思维成功地完成两关的任务，他在游戏过程中反应愈快，控制效果愈理想。假如研究成功，技术日后将可应用于残障者身上，让他们可以通过思维来控制义肢的活动。"

在当天举行的智能机器人展示会上，日本本田公司的专家们还演示了一款可以听懂说话、看懂手势，而且还会说话的机器人"阿西莫"。那么该如何操控这种新型机器人？我们举个例子。在机器人前面摆放着实验用的桌子和物品。机器人通过计算机视觉找到桌子的位置，能够成功辨认桌子上的物品。我们可以发现物品画面被传送到人脑——计算机界面，操控者戴上一顶特制的帽子控制机器人，这顶帽子上共有 32 个独立的电极与大脑头皮接触。操控者把焦点放在需要机器人拾起的物品上。通过接受人脑思维产生的脑电波，机器人可以完成一系列动作指令，包括捡拾物品并把它们拿到另一目标桌子上，机器人还可以左右移动。在演示过程中，科学家们还尝试将操控者与机器人分隔在两个不同的房间内，机器人同样可以利用脑电扫描仪接受人脑发出的信号指令，并做出各种正确的动作。

（选自网络资料，有删减）

练习

速读第 1 遍，完成下面的练习（建议阅读时间 5 分钟）

一、根据阅读内容回答问题

1. 新型机器人工作原理与传统机器人有何不同？
   A. 预先设计好程序　　　　　　　B. 可自行制定程序
   C. 具有意识　　　　　　　　　　D. 容易操纵

2. 让癫痫症患者玩计算机游戏"太空侵略者"的实验说明了：
   A. "太空侵略者"非常好玩
   B. 患者可以用思维控制机器人
   C. 癫痫症患者也可以玩计算机游戏
   D. 用思维控制机器人的技术已经成熟

3. 美国脑神经学副教授鲁塔德希望这项技术可运用于：
   A. 新产品的开发　　B. 军事领域　　C. 民用领域　　　D. 医学领域

4. 在什么样的条件下操纵者可以控制机器人？
   A. 近距离　　　　　　　　　　　B. 在同一房间
   C. 在不同房间　　　　　　　　　D. 以上条件都可以

5. 这篇文章可能属于：

    A. 调查报告   B. 科学说明文   C. 小品文   D. 科技报道

细读第 2 遍，完成下面的练习

二、根据阅读内容回答问题

1. 美国科学家研制出用脑电波控制的机器人的工作原理是什么？

2. 脑电波控制的机器人在医学上的用途有哪些？

3. 新型机器人是如何被操控的？

三、用所给的词语替换下列句子中的画线部分词语，保证句子意思基本不变。

    预先   总有一天   控制捡起   推动   驱赶

1. 科学家们<u>有朝一日</u>将可以利用脑电波机器人来帮助残疾病人。   （   ）

2. 机器人通常都是按照<u>事先</u>设计好的程序执行任务。   （   ）

3. 这名残疾少年只须凭借思维就能<u>驱使</u>画面中的炮台随着思想移动。   （   ）

4. 该如何<u>操控</u>这种新型机器人？   （   ）

5. 操控者把焦点放在需要机器人<u>拾起</u>的物品上。   （   ）

词语提示

频繁	（形）	pín fán	频率很高，次数很多。
癫痫	（名）	diān xián	慢性反复发作性短暂脑功能失调综合征。癫痫是神经系统常见疾病之一，患病率仅次于脑卒中。
焦点	（名）	jiāo diǎn	人们对重大事件、国家政策、新闻事件以及人物等的关注集中点。
义肢	（名）	yì zhī	供截肢者使用以代偿缺损肢体部分功能的人造肢体。
演示	（动）	yǎn shì	利用实验或实物、图表把事物的发展变化过程显示出来，使人有所认识或理解。

第 39 课　冬泳

　　严冬到了,冬泳又火爆了。但是,冬泳也是要讲点科学的。概括起来就是因人而异,量力而行,持之以恒。

　　有一项调查表明,相同的慢性支气管炎、肺心病患者,一些人参加了冬泳,另一些人没有参加,15 年后,参加冬泳的人的心、肺功能指标没有什么改变,而未参加冬泳的那些人,多次心衰者有之,"驾鹤归西"者有之。经功能检测,发现经常参加冬泳可使人的心、肺功能年轻 15 岁。至于其他方面的健身效果,近 30 多年来,国内外均有专门的研究:冬泳增强了人体的免疫功能,冬泳可以降低血脂、防治心脑血管性疾病,冬泳对人的血压有双向调节作用,冬泳增强神经内分泌调节功能,冬泳增强了中老年人的骨密度等等。参加冬泳,好处多多。

　　一般认为,除严重的器质性疾病、急慢性传染病、精神障碍、体质虚弱、妇女经期等原因之外,都可参加冬泳。最新研究表明,冬泳时寒冷的冰水刺激对儿童的生长、发育,没有什么副作用;已怀孕的妇女参加冬泳,也未见对胎儿有什么不良影响。但在实际上,冬泳爱好者队伍中,以中老年人为多。在这个冬泳群体,流传着"60 畅游,70 慎游,80 停游"的说法。当然,这也是相对的。体质较好而兴趣不减者,80 多岁了还继续冬泳的大有人在。参加冬泳的前提条件是必须会游泳。由于冬泳是在极其寒冷的特殊条件下健身锻炼的,所以对人的心理素质和身体条件要求相对较高。一些没有经过医学检查、对自己的身体不明底细的人想参加冬泳,还是悠着点儿好。

　　冬泳的"量"和"度"是科学冬泳的核心。冬泳不像一般游泳那样凭借个人的体力和技能而注重速度和距离,冬泳更注重的是在水中游泳的时间。尽管年龄、体质和技能等差别很大,但在寒冷的冰水中游泳的时间长短则差别不大。冬泳的目的是健身和娱乐,而不是挑战极限。到底在冰水中游多长时间效果最好,根据大多数人的经验,在摄氏 1 度的水中游 1 分钟,摄氏 2 度的水中游 2 分钟,摄氏 3 度游 3 分钟……这个量是适宜的。水温在摄氏 10 度以上时,已是阳春三月,桃花盛开,就可随意了。

　　冬泳人有一个奇怪的现象,每个人都有个人的"度"。游多长时间,甚至在水中刨多少下,都相当严格。常年冬泳的人在长期的实践中所形成的这个"度",实行起来都十分自觉,十分认真。这种个体习惯能力的特点,有生理科学和生化科学的依据。违反个人冬泳所形成的规律,就可能背离健身和娱乐的目的。

　　参加冬泳,提倡从夏、秋开始,逐步过渡到寒冷的冬季。这是由于心理的承受和身体的适应要有一个过程。看到人在冰天雪地的水中游泳,有人会惊诧认为不可思议,而冬泳者却为此欢乐和自豪。突然的受凉,会使一般人感冒、腹泻,冬泳者却没事儿。这是由于惯于冬泳者对寒冷已产生了适应能力,单核细胞的受体已产生了惰性;应激反应中肾上腺分泌的大量皮质酮,不仅不会抑制,反而会促进单核细胞释放更多的细胞因子,细胞因子可激发机体的免疫功能,这是冬泳健身的重要机理之一。冬泳上瘾,就是人对已经获得的耐寒能力的一种本能的保持。爬山者对爬山有瘾,跳舞者对跳舞有瘾,道理都一样。习惯于冬泳的人,两天不游,全身发紧;五天不游,下水就有点畏寒了。一旦环境改变和停止参与,已经获得的耐寒能力就会慢慢地消失。冬泳最艰苦的时间段,要算结冰前的一二十天,这是最考验人的时间段。过了这个时间段,何惧"千里冰封,万里雪飘"?

像其他健身运动一样,冬泳产生的健身效应,贵在坚持。突然剧烈的体能消耗达不到健身效果,偶然的酷寒刺激可能会对身体造成损害。那种一步到位的冬泳方法,是违反科学的,是不可取的。其原因之一是强烈的应激反应分泌的大量皮质酮,会抑制细胞因子的合成和释放,这就减少了免疫功能的促发因素,降低了身体的免疫力。此外,还可能造成身体的其他损害。冬泳不是打仗,不可突然袭击。

冬泳之前人体舒适温暖的环境和寒冷之间,反差极大。因此,下水之前的准备活动和出水后的整理运动,非常必要。肢体运动、大叫宣泄等,不一而论。惯于冬泳者冬泳前后的辅助活动,其规律性之强,运作之自觉,往往令人赞叹。一天之中,当然以中午冬泳最好。中午日照充足,气流稳定。"游雪不游风"的经验十分宝贵。下水后,注意力要十分集中,避免任何伤害身体的可能因素。顺便提及,在冬天的江、河、湖、海中游泳,最好不要单独行动。也不要在不熟悉的水域贸然下水。

（选自《中国体育报》）

词语提示

驾鹤归西	〈组〉	jià hè guī xī	对于死较婉转的说法。
底细	（名）	dǐ xì	（人或事情）根源;内情。
悠着点儿	〈组〉	yōu zhe diǎn ér	注意点儿。
过渡	（动）	guò dù	事情由一个阶段或一种状态逐渐发展变化而转入另一个阶段或另一种状态。
不可思议	〈组〉	bù kě sī yì	不可想象,不能理解（原来是佛教用语,暗含神秘奥妙的意思）。
惰性	（名）	duò xìng	不想改变生活和工作习惯的倾向（多指消极落后的）。
畏寒	（动）	wèi hán	害怕寒冷。
消耗	（动）	xiāo hào	（精力、力量、东西等）因使用或受损失而渐渐减少。
袭击	（动）	xí jī	出其不意地打击。
宣泄	（动）	xuān xiè	舒散;吐露（心中的积郁）。
不一而论	〈组〉	bù yī ér lùn	没有统一的说法。
贸然	（副）	mào rán	轻率地;不加考虑地。

练习

一、根据课文内容判断正误

1. 怀孕的妇女参加冬泳会对胎儿产生不良影响。 （ ）

2. 实际上冬泳爱好者中,中老年人居多。 （ ）

3. 健身和娱乐是科学冬泳的核心。 （ ）

4. 冬泳最艰苦的时间段是结冰后。 （ ）

5. 在下雪和刮风两种天气情况中,下雪更适合冬泳。 （ ）

6. 习惯于冬泳的人停一段时间后,照样能进行冬泳。 ( )

二、选择画线部分词语在句子中的意思

1. 冬泳者游多长时间,甚至在水中刨多少下,都相当严格。
    A. 挖   B. 击打   C. 划   D. 活动

2. 冬泳爱好者总结出了"游雪不游风"的宝贵经验。
    A. 在雪里游不在风里游   B. 冬天游秋天不游
    C. 天气特别冷时不游   D. 下雪游刮风不游

3. ……会促进单核细胞释放更多的细胞因子。
    A. 解释   B. 消除   C. 放出   D. 放下

4. 冬泳贵在坚持。
    A. 价格高   B. 宝贵   C. 地位高   D. 珍视

5. 冬泳之前人体舒适温暖的环境和寒冷之间,反差极大。
    A. 相反   B. 差别   C. 对比的差异   D. 反过来的差异

6. 顺便提及,冬泳最好不要单独行动。
    A. 提出   B. 提到   C. 涉及   D. 以及

三、选择合适的词语填空

宣泄 袭击 随意 过渡 度过 挑战 消耗 特殊 适宜 适当

1. 有些人心情郁闷时会找一个没有人的地方大叫( )。

2. 这杯酒我敬你,我喝完,你( )。

3. 剧烈的体育运动会( )大量的体力。

4. 我们一群人在野外徒步时突然遭到狼群的( ),幸亏人多,否则后果不堪设想。

5. 野外汽车拉力赛对人的意志力具有很大( )性。

6. 云南四季如春,气候( ),是居住的理想场所。

7. 冬泳初学者应该从夏、秋天开始练习,然后逐步( )到寒冷的冬季。

8. 这是一个( )时期,我们应该齐心协力共同渡过难关。

四、根据课文内容选择正确答案

1. 下列哪类人不适宜参加冬泳?
    A. 精神障碍   B. 老年人   C. 儿童   D. 怀孕妇女

2. 冬泳与一般游泳相比更重视什么?
    A. 体力   B. 技能   C. 速度和距离   D. 水中游泳的时间

3. 关于冬泳的"量"和"度",文中未提到的是:
    A. 不能违反冬泳形成的规律   B. 游多长时间视体能而定
    C. 冬泳人都有自己的"度"   D. 冬泳要给身体和心理一个适应过程

4. 冬泳时人体细胞因子会怎样?
    A. 产生惰性   B. 分泌大量皮质酮
    C. 激发机体的免疫功能   D. 抑制单核细胞活动

5. 一步到位的冬泳方法结果会怎样?
    A. 增强对寒冷的耐受力   B. 增强免疫力

C. 可能会对身体造成损害　　　　D. 让身体更健康

6. 下列哪一项不是冬泳应该注意的？

A. 因人而异　　　B. 量力而行　　　C. 循序渐进　　　D. 偶尔游一游

五、根据课文回答问题

1. 根据大多数人经验，在摄氏 6 度的水中游多长时间？

2. 参加冬泳的前提是什么？

3. 参加冬泳应该怎样循序渐进？

4. 每天什么时候适合冬泳？原因是什么？

说一说

1. 你喜欢游泳吗？为什么？

2. 你对"冬泳"有什么看法？

阅读技能指导

根据动词、副词、形容词判断态度和语气

作者写一篇文章，总是带着一定的意图，总是对将要讨论或叙述的问题和事实持有一定的态度，不然他就不必写这篇文章。所以，了解作者的态度和语气，对理解文章和把握中心很有帮助。态度和语气大致可分为三类：一、消极类：包括反对、批评、嘲讽、悲观、沮丧、抱怨、偏见、怀疑、讨厌等。二、积极类：包括赞成、支持、乐观、向往、幽默、憧憬、公正、自信、欣赏等。三、中立类：包括模棱两可、不偏不倚等。

作者在表达自己的态度或语气时，往往会通过使用一些带有强烈感情色彩的动词、形容词和副词等词汇手段，来暗示自己对文中某一具体问题所持的态度和观点。如："乐观、高山仰止、欣喜若狂"等褒义词可反映出作者的赞成态度。"主观、偏见、欺骗、哗众取宠、饮鸩止渴、藏污纳垢"等贬义词则暗示了一种反对态度。所以，在阅读时特别要注意文章中能表露作者情感态度的修饰性词语。

练习

根据语料内容判断作者的态度和语气

走过一条大街，如果你愿意伸手，定会接到一大堆宣传单，各式各样的，其中以培训资料和招生简章为甚，如"英语口语一月速成""记忆速成""钢琴速成""管理学速成"等等。

我对这些向来都是嗤之以鼻。如果真有这么神奇，那么那些刻苦努力的人岂不是白费心血了？别人几年甚至数十年才能练就的功夫，你几天几个月就能搞到手了，上天会这么不公平吗？

1. 作者对于"速成"的态度是：

A. 反对　　　B. 支持　　　C. 欣赏　　　D. 模棱两可

2. 哪些词句表现了作者对于"学习速成"所持的态度？

📖 **阅读1**

　　一个人被狗咬伤了,四处求医仍无济于事。有人告诉他,应该拿面包蘸上伤口上的血,扔给咬过他的狗吃。他回答说:"如果我这样做,全城的狗都会来咬我。"

　　2500多年前,聪明的伊索用这个寓言告诫世人:千万不要感谢那些给自己带来灾难的人,否则还会遭遇更大的灾难。然而非典这个突如其来的灾难降临中华大地后,竟有一批人大呼小叫地"感谢非典"。其中有不少专家认为"SARS是历史老人在中国发展的关键时刻'赐给'全体中国人的一件'宝物',是'危'更是'机'"。那么,非典究竟"赐给了"我们这个古老民族哪些"无价之宝"呢?据有心的记者和睿智的"不少专家"喊喊喳喳说,非典到来之后,不仅民族凝聚力得以提升、非传统安全体系被重视、制度创新被加速推进、国人危机意识增强、文明生活方式大为推广、带来意外商机,党风和社会风气还出现了"十大新变化":一是吃野味之风收敛了;二是随地吐痰得到有效遏制;三是分餐制已成时尚;四是洗手养成了习惯;五是体育活动蓬勃兴起;六是公费出国旅游受挫;七是会议减少;八是官员开始回家吃饭了;九是节庆意识淡化;十是家庭和睦离婚率降低……真可谓"忽然一夜非典到,带给人间无限好"。人们还真该"感谢非典"。

　　的确,非典这个灾难突然降临后,我们的社会生活发生了许多令人欣喜的新变化,但这些新变化之所以产生,难道是灾难的"恩赐"吗?我们认为不是,而是社会肌体的免疫功能在发挥作用。人类一旦受到疾病攻击,人体的免疫功能就会紧急动员起来,帮助人类战胜疾病,恢复健康。社会也是一样。在这场与非典的决战中,冲锋在前的各级领导机关和领导干部、广大医务人员和科学工作者,以及同仇敌忾的广大群众,都是奋不顾身的"白细胞"。应该被感谢的是他们。人恢复健康以后,会自觉地加强身体锻炼,注意膳食营养,增强自己的免疫力;但决不会有人从此对疾病感恩戴德,感谢它使自己养成了好习惯。做这种蠢事的,只有那些热衷于钻牛角尖和哗众取宠的"不少专家"。

　　我们决不应该感谢非典,因为非典"赐给"我们的只有灾难。飞机减航、火车减运、饭店关门、商店生意清淡、旅游团队取消;数千人在病榻上呻吟,数万人被隔离,死亡人数每天都在增加……除此之外更有国外敌对势力趁机妖魔化中国,110多个国家取消对中国人的签证。经济上的损失我们可以很快补回来,但死去的人不能复生,政治创伤更非一朝一夕可以愈合。

　　我们不清楚感谢非典的"不少专家"都是何方神圣,但有一点我们可以肯定:他们决不是辗转病榻的非典患者,决不是被非典夺去子女的父母,更不会是被非典夺去双亲的孤儿。

(选自《作品与争鸣》2003年第9期,有删减)

📚 **练习**

速读第1遍,完成下面的练习(建议阅读时间5分钟)

一、根据阅读内容选择正确答案

　　1. 文章第一段引用了伊索的寓言,是为了说明:

　　　A. 伊索的聪明才智

　　　B. 不要感谢带给自己灾难的人

　　　C. 非典就像被狗咬伤,无药可救

　　　D. 一旦被狗咬伤,要拿面包蘸自己的血去喂狗

2. 人恢复健康后,不会做的是:
   A. 加强身体健康
   B. 注意膳食营养
   C. 以各种方式增强免疫力
   D. 感谢疾病让他们养成了好习惯

3. 作者对一些人"感谢非典"的看法所持的态度是:
   A. 赞成
   B. 反对
   C. 痛苦
   D. 无所谓

4. 作者认为非典带给我们的是:
   A. 意外商机
   B. 好的党风和社会风气
   C. 灾难
   D. 经验教训

5. 文章最后一自然段中的"不少专家"一词具有什么意味?
   A. 赞扬
   B. 讽刺
   C. 特指
   D. 强调

细读第 2 遍,完成下面的练习

二、根据阅读内容判断正误

1. "不少专家"认为"非典"对于中国是利大于弊的。 （　）

2. "不少专家"认为"非典"让人们更重视卫生了。 （　）

3. "不少专家"认为"非典"让会议减少了。 （　）

4. 作者认为社会生活的变化不是非典带来的。 （　）

5. 作者认为我们应该感谢非典。 （　）

6. 作者对"不少专家"的言论持否定态度。 （　）

三、选择画线词语在句子中的意思

1. 聪明的伊索用这个寓言告诫世人:千万不要感谢那些给自己带来灾难的人,否则还会遭遇更大的灾难。
   A. 警告劝诫
   B. 告诉
   C. 奉劝
   D. 奉告

2. 国人危机意识增强、文明生活方式大为推广。
   A. 程度加深
   B. 做大事
   C. 为大家
   D. 越来越

3. 吃野味之风收敛了。
   A. 减轻
   B. 收拾
   C. 更厉害了
   D. 消失

4. 做这种蠢事的,只有那些热衷于钻牛角尖和哗众取宠的"不少专家"。
   A. 用东西在牛角上打孔
   B. 思想方法狭窄
   C. 费力研究不值得研究的问题
   D. 一种值得鼓励的精神

5. 除此以外更有国外敌对势力趁机妖魔化中国,110 多个国家取消对中国人的签证。
   A. 对某些事情或人物进行丑化
   B. 说成是妖魔鬼怪
   C. 说不切实际的话
   D. 做事不合常理

6. 经济上的损失我们可以很快补回来,但死去的人不能复生,政治创伤更非一朝一夕可以愈合。
   A. 一个早晨一个晚上
   B. 很短的时间
   C. 一整天
   D. 较长时间

词语提示

无济于事	〈组〉	wú jì yú shì	对事情没有什么帮助或益处,比喻解决不了问题,没有办法。
睿智	(形)	ruì zhì	见识卓越,富有远见,聪慧。
嘁嘁喳喳	〈组〉	qī qī chā chā	低声议论,搬弄是非。
同仇敌忾	〈组〉	tóng chóu dí kài	抱着共同的愤恨,一致对付敌人。
感恩戴德	〈组〉	gǎn ēn dài dé	感激别人给予的恩惠和好处。
哗众取宠	〈组〉	huá zhòng qǔ chǒng	以浮夸的言论迎合群众,骗取群众的信赖和支持。

阅读2

人们通常以为微波食品是安全的。在美国,90%以上的家庭拥有微波炉。微波炉既快又方便,经济实惠,是现代快节奏生活的理想烹饪工具,但微波炉对人体健康具有一定的危害。

微波是很短的电磁波,属于大自然能量光谱的一部分。太阳产生微波,但是,太阳产生的微波与微波炉产生的微波有重大区别。这个区别在于,微波炉是用交流电来产生微波的。

微波炉是怎样烹饪食物的? 微波炉用交流电产生的电磁波-微波,使食物中的水分子以每秒钟数亿次的速度旋转,造成分子之间巨大的摩擦,使食物迅速加热。

事实上,质量检测机构只关心微波炉是否存在微波泄漏的情况。令人惊讶的是,这些质量检测机构从未质疑微波食品本身是否安全。1991年,由于一场公众瞩目的官司,人们开始意识到微波食品并非百分之百安全。一位名叫诺尔玛·利沃特的妇女的家人为她的误死起诉。

诺尔玛去医院进行髋部更换手术。手术很成功,诺尔玛却死了。诺尔玛死于一次输血之后,血液是经过微波炉加温的。这是第一次有重大证据表明微波炉对被加热的物品的化学性质造成了破坏。如果仅用微波炉把血液加热到体温,就能使血液包含致人于死命的毒性,那么我们用更高的温度在更长的时间内加热食品,又会有什么情况呢?

食物的分子吸收了大量能量。这些能量足以使食物的分子结构发生改变,产生了人体不能识别的分子。这些奇怪的新分子是人体不能接受的,有些有毒性,还可能致癌。因此,经常吃微波食品的人或动物,体内会发生一定的生理变化。

瑞士皇家科技协会的汉斯·赫尔特博士和博尔纳德博士发现,微波加热破坏了食物的营养成分。他们测量了吃微波食品志愿者血液中的病理变化。令人震惊的是,这些人血液中的红细胞减少了,这意味着血液携带的氧减少,人体组织无法得到所需的氧。

俄罗斯的研究表明,遭受微波辐射不仅有损健康,而且食用微波食品同样会造成严重的健康问题。无论何种食物一旦经过微波加热都会产生已知的致癌物。肉类、奶类、谷物、水果和蔬菜都会产生引起癌症的化学物。吃微波食品的人消化系统紊乱,淋巴系统发生障碍,血液中癌细胞增加。经常吃微波食品的人更容易患胃肠癌,消化系统也会逐渐出现问题。

科学家还发现,每台微波炉都会泄漏辐射,微波烹饪的食物会产生有毒和致癌的附加物,微波食品的营养价值减少了60%至90%,包括矿物质和生化酶,维生素 B、C 和 E 等物质,甚至连蛋白质的营养成分也减少了。荷尔蒙也会发生异常情况,特别是男性和女性荷尔蒙的分泌和平衡出现异常。长期食用微波食品会导致永久性的脑损伤,造成记忆力下降,注意力难以集中,情绪波动,智力下降。

(选自网络资料,有删减)

练 习

速读第 1 遍,完成下面的练习(建议阅读时间 6 分钟)

一、根据阅读内容选择正确答案

1. 人们为什么开始质疑微波食品本身的安全性?
   A. 有人吃了微波食品患了癌症
   B. 经过微波加热的食物营养遭到严重的破坏
   C. 有人输入微波加热的血液死亡了
   D. 吃微波加热的食品使人的消化系统紊乱

2. 关于微波,下面哪种说法是正确的?
   A. 微波是比较长的电磁波　　　　　B. 微波属于大自然能量光谱的一部分
   C. 只有太阳能产生微波　　　　　　D. 微波完全有害

3. 诺尔玛·利沃特死亡的原因是:
   A. 输入了不同血型的血液　　　　　B. 输入了被细菌污染的血液
   C. 输入了过期的血制品　　　　　　D. 输入了用微波炉加热的血液

4. 以下哪一项不是长期食用微波食品的表现?
   A. 男性和女性荷尔蒙的分泌和平衡出现异常
   B. 导致永久性的脑损伤,造成记忆力下降
   C. 注意力难以集中,情绪波动,智力下降
   D. 导致血液中产生致人于死命的毒性物质

5. 根据文章推测,使用微波加热食物,会使食物的营养价值发生怎样的变化?
   A. 蛋白质营养成分减少　　　　　　B. 维生素含量增多
   C. 矿物质营养成分增多　　　　　　D. 生化酶增多

细读第 2 遍,完成下面的练习

二、根据阅读内容回答问题

1. 太阳产生的微波和微波炉产生的微波有什么区别?
2. 文章从哪几方面说明了微波炉对人体健康的危害?
3. 请你说说微波炉烹饪食物的原理是什么?
4. 用一句话概括本文的主旨。

三、用所给的词语替换下列句子中的画线部分词语,保证句子意思基本不变

变化　怀疑　混乱　一般　实际上

1. 事实上,质量检测机构只关心微波炉是否存在微波泄漏的情况。　　　　( )
2. 令人惊讶的是,这些质量检测机构从未质疑微波食品本身是否安全。　　( )
3. 通常只有当人体感染急性疾病、细菌感染或细胞受损坏时,白细胞才会上升。( )
4. 吃微波食品的人消化系统紊乱,淋巴系统发生障碍,血液中癌细胞增加。　( )

5. 长期食用微波食品会导致永久性的脑损伤,造成记忆力下降,注意力难以集中,情绪<u>波动</u>,智力下降。 　　　　　　　　　　　　　　　　　　　　　　　　　（　　）

词语提示

实惠	（形）	shí huì	具有实际好处的。
烹饪	（动）	pēng rèn	对食品作加工处理,使食物更可口,更好看,更好闻。
瞩目	（动）	zhǔ mù	惹眼;注视。
泄露	（动）	xiè lòu	不应该让人知道的事情让人知道了。
泄漏	（动）	xiè lòu	漏出;同泄露。

第 40 课　　人体经络之谜

中医的经络学说已同空中不明飞行物"飞碟"以及"百慕大"现象，一同被世人列为当今世界的科学之谜。中医是如何认识经络的？经络有哪些功用？经络的实质是什么？国内外对经络研究的近况如何？

早在 2000 多年前的医学著作《黄帝内经》中就有了系统的记载，《黄帝内经》以外的一些非医学著作中也有零星的记载。

中医认为，经络是人体气血运行的通路，内属于脏腑，外布于全身，将各部组织、器官联结成为一个有机的整体。经，指经脉，犹如直通的径路，是经络系统中的主干；络，指络脉，犹如网络，是经脉的细小分支。经络，是经脉和络脉的总称。经络理论是古人在长期临床实践的基础上总结出来的。一般认为，其形成与疾病的症候、针感的传导、按摩和导引的应用以及古代解剖知识的结合等有关。这一理论与腑脏、气血等基础理论一起，对中医各科特别是对针灸的临床辩证和治疗，有着极为重要的指导意义。

经络系统密切联系周身的组织和脏器，在生理、病理和防治疾病方面都起着重要的作用。经络系统有三方面的功能：在生理方面，有运行气血、协调阴阳的功能；在病理方面，有抵御病邪、反映症候的功能；在防治疾病方面，有传导感应、调整虚实的功能。

经络在生理、病理、诊断、治疗及防疫等方面也起着举足轻重的作用。这种整体的医学理论是中国古代医学家自觉地应用当时的科学，即五行（金、木、水、火、土）学与天文地理中的天、地、日、月、星、辰、山川、地脉及天人合一思想等取得的丰硕成果。

古代医学家认为，生命是自然界的一部分，人也不例外，其运行规律应与天地万物完全统一。这种一元论的观点指导着中国古代的医学，使之与当时的物理、天文、地理和哲学等学科紧密结合了起来，形成了以经络藏象学说为核心的一整套医学理论。

经络（及运行于中的气）人皆有之，它们虽看不见，摸不着，但在一定条件下能感到。我国科学家发现，对经络敏感的人约占（全人类）1%，另外 99% 的人虽不敏感，但有所谓隐性经络感传现象。在手指和脚趾的 12 经末端通上微弱电流，再用力在体表轻轻叩击就能在体表找到 12 条与其他部位不同，具有特殊感觉的线，这就是隐性经络感传线。同理还可找到另两条隐性经络感传线。实践表明，人人均有 14 条隐性经络感传线，而且几乎人人的位置都相同，并且常年不变。令人惊奇的是，这 14 条隐性经络感传线几乎与古人标示的经络完全重合！

我国科学用现代科学实验检验了经络存在的客观性。中国科学院一位科学家设计了一套能测得几个光子的高度敏感仪器，发现隐性经络线是一些善于发光的线，它们发出的光子是非经络线的 2.5 倍。隐性经络是些低电阻线，其电阻比两侧的皮肤低；隐性经络线具有特殊的导音和发音性能，振动后能像琴弦那样发生高亢的声音；隐性经络线皮肤表面的温度有时与非经络线有很大的差别；注射示踪元素到皮下的经络线上，示踪元素将在经络线上沿经扩散。

我国著名皮肤科学家、经络学者李定忠教授观察了 305 例循经皮肤病，发现皮肤的理论性病变沿经络循行路线产生。这一发现在国际医学界引起巨大震动，日本还专门为李教授出版了专著《经络现象》。

经络研究目前还处于唯象学的阶段，远未达到能揭示经络谜底的水平。还须应用多种学科的知识和研究手法，对经络、穴位和气的物理特性作深入的研究，积累材料，才有可能揭示其实质。国内外的学者从不同角度对经络的实质进行了探索,并提出了许多假说。如经络与神经体液相关说、第三平衡论、生物电场论等几种引人注目的假说。因此,一旦经络之谜被解开,一场新的科学革命将不可避免。

(选自网络资料,有删减)

词语提示

零星	(形)	líng xīng	零碎的,少量的;零散。
脏腑	(名)	zàng fǔ	中医对人体内部器官的总称。
症候	(名)	zhèng hòu	症状。
导引	(动)	dǎo yǐn	引导,用仪器指挥运动物体按一路线运行;古代的一种健身方法。
藏象说	(名)	zàng xiàng shuō	研究人体脏腑的生理功能、病理变化及其相互关系的学说。脏,古作藏,指居于体内的脏腑;象,指脏腑的功能活动和病理变化反映于体外的种种征象。
解剖	(动)	jiě pōu	为了研究人体或动植物体各器官的组织构造用特制的刀、剪把人体或动植物剖开。
阴阳	(名)	yīn yáng	中国古代哲学指宇宙中贯通物质和人事的两大对立面。
抵御	(动)	dǐ yù	抵挡,抵抗。
虚实	(名)	xū shí	虚和实,泛指内部情况。
传导	(动)	chuán dǎo	传输光、热、声音或电流等。
叩击	(动)	kòu jī	敲;打。
高亢	(形)	gāo kàng	声音高而洪亮。
示踪元素	(名)	shì zōng yuán sù	用于追踪物质运行和变化过程的同位素。
唯象学	(名)	wéi xiàng xué	即"心物"辩证,《易经》是研究阴阳之道的学问,是唯象学之源泉。

练习

一、根据课文内容判断正误

1. 经络早在 2000 多年前的医学著作《黄帝内经》中就有了系统的记载。　　　　( )

2. 实践表明,人人均有 12 条隐性经络感传线,而且几乎人人的位置都相同,并且常年不变。　　　　( )

3. 隐性经络线是一些善于发光的低电阻线,具有特殊的导音和发音性能。　　　　( )

4. 通过现代科学实验揭开了经络之谜。　　　　( )

5. 对经络、穴位和气的物理特性作的研究已经很科学和深入。　　　　( )

6. 如果经络之谜被解开就意味着一场新的科学革命的到来。　　　　( )

二、选择画线部分词语在句子中的意思

1. 中医的经络学说已同空中不明飞行物"飞碟"以及"百慕大"现象,一同被世人<u>列为</u>当今世界的科学之谜。

   A. 列举　　　　　B. 罗列　　　　　C. 摆出　　　　　D. 选为

2. 《黄帝内经》以外的一些非医学著作中也有<u>零星</u>的记载。

   A. 零头　　　　　B. 零杂　　　　　C. 零时　　　　　D. 零碎

3. 中医认为,经络是人体气血运行的<u>通路</u>。

   A. 通联　　　　　B. 通晓　　　　　C. 通行　　　　　D. 通道

4. 古代医学家认为,生命是自然界的一部分,人也不<u>例外</u>。

   A. 体例　　　　　B. 破例　　　　　C. 除外　　　　　D. 案例

5. 在手指和脚趾的12经<u>末端</u>通上微弱电流,再用力在体表轻轻叩击就能在体表找到12条与其他部位不同,具有特殊感觉的线。

   A. 最后部分　　　B. 最后一级　　　C. 最后一节　　　D. 最后阶段

6. 注射示踪元素到皮下的经络线上,示踪元素将在经络线上沿经<u>扩散</u>。

   A. 扩大充实　　　B. 扩大分散　　　C. 扩大张开　　　D. 扩大伸展

三、选择合适的词语填空

路径　道路　主干　例外　除外　举足轻重　默默无闻　丰硕　丰富　传导

1. （　　）是热传递的方式之一。

2. 泪腺的肿瘤或慢性泪腺炎须手术摘除时,通常有两条（　　）。

3. 大多数孩子都喜欢吃糖果,但也有一些（　　）。

4. 高峰时间最好避免走（　　）道路,一直要等到交通拥挤状况完全消除后才行。

5. 自从查尔斯在委员会里得到一个席位后,他已成为一个（　　）的人物了。

6. 该项研究有了（　　）的成果。

四、根据课文内容选择正确答案

1. 人体经络被列为当今世界的科学之谜是因为:

   A. 具有科学性,但其理论及原理还有许多奥秘

   B. 人体经络学说是外星球的文明

   C. 让人琢磨不透

   D. 人们对于其原理一点都不了解

2. 经络在以下哪个方面没有作用?

   A. 生理　　　　　B. 病理　　　　　C. 诊断　　　　　D. 解剖

3. 中国古代医学与以下哪一项没有联系?

   A. 哲学　　　　　B. 建筑学　　　　C. 天文学　　　　D. 地理学

4. 经络学目前还处于哪个阶段?

   A. 唯象学　　　　B. 唯理学　　　　C. 科学实验　　　D. 临床运用

5. 这篇文章的主要内容是:

   A. 中医的基本理论　　　　　　　　B. 人体经络的秘密

   C. 人们对经络的认识　　　　　　　D. 科学家提出的经络假说

6. 作者对经络研究的态度是：

    A. 失望   B. 悲观   C. 漠不关心   D. 充满信心

五、根据课文内容回答问题

1. 中医认为经络是什么？

2. 经络与周身的组织和脏气有何关系？

3. 我国科学界是如何检验了经络存在的客观性？

说一说

1. 讲述一下自己中医就诊的经历。

2. 现在越来越多的人喜欢看西医，学习中医的年轻人也越来越少，你认为中医会失传吗？为什么？

阅读技能指导

根据修辞方法判断态度和语气

有时反映作者语气态度的修饰词在文章里没有出现，但可以从作者写文章的修辞手段中体会出来。最能反映作者态度和语气的修辞方法有夸张、反问、排比等。例如：今天的自然生态退化，当年的"人定胜天"就没有责任吗？通过"反问"这一修辞手法谴责人类对自然生态的破坏。

练习

阅读后根据修辞方法判断作者的语气态度

1. 全球变暖、臭氧层扩大、水资源危机、人口爆炸以及土地荒漠化，哪一点离开了所谓科学的进步？

修辞方法：＿＿＿＿＿＿＿＿＿＿＿＿＿＿＿＿＿＿＿＿＿＿＿＿＿＿＿＿＿＿＿。

作者对科学进步的态度和语气是：＿＿＿＿＿＿＿＿＿＿＿＿＿＿＿＿＿＿＿＿。

2. 生活中，恰恰需要一些美丽的"隐藏"。隐藏自己的优势，往往是为了保护别人的尊严；隐藏自己的长处，往往是为了成全别人的安身立命之本；隐藏自己的荣耀，往往是为了让更多的荣耀如鲜花撒向众人，让更多的人从善如流，让世界春暖花开。

修辞方法：＿＿＿＿＿＿＿＿＿＿＿＿＿＿＿＿＿＿＿＿＿＿＿＿＿＿＿＿＿＿＿。

作者对美丽的"隐藏"的态度和语气是：＿＿＿＿＿＿＿＿＿＿＿＿＿＿＿＿＿＿。

阅读1

最近一个时期，网上上万人签名提出取消中医的事件让我震惊，而记者对参加签名者的身份调查结果显示，签名者主要是卫生领域的人。这一结果正中了20多年前，德国慕尼黑大学伯克特教授的预言："是中国的医生消灭了中医。"

在伯克特看来，中国医务人员是因为"追求时髦"、没有认识到中医"这个中国本土上的宝藏"，才轻视了中医、放弃了中医。这种判断只预言对了结果。"中国的医生消灭了中医"，却没有预言对原因。

那么,我们的医务人员为什么要舍弃中医药这个民族瑰宝呢？在笔者看来,其原因是医院和医生没有把为病人看病作为一种事业,而是作为一种商业行为来对待和运作,简单地说就是医务人员以"逐利"为中心,而不是以"逐义"为追求。

在现有医疗体制下,无论从诊断方法还是治疗手段方面,中医都不能给医院和医生带来快捷丰厚的利润。从诊断方法上来讲,中医是"望、闻、问、切",摸一摸、看一看、问一问、闻一闻,就能诊断出病因,简便快捷,省时、省力、省钱。但是这样一来,虽然患者得到了救治,但医院的B超、CT、X光、化验仪等就派不上用场,医院就没有流水一般的利润,医生就没有了高额奖金和提成,于是在利益至上的背景下,望闻问切的中医诊断方法在一些医院和医生中消失了,只存在于一些"不入流"的乡野医生之中。同样,中医的治疗手段也不受医务人员欢迎,中医的针灸、中药汤剂没有打针、输液、开刀来钱快。医务人员缺乏职业道德的沦丧,把中医挤出了医疗领域的主渠道,昂贵的快餐式西医在利润的旗帜下淹没了中国的传统中医药,也淹没了中国医务人员救死扶伤的祖训。

中国的医务人员不愿意继承传统中医,另一个原因是中医需要修养和磨炼,望闻问切、穴位脉络、中医药性、针灸手法的掌握,都是很费精力和时间的,需要几年、十几年甚至几十年经验积累,许多年轻的医生,既耐不住其中的寂寞又受不了其中的苦,这也正是学中医的年轻人越来越少的原因。

中医药是祖先为我们留下的非常宝贵的财富,中医不仅是科学的,而且是先进的,是代表医学方向的,在应对未知病毒、解决病毒抗药性等问题上中药是西药无法比拟的,神奇中医的脉络针灸更是需要进一步科学深入研究的技术,中医药正亟需我们去研究开发。然而,世界视为珍宝的中医药却被中国的医务工作者丢弃,这难道不是一种民族的悲哀吗？

日本汉方医学界权威敬节说:现在我们向中国学习中医,10年后让中国向我们学习。如今,日本在中医药的研究和开发运用上已经超过了我们,但死去的敬节或许没有料到,中国的医务人员好像并不想再要中医了,无论国家如何鼓励,民众多么强烈呼吁,一些医务人员都无动于衷,铁了心要取消中医,这才是可怕。

(选自《经典杂文》2006年第12期,有删减)

练习

速读第1遍,完成下面的练习(建议阅读时间5分钟)

一、根据阅读内容选择正确答案

1. 要求取消中医的人大多数是哪类人？
   A. 医务人员　　　B. 非医务工作者　　C. 外国人　　　　D. 病人

2. 认为是"中国的医生消灭了中医"的人是:
   A. 民众　　　　　　　　　　B. 德国的伯克特教授
   C. 中国的医务人员　　　　　D. 日本的敬节

3. 文中所说的"中国本土上的宝藏"是指:
   A. 中国的自然资源　　　　　B. 中国的医务人员
   C. 中医　　　　　　　　　　D. 乡野医生

4. 医务人员不愿继承传统中医的原因是:
   A. 中医不时髦,受人轻视

B. 他们认为中医是迷信的、不科学的东西

C. 有许多病是中医治不了的

D. 学中医需要花工夫，又不能带来丰厚的利润

5. "这难道不是一种民族的悲哀吗？"，这句话中"这"指代的意思是：

A. 学中医的年轻人越来越少

B. 中医在医疗领域所占分量太少

C. 中医药被中国的医务工作者丢弃

D. 中国的医务人员丢弃了救死扶伤的祖训

细读第 2 遍，完成下面的练习

二、根据阅读内容判断正误

1. 德国教授认为是中国的医生消灭了中医。　　　　　　　　　　（　　）

2. 作者认为中国的一些医院和医生没有把"治病救人"作为自己的事业。（　　）

3. 中医学习时间长，消耗精力多。　　　　　　　　　　　　　　（　　）

4. 日本人很喜欢中医。　　　　　　　　　　　　　　　　　　　（　　）

5. 目前中国的中医研究远远超过日本。　　　　　　　　　　　　（　　）

三、选择画线部分词语在句子中的意思

1. 医务人员以"逐利"为中心，而不是以"逐义"为追求。

A. 强迫离开　　　　　　　　　　B. 依照先后次序

C. 追求　　　　　　　　　　　　D. 竞争

2. 虽然患者得到了救治，但医院的 B 超、CT、X 光、化验仪等就派不上用场。

A. 没有作用　　　　　　　　　　B. 没有办法使用

C. 可以上场　　　　　　　　　　D. 不能登场表演

3. 医院就没有流水一般的利润，医生就没有了高额奖金和提成。

A. 不值钱　　　B. 时间过得快　　　C. 赚钱赚得快　　　D. 没有感情

4. 无论国家如何鼓励，民众多么强烈呼吁，一些医务人员都无动于衷，铁了心要取消中医，这才是可怕。

A. 狠心　　　　　　　　　　　　B. 下定决心

C. 故意　　　　　　　　　　　　D. 冷血，没有感情

词语提示

瑰宝	（名）	guī bǎo	贵重而美丽的宝物；稀世之珍宝。
提成	（名）	tí chéng	将企业盈利按照一定的比例在企业和员工之间分成的方式，这种方式具有一定的激励性。
针灸	（名）	zhēn jiǔ	针刺疗法是在中医理论的指导下把针具（通常指毫针）按照一定的角度刺入患者体内，运用捻转与提插等针刺手法来对刺激人体特定部位从而达到治疗疾病的目的。

| 亟需 | （动） | jí xū | 急切需要解决。 |
| 无动于衷 | 〈组〉 | wú dòng yú zhōng | 心里一点也没有触动，一点也不动心。 |

阅读2

现代科学的实践告诉我们，任何物体都有自己的场，场的强弱与它们的质量成正比，不同的物质会产生不同的场。就人体场而言，场不仅随人体而存在，而且可以离开人体而存在于一定的空间，场与场的作用，便形成了信息传递。血缘愈近，信息愈强。

1985年1月1日，家住齐齐哈尔市冯女士的儿子王宇不慎将前额碰了一个大紫包。谁知第二天，远在山东济南的冯女士在梳洗时竟发现自己前额也起了个包。奇怪的是自己根本就没有碰撞过。为什么会这样呢？科学家告诉我们这就是信息链的作用。由于母子之间的血缘关系和特殊感情，母亲也就不知不觉地接受了儿子的信息。额前的包就是信息的外在表现。

信息链作用在孪生子之间表现得最为突出。在英国一个小镇诺斯维克，有一对孪生姐妹，她们不但一同出生，一同讲话，而且还一同死亡。她们的言行思想总是一致的。1994年4月8日，她们双双死于心脏病，倒在自家的后门旁。她们两人有一种特别的感应能力，两人不发一言，也能知道对方的脑海里想的是什么。最明显的是生病，其中一个生病，另一个也生病。

生命信息充斥在宇宙空间，要捕捉这些信息是很难的。现代科学技术对此几乎是一筹莫展。要捕捉生命信息，还得靠生命本身。一句话，一个动作，可能就负载着某种神秘的信息，只是有的自觉，有的不自觉罢了。

戴高乐当选为法兰西第五共和国总统后，曾对他的部长说："我将来不是被暗杀，就是暴卒。"这是戴高乐对自身生命信息的感知。结果，1970年1月9日，正当家人准备为他筹贺80岁寿诞时，他却突然猝死于拉布瓦慈利住处的书房里。

还有一个真实而神奇的梦，已被各国研究人类死亡的科学家作为一条重要的资料加以研究。做梦者是一位美国女子，一次她去纽约的途中去拜访一位好友，并在朋友家留宿一夜。夜里睡得昏昏沉沉，突然被一个声音惊醒，朦胧中她仿佛听到园子里的大铁门打开了，接着一辆马车赶进院子。她惊奇地走到窗前，掀开窗帘往外瞧，只见车上坐得满满的，赶车的是一个个子高大相貌丑恶的男人，对她边扬手边嚷："还能坐一个，小姐请进来。"她定睛一看，是灵车，猛然惊醒，原来是梦，害怕的她天明就匆匆上了路。到了纽约一家超级市场，想乘电梯上楼去，这时电梯内已有几个人等着，她正要进，忽然看见那个电梯操作员正是昨夜赶灵车的人，他瞧着她然后把手一挥，大嚷到："还能进一个人，小姐请进。"她吓得扭头就跑。不一会，一声巨响，一场惨剧发生了，电梯里所有人全部落下去，粉身碎骨，她先是惊呆，接着就大哭起来。

梦是一种潜意识，更接近人的自然属性。梦负载着人体生命信息。对梦的破译能解释许多奥秘。这名美国女子正是把梦与现实联系起来，躲过了一场灾难，也为科学研究提供了一个案例。

（选自网络资源，有删减）

🔖 练习

速读第 1 遍,完成下面的练习(建议阅读时间 5 分钟)

一、根据阅读内容选择正确答案

1. 根据这篇文章,信息传递的强弱与下面哪项内容无关?

    A. 场的强弱   B. 场的质量   C. 不同空间   D. 血缘关系

2. 文中所举的孪生姐妹一个生病,另一个也生病,主要是因为:

    A. 她俩感情特殊   B. 信息链的作用

    C. 她们是双胞胎   D. 她们的思想言行是一致的

3. 文中戴高乐的例子证明了:

    A. 人类可以知道自己怎么死   B. 人类知道自己什么时候死

    C. 人类对自己的生死有一定的感知能力 D. 人类的生死是命中注定的

4. 美国女子通过做梦躲过了一场灾难是因为:

    A. 梦是一种潜意识   B. 梦能预示未来

    C. 梦负载着人体的生命信息   D. 梦与现实是紧密联系的

5. 作者对宇宙的生命信息持有一种什么样的态度?

    A. 完全是无稽之谈   B. 有待于进一步研究

    C. 完全是神秘的   D. 半信半疑的

细读第 2 遍,完成下面的练习

二、根据阅读内容回答问题

1. 生命的信息传递和血缘有何关系?

2. 王宇额前碰了一个大紫包,第二天他母亲在梳洗时竟发现自己额前也起了个包,这是为什么?

3. 本文是如何看待预感和前兆的?

4. 文中提到的美国女子因做梦而得救说明了什么问题?

三、用所给的词语替换下列句子中的画线部分词语,保证句子意思基本不变

    讲   无计可施   迷迷糊糊   住宿   不小心   身首异处

1. 冯女士的儿子王宇<u>不慎</u>将前额碰了一个大紫包。   (   )

2. 她们两人有一种特别的感应能力,两人不<u>发</u>一言,也能知道对方的脑海里想的是什么。

                                                          (   )

3. 现代科学技术对此几乎是<u>一筹莫展</u>。   (   )

4. <u>朦胧</u>中她仿佛听到园子里的大铁门打开了。   (   )

5. 一次她去纽约的途中去拜访一位好友,并在朋友家<u>留宿</u>一夜。   (   )

6. 电梯里所有人全部落下去,<u>粉身碎骨</u>。   (   )

词语提示

不知不觉	〈组〉	bù zhī bù jué	没有意识到,没有觉察到。
充斥	（动）	chōng chì	充满。
捕捉	（动）	bǔ zhuō	迅速或急切地获取信息,抓住战机。
暴卒	（动）	bào zú	指得急病突然死亡。
猝死	（动）	cù sǐ	患者在出现病症后一小时内死亡,一般都会被界定为猝死;猝死是指自然发生、出乎意料的突然死亡。
定睛	（动）	dìng jīng	眼睛盯住一处,形容视线集中。

单元阅读测试练习八

阅读1

　　大自然最杰出而神奇的创造,莫过于号称万物之灵的人类了。比起长鲸大象,人类的体形过于矮小;比起昆虫田鼠,人类的身材却又如此高大。古往今来,人类一直拥有大自然规定的与之和谐的身高尺寸。

　　根深蒂固的观念认为,高大意味着健康、强壮、力量和俊美。顺应这种心理的研究成果不断问世。教人如何长高的办法也五花八门、翻新出奇。然而,我们有没有认真考虑过,人类究竟应该长多高才好呢?

　　我们以坚硬的岩石为例。即使一座花岗岩构成的山,能够无限增高吗?计算表明,在地球上,山的临界高度是11公里,如果超过此限就难以"稳如泰山"了。巨大的剪应力会突破岩石的强度极限,导致山体的沉陷和崩塌。事实上,世界第一峰珠穆朗玛只有9公里高。

　　简单的数学常识告诉我们,随着物体线度的增加,表面积将按平方数增加,而体积则按立方数增加。而假如真有童话中身高数丈、力大无穷的巨人,我们姑且也算他们比普通人高大十倍吧,其体重将达到八十吨,即正常人的一千倍,而骨骼的截面积却只能增加一百倍。于是这些可怜的巨人便会被自身体重压得举步维艰,甚至筋断骨折,哪里还谈得上去力扫千军呢?而皮肤面积不能和体重按同样比例增长,自然带来了热量散发的困难,这便是躯体庞大者特别怕热的原因。

　　问题还远远不止于此。身材高大的人无疑也需要较高的血压和更坚韧的血管才能避免脑供血不足。而肢体过长又会带来静脉回流不畅和末梢循环不良,何况庞大的躯体要求更多的供血量。这样,获取大高个美称的人就不得不以增加心血管系统的负担为代价了。其实,同步增加了负担的还包括消化系统、呼吸系统、泌尿系统和其他一切系统。我们的脑袋如果负担一个比例过大的身躯,无疑也会导致自身管理水平的全面下降。

　　详实的统计数字指出,人类寿命和身高有着确定的函数关系。调查报告把"瘦小的体形"列为长寿的第一要素,这个结论和世界各地学者的研究成果不谋而合。

　　人类的身材呈现着不断增高的趋势。古墓中发掘的骨骼和古人留下的衣服都证实,历史人物的身高明显小于现代人。而近百年来,精确的统计资料更清楚表明,全球人类的平均身高正以每年增加一厘米的速度直线上升。

　　许多科学家都试图对这一现象做出解答:营养的充足,医疗条件的改善,地球上二氧化碳含量的升高,电磁辐射剂量的增加,人类迁徙流动的日益频繁,特别是远距离人群婚配的增多……究竟什么才是人类身高持续增长的真正原因,还有待进一步探索和证实。

(选自网络资源,有删减)

练习

速读第1遍,完成下面的练习(建议阅读时间5分钟)

一、根据阅读内容选择正确答案

　　1. 目前,教人如何长高的办法有很多,根本原因是:

A. 为了顺应长高的心理

B. 高大意味着健康、强壮、力量和俊美

C. 根深蒂固的观点

D. 关于如何长高的研究成果不断问世

2. 童话中的巨人不可能出现在现实生活中是因为：

A. 童话是虚拟的　　　　　　　　B. 躯体庞大的人太怕热

C. 概括合理的数学推算　　　　　D. 心血管的负担太重

3. 文中举例珠穆朗玛峰只有 9 公里是为了说明：

A. 珠穆朗玛峰也不高　　　　　　B. 珠穆朗玛峰没有达到山的临界高度

C. 珠穆朗玛峰稳如泰山　　　　　D. 自然界的万事万物都有高度的极限

4. 下列哪一项是对人类身材呈现不断增高的趋势的根本原因的解释？

A. 营养充足，医疗条件的改善

B. 二氧化碳含量的升高，电磁辐射剂量的增加

C. 人类迁徙流动的日益频繁

D. 还有待于进一步探索和证实

5. 作者对教人类长高的方法所持的态度最可能是：

A. 嘲讽　　　　B. 赞成　　　　　C. 反对　　　　D. 既不赞成也不反对

细读第 2 遍，完成下面的练习

二、选择画线部分词语在句子中的意思

1. 大自然最杰出而神奇的创造，<u>莫过于</u>号称万物之灵的人类了。

A. 比得上　　　B. 过分　　　　　C. 格外　　　　D. 超出

2. 顺应这种心理的研究成果不断<u>问世</u>。

A. 闻名于世　　B. 来到世间　　　C. 出现在人们眼前　D. 问候世人

3. 我们<u>姑且</u>也算他们比普通人高大十倍吧。

A. 暂且　　　　B. 况且　　　　　C. 并且　　　　D. 而且

4. 肢体过长又会带来静脉回流不畅和末梢循环不良，<u>何况</u>庞大的躯体要求更多的供血量。

A. 岂止　　　　B. 更加　　　　　C. 况且　　　　D. 表示转换话题

5. <u>详实</u>的统计数字指出，人类寿命和身高有着确定的函数关系。

A. 详细确实　　B. 详细实在　　　C. 清楚真实　　　D. 清楚明白

词语提示

根深蒂固	〈组〉	gēn shēn dì gù	比喻基础牢固；不易动摇。
五花八门	〈组〉	wǔ huā bā mén	比喻事物繁多，变化莫测。
举步维艰	〈组〉	jǔ bù wéi jiān	指行走困难行动不方便，形容处境或行动十分艰难。意为生活比较艰难或者做事情困难重重，每一步都遇到困难。
不谋而合	〈组〉	bù móu ér hé	事先没有商量过，意见或行动却完全一致。
穷途末路	〈组〉	qióng tú mò lù	形容到了无路可走的地步。

可食用的包装是现代食品包装重要的发展方向之一。这种包装食品既有环保意义,又有经济价值,在未来有极大的市场潜力。

蔬菜纸就是一种可食用的包装。蔬菜纸的制作有两种方法,一种是用蔬菜做主要原料,把蔬菜打成菜泥,再用机器烘干;另一种是将淀粉、糖类精化,再添加其他食品添加剂制成。蔬菜纸的生产过程采取与造纸工艺类似的方法。从应用与发展前景来看,以蔬菜为原料的绿色产品更具有发展潜力。

蔬菜纸最早是由日本研制开发的,又称为纸菜。蔬菜食品的特点是含有丰富的食物纤维、多种维生素及矿物质。由于膳食纤维在加工生产中性质相当稳定,所以用这种方法加工成的蔬菜纸营养损失很小,产品含水量小(含水约10%),便于运输和储藏。这不仅提高了蔬菜的使用价值,更重要的是,解决了蔬菜容易腐烂、无法长期储藏的问题。另外,蔬菜纸还可以让在野外工作的人吃到新鲜蔬菜,帮助参加战争的人及时得到食品。蔬菜纸还可以制成携带方便的旅游食品和可以食用的包装纸。

由于受到技术和设备的限制,目前世界上只有日本对蔬菜纸实现了规模生产,加工工艺和生产设备都达到了较高的水平,平均每日每条生产线生产的蔬菜纸达到3万张。日本的科研单位还成功地从豆渣中提取蛋白质和脂肪制成纯净的食物纤维,加工成可以食用的纸,如水果纸、蔬菜纸、海藻纸等。

不仅仅是在日本,可食用蔬菜纸在全球范围内都是研究的热点。由于考虑到有巨大的市场潜力,很多国家都在积极地开展对蔬菜纸产品的研究。当前蔬菜纸产品主要用于联合国的救灾活动,以及某些军事行动。此外,还可以制成休闲食品、可食用的包装纸等。

蔬菜纸产品营养价值高,便于储藏和运输,是一种很好的休闲食品,又是一种健康食品,如果能大量生产,一定会获得很高的经济效益。

(选自网络资料,有删减)

📖 **练习**

速读第1遍,完成下面的练习(建议阅读时间4分钟)

一、根据阅读内容选择正确答案

1. 关于蔬菜纸,从应用和发展的角度来看:
    A. 新鲜蔬菜更受人们喜爱   B. 以蔬菜为原料的更有前途
    C. 以淀粉为原料的比较好   D. 有食品添加剂的更受欢迎

2. 由于膳食纤维在加工生产中性质相当稳定,所以:
    A. 生产成本很低   B. 生产工艺很简单
    C. 做成的蔬菜纸口感很好   D. 加工成的蔬菜纸营养损失很小

3. 蔬菜纸便于运输和储藏的原因是:
    A. 生产时除去了菜里的水分   B. 生产环境十分整洁
    C. 是用高科技手段生产的   D. 用特殊的车辆运输

4. 下面哪一项不可能是蔬菜纸的功能?
    A. 能制成方便的休闲食品   B. 使野外作业的人吃到蔬菜

C. 具有重要的环保意义　　　　　　D. 可以解决世界各国的饥饿问题

5. 从本文可以看出,蔬菜纸目前不能在很多国家普及的原因是:

A. 各国的生活习惯不同　　　　　　B. 有的国家政府不支持

C. 有的人不喜欢蔬菜纸　　　　　　D. 需要很高的生产工艺和设备

细读第 2 遍,完成下面的练习

二、根据阅读内容判断正误

1. 蔬菜纸都是以蔬菜为主要原料制成的。　　　　　　　　　　　　　( )

2. 蔬菜纸最早是美国科学家发明的。　　　　　　　　　　　　　　　( )

3. 由于蔬菜纸里含水量少,所以便于运输和储藏。　　　　　　　　　( )

4. 日本科学家利用豆渣制成各种蔬菜纸、水果纸和海藻纸。　　　　　( )

5. 蔬菜纸也是一种很好的休闲食品。　　　　　　　　　　　　　　　( )

6. 由于蔬菜纸的制造工艺太复杂,虽然很受欢迎,但经济价值不高。　( )

词语提示

潜力	(名)	qián lì	潜在的能力和力量。
膳食纤维	(名)	shàn shí xiān wéi	一般不易被消化的食物营养素,主要来自于植物的细胞壁,包含纤维素、半纤维素、树脂、聚葡萄糖、果胶及木质素等。
海藻	(名)	hǎi zǎo	生长在海中的藻类,是植物界的隐花植物。
休闲	(动)	xiū xián	休息;过清闲生活。

阅读3

鸟儿在空中飞翔时,翅膀每分钟拍几次? 每次幅度有多大? 鱼儿在水里游动时,尾巴每分钟摆几回? 每回幅度又是多少? 这些问题看上去似乎没什么意义,难道空中的飞鸟和水里的游鱼不是完全自由的吗? 它们的运动不是完全无拘无束的吗?

答案真是出乎我们的意料。看上去自由自在、无拘无束的飞行动物和游水动物,它们的运动似乎恰恰遵循着严格的规律。科学家们通过大量的观察和实验,发现飞行动物和游水动物的运动过程中存在着一个神秘的常数,那就是它们的翅膀和尾巴的振动频率、振幅以及运动速度三者之间的关系:振动频率乘以振幅再除以运动速度,计算得到的数值总是落在0.2~0.4之间。

比如,世界上最小的鸟类——蜂鸟,其双翅展开仅有 10 厘米左右,飞翔时振幅大约是 20 厘米。蜂鸟的飞行速度非常快,大约能达到 50 米/秒。而科学家们以往观察到的蜂鸟飞行时双翅震动频率在 50~70 赫兹之间,根据上述公式计算出来的蜂鸟的运动常数就落在0.2~0.4之间。

与蜂鸟形体相差悬殊的海豚也是科学家们观察的一个对象。成年海豚的体长一般在 3 米左右,在大海里游动时,海豚尾巴摆动的振幅大约是 1 米,频率每分钟 30 次左右,游泳速度是每小时 100 公里。根据公式计算出来的海豚的运动常数是 0.3,也落在 0.2~0.4 之间。

这不仅仅是巧合,研究者们做了大量的试验,发现几乎所有的飞行动物和游水动物的运动机制中都存在这个神秘的常数。事实上,只有当这一运动常数的值处于 0.2～0.4 之间,动物们才能达到最佳的运动状态。

虽然目前科学家们还不清楚为什么会存在这个运动常数,它的值又为什么正好落在 0.2～0.4 之间,但这一神奇常数似乎像物理学中著名的光速不变原理那样放之四海而皆准,也像光速一样神秘。它能够帮助生物学家们根据动物化石的身体构造,判断出那些早已灭绝了的动物曾经具有怎样的运动速度。甚至,不能排除,这一常数很可能对外星生物也同样适用。很多科学家都表示:"如果在其他星球上真的存在游水生物或飞行生物的话,我们相信,它们的运动也遵循着同样的规律。"

此外,这一常数还能够帮助军方研制出各种高性能的飞行器。比如说,一个翼长 15 厘米、翼振振幅为 10 厘米的机械间谍如果要做有效飞行的话,其最佳翼振频率应该是 30 次/秒左右。目前美国军方已经着手研制类似于飞鸟的有翼飞行器,在配备上微型摄像机之后,这样的机械鸟将可能渗入敌方的任何机密要塞进行刺探。当然,它们最感兴趣的还是能够研制出体积更小,无孔不入的机械昆虫,我们相信,随着科技的进步,这一设想也会在未来实现。

(摘自《科技之谜》,有删减,作者:罗声/编译)

练习

速读第 1 遍,完成下面的练习(建议阅读时间 5 分钟)

一、根据阅读内容选择正确答案

1. 假设运动常数是 t、振动频率是 p、振幅是 s 以及运动速度是 v,它们之间的关系以下哪个表达是正确?
   A. $t=(p×s)÷v(0.2<t<0.4)$ B. $t=(p+s)÷v(0.2<t<0.4)$
   C. $t=(p×s)÷v(0.2>t>0.4)$ D. $t=(p+s)÷v(0.2>t>0.4)$

2. 频率的单位是什么?
   A. 米   B. 赫兹   C. 米/秒   D. 次

3. 关于运动常数,表述不正确的是什么?
   A. 是科学家们通过大量的观察和实验计算得来的
   B. 几乎适用于所有的飞行动物和游水动物
   C. 这个数值为什么存在已经被科学家论证清楚了
   D. 放之四海而皆准

4. 下面哪一项与文章的意思不相符合?
   A. 蜂鸟飞行时双翅震动频率在 0.2～0.4 之间
   B. 海豚尾巴摆动的频率约 30 次/每分钟
   C. 根据动物化石的身体构造,能以运动常数来判断出它们的运动速度
   D. 运动常数很可能也适用于外星生物

5. 科学家对运动常数的态度是什么?
   A. 知道存在这个常数的原因
   B. 常数值的范围是 0.2～0.4 与光速不变原理一样
   C. 虽未被完全证实但也不妨碍用于实践
   D. 已被应用于机械鸟、机械昆虫的制作中

细读第2遍，完成下面的练习

二、根据阅读内容回答问题

1. 文章举蜂鸟、海豚的例子，意在说明什么？
2. 第五自然段中画线的"不仅仅"、"几乎"能不能去掉？为什么？
3. 生物的"运动常数"在目前的科学研究中，具有怎样的用途？

词语提示

幅度	（名）	fú dù	两个可能极限之间的距离或长度。
无拘无束	〈组〉	wú jū wú shù	形容自由自在，没有限制。
悬殊	（形）	xuán shū	两方实力或经济差距大，形容差别很大。
海豚	（名）	hǎi tún	与鲸鱼和鼠海豚密切相关的水生哺乳动物。
放之四海而皆准	〈组〉	fàng zhī sì hǎi ér jiē zhǔn	比喻具有普遍性的真理到处都适用。
振幅	（名）	zhèn fú	振动物体离开平衡位置的最大距离叫振动的振幅。
无孔不入	〈组〉	wú kǒng bù rù	指遇空隙就钻进去。亦比喻善于四处钻营，善于利用一切机会（多指做坏事）。

阅读4

现代仿生学已延伸到很多领域，建材仿生是其应用领域之一。而功能仿生建材又是建材仿生的突出代表。

研制功能仿生建材的目的是使人造的材料具有或能够部分实现高级动物丰富的功能，如思维、感知等，也就是说能够研制出智能化材料。

解剖学研究表明，动物或人的皮是具有多功能结构的典型智能生物材料之一，具有可弯曲变形、调节温度、防水、阻止化学物质和细菌进入及自我修复等功能的复杂层状组织。人们从这里受到了启发，在一些高层建筑上，应用恰当的装饰材料，将风、光等对建筑产生负面影响的能量，转化为高层建筑环境所需能量的一部分，化害为利，变废为宝，创造更富有活力的生存与行为环境，并满足节能的要求。如比利时首都布鲁塞尔马蒂尼大厦的建筑师和工程师，模仿变色蜥蜴的皮肤对环境能做出反应的特点，在建筑界面外装置一层遮阳百叶作双层皮，通风管道置于双层皮中。夏天可阻挡阳光，减少冷气负荷，冬天双层皮又可用作日光采集器，加热空气、预热空调。这样既达到了装饰的目的，又达到了节能的目的。建筑物的防水材料一直是个难题，而人和动物的皮肤具有很好的防水性能。汗液可以渗透出来，外面的水却透不进去。这一巧妙功能，促使人们探索皮肤微观结构的奥秘，它将为解决建筑防水问题开辟新的途径。

荷叶出污泥而不染，历来为世人所称赞，人们利用这种"荷叶效应"，研制出各种自洁净、防污渍材料和涂料，如自洁净玻璃，还有利用自洁净技术生产出的涂层涂覆在水龙头、门窗等不会沾上手印及污渍等。

目前建筑物所使用的承重材料主要是钢材、木材、石材、混凝土以及钢材和混凝土的组合材料，这些材料刚度较大，在外力作用下的变形几乎用肉眼看不出来。多数材料在接近极限荷载时发生突然破坏,使得人们无法进行破坏前的预防。而生物体的功能之一就是能向外界传达自身的异常状态。例如人体,当睡眠不足的时候,眼睛会充血;体内被病菌感染时,体温会上升发烧等等,这些都是对自身的异常状态向外传递信号。具有自我诊断、预告破坏功能的材料就是在这种思想的启发下进行研究的。

功能仿生材料更加高级的功能还有自我调节和自我修复。即材料能够根据外部荷载的大小、形状需求等,对自身的承载能力、变形性能等进行自我调整,符合外部作用的需要,这种性能就是自我调节功能。自我修复功能是指材料本身具有类似于自然生物的自我生长、新陈代谢的功能,对遭受破坏或伤害的部位能够进行自我修复、自愈再生,这样建筑物的寿命可大大延长,安全性也会得到很大程度的增强。

智能建材的探索和研究虽然还刚刚起步,但是随着材料科学、电子技术以及自动控制手段的不断进步,必将不断取得新的进展,未来的建筑及所用的材料将走向智能化。

(选自《百科知识》2006 年 04 期,有删减)

练 习

速读第 1 遍,完成下面的练习(建议阅读时间 5 分钟)

一、根据阅读内容选择正确答案

1. 动物和人的皮肤不具备什么功能?
   A. 可弯曲变形 B. 调节温度 C. 自我修复 D. 自行清洁

2. 用遮阳百叶做双层皮不具备什么优势?
   A. 可以防水 B. 可以节能 C. 可以保暖 D. 可以遮阳

3. 生物所具有神奇特性和功能,下面哪一项文中没有提到?
   A. 变色蜥蜴的皮肤对环境能做出反应 B. 人和动物的皮肤具有很好的防水性能
   C. 荷花出自污泥却不被污染 D. 蝙蝠在夜晚也能准确地寻找到目标

4. 目前使用的建筑承重材料不具备以下那种性质?
   A. 刚度较大 B. 能向外界传达自身的异常状态
   C. 遇到破坏时,会突然断裂 D. 会发生肉眼看不出来的变形

5. 通过本文可以看出,作者对于发展智能建材的态度是:
   A. 悲观怀疑 B. 乐观憧憬 C. 不置可否 D. 完全否定

细读第 2 遍,完成下面的练习

二、根据阅读内容回答问题

1. 请根据第一、二自然段的内容,用简洁的语言说说什么是功能仿生建材?
2. 第三自然段中画横线句中的"这样",具体指代什么内容?请用文中原句回答。
3. 从文中介绍看,功能仿生建材与常规建材相比,有哪些独特的功能?

词语提示

孕育	(动)	yùn yù	怀胎生育,比喻既存的事物中酝酿着新事物。
蜥蜴	(名)	xī yì	蜥蜴俗称"四脚蛇",是一种常见的爬行动物。

| 污渍 | （名） | wū zì | 附着在物体上的油泥等。 |
| 荷载 | （名） | hè zài | 载荷；承载，承重。 |

阅读5

震惊！惋惜！这是我看了《南师附中：高一女生校内轻生》一文后的最初感受。2003年11月24日清晨6时40分左右，南京师范大学附属中学高一(14)班女生陈枫（化名）从高中部教学楼跳下，并当场死亡。

我无法把一个正值豆蔻年华的青春少女和"死亡"这个残酷的字眼联系在一起。但事实让我不得不清楚地认识到这个女孩已经永远地离开了这个世界。

人生有那么多条路，她为什么偏偏选择了死亡？其实只要心胸开阔些，眼光再长远些，她应该可以发现，她本已是我们中的佼佼者，她本该有个灿烂的前程，她本该可以更好地为祖国、为人民做出自己应有的贡献，在历史的长卷中留下重重的一笔，可她却选择了死亡！

最心疼的莫过于死者的父母了。十六年的含辛茹苦，十六年的无私奉献，结果却换来了"白发人送黑发人"的悲剧；不惜重金，不远千里，送女儿出来求学，本想把女儿培养得更出色，没想到短短不到三个月，一切都变了。陈枫呀，陈枫，在你纵身一跃之时，可曾想到无时无刻都在牵挂你的父母？你太对不起他们了！

据说，陈枫当时是以相当优异的成绩考上南师附中的，但考上这里的学生原本就都是各路"诸侯"中的佼佼者。陈枫自杀前成绩不是太理想，就是因为这个原因，她选择了一条不归路。然而，她有没有想过，一时的成绩落后与其他人所遭受的挫折相比，这又算得了什么呢？

伟大的音乐家贝多芬的一生比起她来不知要不幸多少倍了。然而，双耳失聪、爱情受挫的不幸都没能让贝多芬自暴自弃，相反让他把全部的爱与恨都溶入到了音乐的创作之中。这样一个贫困、孤独的人，世界没有给他欢乐，他却用自己的双手给世界创造了欢乐。不光是陈枫，我们每个人都该像贝多芬那样"扼住命运的咽喉，永不屈服。"

生命无法用太多的词语去比喻，生命中我们不能选择远离和放弃，美好的东西需要我们每个人去体会，生命真的很美好，只有生活中的人拥有珍惜的权利。

生命也会因为我们的珍惜而更加充满色彩，相信生命永远属于那些珍惜它的人。

生命对于每一个人都只有一次，生命的价值在于珍惜。

（选自网络资源，有删减）

练习

速读第1遍，完成下面的练习（建议阅读时间4分钟）

一、根据阅读内容选择正确答案

1. 陈枫跳楼自杀，是因为：
   A. 父母无钱再供她上学　　　　　　B. 成绩不好
   C. 失恋　　　　　　　　　　　　　D. 和同学闹矛盾

2. 考上南师附中的学生原本都是各路"诸侯"中的佼佼者，意思是说考生们：
   A. 成绩都很一般　　　　　　　　　B. 成绩有好有坏
   C. 成绩都很优秀　　　　　　　　　D. 成绩只在南师大附中很好

3. 下面哪一项不是文中提到的贝多芬的不幸？

    A. 耳聋   B. 失恋   C. 寂寞   D. 独自创作音乐

4. 作者对陈枫的死的态度是：

    A. 同情   B. 惋惜   C. 批评   D. 无所谓

5. 本文的主题是：

    A. 生命只有一次，应该珍爱生命   B. 每一个人都应该坚强地活着

    C. 向贝多芬学习，永不屈服于挫折   D. 中学生要心胸开阔，不可轻生

细读第 2 遍，完成下面的练习

二、根据阅读内容判断正误

1. 本文所讲的事件发生在南京师范大学校园内。   （　　）

2. 陈枫入学一年后自杀。   （　　）

3. 在作者看来，陈枫的自杀是由于她心胸不开阔，眼光不长远。   （　　）

4. 陈枫当初考入南师附中时的成绩不够理想。   （　　）

5. 贝多芬的音乐主要表现他的孤独和寂寞。   （　　）

6. 生命是每个人自己的，珍惜与否全在于个人。   （　　）

词语提示

豆蔻年华	〈组〉	dòu kòu nián huá	少女十三四岁。代指少女的青春年华。
佼佼者	〈组〉	jiǎo jiǎo zhě	美好、突出的人物。
含辛茹苦	〈组〉	hán xīn rú kǔ	形容备受艰难，忍受痛苦。也作"茹苦含辛"。比喻忍受千辛万苦。
自暴自弃	〈组〉	zì bào zì qì	自己瞧不起自己，甘于落后或堕落。
扼住	〈动〉	è zhù	抓住。

阅读6

    在历史上，任何一次传染病的大流行，都是人类文明进程所带来的。在人类最早的狩猎和采集阶段，传染病或流行病比较少。随后的农耕文明阶段，人类把很多动物驯化成家养的，使动物与人类之间、人群与人群之间相互传播疾病的机会越来越多。人类历史上几乎所有著名的大规模致命传染病，如天花等都是从动物那里传染过来的。

    现在，新老病毒正走出大自然，向人类发起进攻。在自然界，异常强大的变异病毒不断出现，人类来不及找出对付它们的有效药物。仅从 1994 年以来，已有 30 多种新病毒现身，它们包括埃博拉病毒、法基病毒、比利多病毒等。随着全球化的迅速发展，一个新病毒可以在 24 小时之内到达世界任一地区。这些疾病中的任何一种都可能由区域性疾病变成全面发作的灾难。

    病毒是自然界中最微小的生物，经过 100 余年的研究历程，人类逐步揭示了病毒的特性以及病毒与人类、自然界的相互关系，不过，人类对病毒的了解依然很少，对自然界约 5,000 种病毒的 95% 尚一无所知。这主要是由于病毒的变异性让人类难以捉摸。

    病毒的变异有两种形式：一是缓慢变化，通常不会构成重大的公共卫生问题。另一种是基

因快速重组,常在一种病毒与另一种同源病毒交换基因时发生。病毒通过变异,可获得过去没有的特性,变成可以很快跨越物种、毒性更强、传染性更高的病毒。以禽流感为例,不仅病毒的不同基因片段之间存在重配现象,在不同亚型病毒的同一基因片段内也普遍存在着高频的重组。

近年来,病毒学研究领域发生了深刻的变化,主要表现在以下几个方面:一是功能基因组研究全面展开,对病毒复制分子机制的了解日趋深入。至今已有近 2000 种病毒的基因组全序列被解析,病毒的结构、复制和进化等机理也在不断地被揭示。二是病毒学与细胞生物学、遗传学等多学科的交叉和渗透正在日益加强,为揭示生命科学的本质起到了重要作用。三是病毒为人类造福的研究不断深入。利用病毒生产疫苗,能有效地预防某些病毒性疾病的发生,比如狂犬疫苗。英国科学家还计划从今年开始进行用感冒病毒和牛痘病毒治疗癌症的人体临床试验,因为在实验鼠身上的初步研究表明它们能有效消除肿瘤。他们首先设法使少量病毒进入癌细胞内部,由于没有免疫系统的干扰,病毒将无限量复制,最后导致癌细胞破裂、死亡。

人类与生活在这个星球上的其他生物息息相关、互相依存。人类能否延续,取决于自己能否与包括病毒在内的其他生物和睦相处。

(选自《环球时报》2007 年 1 月 19 日第 18 版,有删减)

练习

速读第 1 遍,完成下面的练习（建议阅读时间 5 分钟）

一、根据阅读内容选择正确答案

1. 传染病和流行病比较少的阶段是:
   A. 狩猎阶段　　　B. 采集阶段　　　C. 农耕阶段　　　D. A 和 B
2. 目前人类对自然界中病毒的了解大约有:
   A. 5000 种　　　B. 4000 多种　　　C. 250 种　　　D. 不清楚
3. 病毒的变异特点是:
   A. 变化快、重组慢　　　　　　　　B. 变化慢、重组快
   C. 变化和重组都比较慢　　　　　　D. 变化和重组都比较快
4. 下列哪一项不是变异后的病毒的特点?
   A. 跨越物种　　　B. 毒性更强　　　C. 传染性更高　　　D. 个体增大
5. 下列哪一项不是病毒学研究领域出现的变化?
   A. 对病毒功能基因组的研究全面展开　　B. 病毒学与其他相关学科的交叉与渗透加强
   C. 利用病毒来为人类造福的研究　　　　D. 各国科学家联合以便发现更多病毒

细读第 2 遍,完成下面的练习

二、选择画线部分词语在句子中的意思

1. 仅从 1994 年以来已有 30 多种新病毒现身。
   A. 显出身形　　　B. 出现　　　C. 说明状况　　　D. 表明身份
2. 这些疾病中的任何一种都可能由区域性疾病变成全面发作的灾难。
   A. 突然发生　　　B. 开始起作用　　　C. 发脾气　　　D. 训斥
3. 人类对病毒的了解依然很少,对自然界约 5000 种病毒的 95% 尚一无所知。

A. 当然   B. 暂时   C. 依据   D. 仍然

4. 他们首先设法使少量病毒进入癌细胞内部。

    A. 设计方法   B. 想尽办法   C. 设案做法   D. 制定法规

5. 由于没有免疫系统的干扰，病毒将无限量复制，最后导致癌细胞破裂、死亡。

    A. 打扰   B. 阻挡   C. 干预   D. 使混乱

词语提示

狩猎	（动）	shòu liè	捕猎；打猎。
一无所知	〈组〉	yī wú suǒ zhī	什么也不知道。
埃博拉	（名）	āi bó lā	是一种十分罕见的病毒。
难以捉摸	〈组〉	nán yǐ zhuō mō	不好捉摸，形容难以猜测或估量，多用于指手段、方法。

第九单元　人体结构篇

> 人体——大自然的杰作——每时每刻都在创造着工程学、化学、物理学方面的奇迹。人体，其构造之精妙，其效率之高超，其消耗之低微，最精巧的机器人也不能与之相比。让我们现在去了解一下有关人体的知识吧。

第 41 课　一个细胞的故事

　　我是一个细胞，从为之我出生的那一刻起，便立志要成为一个健康、优秀、出色的细胞，并为之不停努力着。我的勤奋有目共睹。小的时候我便受到了周围细胞的表扬，说我勤奋好学，将来一定是一个出色的好细胞。我的喜悦溢于言表，对未来充满了希望，这使我想象着自己在长大后的样子：强壮、俊朗、成熟、有魅力，受到万众瞩目。于是，我更加勤奋，更加努力了。

　　一天又一天过去了，我在慢慢长大、成熟，就像其他的细胞一样。我的心中充满了憧憬，我所想象的那一天一定是一个阳光灿烂的日子，其他的普通细胞靠着我强壮有力的肩膀站起来，忙碌的血细胞给我带来最新鲜的氧气，最好的白细胞做我的私人医生，从血浆里得到最丰富的饭菜……一切都是那么的美好！

　　直到有一天，我终于长大了，成为一个真正的体细胞，但那梦想中的情景并没有出现，我的双眼充满失望。我只不过是一个普普通通的表皮细胞，和其他的表皮细胞并没有什么分别，别说是万众瞩目，就连我自己都很难分得清自己与别人。每天都要靠在别人的肩上才能站直身体，呼吸很少的氧气——那是别的细胞诸如肌细胞、内脏细胞们呼吸过的；吃很少的东西，那也是别人吃剩下的。就连脂肪细胞这类垃圾细胞也排在我的前面，我努力地工作、辛勤地劳动，却要吃脂肪细胞剩下的东西！我实在无法忍受下去了。

　　但这还不是最让我不堪忍受的，曾有多少次在梦里我看到自己站在身体的最高处，俯看着下面的细胞，我成了整个身体的主宰。我知道自己并不欠缺努力，也不缺欠智慧，只是缺少机遇，只要给我一次机会，我就会成就梦想的！

　　有一次，我问周围的细胞，在身体的最高处是什么细胞呢？它们说是头发细胞。我问那是一种什么细胞呢？是不是十分优秀、十分勤奋呢？它们说并不是那样的，头发细胞对于身体来说并不是必要的，没有头发，身体照样可以活得很好，不过它可以起到保温和美观的作用。

　　我有些诧异了，难道我用尽半辈子所努力渴望的目标就是这个样子吗？我又问它们，到底在身体里起统帅作用的是什么细胞呢？它们想了一下说，应该算是脑细胞吧，他们支配着身体的一举一动，据说那神奇的灵魂就藏在它们里面。我问，那么脑细胞是不是站在高处、威风凛凛呢？

　　也不是的，它们被藏在颅骨里，包裹得非常严实，我们从没有见过它们。

　　我有些迷茫了，我到底想成为什么样的细胞呢？转眼间我已到暮年，我依旧没有实现我的梦想。我渴望得到万众瞩目的待遇,但我发现自己做得越好就越得不到身体的关注……我决定,在自己消失之前要做一个伟大的细胞。

我开始和外界密切接触,尤其是细菌和病毒等微生物——这在细胞行为规范中是被严令禁止的。在一个月黑风高的夜晚,我和细菌秘密行动,将它拖入身体。身体终于开始注意我了。细菌开始大量繁殖,这使我和周围的细胞开始发红、肿胀、骚痒。可这样的日子没过多久便被白细胞发现了,他们赶走了细菌,一个也不剩,我们也恢复了往日的样子。其实在这段时间里,我也并不好受,甚至是痛苦的,但我终于得到了关注,值了!后来,指甲特地来调查这件事,无论它们如何严刑拷问,我还是没有承认,不过,这却加深了我对身体的仇恨——不被关注也就算了,还要折磨我,总有一天我会让你知道我的厉害。

有一天,我劫持了一个幼小的细胞,给它做了一个小手术……它不再生长了,但却可以复制,疯狂的复制,并能够扩散。我借助着它的力量也变成了它的样子,我暗自欣喜,梦想已经指日可待了。

我们的部队取名叫做"皮肤癌",大部分的战士从根据地开始慢慢地扩散着,而我则带了一支小分队,沿着淋巴管开始,向头部突袭。我们在沿途打下一块块的殖民地,殖民地的战士再继续战斗。为便于管理,我们将各个根据地取了名字,有结肠癌、胃癌、肝癌……

经过长途奔袭、奋勇作战,我们终于来到了向往已久的目的地——大脑。但是,就在我们欣喜狂欢的时候,突然间,整个身体开始晃动,然后便倾倒。只是一瞬间,我们死掉了,整个身体也死掉了。

(选自网络资料,有删减)

词语提示

有目共睹	〈组〉	yǒu mù gòng dǔ	人人都能看得见。形容极其明显。
瞩目	(动)	zhǔ mù	注视;注目。
憧憬	(名)	chōng jǐng	对未来的美好生活的期待与向往。
不堪忍受	〈组〉	bù kān rěn shòu	不能忍受。
主宰	(动)	zhǔ zǎi	居支配地位,统治地位。
威风凛凛	〈组〉	wēi fēng lǐn lǐn	形容声势或气派使人敬畏。
严实	(形)	yán shi	不留空隙或出口的。
月黑风高	〈组〉	yuè hēi fēng gāo	没有月光风也很大的夜晚。比喻险恶的环境。
劫持	(动)	jié chí	要挟;挟持。
倾倒	(动)	qīng dǎo	十分佩服或爱慕;由歪斜而倒下。

练习

一、根据课文内容判断正误

1. 表皮细胞成长过程中所需要的氧气是由血细胞提供的。 （　）
2. 表皮细胞呼吸到的氧气是别的细胞呼吸过的。 （　）
3. 表皮细胞吃的是别的细胞吃剩的。 （　）
4. 头发细胞在人体内起支配作用。 （　）

5. 脑细胞位于人体最高的位置。　　　　　　　　　　　　　　　（　　）

6. 白细胞能将侵入人体的细胞赶走。　　　　　　　　　　　　　（　　）

二、选择画线部分词语在句子中的意思

1. 我的喜悦溢于言表，对未来充满了希望，这使我想象着自己在长大后的样子。
   - A. 未说明，却能体会出来
   - B. 话语太多
   - C. 形容非常高兴
   - D. 容易显露，不会隐藏

2. 我已无法忍受，但这还不是最让我不堪忍受的。
   - A. 不能
   - B. 表示程度深
   - C. 坏到极点
   - D. 难堪

3. 转眼间我已到暮年，我依旧没有实现我的梦想。
   - A. 晚年
   - B. 傍晚时分
   - C. 黄昏时分
   - D. 年代名称

4. 我暗自欣喜，梦想已经指日可待了。
   - A. 不久就可以实现
   - B. 时间很久
   - C. 没有希望
   - D. 不可能实现

5. 大部分的战士从根据地开始慢慢地扩散着。
   - A. 军事指挥中心地
   - B. 基础
   - C. 赖以生存的基地
   - D. 打仗的地方

6. 只要给我一次机会，我就会成就梦想的！
   - A. 取得的成绩
   - B. 实现
   - C. 成全
   - D. 努力的终结和厌倦的开始

三、选择合适的词语填空

瞩目　憧憬　严实　迷茫　有目共睹　溢于言表

1. 中国改革开放所取得的成就令世界（　　）。

2. 悲苦的回忆与幸福的（　　）交织在一起，真是苦辣酸甜一齐涌上心头。

3. 天气转凉，晚上睡觉的时候一定要用被子把自己捂（　　）。

4. 我用（　　）的眼光打量着那位陌生的来客。

5. 你的努力大家都（　　），

6. 闻听自己儿子衣锦还乡，华子林的喜悦之情（　　）。

四、根据课文内容选择正确答案

1. 下面哪一项不是表皮细胞无法忍受的原因？
   - A. 长成体细胞后，梦想中的情景仍然没有出现
   - B. 呼吸不到新鲜的氧气
   - C. 吃不到新鲜的食物
   - D. 脂肪细胞的地位比自己还高

2. 对于头发细胞，下面选项中描述错误的是：
   - A. 头发细胞对身体来说，不是很重要
   - B. 没有头发细胞，身体不会死亡
   - C. 头发细胞是一种优秀的，勤奋的细胞
   - D. 头发细胞可以防止热量散失

3. 人体中处于统治地位的细胞是：

    A. 脂肪细胞   B. 表皮细胞   C. 头发细胞   D. 脑细胞

4. "我"将细菌拖入人体的主要原因是：

    A. 报复人体对自己不公平的对待   B. 这种细菌对人体有好处

    C. 引起身体关注自己   D. 从细菌身上吸取氧气

5. 细菌侵入人体后，不会出现哪种症状？

    A. 表皮细胞发红   B. 表皮细胞肿胀

    C. 表皮细胞溃烂   D. 表皮细胞瘙痒

6. 下面选项中，哪项内容文章中没有提到？

    A. 表皮细胞的作用   B. 表皮细胞的结构

    C. 影响表皮细胞的因素   D. 表皮细胞的位置

五、根据课文内容回答问题

1. 表皮细胞的理想是什么？

2. 表皮细胞得到身体的关注了吗？它是怎样做到的？

说一说

1. 你的理想是什么？为什么？（至少三条理由）

2. 从表皮细胞的经历来看，你得到了什么启示？

阅读技能指导

利用信号词判断态度和语气

信号词也是判断态度和语气的重要标志，尤其是表转折和对比关系的信号词，转折的后面往往是作者想要表达的主要观点态度。例如：虽然超声波止血带在人体生理运用上的可行性已经得到了充分的证明，但是，要投入到军事领域的应用，超声波止血带还必须通过温度、灰尘、噪音、潮湿等影响的一系列严峻考验。前半句对"超声波止血带在人体生理运用上的可行性"持肯定的态度，不过"但是"的后半句才是作者的真正态度。在判断作者的观点态度时，关联词是个很好的参考。

在"但是、然而、实际上、相反"等表示强转折关系信号词的后面往往隐含着作者的态度和语气，阅读时是我们关注的焦点。

练习

找出文中的信号词并判断作者的态度和语气

1. 现实生活中，常见一些单位的领导人总是感叹身边没有人才。事实上，只要做到知人善用，人尽其才，何愁没有人才，人才不是招聘来的，而是培养发现的！

信号词：_____。

作者对认为没有人才的态度和语气是：_____。

2. 我见过熟练的出租车司机，精通这座城市所有的隐秘近路，在交通大拥堵时一骑绝尘；我见过娴熟的搬家工，四五件双手合抱不住的大行李经他巧妙归置，一趟就能搬上六层楼；我见过手艺老到的裁缝,经她缝补的衣服让我根本找不到原来是哪里坏了……然而面对这些出没于市井之中的劳动者,人们却往往对他们的"匠"与"技"缺乏尊重,以为只不过是替自己代行粗鄙工作的劳工。

信号词：_____。

作者对劳动者的态度和语气是：_____。

阅读1

1959 年当脑死亡首次被描述后,它就一直站在风口浪尖,不论是在学术界还是在社会公众中,都备受争议。到底什么才是脑死亡? 人们为什么对它争论不休?

每当人们提及死亡时,想到的总是"呼吸心跳停止"这样的传统标准,然而随着现代医学技术的不断进步,尤其是呼吸机的发明,使得患者在全脑功能丧失、自主呼吸停止以后,仍然能够依靠机械通气维持一段时间的呼吸和心跳,这就在临床上出现了"活的躯体,死的大脑"。于是"脑死亡"的概念便逐渐走进了人们的视野。

最初"脑死亡"被描述为一种超越昏迷的状态。经过半个多世纪的不断修正,世界各国对其定义的争议主要集中在"全脑死亡"、"脑干死亡"和"高级脑死亡"三个概念上。

"全脑死亡"是指包括大脑、小脑和脑干在内的全脑机能完全不可逆的丧失。要判定全脑死亡需要同时具备三个基本的条件:深度昏迷、无自主呼吸及脑干反射全部消失(脑干反射包括瞳孔对光反射,如光刺激可以引起瞳孔缩小,以及眼心反射,即压迫眼球可以引起心率减慢,等等)。目前支持脑死亡的国家普遍采用这一标准。相对于全脑死亡,"脑干死亡"即指脑干机能的不可逆的丧失。由于脑干掌管呼吸和心跳,因此支持这一概念的人认为,一旦脑干机能丧失,患者的脑干反射和呼吸心跳都会完全丧失,大脑皮层的死亡只是时间的问题。而全脑死亡标准已经把脑干死亡标准包括在内,所以单独的脑干死亡标准现在已经很少使用。而"高级脑死亡"这个概念则更加关注人的社会性一面,认为人如果丧失了社会人这重身份,就丧失了人之所以为人的特性,所以提出人的知觉和认知不可逆的丧失就是死亡。但因为它在一定程度上混淆了"植物人"和脑死亡的区别,所以并没能得到大多数学者的认可。

对于普通大众而言,"植物人"和"脑死亡"确实是一对容易被混淆的概念。"植物人"即"植物状态",是指患者对其自身和周围的环境完全缺乏意识,但他们还存在着部分觉醒状态。植物人还存在吮吸、咀嚼和吞咽等原始反射以及自发性或反射性睁眼、自哭自笑、反射性躲避疼痛等基本反射。但这些都是没有社会意义的,他们不能和外界交流。就是植物人自己的觉醒——睡眠周期,通常也是病态的。

植物人与脑死亡患者的关键区别在于,植物人的脑干是活着的,因此通常不需要呼吸机的维持,家属可以把患者带回家自行照顾。而脑死亡患者却只能靠呼吸机来维持"活着"的假象。为了维持这种假象,脑死亡患者需要每天花掉几千甚至上万元的医疗费。而植物人因为处于类似冬眠的特殊生理状态,新陈代谢功能极低,因此他们的生活成本也很低,甚至每天只需要一点米汤、牛奶就可以维持生活。

另外,植物人即使在床上一躺几年甚至十几年,但他仍存在着醒来的可能,但脑死亡患者却连一点恢复的期望都不会给家属。

(选自《植物人与脑死亡》,有删减,作者:董惠)

练习

速读第 1 遍,完成下面的练习(建议阅读时间 5 分钟)

一、根据阅读内容选择正确答案

1. 对于脑死亡,主要的争议是:
   A. 概念　　　　　　B. 内容　　　　　　C. 涵义　　　　　　D. 起源

2. 哪个选项不是判断全脑死亡的条件?
   A. 是否深度昏迷　　　　　　　　　　B. 是否能够自主呼吸
   C. 脑干反射是否完全失去　　　　　　D. 呼吸心跳是否停止

3. 对脑干死亡,叙述不正确的是:
   A. 脑干机能丧失,无法恢复　　　　　B. 脑干反射完全丧失
   C. 呼吸心跳完全没停止　　　　　　　D. 大脑皮层已经死亡

4. 对植物人,叙述不正确的选项是:
   A. 可以和外界交流　　　　　　　　　B. 存在吮吸、咀嚼等原始反射
   C. 存在会哭会笑等基本反射　　　　　D. 存在反射性躲避疼痛

5. 植物人和脑死亡患者的关键区别在于:
   A. 患者脑干是否活着　　　　　　　　B. 患者是否能够自主呼吸
   C. 患者生活成本的高低　　　　　　　D. 是否存在清醒的可能性

细读第 2 遍,完成下面的练习

二、根据阅读内容判断正误

1. 从传统标准来说一个人呼吸心跳停止了,生命也就终结了。　　　　　　( )
2. 脑干跟呼吸和心跳关系密切。　　　　　　　　　　　　　　　　　　( )
3. 现在多用脑干死亡的标准来断定一个人的生死。　　　　　　　　　　( )
4. 脑死亡的病人就是我们说的植物人。　　　　　　　　　　　　　　　( )
5. 植物人每年需要高昂的医疗费。　　　　　　　　　　　　　　　　　( )
6. 脑死亡的患者不可能有清醒过来的可能。　　　　　　　　　　　　　( )

三、选择画线部分词语在句子中的意思

1. 到底什么才是脑死亡?人们为什么对它争论不休?
   A. 不停　　　　　B. 休息　　　　　C. 停止　　　　　D. 不要

2. 每当人们提及死亡,想到的总是"呼吸心跳停止"这样的传统标准。
   A. 提到　　　　　B. 看到　　　　　C. 涉及到　　　　D. 拿起

3. "全脑死亡"是指包括大脑、小脑和脑干在内的全脑机能完全不可逆的丧失。
   A. 丢失　　　　　B. 失去　　　　　C. 死亡　　　　　D. 丢掉

4. 脑干掌管呼吸和心跳。
   A. 负责管理　　　B. 主事人　　　　C. 管制　　　　　D. 限制

5. 因为它在一定程度上混淆了"植物人"和脑死亡的区别,所以并没能得到大多数学者的认可。
   A. 认为可以　　　B. 认同　　　　　C. 认识　　　　　D. 认知

词语提示

风口浪尖	〈组〉	fēng kǒu làng jiān	比喻激烈尖锐的社会斗争前哨。
可逆	（动）	kě nì	可以反向进行的。
混淆	（动）	hùn xiáo	混杂，界线模糊（多用于抽象事物）；使混淆，使界限模糊。

阅读2

人体是由细胞组成的，我们的健康依赖于所有细胞各司其职，索取营养的同时，也要有所贡献。这就像是一个人类群体，比如说一个部落。只有大伙齐心协力，部落才能发展壮大。但总会有些自私鬼，只索取，不奉献，成为群体之中的"毒瘤"。

如果单单是这样，事情还不至于太糟糕。哪个部落还养不起几个闲人呢？事实上，近年来的基础医学研究发现，很可能每个自认为"健康"的人身上都多多少少有一些癌细胞。只不过它们数量不多，也不危害邻里。

可是，如果癌细胞的势力不停地发展壮大，干扰了正常身体组织的功能时，就对人体的健康造成了影响。像大脑、心脏、肺、肝脏这些重要的脏器，一旦大部分被癌细胞占据，无法再对身体做出应有的贡献时，死亡是不可避免的结局。

这么说来，黑色素瘤似乎不应该那么可怕。一块不足1厘米见方的皮肤失去了功能，还不至于要人命吧。事实的确如此。早期的黑色素瘤停留在表皮层，并不会直接危害病患的健康。

然而癌细胞发展到晚期，会获得迁移的能力。它们就像是长了腿的自私鬼，从这家跑到那家，祸害整个部落不得安宁。这也是癌症真正的可怕之处。根据世界卫生组织的统计，由于癌症转移而导致的次发性肿瘤才是真正杀死患者的主因，占了癌症死亡患者总数的90%。这个比例高到令人难以置信。

恶性黑色素瘤恰恰就是一种转移非常迅速的癌症。一旦黑色素瘤从水平发展转为垂直发展，侵入表皮之下的真皮层，接触到血管或淋巴管，它就算是上了高速公路，可以畅通无阻地到达身体各处。恶性黑色素瘤晚期发展速度最快，最容易导致重要脏器产生次发性癌症。这才是它令人谈之色变的真正原因。

我们经常所说的"点痣"，无非是指用低温冷冻或激光治疗色素痣。一旦处理不当，反而会伤及真皮层，为癌细胞的转移大开方便之门。要是痣子中已经有了具备迁移能力的晚期癌细胞，很可能就此逃脱，酿成大祸。所以，这些治疗手段一定要听从医嘱，根据病情采取正确的处理措施，在正规的医院实施治疗。

真的有了黑色素瘤，最有效的治疗手段还是直接手术切除。一般会切除比黑色素瘤本身更宽更厚的一块皮肤组织，以保证癌细胞的彻底去除。手术中还要对周围的健康组织取样做病理检查。只要确保结果正常，就基本不用担心复发的问题了。

切去一块皮肤总好过切除一块肝脏，或者摘除一块肺叶。从这个角度来说，早期黑色素瘤的治疗比其他癌症都更简单，手术风险更小，也更容易治愈。

（选自《瞭望东方周刊》，有删减，作者：Lewind）

练习

速读第 1 遍,完成下面的练习(建议阅读时间 5 分钟)

一、根据阅读内容选择正确答案

1. 文章举"部落"例子的目的是:
   A. 说明人体的重要性　　　　　　　B. 告诉人们人体是部落的一部分
   C. 人体与部落有相似之处　　　　　D. 告诉人们人体离不开部落

2. 癌细胞真正的可怕之处是:
   A. 可以不断扩大迁移　　　　　　　B. 能够干扰机体组织功能
   C. 影响人体健康　　　　　　　　　D. 占据人体重要脏器

3. 致使绝大多数癌症患者真正死亡的主要原因是:
   A. 由癌症引发的次发性肿瘤
   B. 癌症对大脑心脏等重要脏器机能的影响
   C. 癌细胞不仅能水平发展还能垂直发展
   D. 癌细胞可以不受阻碍地到达全身各处

4. 治疗黑色素瘤最有效的方法是:
   A. 低温冷冻　　　B. 激光治疗　　　C. 手术切除　　　D. 高温灼烧

5. 与其他癌症相比,早期的黑色素瘤治疗可能不具备哪个特点:
   A. 治疗方法更简单　　　　　　　　B. 手术风险更小
   C. 治疗效果更好　　　　　　　　　D. 手术费用更低

细读第 2 遍,完成下面的练习

二、根据阅读内容回答问题

1. 我们的健康依靠什么?
2. 癌细胞不断扩散,会导致什么结果?
3. 早期的黑色素瘤停留在哪里?
4. 癌细胞到了晚期会获得什么能力?
5. 黑色素瘤让人谈之色变的真正原因是什么?

三、用所给的词语替换下列句子中的画线部分词语,保证句子意思基本不变

祸患　团结一致　匪夷所思　影响　面积　大概

1. 只有大伙<u>齐心协力</u>,部落才能发展壮大。　　　　　　　　　　　　　(　　)
2. 如果癌细胞的势力不停地发展壮大,<u>干扰</u>了正常身体组织的功能时,就对人体的健康造成了影响。　　　　　　　　　　　　　　　　　　　　　　　　　　(　　)
3. 黑色素瘤似乎不应该那么可怕。一块不足 1 厘米<u>见方</u>的皮肤失去了功能,还不至于要人命吧。　　　　　　　　　　　　　　　　　　　　　　　　　　　　(　　)
4. 它们就像是长了腿的自私鬼,从这家跑到那家,<u>祸害</u>得整个部落不得安宁。　(　　)
5. 这个比例高到令人<u>难以置信</u>。　　　　　　　　　　　　　　　　　　(　　)

词语提示

迁移	（动）	qiān yí	离开原来的所在地而另换地点。
谈之色变	〈组〉	tán zhī sè biàn	谈起它，让人害怕得不得了。
酿	（动）	niàng	比喻事情积渐而成。
痦子	（名）	wù zi	医学上称为"色素痣"，是皮肤的良性肿瘤。

第 42 课　神奇的人体"天网"

常言道：天网恢恢，疏而不漏。意思是说，在人类社会中，一些坏人在作恶以后，自以为能侥幸逃脱，但最终还是被缉拿归案，就好像冥冥之中有个天网，使得坏人终究伏法认罪。冥冥之中究竟有没有天网？这暂且不论。科学家发现人类社会中看不见，摸不着的天网，在人体里竟然真的存在！

前不久，德国科学家在观察人体免疫系统对付细菌的过程中意外发现，在那些被人体灭菌勇士白血球杀死的细菌周围，经常会看到一些丝状体物质。起初，他们以为这是显微镜的镜片不干净导致的观察错觉。但后来他们发现，这些丝状物总是在细菌进入人体后，很快就出现在细菌周围。它们相互缠绕，构成了网。这些网就像蜘蛛网那样，能够迅速把细菌横七竖八地粘在上面，从而将细菌擒拿。随后，这些网就密切配合人体白细胞里的其他物质，把被擒拿的细菌毒杀或者吞吃掉。

更为奇特的是，这种由丝状体物质构成的网还能对人体内健康的细胞起到保护作用。实验发现，在对付病毒的战斗中，有一种细胞分泌出来的蛋白酶在同细菌作战的时候，有时候会伤及无辜，给人体健康细胞造成伤害。为了避免或减少这种伤害事件的发生，这个网凭借自身的粘性，主动把这些蛋白酶集中到病菌密集的局部地方，帮助它们认准来犯之敌，同时避免误伤健康细胞。最让人感动的是，这些由丝状体物质编成的网，在发挥完杀敌和护体作用后，就自行化解，神秘地消失了。

为了搞清楚人体免疫系统内部发生的这一神奇现象，德国科学家把目光锁定在了一种叫做中性粒细胞的身上，因为"天网"总是出现在它们周围。中性粒细胞是人体白血球中的主力成员：正常人每立方毫米的血液大约有白血球 5,000～10,000 个，这其中，中性粒细胞就占了 55％～70％。他们也知道，中性粒细胞具有追踪病菌和吞噬、毒杀病菌的能力，是人体内抵御病菌最出色的勇士。但中性粒细胞究竟与"天网"有没有关系，还是个未知数。在电子显微镜下，德国科学家对一群中性粒细胞进行了追踪观察，结果发现，中性粒细胞在有细菌的环境里，会马上被唤醒并向细菌围拢。当它们靠近细菌后，先前没有出现的"天网"不久便悄然出现了，但在没有细菌出现的环境里，则只有中性粒细胞在自由活动，唯独不见"天网"的踪影。

科学家通过细致观察和辨认，最后揭开了谜底。原来，白血球里的中性粒细胞在发现细菌入侵的敌情后，会马上奔赴疆场，与细菌拼杀。这些投入到疆场的中性粒细胞注定要成为烈士，因为它们就像是过河的小卒，从不知道退路在哪里，而且它们的寿命只有几个小时。这些投入疆场的勇士，在与细菌拼杀到筋疲力尽的时候，便自行"剖腹"解体，从体内抛出丝状体物质。众多勇士的丝状体物质缠绕在一起，就构成了细菌难逃的"天网"。让人惊讶的是，构成"天网"的丝状体物质，恰恰就是隐藏在中性粒细胞内部的 DNA！

人体内由 DNA 编织的"天网"被发现后，这种奇特现象立即触发了许多医学家的联想和灵感。他们发现，过去许多非常难解的医学迷案，现在看来可能与人体"天网"有关。例如医学上有一种叫做先天性黏液稠厚症，它的特点是人体肺部的分泌物过于黏稠，很容易堵塞人的呼吸通道，使人断气而亡。奇怪的是，那些分泌物中总是有数量极大的 DNA。长久以来，医学专家只知道这种疾病肯定和基因有关，但其中的疾病制造内幕总是弄不清楚。现在，他们才明白，这很可能是中性粒细胞在肺部抛出的"天网"过密、过多导致的。

科学家认为，人体"天网"的发现，为人类研究自身免疫系统和相关疾病的研究开辟了一个前所未有的新天地，但现在只是一个开端，因为人体"天网"本身还有许多谜题待解，如究竟是什么信号会促使中性粒细胞抛出它们"天网"的？细胞内的 DNA 又是通过什么路径被释放出来的？当它们把细菌一网打尽之后，又是怎样神秘消失的……尽管如此，科学家坚信，这个惊人发现，定能为人类健康带来福音！

（选自 2011 年云南省昆明市中考语文试题，有删减）

词语提示

天网恢恢	〈组〉	tiān wǎng huī huī	天道像一个广大的网，作恶者逃不出天道的惩罚。
冥冥之中	〈组〉	míng míng zhī zhōng	人所无法预测，人力无法控制等不可理解的状况。
缉拿	（动）	jī ná	搜查缉捕。
横七竖八	〈组〉	héng qī shù bā	有的横，有的竖，杂乱无章。形容纵横杂乱。
蛋白酶	（名）	dàn bái méi	蛋白酶是一类酶的总称，广泛存在于动物内脏。
无辜	（形）	wú gū	没有罪。
锁定	（动）	suǒ dìng	紧紧跟定。
吞噬	（动）	tūn shì	吞食；吞咽。
围拢	（动）	wéi lǒng	围绕靠拢；从四周向某点聚拢。
悄然	（形）	qiǎo rán	形容忧愁的样子；形容寂静无声。
黏稠	（形）	nián chóu	浓度高，有黏性，不易流动。
内幕	（名）	nèi mù	外界不知道的内部情况

练习

一、根据课文内容判断正误

1. 美国科学家偶然发现了人体"天网"。　　　　　　　　　　　　（　）

2. 蛋白酶对人体的健康细胞起到保护作用。　　　　　　　　　　（　）

3. "天网"的出现跟中性粒细胞密切相关。　　　　　　　　　　　（　）

4. 中性粒细胞在与细菌的斗争中注定要失去自己的生命。　　　　（　）

5. "天网"的发现有助于解决一些医学谜案。　　　　　　　　　　（　）

6. "天网"的发现给人类带来好消息。　　　　　　　　　　　　　（　）

二、选择画线部分词语在句子中的意思

1. 在人类社会中，一些坏人在作恶以后，自以为能侥幸逃脱，但最终还是<u>鬼使神差</u>地被缉拿归案。

　　A. 在鬼神的帮助下做的　　　　　　B. 结果跟所想的不一致

　　C. 事情不由自主地发生　　　　　　D. 事情本不会发生

2. 就好像冥冥之中有个天网，使得坏人终究得<u>伏法</u>认罪。

　　A. 依法被处死刑　　　　　　　　　B. 罪犯服刑

　　C. 罪犯认罪　　　　　　　　　　　D. 依法受刑

3. 中性粒细胞已是人体白血球中的<u>主力</u>成员。

    A. 主要力量   B. 精锐部队   C. 关键人物   D. 股票中的庄家

4. 中性粒细胞在有细菌的环境里,会马上被唤醒并向细菌<u>围拢</u>。

    A. 从四周向某点聚集   B. 聚在一起

    C. 靠在一起   D. 一个挨着一个

5. 当它们靠近细菌后,先前没有出现的"天网"不久便<u>悄然</u>出现了。

    A. 没有声音   B. 不知不觉   C. 依然   D. 忧伤的样子

6. 科学家坚信,这个惊人发现,定能为人类健康带来<u>福音</u>。

    A. 基督教的教义   B. 有意义的言论

    C. 好消息   D. 幸福的声音

三、选择合适的词语填空

幸运　锁定　追踪　唯一　前所未有　开发　侥幸　注定　唯独　独一无二　开辟

1. 没有哪个人能够每一次都靠(　　)取得好成绩。

2. 我们要(　　)目标,并坚持不懈为之奋斗。

3. 他的眼睛(　　)着父亲的脚步,强忍住不让泪水流出来。

4. 方圆三五十里开外,(　　)咱村有枣。

5. 他们经过努力奋斗,取得了(　　)的好成绩。

6. 什么是路?就是从没路的地方践踏出来的,从只有荆棘的地方(　　)出来的。

四、根据课文内容选择正确答案

1. 根据第二自然段的内容,下面选项中叙述错误的是:

    A. 白血球周围经常看到一些丝状物质

    B. 丝状物质只有在细菌侵入的时候才会出现

    C. 由丝状物质构成的网可以网住细菌

    D. 由丝状物质构成的网有吞吃和毒杀细菌的作用

2. 蛋白酶的作用是:

    A. 产生丝状体物质   B. 保护健康细胞

    C. 同细菌战斗   D. 识别侵入人体的细菌

3. 第四自然段中画线句子的意思是:

    A. 证明人体内有许多白血球   B. 人体内有很多的中性粒细胞

    C. 血液中的中性粒细胞很重要   D. 中性粒细胞是人体白血球的主要成员

4. 文章第五自然段中的"过河小卒"指的是:

    A. 白血球   B. 蛋白酶   C. 中性粒细胞   D. 丝状物质

5. 导致先天性黏液稠厚症的真正原因是:

    A. 肺部的分泌物太过黏稠   B. 呼吸道被阻塞

    C. 肺部分泌物中有大量的 DNA   D. 中性粒细胞在肺部产生的 DNA 太多

6. "天网"发现后,已经解决了哪个问题?

    A. 发现导致先天性黏液稠厚症的真正原因

    B. 弄清了促使中性粒细胞产生 DNA 的信号

C. 了解了 DNA 的释放途径

D. 明白了 DNA 消失的原因

五、根据课文内容回答问题

1. 让细菌难逃的"天网"是怎样产生的？

2. 人体"天网"的发现有什么意义？

说一说

1. 人体的防御系统有哪些？

2. 你知道有关人体的一些秘密吗？

阅读技能指导

利用标点符号判断态度和语气

根据一些特殊的标点符号也能判断作者的态度和语气。较常用的是引号、感叹号、省略号等。作者经常用引号对所表述的内容加以否定和讽刺。例如：你居然在课堂上传纸条，实在是太"勇于发言"了。"勇于发言"是作者对"课堂上传纸条"这种行为的指责。还可以用感叹来表达自己强烈的感情。例如：所以，请珍视生命中那些美丽的"隐藏"，让我们默默为那些不争风、不逐名、不显山、不露水的谦谦君子叫好吧！这段话表达了作者对那些不追逐名利的人的欣赏。

练习

阅读下列短文并完成相应的练习

2500多年前，聪明的伊索用这个寓言告诫世人：千万不要感谢那些给自己带来灾难的人，否则还会遭遇更大的灾难。然而非典这个突如其来的灾难降临中华大地后，竟有一批人大呼小叫地"感谢非典"。其中有不少专家认为"SARS是历史老人在中国发展的关键时刻'赐给'全体中国人的一件'宝物'，是'危'更是'机'"。

1. 文中引号有什么作用？

2. 作者对"感谢非典"的态度是：

A. 赞成　　　　B. 反对　　　　C. 中立　　　　D. 没有态度

阅读1

舌头是人体对味道的"检测器"。舌头怎么会检测甜、酸、苦、辣等各种味道的呢？

原来，在舌头上有许多"小疙瘩"，这些"小疙瘩"叫舌乳头。舌乳头上有着能专门辨别味道的结构，形似微型花蕾，因此取名"味蕾"。

人的舌头大约含9,000个味蕾，它是一种椭圆形结构，外面是一层盖细胞。里面就是细长的味觉细胞。在味觉细胞上分布着感觉神经，这种神经就像电线传导电流一样，能把味觉细胞产生的兴奋传递到大脑的味觉中枢。

味蕾的结构虽然相同,但却能分辨出不同的味道。味觉一般分为"酸、甜、苦、咸"四种,至于其他味觉,如"涩""辣"等则是由这四种味觉融合而成。这是什么道理呢?根据科学家的研究,这很可能是由于味觉细胞有四种类型,而每一类型味觉细胞只感受一种味觉刺激。而且,根据研究还表明,在人的舌头上,感受酸味的味蕾多分布在舌的两侧的后半部位;感受甜味的味蕾多分布在舌尖部位;感受苦味的味蕾多分布在舌的根部;感受咸的味蕾多分布在舌尖和舌尖两侧的前半部位。了解这些情况后,你不妨在日常生活中尝试一下,验证在舌的不同部位上是否如上所说的对不同味道有感觉上的区别。

　　值得一提的是,引起人产生味觉或嗅觉的往往是相同或相似的化学分子,只是因为有的溶解在液体中,有的散发在空气中。所以,人的味觉和嗅觉常常紧密联系着,很难清晰分辨开。

　　舌头不但能分辨出各种味道,而且还是内脏的一面镜子。中医看病总要病人伸出舌头观察一下,以帮助明确诊断,这叫"舌诊"。中医认为:舌为心之苗,肝、脾、肾之经也与舌体相连。看舌质可以辨出脏腑的虚实,望舌苔可察病邪的深浅和胃气的强弱。这是因为舌头上皮细胞代谢比较旺盛,细胞分裂也比较快,它可以反映出人体代谢的变化情况。因此,国际医学界称赞:舌头是脏器的一面镜子。

(选自网络资料,有删减)

练习

速读第 1 遍,完成下面的练习(建议阅读时间 4 分钟)

一、根据阅读内容选择正确答案

1. 对于味蕾描述正确的是:
   A. 味蕾是一种圆形的结构　　　　　　B. 味蕾的外层是嗅觉细胞
   C. 感觉细胞上分布着感觉神经　　　　D. 味蕾的里层是味觉细胞

2. 感觉酸味的味蕾部位是:
   A. 舌两侧后半部位　　　　　　　　　B. 舌两侧前半部位
   C. 舌尖　　　　　　　　　　　　　　D. 舌根

3. 如果你感觉到是甜的,那么你可能使用的部位是:
   A. 舌两侧后半部位　　　　　　　　　B. 舌两侧前半部位
   C. 舌尖　　　　　　　　　　　　　　D. 舌根

4. 如果你感觉到是苦的,那么你可能使用的部位是:
   A. 舌两侧后半部位　　　　　　　　　B. 舌两侧前半部位
   C. 舌尖　　　　　　　　　　　　　　D. 舌根

5. 如果你感觉到是咸的,那么你可能使用的部位是:
   A. 舌两侧后半部位　　　　　　　　　B. 舌尖和舌两侧前半部位
   C. 舌尖　　　　　　　　　　　　　　D. 舌根

6. 这篇文章没有提到下面哪个内容?
   A. 味蕾的形状　　　　　　　　　　　B. 味蕾的分布
   C. 舌的功能　　　　　　　　　　　　D. 舌的结构

细读第 2 遍，完成下面的练习

二、根据阅读内容判断正误

1. 味蕾的得名与其形状有关。　　　　　　　　　　　　　　　　　　　　（　　）

2. 舌头里富含感觉神经。　　　　　　　　　　　　　　　　　　　　　　（　　）

3. 每个味蕾的结构有差异。　　　　　　　　　　　　　　　　　　　　　（　　）

4. 味觉和视觉有相似的地方。　　　　　　　　　　　　　　　　　　　　（　　）

5. 味觉和嗅觉不容易分辨。　　　　　　　　　　　　　　　　　　　　　（　　）

6. 舌头的变化能够反映人体状况。　　　　　　　　　　　　　　　　　　（　　）

三、选择画线部分词语在句子中的意思

1. 舌乳头上有着能<u>专门</u>辨别味道的结构，形似微型花蕾，因此取名"味蕾"。

　　A. 特地　　　　　　B. 特别　　　　　　C. 特殊　　　　　　D. 专一

2. 味觉细胞上<u>分布</u>着感觉神经，能把味觉细胞产生的兴奋传递到大脑的味觉中枢。

　　A. 分开　　　　　　B. 散布　　　　　　C. 布置　　　　　　D. 弥漫

3. 至于其他味觉，如"涩""辣"等则是由这四种味觉<u>融合</u>而成。

　　A. 混合　　　　　　B. 化合　　　　　　C. 融化　　　　　　D. 溶解

4. 了解这些情况后，你不妨在日常生活中尝试一下，<u>验证</u>在舌的不同部位上是否如上所说的对不同味道有感觉上的区别。

　　A. 试验证据　　　　B. 化验证明　　　　C. 论述证明　　　　D. 检验证实

5. 人的味觉和嗅觉常常紧密联系着，很难<u>清晰</u>分辨开。

　　A. 明确　　　　　　B. 清楚　　　　　　C. 明明　　　　　　D. 清醒

词语提示

| 涩 | （形） | sè | 舌头感到麻木干燥的味道。 |
| 舌苔 | （名） | shé tāi | 舌头表面上滑腻的物质。正常人的舌背上有一层薄白而润的苔状物，医生常根据病人的舌苔情况来诊断病情。 |

阅读2

　　如果有人说你的脸"五官不端正"，那么你一定会挺不高兴的。因为一般来说，人们总认为正常人的脸是左右对称，或者说五官基本端正的。可实际上，如果你仔细去照照镜子，并观察一下周围的人们，那么你会发现，没有一个人的脸是真正"五官端正"的。

　　摸一下额头中央，你便会发现额骨中间的骨缝是偏在一侧的。有的男子这道骨缝用肉眼就可看出它把前额分成左右不等的两半。仔细照照镜子，兴许你会发现自己的鼻子是歪的，鼻尖并不对准人中沟的中央。尽管你牙齿整齐，不缺不龋，但吃饭时总是偏用一侧牙咀嚼。这就是有趣的左右有别现象。

　　随着对大脑两半球差异的深入研究，科学家对颜面五官的左右差异又有了新发现。正如一个人不是右撇子就是左撇子一样，每个人不是"右面人"就是"左面人"。右面人右下巴与额头之间比左侧较舒展，右脸的皱纹比左面浅甚至左右酒窝也有别，右眉比左眉稍高。用电脑对说话人嘴唇、舌头和下巴的运动研究表明,右面人的右脸比左脸更灵敏。对500名美国人的研究发现,左面人约占10％,这与左撇子的比例不谋而合。更有趣的是左面人与音乐天赋有惊人的联系。贝多芬、舒伯特、勃拉姆斯、柴可夫斯基都是左面人。当代世界著名音乐家、歌唱家绝大多数是左面人。

两只眼睛在使用时也有偏向性,不是"右视眼"就是"左视眼",只是我们平时不太注意而已。这里介绍一种判断你哪只眼睛为主视眼的简单方法:首先平举右手到正前方,竖起食指与眼同高,睁开双眼盯着食指,然后突然闭上右眼,如果你感到食指好像突然向右边跳了一下,那么你就是右视眼。如果两次闭眼(指一次右眼、一次左眼)时手指都在跳,则可以反复多试几次,加以比较,"跳"得明显的眼就是你的主视眼。

人们对鼻子也有新发现,人在正常呼吸时,两个鼻孔不是同时被均衡使用的,而是轮流使用左右鼻孔。这种现象叫"鼻循环"。每个循环周期为2.5～4小时,年纪越大周期越长,有的人可能达到8小时。有趣的是左右鼻孔呼吸对人体的影响不一样。用右鼻孔为主呼吸时大脑容易兴奋,神经处于紧张状态,因此当人们要进行紧张工作或积极进取时,往往用右鼻孔呼吸;相反,当处在轻松、安宁的时候,常用左鼻孔呼吸。

了解了这些颜面五官的左右差异,我们就可以主动加以利用。

(选自网络资料,有删减)

练习

速读第1遍,完成下面的练习(建议阅读时间5分钟)

一、根据阅读内容选择正确答案

1. 下面哪个选项不正确?
   A. 额骨的骨缝不在正中　　　　　　　　B. 人类左右额不对称
   C. 鼻尖部在人中沟的中央　　　　　　　D. 吃饭时总是偏用一侧牙咀嚼

2. 根据第三自然段的内容,下面叙述不正确的是:
   A. 左右五官无差异的人是不存在的　　　B. 右面人左脸的皱纹比右脸浅
   C. 右面人右眉比左眉高一点　　　　　　D. 右面人的右脸比左脸敏感

3. 与音乐天赋有极大联系的人是:
   A. 右面人　　　　B. 左面人　　　　C. 左视眼　　　　D. 右视眼

4. 鼻循环的周期是:
   A. 2.5～4小时　　B. 3～4小时　　C. 4～5小时　　　D. 不到8小时

5. 左右鼻孔呼吸对人体的影响是:
   A. 兴奋时主要用左鼻孔呼吸　　　　　　B. 紧张时主要用左鼻孔呼吸
   C. 工作时主要用右鼻孔呼吸　　　　　　D. 轻松时主要用右鼻孔呼吸

细读第2遍,完成下面的练习

二、根据阅读内容回答问题:

1. 听到人们说自己五官不端正,人们为什么会生气?
2. 对500名美国人的研究,发现了什么?
3. 怎样判定是右视眼还是左视眼?

4. 什么是鼻循环？

5. 鼻循环有什么特征？

三、用所给的词语替换下列句子中的画线部分词语，保证句子意思基本不变

敏感　吻合　平均　反之　也许　敏捷　幸亏　平衡

1. 仔细照照镜子，<u>兴许</u>你会发现自己的鼻子是歪的，鼻尖并不对准人中沟的中央。　（　　）

2. 用电脑对说话人嘴唇、舌头和下巴的运动研究表明，右面人的右脸比左脸更<u>灵敏</u>。（　　）

3. 对 500 名美国人的研究发现，左面人约占 10%，这与左撇子的比例<u>不谋而合</u>。　（　　）

4. 人在正常呼吸时，两个鼻孔不是同时被<u>均衡</u>使用的，而是轮流使用左右鼻孔。　（　　）

5. 当人们要进行紧张工作或积极进取时，往往用右鼻孔呼吸；<u>相反</u>，当处在轻松、安宁的时候，常用左鼻孔呼吸。　（　　）

词语提示

人中	（名）	rén zhōng	人中位于人体鼻唇沟的中点，是一个重要的急救穴位。
咀嚼	（动）	jǔ jué	将食物放在嘴里慢慢地嚼。
左撇子	（名）	zuǒ piě zǐ	习惯使用左手的人。
不谋而合	〈组〉	bù móu ér hé	形容动作、想法一致。

第 43 课　话说人体内的水

贾宝玉有句名言,女儿是水做的,男儿是泥做的。照这逻辑,水灵灵的女儿家身体里的含水量无疑是要高过干巴巴的老爷们了。事实果真如此么?

人体内的水分,我们将其统称为体液。大家都知道生物体的基本组成成分是细胞,人体的体液在总体上可分为细胞内液和细胞外液两大部分,它们的含量与性别、年龄及胖瘦有关。

那么,如下三组人——男人和女人、成年人和孩子、胖子和瘦人,前者和后者哪个体内含水量大呢?

肌肉组织中含水量较多,约为 $75\%\sim80\%$,而脂肪组织含水量只有 $10\%\sim30\%$。男人和女人谁的肌肉更发达?是男人!答到这里你心里恐怕已经有了第一个问题的正确答案。而之前你的直觉是不是让你和宝二爷犯了一样的错误?

如何比较成年人和孩子的含水量多少呢?看其结构,由于小儿的脂肪含量较少,故其体液所占的比例较高,在新生儿中可达体重的 80%。水灵灵固然可爱,但新生儿有其固有的脆弱,原因之一便是由于其皮下脂肪少易于失热,所以一旦保温不足,就可能罹患新生儿寒冷损伤综合征,亦称新生儿硬肿症,如果救治不及时是会有生命危险的。随着年龄增大,人体内脂肪也逐渐增多,直到 14 岁之后便与成年人所占比例相似。这一回,你的直觉可能很容易让你猜到正确答案:孩子体内的含水量比成年人多。

血浆是细胞外液的一部分。细胞外液的另一部分是组织间液,约占体重的 15%。大约有近九成的组织间液能迅速地与血管内液体——即血浆进行交换并取得平衡,同时亦保持着同细胞内液的亲密交换关系,这在维持机体的水和电解质平衡方面具有重要作用,因此我们把这一部分细胞外液称之为功能性细胞外液。

另一小部分组织间液仅有缓慢地交换和取得平衡的能力,它们虽具有各自的功能,但因为其在维持体液平衡方面的作用甚小,所以就被生理学家们称为无功能性细胞外液。可这部分所谓的"无功能性细胞外液"却不可等闲视之,别看它们在交换和取得平衡的能力上差了许多,但当发生异常时,无功能性细胞外液添乱的本事可不容小视。有时候,它们能显著地引起人体水、电解质和酸碱平衡的失调,让人非常难受。例如,大家都有过大量呕吐或者严重腹泻之后眼花头晕外加腿软的经验吧?这就是脱水。轻症时,我们喝汤饮水就可以调整过来,严重的情况就必须借助医疗手段予以补液,对症治疗了。

血液循环是由心脏的泵动力作用实现的,那么其他体液间的交换和平衡,又是什么力量在推动呢?体液中的电解质成分保证了体液渗透压的存在,而渗透压总是趋向于平衡的,不同体液之间的渗透压是不同的,正是由于这种渗透压差的存在,驱动着不同体液系统之间的交换和平衡;而在它们之间的膜上又存在许多离子泵,通过做功转移离子来制造新的不平衡。这也正是应了那句"生命在于折腾"。

说到这,来来回回的似乎只是一潭水在自己折腾。莫要忘记,我们还要喝水,吃含水的食物,除此而外体内代谢还要产生一部分水,同时我们还有排泄,包括排尿、排便、呼吸及排汗。为了维持体内水的循环,我们必须不断地补充水分。市面上我见到过一本写喝水的书,其实这本书没必要买,哪怕他写的无比科学。我们人类进化到如此高等,却居然不会喝水了么?如果严格按标准计算的话,人一天几乎要喝 $2000\sim3000$ 毫升的水。只是凭自己的感觉去喝,一般也不会喝出了问题。当体内缺水的时候,身体自然会给你信号叫你喝水的——所以人会感觉口渴。理论上稍多一些水更有利于健康,也就是有意识地多喝些水是没问题的,强大的肾脏会将略多的部分代谢掉。

有人说,我担心喝的肾代谢不过来,会不会中毒呢? 其实不会真有死于水中毒的倒霉蛋。当人体出现低渗的时候,非但口渴早已不在,还将出现头晕、视觉模糊、软弱无力等等,能坚持喝到这个程度已非常罕见,能继续坚持将自己喝到死,非奇人异士不能为也。除非你刻意要选择一种惊世骇俗的非典型自杀方式,不然多饮水是断然不至于杀死人的。

(选自《喝水》,有删减,作者:李清晨)

词语提示

干巴巴	（形）	gān bā bā	形容没有水或水分很少。
果真	（副）	guǒ zhēn	确实,当真。
罹患	（动）	lí huàn	遭受不幸、患病。
亦	（副）	yì	又,也。
血浆	（形）	xuè jiāng	血液的重要组成部分,呈淡黄色液体。
等闲视之	〈组〉	děng xián shì zhī	把这件事看成平常的事,不予重视。
渗透压	（名）	shèn tòu yā	恰好能阻止渗透发生的施加于溶液液面上方的额外压强。
排泄	（动）	pái xiè	生物把体内的废物排出体外。
奇人异士	〈组〉	qí rén yì shì	本领超出一般的人。
惊世骇俗	〈组〉	jīng shì hài sú	指人因思想、言行等异于寻常而使人感到震惊。
断然	（副）	duàn rán	绝对地;无论如何。

练习

一、根据课文内容判断正误

1. 人体体液包括细胞内液和细胞外液。　　　　　　　　　　　　　（　　）
2. 脂肪组织中的含水量比肌肉组织中的要多。　　　　　　　　　　（　　）
3. 男人的肌肉比女人的肌肉更发达。　　　　　　　　　　　　　　（　　）
4. 孩子体内的含水量比成年人的多。　　　　　　　　　　　　　　（　　）
5. 血浆属于细胞内液。　　　　　　　　　　　　　　　　　　　　（　　）
6. 多喝水不利于健康。　　　　　　　　　　　　　　　　　　　　（　　）

二、选择画线部分词语在句予中的意思

1. 你心里恐怕已经有了第一个问题的正确答案。
   A. 害怕　　　　　B. 担心　　　　　C. 也许　　　　　D. 唯恐
2. 大约有近九成的组织间液能迅速地与血管内液体——即血浆进行交换并取得平衡。
   A. 九分之一　　　B. 百分之九十　　C. 十分之一　　　D. 百分之十
3. 它们虽具有各自的功能,但因为其在维持体液平衡方面的作用甚小。

A. 比较　　　　　B. 过分　　　　　C. 很　　　　　D. 甚至

4. 说到这,来来回回的似乎只是一潭水在自己折腾。

A. 不停地运动　　B. 重复做某件事　　C. 折磨　　　　D. 糟蹋

5. 强大的肾脏会将略多的部分代谢掉。

A. 省略　　　　　B. 忽略　　　　　C. 过分　　　　D. 稍微

6. 除非你刻意要选择一种惊世骇俗的非典型自杀方式,不然多饮水是断然不至于杀死人的。

A. 分成几段的样子　　　　　　　B. 果断

C. 表示不太肯定　　　　　　　　D. 绝对

三、选择合适的词语填空

等闲视之　不可小视　罹患　维持　惊世骇俗　固有

1. 这是大自然有意作出的(　　)之举吗?

2. 与你内心最贴近的东西,切莫(　　)。

3. 在任何情况下,女人的嫉妒心都是(　　)的。

4. 今年非洲有近万人因为(　　)严重传染病而丧失宝贵的生命。

5. 社会正常秩序的(　　),不是依靠哪一个人,而是每一个人。

6. 每个民族都有自己(　　)的生活习惯。

四、根据课文内容选择正确答案

1. 与人体体液含量无关的是:

A. 性别　　　　　B. 年龄　　　　　C. 胖瘦　　　　D. 高矮

2. 男人和女人、成年人和孩子、胖子和瘦人,体内含水量较大的一组是:

A. 男人、成年人、胖子　　　　　B. 女人、孩子、瘦人

C. 男人、孩子、胖子　　　　　　D. 女人、成年人、瘦子

3. 下面对孩子描述不正确的是:

A. 脂肪含量较少　　　　　　　　B. 体液比例较高

C. 皮下脂肪较多　　　　　　　　D. 要注意保温

4. 我们所说的排泄,不包括哪一项?

A. 排尿　　　　　B. 排便　　　　　C. 排汗　　　　D. 呕吐

5. 当人体出现低渗时,不会出现哪种状况?

A. 头晕　　　　　B. 看不清东西　　C. 没有力气　　D. 感觉口渴

6. 以下哪一项是作者对饮水的观点?

A. 正常饮水　　　　　　　　　　B. 有意识地多饮水

C. 少量饮水　　　　　　　　　　D. 口渴时才饮水

五、根据课文内容回答问题

1. 生理学家为什么把它叫做无功能细胞液?

2. "女儿是水做的,男儿是泥做的。"这句话有道理吗? 为什么?

说一说

1. 你觉得喝水多有益健康吗？为什么？（至少三条理由）
2. "水"在本民族中有什么特殊的意义？

阅读技能指导

根据上下文推测态度和语气

一般作者对某事或某人的态度从文章的字里行间就可以看出来，是直抒胸臆的表达。例如：

> 中国人喜欢接受这样的想法：只要能活着就是好的，活成什么样子无所谓。从一些电影的名字就可以看出来：《活着》《找乐》……我对这种想法是断然不赞成的。

这段话中从"不赞成"我们可以看出作者是很明确的反对态度。但有时作者写得比较含蓄，不容易领会作者的态度倾向性，需要我们根据上下文去推测作者的态度和语气。比如可以根据上下文所包含的褒贬义词来推测，褒义词表示赞成，贬义词表示不赞成，或者根据作者所举的例证来判断，正面的例子是支持，反面的例子是反对，一正一反就是中立客观。

需要注意的是有时文章中所陈述的内容并非都代表了作者的观点，有可能是引用别人的观点，需要仔细辨析，千万不可张冠李戴。

练习

阅读下列短文并完成相应的练习

我们的师长常常教导我们，在诊断时，必须客观运用自己的观察能力和分析能力，然后综合患者所有资料，才去下判断！切不可让所听、所知、所闻误导自己，更不要抱着这就是"最后的诊断"的主观态度。而且还得时常检讨病人的诊断，留意状况的新变化，否则偏见会导致误诊！

行医如是。在现实生活中，对人对事也应如是！

1. 找出作者对人生态度的句子。
2. 从该段可知作者对人生的态度是：
   A. 偏听偏信　　　B. 妄下判断　　　　C. 主观武断　　　　D. 客观求实

阅读1

人的一生约会产生 236,000 升的唾液，几乎可以装满水立方中的两个游泳池。润滑口腔、帮助消化和吞咽食物是唾液的常用功能，如今唾液华丽转身，有了不少新角色。

因为唾液，口腔温暖湿润，成了细菌趋之若鹜的乐园。被称为"龙之气息"的口臭与细菌有着莫大的干系，不过口臭者却对这些异味往往不自知。如何在口臭影响自己的社交生活之前发现症状，科学家在唾液中寻找到了答案。口臭源自蛋白的分解物，而蛋白的分解需要依赖一种由细菌分泌、存在于唾液中的蛋白酶。以色列特拉维夫大学的微生物学家发明出一种衡量蛋白酶数量的试纸，在口腔中轻轻蘸取一丁点儿唾液后，如果试纸的颜色变为蓝，那就意味着使用者需要注意自己的口气了。

唾液中不但含有导致口臭的"坏"蛋白,还有方便诊断的"好"蛋白。心肌酶就是其中的一种。当人罹患心脏病时,心肌会不时地发生缺氧,这时心肌酶就会产生,经由机体内的各种循环系统,唾液中也会出现心肌酶的身影。因此取少许唾液,对其中的心肌酶加以检测,便可帮助诊断心脏病。目前心脏病的最佳诊断方法是心电图,不过即便是经验丰富的心内科医生亲自上阵,依据心电图得到的信息来判断心脏病的有无,也只能实现75%的正确率。经测试,将心电图和唾液心肌酶检测相结合,可以实现高达95%的正确率。有专家认为,在不远的将来,唾液检测法有望成为救护车上使用的标准检测方法。

由于唾液的取样比血液、尿液等其他体液方便很多,科学家挖掘出了越来越多的唾液新功能。比如唾液中含有的免疫球蛋白 A 就能够帮助人们衡量自身的免疫力如何,这种蛋白原本发挥的是抗菌作用,英国拉夫巴勒大学研究人员发现唾液中这一蛋白的数量与人体免疫力呈正相关。他们花费了三年多时间,对 38 位参加过美洲杯帆船赛的赛手进行了测试,观察到大约有四分之三的赛手在患上感冒前的两周时,尽管当时感觉良好,但唾液中免疫球蛋白 A 水平已经急剧下降。这一结果启发研究者去发明一种家用便携式的检测装置,在免疫力低下时及时提醒采取措施,以防疾病袭扰。

很多人都曾注意到,不少动物在受到外伤时,会通过舔舐伤口来促进愈合。在人体中,研究者也观察到,拔牙造成的创口愈合速度比身体其他部位同等级别的伤口要快很多。这些现象让科学家推测,或许这些促进愈合的物质存在于唾液之中。

6 月中旬,荷兰一个科研小组发现了其中的奥秘。他们首先从人的口腔中采集到一些上皮细胞,然后置于培养皿中培养。当增殖的细胞布满培养皿后,研究人员利用人工手段,在细胞层中划去一小片,模拟出一处伤口,接着用人的唾液来处理这些细胞。18 小时后,奇迹出现了。经过人唾液处理的模拟伤口差不多完全愈合,而未经处理的对照伤口则几无变化。

随后科学家利用各种技术手段,把唾液中所含的物质逐一分离,并挨个进行模拟伤口愈合实验。很快他们就发现,唾液中的富组蛋白才是真正的有功之臣。有同行科学家对此评论道,由于富组蛋白可在体外大量制备,这对烧伤和糖尿病相关创口等慢性创伤的治疗真是个好消息。如果安全性过关,在未来的某一天,由富组蛋白制成的药物或许能够成为像抗生素软膏和外用碘酒那样的常见药物。

(选自网络资料,有删减)

练习

速读第 1 遍,完成下面的练习(建议阅读时间 5 分钟)

一、根据阅读内容选择正确答案

1. "人的一生产生的唾液几乎可以装满水立方中的两个游泳池。"这句话的意思是:

    A. 人一生能产生很多唾液   B. 唾液对人体来说不可或缺

    C. 唾液的功能相当于游泳池的作用   D. 唾液是哪里来的

2. 导致口臭的物质是:

    A. 霉变的食物   B. 蛋白

    C. 蛋白的分泌物   D. 蛋白酶

3. 对心肌酶叙述不正确的是:

    A. 心肌酶是一种方便诊断的"好"蛋白   B. 心肌酶在心肌缺氧的情况下产生

C. 心肌酶可以用来检测心脏病　　　D. 心肌酶检测法比心电图更可靠

4. 体液取样最方便的是：

　　A. 唾液　　　　　B. 血液　　　　　C. 尿液　　　　　D. 汗液

5. 荷兰科研小组发现了：

　　A. 口臭与细菌有很大的关系

　　B. 唾液检测法是最佳的心脏检测法

　　C. 免疫球蛋白的多少和人体免疫力的强弱有关

　　D. 唾液能使伤口愈合更快

6. 这篇文章的主旨是：

　　A. 唾液的新功能

　　B. 介绍唾液新的检测方法

　　C. 介绍唾液新的研究成果

　　D. 人们对唾液的研究取得突破性的进展

细读第 2 遍，完成下面的练习

二、根据阅读内容判断正误

1. 口臭的人自己往往并不知道。　　　　　　　　　　　　　　　　（　　）

2. 目前心电图是心脏病诊断的最佳方法。　　　　　　　　　　　　（　　）

3. 唾液中免疫球蛋白的数量多，人体的免疫力就强。　　　　　　　（　　）

4. 不少动物经常通过舔伤口来促进伤口愈合。　　　　　　　　　　（　　）

5. 富组蛋白对伤口愈合有很大的帮助。　　　　　　　　　　　　　（　　）

6. 富组蛋白是一种比较常见的药物。　　　　　　　　　　　　　　（　　）

三、选择画线部分词语在句予中的意思

1. 被称为"龙之气息"的口臭与细菌有着莫大的干系。

　　A. 联系　　　　　B. 关系　　　　　C. 关联　　　　　D. 联接

2. 在口腔中轻轻蘸取一丁点儿唾液后，如果试纸的颜色变为蓝，那就意味着使用者需要注意自己的口气了。

　　A. 口腔异味　　　B. 说话的语气　　C. 说话的态度　　D. 口腔中气体

3. 英国拉夫巴勒大学研究人员发现唾液中这一蛋白的数量与人体免疫力呈正相关。

　　A. 两个变量变化方向相同　　　　　B. 两个变量变化方向相反

　　C. 两个变量变化互相影响　　　　　D. 两个变量之间没有联系

4. 经过人唾液处理的模拟伤口差不多完全愈合，而未经处理的对照伤口则几无变化。

　　A. 几乎没有变化　　　　　　　　　B. 有很大的变化

　　C. 没有变化　　　　　　　　　　　D. 丝毫没有变化

5. 他们发现，唾液中的富组蛋白才是真正的有功之臣。

　　A. 其破坏作用的人　　　　　　　　B. 影响的因素

　　C. 起作用的物质　　　　　　　　　D. 有功劳的人

词语提示

趋之若鹜	〈组〉	qū zhī ruò wù	像鸭子一样成群成群跑过去。比喻许多人争着去追逐某些事物。多做贬义词。
舔舐	（动）	tiǎn shì	用舌头舔。
富组蛋白	（名）	fù zǔ dàn bái	真核生物体细胞染色质中的碱性蛋白质。
制备	（动）	zhì bèi	制作，准备。

阅读2

人体生命活动的基本单位是细胞，一个成年人的身体大概由几十万亿个细胞组成。这些细胞生存于体液（主要为血液、组织液和淋巴液）中，体液正常的酸碱平衡是细胞维持正常功能必不可少的。细胞在新陈代谢过程中会产生大量的酸性物质，如乳酸、二氧化碳等，同时产生少量的碱性物质。虽然这些代谢产物酸多碱少，但机体具有强大精密的调节体系来维持体液酸碱度平衡。

每个人要知道自己的身体是酸是碱，就要弄清自己的 pH 值。通常用 pH 值来衡量体液的酸碱度。pH 值是溶液中氢离子浓度指数的数值，一般在 0～14 之间，当 pH 值为 7 时溶液为中性，小于 7 时为酸性，值越小，酸性越强；大于 7 时呈碱性，值越大，碱性越强。人体在正常生理状态下，血液的 pH 值精确保持在 7.35～7.45 之间，为弱碱性。这个 pH 值是人体细胞完成生理功能的最佳酸碱度，少一分或者多一分都不行。人体酸碱平衡非常重要，如果人体血液 pH 值低于 7.35，会发生酸中毒，而 pH 值高于 7.45 则是碱中毒。无论酸中毒或者碱中毒，严重时都会有生命危险。那么我们是不是应该定期检测自己身体的 pH 值，防止出现酸碱失衡呢？

其实，我们的身体有着精巧复杂的设计，从消化系统到排泄系统，再到呼吸系统都精密地控制着酸碱平衡，变酸可不是容易的事。就拿最先参与酸碱平衡调节的器官小肠来说，虽然它并不直接产生酸或者碱，但可以根据食物的成分来调节对胰液中碱的再吸收，从而来调节血液中碱的浓度。小肠还可以通过调节对食物中碱离子（例如镁、钙、钾等）的吸收来维持酸碱平衡。大肠也能调节含硫氨基酸以及有机酸的吸收，一般含硫氨基酸和有机酸由消化系统进入肝脏等器官，经过代谢反应后生成氢离子（酸）或者碱离子，并释放到血液中。

但是我们的血液面对从肝脏涌来的大量酸和碱毫不惧色，因为血液中含有碳酸氢盐、磷酸盐、血浆蛋白、血红蛋白和氧合血红蛋白等几大缓冲系统，这些酸和碱也无法兴风作浪引起血液 pH 值的急剧变化。当血液带着代谢产物经过肾脏时，肾会像一个小泵将酸性物质排出，并回吸碱性物质，同时还不断控制和调整酸性和碱性物质排出量的比例，以保持机体 pH 值恒定。另外，我们吃进去的糖、脂肪和蛋白质经过体内代谢反应后的最终产物之一为二氧化碳，能与水结合生成碳酸，这是体内产生最多的酸性物质。而我们的肺也没闲着，不断的排出二氧化碳，它是调节酸碱平衡效率最高的器官。

（选自网络资料，有删减）

练习

速读第1遍，完成下面的练习（建议阅读时间5分钟）

一、根据阅读内容选择正确答案

1. 人体生命活动的单位是：

    A. 细胞　　　　　B. 血液　　　　　C. 组织液　　　　　D. 淋巴液

2. 人体细胞完成生理功能的最佳酸碱度是：

    A. PH值大于7，为碱性时

    B. PH值小于7，为酸性时

    C. PH值在7.35～7.45之间，为弱碱性时

    D. PH值为中性时

3. 最先参与酸碱平衡调节的器官是：

    A. 大肠　　　　　B. 小肠　　　　　C. 肾　　　　　D. 胰腺

4. 调节酸碱平衡效率最高的器官：

    A. 小肠　　　　　B. 胰腺　　　　　C. 肾　　　　　D. 肺

5. 体内代谢产生最多的酸性物质是：

    A. 碳酸氢盐　　　B. 磷酸盐　　　　C. 碳酸　　　　D. 乳酸

细读第2遍，完成下面的练习

二、根据阅读内容回答问题

1. 什么是pH值？

2. 血液的pH值应该保持在什么范围？

3. 小肠是怎样调节酸碱平衡的？

4. 肾如何保持恒定的pH值？

三、用所给的词语替换下列句子中的画线部分词语，保证句子意思基本不变

毫不畏惧　避免　不可缺少　保持　保护　稳定　稳固

1. 体液正常的酸碱平衡是细胞维持正常功能<u>必不可少</u>的。　　　　　　（　　）

2. 我们是不是应该定期检测自己身体的pH值，<u>防止</u>出现酸碱失衡呢？　（　　）

3. 虽然这些代谢产物酸多碱少，但机体具有强大精密的调节体系来<u>维持</u>体液酸碱度平衡。

（　　）

4. 我们的血液面对从肝脏涌来的大量酸和碱<u>毫无惧色</u>。　　　　　　　（　　）

5. 肾不断控制和调整酸性和碱性物质排出量的比例，以<u>保持</u>机体pH值恒定。（　　）

词语提示

氨基酸	（名）	ān jī suān	含有氨基和羧基的一类有机化合物的通称。
释放	（动）	shì fàng	把所含的物质或能量放出来。
缓冲	（动）	huǎn chōng	使某种事物进行减慢或减弱变化过程。
兴风作浪	〈组〉	xīng fēng zuò làng	比喻煽动情绪，挑起事端。

第 44 课 都市狂奔

大四最后一次跑完必修的一千五百米后,我摊平在砖红色的塑胶跑道上,上气不接下气地庆祝解脱。那时的我可真没料到,从今年开始,跑步又成了我日常生活中的一部分。

疾走与慢跑可算最简单的有氧运动:第一,无需学习,第二,器材简单。男士一双软底跑鞋足矣,女士也只须再外加一件支撑良好的运动文胸。那么,到底是什么阻碍了我们迈出奔跑的步伐?

对于一个不想跑步的人,可以信手拈来的借口简直太多了——担心伤膝盖,担心伤脚踝,担心腿变粗,担心阑尾炎,担心胃下垂,担心低血糖,担心消化不良,担心空气污染……拜托!运动轨迹局限于电脑桌、饮水机、卫生间三点内的都市人,先操心缺乏运动吧。

运动伤害? 长期高强度超负荷训练诚然会导致伤病缠身,但若你没使刘翔的劲,就别担心得刘翔的病。你的关节比你想象的更坚强——像村上春树一样去跑一百公里的超级马拉松才能叫"过",如果只是一周跑个几十公里,骨关节炎和髋关节置换的风险反而会降低。今年七月发表的一个研究追踪了七万多名跑者、一万多名疾走者六七年间的关节健康状况,结果发现比起久坐者,跑者反而关节更健康,一天跑两公里的家伙们关节出毛病的风险最小。原因可能是能分担压力、增多帮助支撑的肌肉,使身上挂着的肥肉负担变少。

没时间? 其实每周中等强度运动两个半小时已经足以保持身心健康,如果是高强度,时间更可减半。如果你运动时只能勉强说几个字,那算高强度。如果你运动时能说整句的话但不能唱歌,那算中等强度。如果你居然能唱歌,好吧,有动总比没动强……最容易的过渡方法是边看电视边在室内原地跑。若在手机卸载微博微信与淘宝,改安一个计步软件则效果更佳,数字从来都是很有效的激励手段。

怕腿粗? 没见哪只羚羊长出过大象腿。大部分不如人意的腿部线条,其原因都是皮脂而不是肌肉,而跑步正是减掉这些顽固脂肪的极佳方案。对减脂而言,运动时间比运动强度更重要,不妨跑得慢一点,但是要跑得久一点儿。饭前空腹跑确实更容易逼迫身体动用脂肪,不过如果不擅挨饿又担心低血糖问题,跑前吃个三分饱能支撑你跑得更久,面包、水果、坚果、乳制品都是好选择。如果常在运动时感觉胃部不适,别急着认定是"跑出来的",都市人的消化系统本就容易出问题,最好去看看消化内科。而很多跑者经历过"岔气",实际是呼吸肌痉挛引起的,充分热身、慢慢提速、缓而深地呼吸,就可以解决肋骨下方的刺痛问题。

跑步可以改善抑郁,可以提神健脑,还可以让食物"小跑"通过肠道……好处数不胜数。不过,最重要的还是选择你喜欢而且适合的运动方式。如果你有扁平足或关节炎,跑步倒不是绝对的禁忌,但还是遵医嘱为上。如果你肚子里揣着一个宝宝,步行可能更不容易跌倒。如果你BMI指数超过25,先从骑自行车开始,游泳也不错,只是游完需要加倍意志力以对抗食欲。如果你体重正常、膝盖无伤,只是很久没动过,那么一周慢跑个五六次只会让你更健康,今天就出门走个十分钟,然后循序渐进地把速度和距离加上去。PM2.5爆表的日子里,也有许多室内运动可供选择。在原始丛林里奔跑是为了活得更长,在都市丛林中奔跑,则是为了活得更好。

(选自《科学松鼠会》,有删减,作者:游识猷)

第九单元 人体结构篇

137

词语提示

解脱	（名）	jiě tuō	指解除烦恼，摆脱束缚，从而获得身心自由。
信手拈来	〈组〉	xìn shǒu niān lái	随手拿来。多形容写文章时能自由纯熟地选用词语或应用典故，用不着怎么思考。
踝	（名）	huái	脚腕两旁凸起的部分。
诚然	（副）	chéngrán	确实；实在。
髋关节	（名）	kuān guān jié	由股骨头与髋臼相对构成。
羚羊	（名）	líng yáng	哺乳动物，外形像山羊，四肢细长，行动敏捷。
岔气	（动）	chà qì	呼吸时两肋觉得不舒服或疼痛。
痉挛	（动）	jìng luán	肌肉突然紧张，不自主地收缩。
数不胜数	〈组〉	shǔ bù shèng shǔ	数也数不过来。形容数量极多。
禁忌	（名）	jìn jì	被禁止或忌讳的言行。
循序渐进	〈组〉	xún xù jiàn jìn	指学习、工作等按照一定的步骤逐渐深入或提高。
BMI			身体质量指数，又称体重指数。

练习

一、根据课文内容判断正误

1. 现在跑步是我日常生活的一部分。　　　　　　　　　　　（　）
2. 高强度的训练不会有损健康。　　　　　　　　　　　　　（　）
3. 运动总比不运动强。　　　　　　　　　　　　　　　　　（　）
4. 脂肪过多，就会线条不美。　　　　　　　　　　　　　　（　）
5. 都市人的消化系统脆弱，容易出问题。　　　　　　　　　（　）
6. 选择适合自己的运动和运动方式很重要。　　　　　　　　（　）

二、选择画线部分词语在句子中的意思

1. 大四最后一次跑完必修的一千五百米后，我摊平在砖红色的塑胶跑道上，上气不接下气地庆祝解脱。
   A. 非常疲劳的样子　　　　　　　　B. 没有力气的样子
   C. 呼吸困难的样子　　　　　　　　D. 走路不稳的样子

2. 像村上春树一样去跑一百公里的超级马拉松才能叫"过"。
   A. 过量　　　　　B. 超过　　　　　C. 过渡　　　　　D. 过关

3. 如果你运动时只能勉强说几个字，那算高强度。
   A. 能力不够，还尽力做　　　　　　B. 心甘情愿
   C. 偶尔　　　　　　　　　　　　　D. 不充足

4. 如果不擅挨饿又担心低血糖问题，跑前吃个三分饱能支持你跑得更久，。
   A. 胜过　　　　　B. 善于　　　　　C. 压倒　　　　　D. 占有

5. 很多跑者经历过"岔气"，实际是呼吸肌痉挛引起，充分热身、慢慢提速、缓而深地呼吸，就可以解决肋骨下方的刺痛问题。

A. 充足　　　　　B. 足够　　　　　C. 尽量　　　　　D. 彻底

6. PM2.5 爆表的日子里,也有许多室内运动可供选择。

A. 仪表爆炸　　　B. 特牛　　　　　C. 特厉害　　　　D. 超过一定的限度

三、选择合适的词语填空

障碍　阻碍　信手拈来　解脱　局限　限制　支撑　支持　不妨

1. 这篇文章中的典故他（　　），一挥而就,真是太厉害了。

2. 真的不知道什么时候才能从这种无聊而又苦闷的生活中（　　）出来。

3. 刘翔实在无法（　　）下去,于是不得不放弃了这次田径世锦赛。

4. 由于条件有限,科学技术落后,人们对这一种疾病的认识只能（　　）于某一点。

5. 如果这种生活方式不是很适合你,（　　）换另一种生活方式。

6. 切勿让眼前的困难（　　）我们前进的脚步。

四、根据课文内容选择正确答案

1. 对于跑步运动,下面哪个选项是不需要的?

A. 学习　　　　　B. 运动器材　　　C. 跑鞋　　　　　D. 运动文胸

2. 对于一个城市人,最应该担心的是:

A. 膝盖受伤　　　　　　　　　　　B. 腿变粗

C. 饮食不规律,患阑尾炎　　　　　D. 运动不足

3. 下面叙述内容不正确的是:

A. 一周跑几十公里会增加患骨关节炎的几率

B. 久坐不利于关节健康

C. 跑步可以减轻压力

D. 跑步可以减掉身上的脂肪

4. 第五自然段,叙述正确的是:

A. 每周高强度运动 2 小时即可　　B. 运动时只能说几个字时,是高强度运动

C. 运动时能唱是中等强度运动　　　D. 最易过渡的方法是边唱边运动

5. 对于想减掉脂肪的人而言,下面选项的内容哪一个正确?

A. 运动时间比运动强度更重要　　　B. 运动强度比运动时间更重要

C. 运动强度和运动时间同样重要　　D. 运动时间和运动强度都不重要

6. 作者可能会支持下面哪一个观点?

A. 适度运动有益健康　　　　　　　B. 运动多多益善

C. 要选择合适的时间运动　　　　　D. 要注意运动的量和度

五、根据课文内容回答问题

1. 每周运动多久可保持身心健康?

2. 不想运动的人往往会找哪些借口?

说一说

1. 你喜欢运动吗? 为什么?（至少三条理由）

2. 都市人运动得越来越少,你对这一现象有什么看法?

阅读技能指导

利用关联词语理解句子间的逻辑关系

关联词语是用来连接分句，表明分句与分句之间意义关系的词语。关联词有两种：一种是由一个词构成且单独使用的关联词，如"因而""因此""然而"等；另一种是由两个词构成且经常合用的关联词，如"因为……所以……""虽然……但是……""即使……也……"等。但有时合用的关联词在句中只出现一个，省略另一个。这就需要我们熟练掌握关联词语所连接的语义关系，在阅读时即使省略，也能结合具体的语境快速补充，来理解分句之间意义上的逻辑关系。

常见的复句关联词语如下表：

关系	用法	关联词语
并列关系	合用	既……，又……；不是……，而是……；一方面……，一方面……；一边……，一边……；有的……有的……
	单用	同样；还；也
递进关系	合用	不但（不仅、不只、不光）……而且（还、也、又）……，尚且……何况（更不用说、还）；不但不……反而……
	单用	并且；也；况且；何况；甚至；更；反而
选择关系	合用	不是……就是……；是……还是……；与其……不如……；宁可……也不……；要么……要么……；或者……或者……
	单用	或者；或；还是
承接关系	合用	一……就……；首先（起先、先）……然后（后来、再）……
	单用	再；后来；于是，然后；继而
因果关系	合用	因为（因、由于）……所以（便、就、于是、因而）……；之所以……是因为（是由于）……；既然……那么（就、便、何必）……
	单用	因为；因此；由于；所以；故；因而；从而
转折关系	合用	虽然（虽、尽管）……，但是（但、可是、却、然而、还是）……
	单用	但是；但；然而；只是；不过；倒；可是；却
条件关系	合用	只要……就……；只有……才……；无论（不论、不管）……都……；除非……才（否则）……
	单用	便；就；才；要不然
假设关系	合用	如果（假如、倘若、若、要是、要、若要、假若、如若）……就（那么、那、便、那就）……；即使（就是、就算、纵然、哪怕、即便、纵使）……也（还、还是）……；再……也……
	单用	那么；就；便；则；的话；也；还

练习

阅读后给空格里填上合适的关联词

1. 大气是地球最重要的一件外衣,它拦截阻挡着太阳射来的热,同时也阻拦地面的热向宇宙中散失,( )没有大气,被太阳照着的地方( )太热了,而晒不到太阳的地方又太冷了。在高空中,( )还未飞出大气圈的外层,( )那里空气已稀薄到接近地面上人工制造的真空,不能起到吸热保暖的作用了。

2. 两极也是终年穿着白色衣裳的地区,那里( )所处地理位置的影响,阳光是斜射的,阳光在大气中旅行的路线长,沿途被拦截阻挡掉的热就多,( )到达地面的热量少,( )两极的气候严寒。

3. 有些东西的味道倒不坏,( )尝了以后( )头昏脑胀,( )肚痛心跳,( )上吐下泻,原来这些东西都是有毒的,他也仔细地记了下来。

阅读1

在考古和法医鉴识中,利用骨骼判断性别的方法很多,总体上可分为两类:对比观察法和仪器测量法。

前者是指用肉眼观察骨骼的形态差异来判定性别。一般而言,男性骨骼比较粗大,表面粗糙、肌肉附着处的突起明显,骨密质较厚,骨质重;而女性骨骼比较细弱,骨面光滑,骨质较轻。不过长期从事体力活动的妇女,其骨骼与男性无显著差异。这时可以通过骨盆来判别,由于女性承担了生育的任务,因此骨盆上口的尺寸(骨盆内部尺寸)要大一些。这种差异自胎儿期就已呈现出来,性成熟后更加明显。除此之外,颅骨、胸骨、锁骨、肩胛骨以及四肢长骨等也存在一定的性别差异。

后者是指使用骨骼测量仪对遗骸的长、宽、高、角度及厚度进行测量。将所得数据与男性均值及女性均值相比较;或依据相应的数学手段,将数据代入回归函数中计算,进而判断性别。

在鉴定墓中人的身份时,年龄也是一个重要线索。这一点骨骼也能告诉我们答案,不过鉴于营养、健康状态、地理环境及性别等诸多因素都会对骨骼的形态产生影响,因此从骨骼出发鉴定年龄时,往往要采用多种方法互相印证,以提高结果的准确性。

不少骨骼特征——如骨化中心的出现和骨骺的愈合状况会随着年龄的增长呈现规律性的变化。比如 30~40 岁时,肋软骨骨化中心增多,胸骨柄与胸骨体出现愈合,40~50 岁时,胸骨体与剑突愈合,喉和肋软骨开始固化,到了 60 岁以上,全身软骨都会发生骨化。

对于成年骨骼的年龄鉴定,通过观察比较骨骼的形态学变化更为常用。儿童时期,骨组织有机质的成分较多,使得骨骼的韧性大,硬度小。到了成年期,无机质的比例渐渐升高,约占 70%,这时的骨骼不但坚硬,而且弹性韧性都很良好。时至老年期,无机成分进一步升高,骨骼变得更脆,同时在骨质增生和吸收的作用下,骨骼的形态也发生了相应的改变。

推测成年期及以后的骨骼的年龄时,观察耻骨联合面是最佳方法之一。以此处的骨骼特征推断年龄,误差可控制在 5 年之内,倘若死亡年龄在 20~40 岁之间的话,误差甚至可以缩窄至两年左右。随着技术的进步,借助数量化模型的手段来分析耻骨联合面的年龄特征还可以让结果更加准确。此外胸骨也具备随年龄增长而规律性变化的特点,据此推断年龄的准确性仅次于耻骨联合面。

在考古挖掘中，颅骨一般保存相对完好，因此从这里也能找到不少鉴别年龄的线索。颅骨是由29块骨骼组成的结构，除下颌骨外，其他颅骨间均以骨缝相连。这些微小缝隙的存在允许颅骨可以微量滑动。虽然大部分颅骨骨缝的愈合速度在个体之间差异较大，但依然能为年龄的划分提供宝贵的信息。比如颅骨基底缝的愈合时间相对比较稳定，一般在20～25岁，通过观察基底缝的融合情况可以判断骨骼主人是否为成年人。当人步入老年期（50～60岁）后，骨缝发生完全融合并消。因此综合这些信息，有经验的考古专家拿到一具颅骨时，仅凭肉眼就可以大致判断出颅骨主人死亡所处的年龄段。

（选自《新京报》，有删减，作者：曹操）

142 练 习

速读第1遍，完成下面的练习（建议阅读时间5分钟）

一、根据阅读内容选择正确答案

1. 从骨骼的形态差异来看，对男性骨骼描述错误的是：
   A. 骨骼比较粗大
   B. 骨骼表面粗糙
   C. 骨密质较厚
   D. 骨质轻

2. 从骨骼的形态差异来看，对女性骨骼描述错误的是：
   A. 骨骼比较细弱
   B. 骨骼表面光滑
   C. 骨密质较厚
   D. 骨质轻

3. 明显判别性别的骨骼是：
   A. 颅骨　　　　　B. 胸骨　　　　　C. 锁骨　　　　　D. 盆骨

4. 推测成年人骨骼年龄的最佳方法是：
   A. 观察耻骨　　　B. 观察锁骨　　　C. 观察肩胛骨　　　D. 观察颅骨

5. 胸骨柄和胸骨体出现愈合的时间是在：
   A. 15～20岁　　　B. 30～40岁　　　C. 10～15岁　　　D. 5岁以前

6. 这篇文章没有涉及到哪方面的内容？
   A. 利用骨骼判定性别的方法
   B. 利用骨骼判定一个人的年龄
   C. 影响骨骼形态的因素
   D. 骨骼的分类

细读第2遍，完成下面的练习

二、根据阅读内容判断正误

1. 胎儿时期，男女骨骼形态差异已经非常显著。　　　　　　　　　　（　）
2. 骨骼特性随着年龄的增长而有规律地变化。　　　　　　　　　　（　）
3. 成年人的骨骼不但坚硬，而且具有良好的韧性。　　　　　　　　（　）
4. 肋软骨具有随着年龄增长而规律性变化的特点。　　　　　　　　（　）
5. 构成颅骨的29块骨骼中只有下颌骨没有骨缝连接。　　　　　　　（　）
6. 考古专家能够不借助仪器观察颅骨而判断出死者死亡时所处的年龄段。　（　）

三、选择画线部分词语在句子中的意思

1. 不少骨骼特征会随着年龄的增长呈现规律性的变化。　　　　　　（　）
2. 对于成年骨骼的年龄鉴定，通过观察比较骨骼的形态学变化更为常用。（　）

3. <u>时至</u>老年期,无机成分进一步升高,骨骼变得更脆。 （　）

4. 外胸骨也具备随年龄增长而规律性变化的特点,据此推断年龄的准确性仅<u>次于</u>耻骨联合面。 （　）

5. 这些微小缝隙的存在允许颅骨可以<u>微量</u>滑动。 （　）

词语提示

附着	（动）	fù zhuó	较小的物体黏着在较大的物体上。
耻骨	（名）	chǐ gǔ	位于髋骨的前下部。
遗骸	（名）	yí hái	曾是有生命的躯体的化石骸骨。
函数	（名）	hán shù	指一个量随着另一个量的变化而变化。
韧性	（名）	rèn xìng	材料变形时吸收变形力的能力。

阅读2

说起腿抽筋,大家通常都会联想到缺钙。钙离子能够维持肌肉正常的兴奋程度,但又必须维持在适当范围内,多了少了都不行,就像发动机里的齿轮,多了机器转得慢;少了又会失控,转得太快。血液中钙离子浓度超过 2.75 毫摩尔/升,则肌肉兴奋性下降,若是低于 2.25 毫摩尔/升,肌肉就会变得不安分起来,一点轻微的刺激就会发生痉挛。

不过,低血钙性抽筋常见于缺钙儿童、维生素 D3 缺乏者、食物摄入钙量过少,或是罹患严重肝脏、肾脏疾病以及长期应用利尿药的人群。如果你身体健康、好好吃饭不挑食,那让你腿部肌肉痉挛的恐怕另有原因。

人在寒冷时大脑会发出信号让全身骨骼肌阵发性收缩,以产生更多的热量维持体温(这也是为什么寒冷时我们会打寒战的原因)。当肌肉因为其他原因,比如代谢产物聚集、血管痉挛、缺钙等导致细胞兴奋性升高,若再加以寒冷刺激,就很容易发生痉挛。

而疲劳正是引起代谢废物聚集的常见原因。肌肉长时间工作不仅大量消耗肌肉内糖原的能量储备,还会产生大量肌酸、乳酸等代谢产物,就像长时间连轴转的工人一样,积蓄了很多不满,一旦有导火索,就通过抽筋的形式罢工了。

寒冷和疲劳容易引发腿抽筋,在游泳时体现得淋漓尽致。我们的身体在长时间游泳后,腿部肌肉疲劳,导致肌细胞内外代谢产物聚集,再加以冷水的刺激,大脑频繁发动肌肉收缩以产热,肌肉不堪重负,于是以痉挛来抗议。

所以,如果你白天疯狂地逛商场,晚上又很不巧地让小腿伸出了被子的覆盖范围,半夜时被痉挛的小腿肌肉叫醒也不那么意外了。

肌肉除了不能太过劳累,不能受凉,除了挑剔钙离子浓度以外,还有一个坏习惯,就是不能饿肚子,否则就会发脾气,抽筋。

葡萄糖为肌肉的运动提供能量。低血糖(血糖＜ 2.8 毫摩尔/升)时,肌细胞细胞膜兴奋性增高,"饿肚子"的肌肉就不再老实工作,而要痉挛示威了。这时最简单快捷的缓解方法是吃块糖,为肌肉补充足够的能量。

另外,肌肉对于体内的水电解质环境也很挑剔。水、钠、钾、氯等等共同组成了体内的水电解质环境,这个环境的紊乱,也会导致肌肉的兴奋性异常,从而引起痉挛。腹泻、肺炎、大汗、发热、肿瘤等等都是比较常见的引发体内水电解质失衡的原因。比如,洗桑拿浴或者长跑后可能因为大量出汗而引发水电解质失衡,这时容易发生抽筋,补充适量的淡盐水后就可好转。

肌肉的异常活动还有可能是神经系统引起的,包括大脑的问题(比如脑炎、脑血管病、帕金森病、舞蹈症、抽动症等),以及运动神经的问题(如椎间盘突出症、坐骨神经痛等)。这些都有可能出现肌肉痉挛(不只是腿部肌肉痉挛)的症状,但同时还会伴有其他神经系统损害的表现,若考虑这方面的问题,还需要咨询专业的神经科医生。

(选自网络资料,有删减,作者:唐浩)

练习

速读第 1 遍,完成下面的练习(建议阅读时间 5 分钟)

一、根据阅读内容选择正确答案

1. 下面选项中不属于容易让肌肉发生痉挛的原因是:
   A. 缺钙　　　　　　　　　　　B. 寒冷
   C. 代谢产物聚集　　　　　　　D. 维生素缺乏

2. 下面选项中,哪个不属于肌肉长时间工作导致的结果?
   A. 消耗大量热能　　　　　　　B. 产生大量肌糖元
   C. 产生大量肌酸　　　　　　　D. 产生大量乳酸

3. 下面叙述中不正确的选项是:
   A. 肌肉不能太过劳累　　　　　B. 肌肉不能受凉
   C. 挨饿也会导致肌肉痉挛　　　D. 钙离子浓度过高也会导致肌肉痉挛

4. 为肌肉运动提供能量的物质是:
   A. 葡萄糖　　　B. 脂肪　　　C. 蛋白质　　　D. 无机盐

5. 从这篇文章我们可以知道:
   A. 钙与肌肉抽筋无关　　　　　B. 寒冷和疲劳容易引发抽筋
   C. 饿肚子与抽筋无关　　　　　D. 大脑与肌肉痉挛无关

细读第 2 遍,完成下面的练习

二、根据阅读内容回答问题

1. 血液中的钙离子浓度应维持在什么水平?
2. 低血钙常见于哪些人群?
3. 为什么寒冷时我们会打寒战?
4. 为什么游泳时腿容易抽筋?
5. 长跑后为什么容易抽筋?

三、用所给的词语替换下列句子中的画线部分词语,保证句子意思基本不变

抗议　蓄积　彻彻底底　抽筋　规矩

1. 若是低于 2.25 毫摩尔/升,肌肉就会变得不<u>安分</u>起来,一点轻微的刺激就会发生痉挛。
　　　　　　　　　　　　　　　　　　　　　　　　　　　　　　　　　(　)

2. 长时间工作的肌肉,就像长时间连轴转的工人一样,<u>积蓄</u>了很多不满,一旦有导火索,就通过抽筋的形式罢工。
　　　　　　　　　　　　　　　　　　　　　　　　　　　　　　　　　(　)

3. 晚上又很不巧地让小腿伸出了被子的覆盖范围，半夜时被<u>痉挛</u>的小腿肌肉叫醒也不那么意外。 （　　）

4. 寒冷和疲劳容易引发腿抽筋，在游泳时体现得<u>淋漓尽致</u>。 （　　）

5. "饿肚子"的肌肉就不再老实工作，而要以痉挛<u>示威</u>了。 （　　）

词语提示

寒战	（名）	hán zhàn	因受冷或受惊而身体颤抖。
导火索	（名）	dǎo huǒ suǒ	比喻直接引起事变爆发的事件。
淋漓尽致	〈组〉	lín lí jìn zhì	形容文章或说话表达得非常充分、透彻。也可以形容非常痛快。
示威	（动）	shì wēi	指显示威力。
桑拿	（名）	sāng ná	一种利用蒸汽排汗的沐浴方式，起源于芬兰。

第 45 课　来自心脏的麻烦制造者

这是一个非常有趣的病例。一名男子在醉酒状态下不慎将一枚由曲别针改制的缝衣针扎入胸部，扎入后没有感到特别的不适并继续进行体力劳动。2 个月后才在家人的催促下到当地医院检查，X 光照相显示针位于纵隔内。当即决定开胸取针，打开胸腔后发现针已经扎入了心脏，位于室间隔上，当地医院觉得病情复杂棘手，建议患者转诊北京某著名心血管病医院。该医院读胸片后确认针处于室间隔，拟再次开胸手术。手术前一天进行胸部 CT，却怎么也找不到针的踪影……多学科的医生们反复读片试图寻觅这枚行踪诡异的针，却还是摸不着头脑——一枚扎进心脏室间隔的针就这样在众目睽睽之下消失了。无奈之下大家决定对患者进行全身透视，在 X 光的帮助下东寻西找，最后竟在患者的右大腿内侧找到了这枚针。取出后发现针大约 5cm 长，表面已生锈，针尖仍很锐利。

这枚"山寨"缝衣针从心脏到大腿的奇特旅程在医生眼中其实并无多少新奇之处。由于心脏是血液循环的动力枢纽，因此从理论上来说，心脏内的异物可以被血流带到身体的任何地方，这名患者异物最终定居在大腿，也没什么值得大惊小怪。当发现扎在室间隔上的针不见踪影时，医生们更担心的其实是这枚针"旅程"中可能发生的事情：由于针是锐器，随血流运动过程中极易刺破重要血管造成不可挽回的大出血，或随血流流到某些重要脏器内发生栓塞，上述情况会在短时间内危及生命或造成残疾。这名男子不但躲过了第二次开胸，而且针在旅行过程中没有造成任何额外的麻烦，5cm 的针相对较长不易拐弯，没有进入口径较小的动脉血管，也没有造成重要脏器的栓塞，堪称幸运！患者自针扎入胸膛到赴医院就医，历时 2 个月之久，中间继续进行体力劳动竟无任何不适，且异物在体内没有造成严重感染，令人匪夷所思。醉酒后不慎将针扎进胸膛虽属一时大意造成不幸，但之后发生的一切则不得不让人感慨运气实在是太眷顾他了。

通常而言，心脏异物的来源可分为两种：医源性与非医源性。而非医源性心脏异物又可通过两种途径进入心脏：一种是经过皮肤，另一种则是经过内脏，经过吞咽，异物通过胃肠道进入腔静脉，再随着血液流进右心房和右心室。因此，心脏异物绝大多数发生在右心，且引发感染的也常常是多见于胃肠道的细菌。某些情况下，鱼骨或鸡骨等锐利小异物可以穿透食管直接扎入纵隔，造成发烧，剧烈背痛，胸痛，呼吸困难甚至休克。因此当我们卡到鱼刺或者鸡骨的时候切莫粗心大意强咽下去，有时可能造成严重后果。

其实对我们来说，肉眼可见的心脏异物毕竟是较少见的情况。而肉眼看不见的细菌往往才是疾病的罪魁祸首。前面已经提到，心脏异物可以通过血液循环到达身体的各个部位，细菌也能进行类似的长途旅行。虽然我们机体有强大的免疫系统时刻监视着致病菌的动向，但当我们免疫功能下降，或致病菌的侵袭力很强、数量很多时，感染就会在全身播散。化脓性细菌侵入心脏，往往会附着在心脏瓣膜并形成赘生物，称为"感染性心内膜炎"。赘生物不断脱落又产生，在此过程中大量的细菌便随着血液循环到达全身各处，表现为多系统多部位的脓肿，如肝脓肿，脑脓肿，肺脓肿，脾脓肿等等。避免致病菌大举入侵造成感染性心内膜炎的方法，一是要锻炼身体提高免疫力；另一方面是在进行某些高危医疗操作（如某些牙科操作）时预防性使用抗生素，事实证明，这是行之有效的方法。

除了异物、细菌等不速之客，心脏自身也会制造出一些麻烦家伙来。在某些情况下，特别是当心脏跳动的节律发生改变、心脏瓣膜出现问题时,血液会在心房内不正常地凝集并附着在心脏内壁形成附壁血栓。当这种附壁血栓脱落并随着血流四处游荡时,便可能造成脑梗塞等不良后果。医生们常常会让房颤患者服用抗凝药物,正是出于预防附壁血栓的考虑。其他更少见的情况还包括一些原发于心脏的肿瘤,转移至心脏的肿瘤等等。从缝衣针等心脏异物到源自心脏的各种疾病,围绕心脏的医学探索已形成了一个专门学科:心脏病学。

(选自网络资料,有删减,作者:赵承渊)

词语提示

诡异	(形)	guǐ yì	令人惊讶、奇怪。
众目睽睽	〈组〉	zhòng mù kuí kuí	大家的眼睛都睁得大大地注视着。
栓塞	(动)	shuān sè	在循环血液中出现的不溶于血液的异常物质,随血流运行至远处阻塞血管腔的现象。
匪夷所思	〈组〉	fěi yí suǒ sī	指言谈行动离奇古怪,超出常情,不是一般人根据常理所能想象的。
纵隔	(名)	zòng gé	左右纵隔胸膜及其间所夹的器官和组织的总称。
罪魁祸首	〈组〉	zuì kuí huò shǒu	作恶犯罪的头目,也指灾祸的主要原因。
赘生物	(名)	zhuì shēng wù	机体或器官内、外面在病理过程中形成的各种突出物的总称。
不速之客	〈组〉	bù sù zhī kè	指没有邀请而自己来的客人,指意想不到的客人。
房颤	(名)	fáng chàn	心房颤动简称房颤,是最常见的持续性心律失常。
游荡	(动)	yóu dàng	闲游;闲逛。

练习

一、根据课文内容判断正误

1. 医生在患者的左大腿内侧找到了缝衣针。　　　　　　　　　　　　　　（　　）
2. 幸运的是,患者通过开腔手术取出了缝衣针。　　　　　　　　　　　　（　　）
3. 非医源性异物可以通过皮肤进入心脏。　　　　　　　　　　　　　　　（　　）
4. 心脏异物常发生在左心。　　　　　　　　　　　　　　　　　　　　　（　　）
5. 锻炼身体可避免细菌大举侵入危害心脏。　　　　　　　　　　　　　　（　　）
6. 心脏一般不会自己给自己找麻烦。　　　　　　　　　　　　　　　　　（　　）

二、选择画线部分词语在句子中的意思

1. 当地医院觉得病情复杂<u>棘手</u>,建议患者转诊北京某著名心血管病医院。
   A. 扎手　　　　　　　　　　　　　　B. 一种植物的名称
   C. 事情难办　　　　　　　　　　　　D. 费手
2. 学科的医生们反复读片试图寻觅这枚行踪诡异的针,却还是<u>摸不着头脑</u>。
   A. 弄不清是怎么回事　　　　　　　　B. 没头没脑
   C. 头脑不清醒　　　　　　　　　　　D. 大脑里没有内容

3. 这枚山寨缝衣针从心脏到大腿的奇特旅程在医生眼中其实并无多少新奇之处。
   A. 山里的房子　　B. 穷地方　　　C. 模仿　　　D. 盗版
4. 异物在患者体内没有造成严重感染，令人匪夷所思。
   A. 不可思议　　B. 无法处理　　C. 理应如此　　D. 难以思考
5. 之后发生的一切则不得不让人感慨运气实在是太眷顾他了。
   A. 眷念　　B. 思念　　C. 照顾　　D. 关注
6. 我们机体有强大的免疫系统时刻监视着致病菌的动向。
   A. 趋向　　B. 状态　　C. 动静　　D. 情况

148

三、选择合适的词语填空

大惊小怪　罪魁祸首　不速之客　众目睽睽　四处游荡　匪夷所思

1. 那个抢劫犯真是大胆，竟然在（　）之下抢走女孩的手提包。
2. 这场空难事故的（　）竟然是一只在机场上空飞翔的鸽子。
3. 他这个人整日（　），连个固定的住所都没有。
4. 他被控因为在没有政府允许下让一名（　）留宿而违反了软禁的限制。
5. 此种现象在这个国家已经司空见惯，没有什么值得（　）的。
6. 在《哈利·波特》系列电影中，导演借助（　）的特技，为银幕前的我们打开了一扇扇魔法的大门。

四、根据课文内容选择正确答案

1. 下面哪个选项不是医生所要担心的？
   A. 针刺破血管，造成大出血
   B. 针进入脏器，造成栓塞
   C. 针可能会危及患者生命
   D. 进行二次开腔手术，取出患者体内的针
2. 异物进入心脏，最常见的途径是：
   A. 医源性　　B. 经吞咽　　C. 经皮肤　　D. 经内脏
3. 下面哪一项不是医生觉得这名患者非常幸运的原因？
   A. 不用进行二次手术　　　　B. 针没有进入动脉血管
   C. 没有造成脏器栓塞　　　　D. 没有什么特别不舒服的感觉
4. 下面哪种情况，细菌不会扩散？
   A. 人体免疫力下降　　　　B. 细菌侵袭能力强
   C. 细菌数量过多　　　　　D. 人体受到细菌感染
5. 下面选项哪一个本文没有提到？
   A. 异物会给心脏惹麻烦　　B. 细菌会给心脏惹麻烦
   C. 心脏本身会给心脏惹麻烦　D. 肝脏会给心脏惹麻烦
6. 这篇文章主要讲的是：
   A. 一个非常有趣的病例　　B. 心脏异物的来源
   C. 如何防止心脏异物　　　D. 给心脏制造麻烦的家伙

五、根据课文内容回答问题

1. 心脏异物的来源可分为哪些?
2. 鱼骨和鸡骨可能会给我们带来什么麻烦?

说一说

1. 你知道怎样才能保护我们的心脏?
2. 当不慎被鱼骨卡住时,人们往往会采取什么方法?

阅读技能指导

理解多重复句间的逻辑关系

一个长句中经常含有三个或三个以上结构层次的复句,这叫做多重复句。例如:①因为我们是为人民服务,②所以我们如果有缺点,③就不怕别人批评指出。这句话中有两对关联词语,①②中是"因为……所以",表示因果关系,②③中是"如果……就",表示假设关系。该类多重复句彼此之间的关系明确,较容易理解。而有时多重复句只出现一些单用的关联词语,就需要我们对复句的层次结构进行细致分析:首先纵观全句,确定分句;接着找出全部关联词语并补充没有出现的关联词;最后标明前后分句间的逻辑关系。例如:①(因为)我的家乡(不但)资源贫乏,②(而且)交通也很闭塞,③所以这么多年总是摘不掉贫困乡镇的帽子。通过上述分析我们可知①②句"不但……而且"是递进关系,①②和③之间形成了"因为……所以"的因果关系。

在阅读中学会分析多重复句之间的关系有助于我们更好地理解句子的意思。

练习

阅读后分析下列句子之间的关系

1. 你如果不按人民的意志办,或者工作不能让人民满意,人民就有权利批评你控告你,甚至罢免你惩罚你。

2. 中医不仅对于医治一些普通的炎症效果欠佳,而且对于治疗的病例没有一种非常准确的预测和说明,因此给人造成治愈和不治都带有偶然性的印象。

3. 由于心脏是血液循环的动力枢纽,因此从理论上来说,心脏内的异物可以被血流带到身体的任何地方,这名患者异物最终定居在大腿,也没什么值得大惊小怪。

阅读1

几千年来,甚至一直到了 20 世纪的 80 年代中期,人类对于胎儿生活的肤浅了解,仍然大部分建立在推论的基础上。如今,随着超声波技术的发展,才使医生可以通过监视器,观察到胎儿的一举一动。至此,人们才恍然大悟,原来婴儿出生后的许多动作,其实早在娘胎中就已经发生了。

研究人员曾把微型麦克风放进子宫。他们发现胎儿生活在一个声音的海洋中。这些声音来自母亲的心脏、肠和肺叶;当然,同时也来自周围的环境。

研究人员给孕妇播放录有各种声响的磁带,结果子宫中的微型麦克风几乎采集到了各种播入的声音。令研究人员大为惊叹的是,过去人们所想象的子宫中的神圣和宁静根本就不存在。因此,如果孕妇长期处于噪声环境中,那么胎儿听力可能受到伤害的后果,则是不言而喻的。胎儿在未出生之前,就已开始了一些适应今后生活的锻炼。虽然他们不用呼吸,但胸膈经常进行类似呼吸的动作;虽然他们不必吃喝,可却试着尝尝羊水的滋味。羊膜液囊像一个充满液体的大泡儿,保护着胎儿不受振动,防止温度的急剧变化。同时,羊水的润滑作用也使胎儿可以自由地活动,有助于他们骨骼和肌肉的发育。

过去,人们曾误认为胎盘是母亲与胎儿之间的保护性屏障,但事实上并非如此。烟雾中的毒素、酒精、药物以及情绪变化而释放的荷尔蒙,都可以随着母亲的血液经胎盘、脐带进入胎儿体内;家中或者工作场所的许多化学物质,也会经此途径危及胎儿的健康。

出生的前几周,胎儿几乎具备了所有感觉。临产时,胎儿的味觉已经发育成熟,通常比较喜欢甜味。研究人员将糖和染料混合,注入羊水中,结果发现母亲的尿中出现了染料,这证明了胎儿喝了羊水并排入了母亲的循环系统之中。如果降低羊水的含糖量,上述情况就不会出现了。

胎儿能分辨出母亲的声音吗？研究人员为此做了个试验:将耳机放在新生儿的耳边,再给他一个连着封闭橡胶管的奶嘴,新生儿吮吸时间的长短可以使管中压力发生变化,从而控制录音机变换的声道,结果,新生儿总是选择录有母亲声音的声道。此外,新生儿要能分辨父亲的声音,需在出生后两周左右。

母亲的紧张、愤怒、震惊、悲痛会伤害胎儿吗？通常情况下是不会的。

分娩并不是母亲强加给胎儿的一个专横事件。它是一个舞蹈的高潮部分,而领舞的是胎儿自己。过去的传统观念认为,分娩对胎儿来说是一次伤害,但放在胎儿身上传感器却表明,用"按摩"这个词似乎更为恰当准确。

分娩开始后,胎儿体内的肾上腺素会使血液流向各个器官,促进肺部液体的吸收,为呼吸做好准备,刺激胎儿的感觉器官处于最佳状态。总之,一切都像是经过彩排一样按部就班。

因此,当婴儿睁开眼睛时,首先看到的是一张充满柔情的脸,这张笑脸分明是代表整个世界在向他说:"欢迎你,我的宝贝!"

（选自《人体的奥秘》,有删减）

练习

速读第1遍,完成下面的练习(建议阅读时间5分钟)

一、根据阅读内容选择正确答案

1. 根据文章内容,对胎儿描述不正确的是:
   A. 胎儿在母体内不受外界影响　　B. 胎儿在母体内不吃不喝
   C. 胎儿在母体内会做很多动作　　D. 母体内的胎儿不用自己呼吸

2. 根据课文内容,对孕妇描述正确的是:
   A. 孕妇的生活习惯对胎儿有无影响未知　B. 孕妇的生活环境对胎儿没有影响
   C. 孕妇的不良情绪通常给胎儿造成伤害　D. 孕妇酗酒会影响胎儿

3. 羊水的作用不是:
   A. 防止胎儿受到剧烈震动的伤害　　B. 维持胎儿体温
   C. 利于胎儿自由活动　　D. 帮助胎儿获取营养

4. 将糖和染料混合在一起的实验说明：
   A. 胎儿的味觉已经发育成熟，并且喜欢甜食
   B. 胎儿可以分辨出糖和尿的味道
   C. 胎儿通过吸取糖水来获取营养
   D. 胎儿的循环系统已经发育成熟
5. "它是一个舞蹈的高潮部分，而领舞的是胎儿自己。"从这句话我们可以知道：
   A. 分娩时一个精彩的环节
   B. 分娩的过程中，母亲是主角，是主动地
   C. 分娩的过程中，婴儿是主角，是主动的
   D. 分娩时一个充满痛苦的过程
6. 胎儿什么时候可以辨别父亲的声音？
   A. 快要分娩的时候   B. 分娩后一星期左右
   C. 分娩后两星期左右   D. 分娩后一两天

细读第 2 遍，完成下面的练习

二、根据阅读内容判断正误

1. 20 世纪 80 年代以前，人们对胎儿的知识了解不是很多。   （   ）
2. 胎儿生活在一个无声的世界里。   （   ）
3. 胎盘可保护母体和胎儿不受外界影响。   （   ）
4. 胎儿出生时已经具备了所有的感觉功能。   （   ）
5. 新生儿最先分辨出的是母亲的声音。   （   ）
6. 分娩对胎儿来说是一种伤害。   （   ）

三、选择画线部分词语在句子中的意思。

1. 人类对于胎儿生活的<u>肤浅</u>了解，仍然大部分建立在推论的基础上。
   A. 认识不深刻   B. 肌肤颜色不深
   C. 修养不够   D. 人的性情急躁
2. 如果孕妇长期处于噪声环境中，那么胎儿听力可能受到伤害的后果，则是<u>不言而喻</u>的。
   A. 没有语言可以形容   B. 每个人都知道
   C. 不用说就知道了   D. 语言表达能力差
3. 烟雾中的毒素、酒精、药物以及情绪变化而释放的荷尔蒙，都可以随着母亲的血液<u>经</u>胎盘、脐带进入胎儿体内。
   A. 通过   B. 治理   C. 经受   D. 路过
4. 分娩并不是母亲强加给胎儿的一个<u>专横</u>事件。
   A. 不懂礼貌   B. 不听劝阻
   C. 自己想怎么做就怎么做   D. 思想品质不高
5. 一切都像是经过彩排一样<u>按部就班</u>。
   A. 按照一定的步骤顺序进行   B. 按部队要求做
   C. 没有创新   D. 按照老办法处理

词语提示

恍然大悟	〈组〉	huǎng rán dà wù	形容一下子明白过来。
羊水	〈名〉	yáng shuǐ	怀孕时子宫羊膜腔内的液体。
胎盘	〈名〉	tāi pán	哺乳动物妊娠期间由胚胎的胚膜和母体子宫内膜联合长成的母子间交换物质的过渡性器官。
分娩	〈动〉	fēn miǎn	特指胎儿脱离母体成为独立存在的个体的这段时期和过程。
彩排	〈动〉	cǎi pái	戏剧、舞蹈等正式演出前化装排练。

阅读2

婴儿为什么会哭着来到世界？很多新科父母都会这样问。感性的父母会说，他（她）赤条条来到这个世界——因为孤单，所以哭泣。像我这样理性的父母，则会用一套科学语言解释初次接触空气的肺脏、喉头与声带，是怎样发出如此高亢嘹亮又延绵不绝的声音的。

我在手术室见证过很多孩子的出生过程，不乏惊险场面。在医生心里，婴儿的第一声啼哭，是人世间最美妙的声音。哭声是帮助医生判断婴儿状态的重要指标。那些出生后没有哭声或发不出任何声音的婴儿，很可能是出生窒息。出生窒息是导致全世界新生儿死亡、脑瘫与智力障碍的主要原因之一，甚至导致死亡。

在父母耳朵里，哭声就是婴儿发送给你的指令。只要一开腔，新科父母保准立即行动起来。萨塞克斯大学的思维实验室通过研究发现，女性在睡眠中比男性对婴儿的哭声更为敏感，男性则更容易因汽车警报声、风声而醒来。新科妈妈甚至能把婴儿哭声的各种变化弄的一清二楚，音量、节奏、停顿一个不落。因此，夜深人静时，当妈妈因婴儿哭闹而手脚忙乱时，父亲却可能还在打鼾。

婴儿泪腺直到三岁才完全发育成熟，最初的啼哭大多没有眼泪。其他哺乳动物也会流眼泪，但哭是人类独一无二的技能。婴儿的啼哭总是毫不隐藏，直接开放。我曾反复回味儿子芦柑的哭声。他的哭腔，初始像是一只小乳猫，嘤嘤的缓慢开始，渐而连续起来，最后仿佛万马奔腾不可阻挡，直至撕心裂肺十分无赖的境地。就仿佛是，你就要将他丢弃，再也不管不顾，他才如此哭腔。

于我而言，这哭声让我心率加快，想吐的感觉油然而生。再然后，在肝胆俱裂的感觉抵达之前，一瓶刚充好的奶已经堵上他的小嘴；要么，一片光洁干燥的尿片，重新攻占每天屎尿糊糊不断的屁股地带。

从科学上讲，我的反应可以解释的通。英国纽卡斯尔大学的研究发现，人类最讨厌的声音里，排名靠前的是刀子刮玻璃瓶、叉子刮玻璃、粉笔刮黑板、指甲刮黑板。这些声音的频率介于2,000至5,000赫兹，人类对其最敏感。从主观感觉上来说，这种声音令人难受，起鸡皮疙瘩。婴儿的哭声就在这个频率区间内，它使新科父母无所适从，只能抓紧寻找方法消除这"扰民"的哭声。

英国牛津大学的心理学家莫滕·克林格尔巴赫，通过研究发现婴儿的哭声可以提高成年人的反应能力。原来，婴儿的哭声对成年人大脑是一种特殊的刺激，诱发出战斗或逃避反应，它使人心率加快,血压升高,骤然紧张起来,使人无法无动于衷。即便这种哭声并非来自自己的孩子,这种效果依然存在。从进化的角度而言,婴儿的哭声是为了寻求帮助,成年人一听到婴儿哭便会立即作出反应。

婴儿哭声真把新科父母折腾的够呛。国外有一种叫做哭声分析器的玩意,据说可根据哭声节奏、强度与频率,分析哭声原因,帮助父母判断婴儿到底是饿了、困了,还是不舒服。这种貌似高级的仪器是否有效,却没有人研究过。不过,终结这哭声的最好方式,大约是走上前去,搂抱起来,再用排除法分析每一个可能的原因。

（选自网络资料,有删减,作者:BOBO）

练习

速读第 1 遍,完成下面的练习(建议阅读时间 5 分钟)

一、根据阅读内容选择正确答案

1. 下面选项中,哪个不是由出生窒息而引起的主要原因?
   A. 新生儿死亡　　　B. 脑瘫　　　　　C. 智力障碍　　　　D. 肢体残疾

2. 萨塞克斯大学实验室通过研究发现:
   A. 男性在睡眠中对新生儿的哭声更为敏感
   B. 女性对风声更为敏感
   C. 女性在睡眠中对婴儿哭声更加敏感
   D. 女性对汽车警报声更加敏感

3. 下面选项中,对婴儿描述不正确的是:
   A. 起初哭的时候没有眼泪　　　　　　B. 婴儿不会隐藏自己的哭声
   C. 婴儿泪腺两岁时才发育成熟　　　　D. 婴儿的哭声可帮助医生判断其状态

4. 英国研究发现,人类最讨厌的声音是:
   A. 刀子刮玻璃　　　　　　　　　　　B. 粉笔刮黑板
   C. 指甲刮黑板　　　　　　　　　　　D. 婴儿的哭声

5. 婴儿的哭声不会使人:
   A. 心率加快　　　B. 血压升高　　　C. 突然紧张　　　D. 无动于衷

6. 哭声分析器不能帮助父母判断:
   A. 婴儿是否饿了　　　　　　　　　　B. 婴儿是否瞌睡了
   C. 婴儿是否生病了　　　　　　　　　D. 婴儿是否想妈妈了

细读第 2 遍,完成下面的练习

二、根据阅读内容回答问题

1. 对于感性的父母来说,婴儿为什么会啼哭?
2. 婴儿的哭声对医生有什么作用?
3. 什么时候婴儿的泪腺完全发育成熟?
4. 婴儿的哭声,对于作者来说会产生什么感觉?
5. 人们对什么样的声音最敏感?

三、用所给的词语替换下列句子中的画线部分词语,保证句子意思基本不变

明明白白　不知所措　心慌意乱　到达　肯定　受不了　保证　抵挡

1. 只要一开腔，新科父母保准立即行动起来。　　　　　　　　　　（　　）
2. 妈妈甚至能把婴儿哭声的各种变化弄的<u>一清二楚</u>。　　　　　　（　　）
3. 在肝胆俱裂的感觉<u>抵达</u>之前，一瓶刚充好的奶已经堵上他的小嘴。（　　）
4. 婴儿的哭声就在这个频率区间内，它使新科父母<u>无所适从</u>，只能抓紧寻找方法消除这"扰民"的哭声。　　　　　　　　　　　　　　　　（　　）
5. 婴儿哭声真把新科父母折腾得<u>够呛</u>。　　　　　　　　　　　　（　　）

词语提示

高亢嘹亮	〈组〉	gāo kàng liáo liàng	声音响亮有力。
延绵不绝	〈组〉	yán mián bù jué	形容相同的自然景观一个接一个不间断地出现。
打鼾	〈动〉	dǎ hān	打呼噜。
嘤嘤	〈形〉	yīng yīng	低而细微的声音。
撕心裂肺	〈组〉	sī xīn liè fèi	形容某事令人极度悲伤。有时也可做疼痛到了极点。
鸡皮疙瘩	〈组〉	jī pí gē da	由于受到惊吓或寒冷在人的皮肤上出现的类似鸡皮上的小疙瘩。
无动于衷	〈组〉	wú dòng yú zhōng	心里一点也没有触动，一点也不动心。

单元阅读测试练习九

拿大小来说,细胞一般都非常微小,可这绝不等于说它们彼此的大小非常相近。

我们身体中有一种细胞,叫做神经细胞,它一般由细胞体和突起两部分组成。胞体形态多变,大的直径为 150 微米,小的直径 5~6 微米,也算不上什么特别。可突起的长短差别却相当大。有一种叫"脊髓前角运动细胞",它负责把大脑发出的运动指令,最后从脊髓一下传到脚趾末端,所以可以断定其轴突在成年人中的长度可达 1 米以上。在显微镜下通常才能看清的人体细胞。最长的居然会超过 1 米,这岂不是对细胞大小差别很大的最好诠释。

当然,我们讲人体细胞形形色色,除了大小长短之外,更主要的是体现在形状和功能上。例如肌肉细胞是细长条状的,说得形象些,有点像棉花丝纤维,所以又被称为肌纤维。口腔、食管内壁上覆盖着的上皮细胞呈扁平状,从表面看,呈多边形和不规则形;肾小管上皮、甲状腺滤泡上皮细胞,侧面看是立方形,从表面看都是清一色的六角形或多角形。血细胞形状变化也很大,红细胞俗称红血球,中央较薄,周围较厚,好似双凹圆盘状的大饼;白细胞因种类不同而形状变化更大,通常呈球形或椭圆形,当机体受到病菌侵犯时,会以变形运动的方式穿过毛细血管,像变形虫那样吞噬细菌。有趣的是,原来较为稳定的细胞核,白细胞中形状也多种多样,有的呈蜡肠形,称为杆状核;有的会成 2~5 叶,称为分叶核;还有的呈 S 形、不规则形、肾形和马蹄形等等。

同一种细胞,形态差异最大的要数神经细胞了。我们且不说它的突起有轴突和树突之分,树突像树枝分叉那样能作多回分叉,彼此粗细不等,长短不一。就胞体而言,形状就有球形、锥体形、梨形、梭形、星形、颗粒状等等好多种。

生物学家告诉我们,不同的细胞和同一细胞的不同类型,形状千差万别,归根到底跟它们在身体中所处的部位,以及在不同的部位中所担负的功能是密切相关的。例如,人的眼睛中有两种视觉细胞,按形状分,一种叫视杆细胞,一种叫视锥细胞。别看杆状和锥体外形差异不怎么大,功能上却有明显的分工:视杆细胞对弱光刺激敏感,负责感受白光,不能辨别颜色;视锥细胞对强光刺激敏感,不同类型的视锥细胞还能分辨颜色。老鼠眼睛中主要含有视杆细胞,只能在夜间活动。我们人的眼睛中两种视觉细胞都有,所以白天黑夜都可看东西和分辨颜色。

(选自《我们的身体》,有删减)

练习

速读第 1 遍,完成下面的练习(建议阅读时间 4 分钟)

一、根据阅读内容选择正确答案

1. 下面选项中,对神经细胞描述不正确的是:
   A. 大的直径为 150 毫米,小的直径只有 5~6 微米
   B. 轴突在成年人中的长度可达 1 米以上
   C. 神经细胞的包体形状有多种变化
   D. 神经细胞的突起长短不一,相差很大

2. 肌肉细胞的形状为：

    A. 长条状   B. 扁平状   C. 饼状   D. 腊肠状

3. 从表面看上皮细胞的形状是：

    A. 纤维状   B. 立方形   C. S形   D. 多边形和不规则形

4. 红血球的形状通常为：

    A. 长条状   B. 马蹄形   C. 圆饼状   D. 椭圆形

5. 同种细胞，形态差异最大的细胞是：

    A. 神经细胞   B. 红细胞   C. 肌肉细胞   D. 白细胞

细读第 2 遍，完成下面的练习

二、根据阅读内容回答问题

1. 人体细胞最长的是多少？

2. 肌肉细胞又叫什么？为什么？

3. 白细胞以什么方式穿过毛细血管？

4. 老鼠为什么只能在夜间活动？

5. 人类为什么白天黑夜都可以看见东西和分辨颜色？

词语提示

诠释	（动）	quán shì	说明，解释。
形形色色	〈组〉	xíng xíng sè sè	形容事物种类繁多，各式各样。
俗称	（动）	sú chēng	通俗的称呼；非正式的名称；一般大众给予的称呼。
变形虫	（名）	biàn xíng chóng	变形虫属真核动物，由于其身体仅由一个细胞构成，没有固定的外形，可以任意改变体形，因此得名。
千差万别	〈组〉	qiān chā wàn bié	形容种类多，差别大。

阅读2

    俗话说："眼观六路，耳听八方。"可见耳朵长在头部两侧收集声音的本领是不可小看的。说得形象点，我们的两只耳朵很像是架在脑袋上的"收音机"，收音机的收音系统分为三部分，人的耳朵也可分为三部分：外耳、中耳和内耳。

    外耳突出地长在脑袋的两侧，一左一右。不了解的人把它当作两个肉瓣装饰品，因为它可以用来架眼镜、戴耳环，使自己显得更精神、更漂亮。还有的人认为外耳廓上分布着许多穴位，这些穴位正好对应代表人体各个部位和脏器，因而用仪器测试，可以发现哪个部位有病；有的放矢地针刺相对应的穴位，还真能收到良好的疗效。不过外耳的原本功能和用途并不是这些，它好比收音机的天线，专门收集在空气中传播的各种声波。

    外耳包括外耳廓和外耳道。耳廓汇集四面八方的声波，但由于开口处稍稍朝向前外方，对来自背后的声波收集效果要相对差些。外耳道负责把这些声波传送到中耳的鼓室。外耳道稍稍斜向弯曲，仅 2.5 厘米长的通道，长有许多茸毛和数千个泌蜡腺体，顺便用来阻止灰尘、小虫进入。

中耳以鼓膜为界与外耳分隔,鼓膜是一片绷得紧紧的坚韧薄膜,薄膜往里是鼓室。鼓室里有3块非常灵巧的听小骨。中耳相当于收音机的放大传递系统,当声波从外耳道传来,空气振动犹如起伏的波涛,冲击着鼓膜,使鼓膜随之向内微微隆起,产生不同频率的振动。这种隆起振动也许只有十亿分之一厘米的位移,但足以顺利地传给听小骨。3块听小骨的作用有两个:一个是把鼓膜的细微位移放大数十倍;另一个作用是不折不扣地把声音传给内耳。

内耳才是真正的听觉器官,这相当于收音机的受音部分。内耳包括耳蜗、半规管和前庭,置身在一个城堡似的洞穴里。这个洞穴位于身体最坚硬的骨头中,里面含有淋巴液。耳蜗形状像蜗牛,螺旋形的内部布满成千上万个凭显微镜才能看清的毛发状听觉细胞。当外界声波通过中耳听小骨传到这里,耳蜗内的淋巴液便相应地振动起来,从耳蜗底部向顶部慢慢传去。研究表明,不同频率的声波会引起耳蜗不同部位听觉细胞的兴奋,并把兴奋转化成特定的神经信号传到大脑,主人便可听到高低不同的声音了。

(选自《我们的身体》,有删减)

练习

速读第1遍,完成下面的练习(建议阅读时间4分钟)

一、根据阅读内容选择正确答案

1. 人耳分为
   A. 外耳、中耳、内耳　　　　　B. 耳郭、中耳、内耳
   C. 中耳、鼓膜、内耳　　　　　D. 耳郭、鼓膜、内耳

2. 文章没有提到外耳的功能是:
   A. 收集声波　　　B. 针灸取穴　　　C. 肉瓣装饰品　　　D. 保护耳内组织

3. 对于外耳,下面叙述不正确的是:
   A. 耳廓收集声波　　　　　　　B. 外耳道传递声波
   C. 耳廓可阻止灰尘、小虫进入　　D. 外耳内长有很多茸毛

4. 对于中耳,下面叙述不正确的是:
   A. 中耳的功能与收音机的放大传递系统类似
   B. 鼓膜是中耳和外耳的分界线
   C. 中耳从外向内由鼓室、鼓膜、听小骨组成
   D. 听小骨能够放大音波和传递音波

5. 真正的听觉器官是:
   A. 外耳　　　　B. 中耳　　　　C. 内耳　　　　D. 鼓膜

细读第2遍,完成下面的练习

二、根据阅读内容,回答问题

1. 我们的两只耳朵像什么?

2. 外耳由什么组成?

3. 鼓膜有什么作用?

4. 耳蜗形状像什么?

5. 人们是怎样听到高低不同的声音的?

第九单元　人体结构篇

词语提示

有的放矢	〈组〉	yǒu dì fàng shǐ	比喻说话做事有针对性。
汇集	（动）	huì jí	聚集；累积。
茸毛	（名）	róng máo	柔软纤细的毛。又叫绒毛。
腺体	（名）	xiàn tǐ	腺体指动物机体能够产生特殊物质的组织，这种物质主要为激素。
不折不扣	〈组〉	bù zhé bù kòu	表示完全，十足，彻底。

阅读3

记得以前上医学院最后一年实习的时候，见过一位从西藏回来的退伍老兵，患的疾病是肥厚性心肌病，原因是长期在高原生活，高原缺氧导致心脏长期超负荷工作，久而久之，心肌出现肥厚，进而衰竭。所以对于生活在平原或低海拔的人来讲，初到高原，可能出现高原反应，长期生活则可能造成对健康的不可逆损害。

但对于祖祖辈辈生活在高原上的藏人来说，高原对于健康并不是什么太大的问题。当我们看到生活在海拔 4,500 米以上的藏人的时候，一个深刻的印象，就是这些人红彤彤的脸膛，以前的感觉是高原阳光很强，可能是太阳晒的，但事情并非如此简单。

2007 年《美国科学院院报》发表的文章研究了藏人的血液循环系统，发现与生活在低海拔的人相比，生活在 4,200 米以上高原的藏人，血管扩张，血流速度快，这样就增强了血液向组织输送氧气的能力，尽管藏人血氧饱和度只有低海拔人的 80％，但依靠增加血流速度，组织并不缺氧。研究发现，造成血流速度增加，血管扩张的原因，是因为藏人血液中含有丰富的一氧化氮，高于低海拔人 10 倍以上。我们知道一氧化氮能扩张血管，心绞痛的人用硝酸甘油来扩张冠状动脉就是基于这个原理。

藏人不仅血流速度快，呼吸频率也高，每分钟喘气的次数要多于生活在平原上的人，欧洲实用生理学杂志发表的文章也把这个生理现象归功于一氧化氮，因为血液里的一氧化氮增多了，所以就通过肺毛细血管排到了肺的小气道，和血管一样，小气道也因此扩张，呼吸就快了。

一氧化氮增高对于藏人没有高原反应是一个比较合理的解释，但实际上问题远不是这么简单。研究数据显示，生活在拉萨的西藏原住民，高血压患病率竟也高达三分之一，和平原生活的人并没有什么差别，按照一氧化氮来解释，血管扩张，血压应该是降低的，这个和高血压的数据不吻合。藏人喝的水里，镁离子含量也高，这个也是血管扩张的因素，这些都能对抗高原反应，但对于高血压则需要更多的研究才能解释的清楚。

（选自网络资料，有删减，作者：青方）

速读第 1 遍,完成下面的练习(建议阅读时间 4 分钟)

一、根据阅读内容选择正确答案

1. 对这名退伍老兵描述正确的是:
   - A. 他是西藏人
   - B. 长时间的高原生活使他患了心脏病
   - C. "我"是在西藏遇到他的
   - D. 他曾经是学医的大学生

2. 以下描述,正确的是:
   - A. 西藏人的血氧饱和浓度比内地人低 20%
   - B. 西藏人的血氧饱和浓度比内地人高 20%
   - C. 西藏人的血氧饱和浓度比内地人低 80%
   - D. 西藏人的血氧饱和浓度比内地人高 80%

3. 一氧化氮不具备什么功能?
   - A. 扩张血管
   - B. 使血流速度加快
   - C. 给组织输送氧气
   - D. 增高呼吸频率

4. 西藏人的呼吸频率比生活在平地的人快,其原因是:
   - A. 西藏海拔高,运动强度大
   - B. 西藏人心脏功能强
   - C. 西藏人心脏承受的负荷重
   - D. 血液中的一氧化氮含量较多

5. 西藏的原住民高血压的患病率也较高的原因是:
   - A. 血液中一氧化氮的含量高
   - B. 喝的水中的镁离子的含量高
   - C. 血液流动速度较快
   - D. 不清楚

6. 最适合做本文题目的选项是:
   - A. 为什么西藏人患高血压的人比较少
   - B. 为什么西藏人没有高原反应
   - C. 为什么去西藏的人会有高原反应
   - D. 西藏人给人的印象

细读第 2 遍,完成下面的练习

二、根据阅读内容回答问题

1. 这名退伍老兵为什么会患肥厚性心肌病?
2. 看到西藏人红彤彤的脸膛,人们会认为是什么原因造成的?
3. 与生活在低海拔的人相比,西藏人有什么特点?
4. 欧洲实用生理学杂志发表的文章也把这个生理现象归功于一氧化氮。"这个生理现象"指的是什么?
5. 作者认为西藏人能够对抗高原反应的因素有哪些?

词语提示

退伍	(动)	tuì wǔ	军人服役期满或因故退出军队。
负荷	(动)	fù hè	物体所承载的重量
衰竭	(形)	shuāi jié	由于疾病严重或外伤、中毒导致的生理机能极度减弱。

| 红彤彤 | （形） | hóng tōng tōng | 形容很红，也作红通通。 |
| 吻合 | （动） | wěn hé | 完全符合。 |

阅读4

龋齿，一种综合多因素的细菌性疾病，主要损害牙体的硬组织。也叫"虫牙"。这个颇具乡土气息的小名，有着非常久远的历史。

公元前五千年，生活在现在伊拉克一带的闪族人，就首先观察并记录了这种疾病。也许有文字记载的人类和龋齿打交道的历史，还可以向前推：目前出土的最早的牙科医生的杰作人类用钻在牙齿上制备出的牙洞，早于公元前七千年。而从史前人类遗迹中发现，一百万年前，我们先祖的嘴里就有龋齿了；一旦考虑到自然界很多动物都难逃龋齿的影响，龋齿所经历的也许比人类整个历史都还长。

为修复龋齿而制备出的牙洞，固然是古代人了不起的成就，但是这并不表示当时的人们对这种疾病的理解有多么深刻：看到龋齿的形态和被虫蚁啃噬之后的木材很类似，他们推断，在口腔里有一种叫做"牙虫"的虫子，像白蚁啃噬木头那样侵蚀我们的牙齿。

之后的千百年里，人们为了治疗龋齿，不断尝试在口腔中找这条虫。这样的努力肯定不会有任何成果，除了为街上的骗子们提供又一个花招。不过，尽管对龋齿的认识完全错误，人们仍然找到了各式各样、不同疗效的治疗龋齿的方法。

龋齿破坏牙齿硬组织，影响我们的咀嚼能力，而我们的肌体无法自行修复这种损伤。针对这个问题，古代中国人发明了银汞合金。虽然那时的银汞合金还非常粗糙，但是仍然可说是牙科发展史上最为成功的创举之一。银汞合金的物理性质非常适合填补龋洞：它像混凝土一样，开始的时候极易操作，可以非常方便地填塞龋洞，稍后迅速硬化，变得比牙齿本身还硬，能很好地恢复牙齿的外形结构，能解决牙洞带来的一系列问题，除此之外人们还用黄金、白银、铅以及象牙、竹木等材料替代被龋坏的牙齿。

另外，龋齿发展到一定程度，一旦激惹牙齿里面的神经末梢，就会产生难以忍受的牙疼。人们尝试用三氧化二砷——砒霜来控制这种疼痛。现代生物化学发现对活体细胞来说，三氧化二砷有着剧烈的毒性。牙齿内的神经末梢接触砷剂后液化坏死，就感受不到疼痛了。这种探索获得了成功并沿用至今。砒霜的应用固然表彰着古人的勇气，不过也许更反映了牙疼的痛苦程度。

可是，错误的认识不可能带来全面胜利，更勿论"不治已病治未病"：在治疗方法百花齐放的时候，被这条"虫"破坏的牙齿，越来越多。虽然单纯用银汞合金填上牙齿上的窟窿也能暂时缓解牙洞的问题，但是在不了解龋齿的真正原因的情况下，这些治疗方案后面潜伏着大量的后继问题；砷剂的合理使用，更是需要对牙科疾病发展规律的广泛深入研究，否则后患无穷。这些早期人类发明的治疗措施在现代牙科领域留下了不容忽视的身影。但是尽管它们的确有效、的确能缓解疾病、解决问题，毫无疑问地，这些和"牙虫"理论没有一毛钱关系的治疗方法根本不能证明我们的先祖对龋齿的理解是正确的，更不能证明我们获得这些理解的方式是正确的。

（选自网络资源，有删减，作者：八爪鱼）

练习

速读第1遍,完成下面的练习(建议阅读时间5分钟)

一、根据阅读内容选择正确答案

1. 目前我们知道龋齿可能发生在:
   A. 公元前五千年　　　　　　　　B. 公元前七千年
   C. 一百万年以前　　　　　　　　D. 不清楚

2. 下面选项中,哪一个是错误的?
   A. 早期治疗龋齿,就是尝试着找口腔的虫子
   B. 早期人们对龋齿的认识是完全错误的
   C. 早期的人们没有找到治疗龋齿的方法
   D. 早期龋齿的治疗方法给骗子提供了很好的机会

3. 古代哪种材料没有被用来制作假牙?
   A. 黄金　　　　　B. 白银　　　　　C. 象牙　　　　　D. 陶瓷

4. 关于银汞合金的优越性,下面选项哪一个不正确?
   A. 取材方便,操作简单　　　　　B. 可以迅速变硬
   C. 可以很好地恢复牙齿外形结构　D. 利于解决牙洞问题

5. 文章中"不治已病治未病"的意思可能是:
   A. 不能治疗已经发现的疾病却能治疗还没有发现的疾病
   B. 不治疗已发生的病变,治疗未发生的疾病
   C. 人们对已发生的疾病无能为力
   D. 要提前预防生病

细读第2遍,完成下面的练习

二、根据阅读内容判断正误

1. 龋齿,也叫虫牙,是一种寄生虫疾病。　　　　　　　　　　　　(　)
2. 生活在伊拉克的闪族人最先观察到龋齿这种疾病。　　　　　　(　)
3. 公元前5000年,已经有了最早的牙科医生。　　　　　　　　　　(　)
4. 古人认为龋齿是牙齿里的一种叫做"牙虫"的虫子所致。　　　　(　)
5. 古代中国人用银汞合金来填补牙洞。　　　　　　　　　　　　(　)
6. 砒霜可以杀死牙齿里的细菌,所以人们就感觉不到疼痛了。　　(　)

词语提示

龋齿	(名)	qǔ chǐ	龋病俗称虫牙、蛀牙,是细菌性疾病。
颇	(副)	pō	很;相当地。
砒霜	(名)	pī shuāng	三氧化二砷,俗称砒霜,分子式 As_2O_3。它是最古老的毒物之一,无臭无味,外观为白色霜状粉末,故称砒霜。

百花齐放　　〈组〉　　bǎi huā qí fàng　　各种各样的花卉同时开花。现常比喻艺术上的不同形式和风格的自由发展。

后患无穷　　〈组〉　　hòu huàn wú qióng　　今后的祸害及忧患没有穷尽。

阅读5

记得以前读一本关于传染病的书，读到天花，说法国皇帝路易十五患上了天花，治疗方法就是当时欧洲流行的放血疗法。

最近再次读到放血疗法，于是对这个统治欧洲近2000年的"万能"疗法充满了兴趣。首先放血疗法的理论基础是源自古希腊的医圣希波克拉底和伽林，说人的生命依赖四种体液：血液，粘液，黑胆汁和黄胆汁，这四种体液对应空气，水，土和火，和中国的"金木水火土"接近，多了个"气"少了"金木"。古希腊人认为血液在四种体液中是占主导地位的，伽林大夫认为血是人体产生的，经常"过剩"，正如中医里滋阴派讲的"阳常有余阴常不足"一样，中医滋阴，古西医于是就放血。

一直到中世纪，放血的实施者都是教堂的僧侣，直到1163年教皇亚历山大三世才把这个光荣的任务交给了民间，具体的讲是交给了理发师，现在理发馆的招牌，就是旋转的红蓝白的筒子，红色是动脉血，蓝色就是静脉血。理发师们发展了一整套的放血操作规程和工具，切割血管的刀片叫"柳叶刀"。

在欧洲非常流行的放血疗法随着殖民者传到了美洲大陆，美国著名的大夫本杰明·瑞师就是放血疗法的推广着和实践者，本杰明大夫是在美国独立宣言上签字的唯一一位大夫，14岁就从普林斯顿大学的前身新泽西学院大学毕业，以后创建了美国医学教育体系，当时美国大夫的四分之三都是他的学生，被誉为"宾夕法尼亚的希波克拉底"。1794年到1797年费城流行黄热病，本大夫大量采用放血疗法治疗这些患"热病"的病人，每天能给超过100个病人放血，他诊所的后院成了血海，血里滋生的苍蝇像"云雾"一样密集。这个时候一位好事的英国记者出现了，他就是威廉姆·库伯特。这位记者翻阅了费城那几年的死亡报告，他发现被本大夫治过的病人死亡率明显高于别的病人，于是发表文章说本大夫和他的学生们为人类人口的减少作出了突出贡献。本大夫一怒之下，于1797年在费城起诉了这位英国"诽谤者"，官司的成败是显而易见的。一方是费城的英雄，著名的大夫，一方是诽谤费城声誉的外国人。法庭宣判本大夫获胜，罚这位库伯特记者5,000美元，这在当时是个天文数字。法庭的宣判相当于从法律角度声明放血疗法是有效的。

但几乎就在法庭宣判的同时，美国的开国总统华盛顿病了，生病那天是1799年12月13日，是个星期五，星期五又是13号，西方迷信是个"百事不宜"的倒霉日子。到14日，几位本大夫的学生，给华盛顿放掉了近2,500毫升血，就是人体血容量的一半，结果是可想而知的，华盛顿死于失血性休克。这个时候，人们开始质疑放血疗法，有用还是有害？

10年之后，苏格兰军医亚历山大·汉密尔顿开始认真研究放血疗法。他采取的手段是临床观察，他把366名患病的士兵平均分成3组，3组的病人所患疾病的严重程度类似，所接受的治疗也一样，唯一不同就是两组病人不放血，一组病人接受传统的放血疗法。结果是不放血的两组分别有2个和4个病人死亡，而接受放血疗法的组竟然死了35人。遗憾的是，这一重要的发现没能发表，直到1987年人们才从旧纸堆里找到了当时的记录。又等了10年，法国人皮埃尔.路易发表了他7年时间对近两千名病人的临床观察，发现放血疗法明显增加了病人的死亡率。人们对放血疗法的信念开始动摇,以后很多文章发表,都证明放血疗法给病人的伤害远远大于给病人提供的帮助。

尽管如此,人们两千年的观念很难更改。以后的数十年时间,随着反对声音的逐渐加强,不断的科学证据都证明放血疗法对病人的伤害,这个流行了两千多年的疗法终于退出了历史的舞台。

(选自网络资料,有删减,作者:青方)

练习

速读第 1 遍,完成下面的练习(建议阅读时间 7 分钟)

一、根据阅读内容选择正确答案

1. 希波克拉底认为的人体四种体液对应正确的是:

A. 血液-水　　　　　B. 粘液-土　　　　　C. 黑胆汁-空气　　　　D. 黄胆汁-火

2. 古希腊人认为占主导地位的体液是:

A. 血液　　　　　　　B. 黑胆汁　　　　　　C. 粘液　　　　　　　　D. 黄胆汁

3. 中世纪时,执行放血的是:

A. 理发师　　　　　　B. 僧侣　　　　　　　C. 民间　　　　　　　　D. 医生

4. 关于本杰明大夫,以下哪一项的内容不正确?

A. 他是唯一一位在美国独立宣言上签字的医生

B. 他创建了美国医学教育体系

C. 他为美国培养了很多的医学人才

D. 他毕业于普林斯顿大学

5. 关于威廉姆·库伯特,以下哪一项的内容不正确?

A. 他是一名英国记者　　　　　　　　　B. 他反对本杰明的做法

C. 他起诉了本杰明大夫　　　　　　　　D. 他在官司中以失败而告终

细读第 2 遍,完成下面的练习

二、根据阅读内容回答问题

1. 放血疗法的理论基础是什么?

2. 理发馆的招牌上的红色代表什么?蓝色代表什么?

3. "柳叶刀"是什么?

4. 苏格兰军医亚历山大·汉密尔顿的研究证明了什么?

词语提示

僧侣	(名)	sēng lǚ	僧徒,也借来称某些别的宗教的修道人。
招牌	(名)	zhāo pái	指挂在商店门前作为标志的牌子。
滋生	(动)	zī shēng	引起,产生。
诽谤	(动)	fěi bàng	说别人坏话,诋毁和破坏他人名誉。
质疑	(动)	zhì yí	提出疑问。

阅读6

肌肉锻炼不应该只是年轻人或男士的专利。研究发现，老年人保持健康肌肉，可预防肥胖、糖尿病等慢性病，还能避免年老后活动能力的下降。

人体全身有600多块大大小小的肌肉，包括心肌、消化道和呼吸道等处的平滑肌以及人体最大的组织——骨骼肌。人体的一切生命活动都靠肌肉的收缩和舒张来完成，肌肉是葡萄糖利用、脂肪消耗和蛋白质储存的主要场所，人体的能量绝大部分都是肌肉消耗掉的。因此，肌肉有调节和平衡能量代谢的作用。随着年纪增长，肌肉流失，脂肪比例增加是一个自然过程。但肌肉流失这个生理过程是可以通过运动和饮食调节来延缓的。

如果想维持身体现有的健康，延缓肌肉流失，预防慢性病发生，最起码应该减少坐着不动的时间，每天进行1～3次10分钟以上轻到中等强度的运动。

人体不同部位有不同的"阻力锻炼"方法。"阻力锻炼"一般每次运动三组，每组8～15下，初学者可以从每组5次开始，至少隔天进行一次。

针对腹部肌肉锻炼：一说到锻炼腹肌，很多人都想到仰卧起坐。其实仰卧起坐更多锻炼的是柔韧性。练腹肌应该做"仰卧卷腹"，即采取平躺姿势，前臂交叉在胸前，膝盖弯曲，利用上腹肌肉力量使肩胛骨稍微离开地面，停留一会，再恢复平躺姿势。这是类似"慢动作"版的仰卧起坐。

"仰卧举腿"同样能锻炼腹部肌肉。也是平躺在地上，利用上腹肌肉把双腿缓慢抬起，再缓慢放下。

针对上臂肌肉锻炼：可以在看电视时左右手同时拿着一个装了水的矿泉水瓶做上举运动。初学者可能空手这么练也会觉得累，原因就是平时没有注重锻炼这部分肌肉。

针对臀部和腿部肌肉锻炼：以膝关节保持90度角的姿势蹲下，膝关节不要超过脚尖，类似"扎马步"。

除了科学运动外，合理营养也是获得健康肌肉的保证。每人每天饮奶300毫升或相当量的奶制品可以增进肌肉生长。人们普遍认识到喝牛奶可以补钙，而国际上在近十年来的研究中发现，乳制品还有预防慢性病、维持瘦体重（即身体重量减去脂肪部分的重量）的作用。

牛奶的天然成分中存在一种名叫乳清蛋白的可溶蛋白质，含有人体必需的18种氨基酸和一系列生物活性成分，有利于肌肉的合成，使瘦体重增加。而且乳清蛋白分子质量小，和鸡蛋白、肉蛋白相比，更容易消化吸收，又被称为"快蛋白"。

尽管每100毫升牛奶中只有0.6克的乳清蛋白，但对于普通人群来说，每人每天喝300毫升的牛奶或相当量的奶制品，其中所含的乳清蛋白就能够满足身体所需。但是，对于老年人、肿瘤或结核等消耗性疾病患者、运动员或者希望练就一身健美肌肉的人群来说，可在保持一日三餐膳食平衡的同时，补充更多乳清蛋白。

（选自《百科知识》，有删减，作者：张正修）

练习

速读第1遍，完成下面的练习（建议阅读时间5分钟）

一、根据阅读内容选择正确答案

1. 人体肌肉的种类不包括那一项？

A. 骨骼肌　　　　B. 平滑肌　　　　C. 轮匝肌　　　　D. 心肌

2. 肌肉的作用不包括下面哪一项？

    A. 消耗脂肪　　　　B. 储存蛋白质　　　　C. 调节能量代谢　　　D. 储存葡萄糖

3. 进行"阻力锻炼"不正确的方法是：

    A. 每次运动做三组　　　　　　　　B. 隔两天进行一次

    C. 每组运动 8～15 下　　　　　　　D. 初学者可从每组 5 次着手

4. 对普通人群来说，获取多少乳清蛋白可满足身体需要？

    A. 0.6 克　　　　B. 1.8 克　　　　C. 1.5 克　　　　D. 3 克

5. 根据文章内容，不需要更多乳清蛋白的人群是：

    A. 体育运动员　　　　　　　　　　B. 肿瘤患者

    C. 老年人　　　　　　　　　　　　D. 身材苗条的年轻人

6. 本文讲述的主要内容可能是：

    A. 如何才能获得健康的肌肉　　　　B. 进行肌肉锻炼的正确方式

    C. 如何获得乳清蛋白　　　　　　　D. 什么样的人更应该补充乳清蛋白

细读第 2 遍，完成下面的练习

二、根据阅读内容判断正误

1. 人体的能量绝大部分都是肌肉消耗的。　　　　　　　　　　　　　（　　）

2. 年龄越大肌肉流失越快。　　　　　　　　　　　　　　　　　　　（　　）

3. 初学者应该每天都进行"阻力锻炼"此项运动。　　　　　　　　　　（　　）

4. 仰卧起坐锻炼腹肌的作用并不明显。　　　　　　　　　　　　　　（　　）

5. 仰卧举腿可以锻炼腹部肌肉。　　　　　　　　　　　　　　　　　（　　）

6. 乳制品不仅能够补钙，而且可以预防慢性病和维持瘦人体重。　　　（　　）

7. 鸡蛋白是最容易消化吸收的蛋白。　　　　　　　　　　　　　　　（　　）

词语提示

专利	（名）	zhuān lì	一项发明创造的首创者所拥有的受保护的独享权益。
骨骼肌	（名）	gǔ gé jī	动物肌肉的一种。属于横纹肌，分布于四肢。
肩胛骨	（名）	jiān jiǎ gǔ	俗称琵琶骨。位于胸廓的后面，是三角形扁骨。
扎马步	〈组〉	zhā mǎ bù	许多门派的根基功夫，可练腿力和练内功。

第十单元　医学诺贝尔篇

医学是人类健康的守护神。医学家用自己的智慧和艰辛帮助患者解除病痛、恢复健康。一些著名的医学家以及诺贝尔医学奖获得者，他们献身医学，致力于医药研究，不仅拯救了千千万万患者的生命，而且在医学理论和技术方面为全人类的健康作出了贡献。

第46课　超级武器诞生

1936 年 12 月 28 日,《时代》杂志的一篇文章令一种新型药物的名字以爆炸性的速度传遍了美国,原因是该药挽救了总统濒临死亡的儿子小富兰克林·德拉诺·罗斯福。总统的儿子患有脓毒性咽喉炎,链球菌感染了小富兰克林的全身,败血症使得他命在旦夕。然而在那个年代,由于缺乏有效的抗菌药物,链球菌败血症往往意味着死亡。即便是哈佛医学院的精英们对此也是无能为力。就在此时,转机出现了,负责小富兰克林的耳鼻喉科医生弄到了一种新药。在注射并口服该药后,小富兰克林几乎"立刻"就好转起来,接受了手术并脱离了危险。在总统儿子的身上发生了如此富有戏剧性的变化,这理所当然地引起了美国民众的高度关注,事件主角、神药"百浪多息"的名字也随之登上了报纸头条。

百浪多息,人类合成的第一种商业化抗菌药,它的出现标志着医学领域一个新时代的到来。高效低毒的化学药物第一次达到了令人满意的抗菌效果,无数患者的生命因它而被挽救。不过,现今的人们可能对百浪多息这个名字并不是非常熟悉,但要提及它的有效成分——大名鼎鼎的对氨基苯磺酰胺(磺胺),大家可能都会有所印象。1908 年,磺胺第一次被一位德国化学家合成,不过当时的磺胺只被当做一种合成染料的中间体,没有人注意到它的抗菌活性。默默无闻的磺胺就这样被束之高阁,埋没了近 30 年。1932 年,两位化学家在磺胺的基础上合成了衍生物百浪多息。同年秋天,百浪多息作为一种偶氮染料进入了细菌学家格哈德·多马克的视线。

多马克也是一位德国人,当时正在从事偶氮染料抗菌效果的研究。与以往的思路不同,多马克并不局限于观察药物的体外抗菌效果,而是先用病菌感染小鼠,再对小鼠投以药物,观察该药在体内的效用。在筛选了数以千计的偶氮类染料后,多马克终于发现,新型染料百浪多息虽然在体外没有任何抗菌效果,但小鼠实验的结果却表明百浪多息在体内的疗效非常好。12 只注射过百浪多息的感染小鼠均获得康复,而作为对照的 14 只感染小鼠均在几天内死亡。百浪多息的良好效果令人鼓舞。后续的实验表明,百浪多息对其他实验动物的疗效依然良好。多马克甚至用百浪多息治愈了自己身患链球菌败血症的女儿。然而不知出于何种考虑,多马克并未选择立即公开他的成果。到了 1935 年,多马克才终于公布了他的研究成果,各地的研究结果也表明百浪多息对感染人类的多种微生物具有确切的疗效。很快,百浪多息就被广泛应用于对抗各种细菌感染,小罗斯福很幸运地成为最早的一批受益者。

看到百浪多息如此成功,各家药物研发企业开始蜂拥而至,争先恐后地研制磺胺类药物。据估计,自上世纪 30 年代末到 40 年代初,总计有超过 5000 种磺胺类衍生物被研制合成,但其中真正具有医疗价值的仅有大约 20 种。其中,磺胺吡嗪用于治疗肺炎;磺胺噻唑用于治疗金葡菌感染;磺胺嘧啶用于对抗链球菌和金葡菌感染等等。在世界范围内,磺胺类药物的生产和使用呈井喷式上升,1937 年,美国磺胺类药物的产量为 35 万磅,到 1940 年这一数字已经翻了一番,到了 1942 年,全美的产量已经超过了 1000 万磅。二战期间,美军士兵随身携带磺胺药粉,遇到战伤等开放性伤口,士兵们会将药粉洒在创面以预防感染。这也带动了磺胺药物产量的飞速提升。

百浪多息的出色疗效给医学带来了革命性变化,高效化学合成药物成为人类对抗病原菌的有力武器。发现百浪多息的多马克青史留名,1939 年,诺贝尔医学奖授予多马克实至名归。然而由于希特勒的阻挠,多马克未能赴瑞典领奖,直至 1947 年二战结束后多马克才正式接受了诺贝尔奖章。而在那时,另一种划时代的抗菌武器——青霉素已经崭露头角了。

(选自科学松鼠会,有删减,作者:赵承渊)

词语提示

濒临	(动)	bīn lín	接近,临近。
转机	(名)	zhuǎn jī	好转的机会;好转的可能。
理所当然	〈组〉	lǐ suǒ dāng rán	按道理应当这样。
大名鼎鼎	〈组〉	dà míng dǐng dǐng	形容名气很大,极其有名。
默默无闻	〈组〉	mò mò wú wén	无声无息;不为人知。比喻人或事物没有名气。
衍生物	(名)	yǎn shēng wù	指一种简单化合物中的氢原子或原子团被其他原子或原子团取代而衍生的较复杂的产物。
筛选	(动)	shāi xuǎn	利用筛子进行选拣,现泛指通过淘汰的方式挑选。
争先恐后	〈组〉	zhēng xiān kǒng hòu	担心落后,奋力向前。
实至名归	〈组〉	shí zhì míng guī	有了真正的学识、本领或功业,自然就有声誉。
崭露头角	〈组〉	zhǎn lù tóu jiǎo	头上的角已明显地突出来了。指初显露优异的才能。

练习

一、根据课文内容判断正误

1. 正是"百浪多息"这种药物挽救了总统濒临死亡的儿子。　　　　　　　　（　）

2. 百浪多息挽救了无数患者的生命,因此现在"百浪多息"这个名字家喻户晓。（　）

3. 磺胺是百浪多息的衍生物。　　　　　　　　　　　　　　　　　　　（　）

4. 多马克通过小鼠实验证明了新型染料百浪多息在体外的抗菌效果非常好。（　）

5. 自上世纪 30 年代末到 40 年代初,5000 多种磺胺类衍生物中仅有大约 20 种真正具有医疗价值。 （　）

6. 多马克虽然被授予了诺贝尔奖,但一直未领奖。 （　）

二、选择画线部分词语在句子中的意思

1. 总统的儿子患有脓毒性咽喉炎,链球菌感染了小富兰克林的全身,败血症使得他<u>命在旦夕</u>。
   - A. 形容极短的时间
   - B. 病情加重
   - C. 生命垂危
   - D. 去世

2. 在总统儿子的身上发生了如此富有<u>戏剧性</u>的变化,这理所当然地引起了美国民众的高度关注。
   - A. 离奇,不平常　　B. 专指话剧　　C. 戏剧的特性　　D. 冲突和矛盾

3. 默默无闻的磺胺就这样被<u>束之高阁</u>,埋没了近 30 年。
   - A. 储藏器物的高架
   - B. 放在高高的阁楼上
   - C. 束缚起来
   - D. 放着不用

4. 看到百浪多息如此成功,各家药物研发企业开始<u>蜂拥而至</u>。
   - A. 有很多蜜蜂飞来
   - B. 像一窝蜂似地拥来
   - C. 形容人很多、很拥挤
   - D. 很多人朝一个地方聚集

5. 在世界范围内,磺胺类药物的生产和使用呈<u>井喷式</u>上升。
   - A. 石油从井底喷上来的速度很快
   - B. 形容上升的速度很快
   - C. 水从井口喷出的现象
   - D. 形容药物的使用效果越来越好

6. 发现百浪多息的多马克<u>青史留名</u>。
   - A. 在青竹片上记下自己的名字
   - B. 在清代历史上留下好名声
   - C. 在历史上留下恶名
   - D. 在历史上留下好名声

三、选择合适的词语填空

濒临　濒危　转机　转变　筛选　海选　大名鼎鼎　实至名归

1. 本来这次任务失败无疑,然而他的加入让事情有了（　）。

2. 张老师教书育人,桃李满天下,获得全国优秀教师的称号（　）。

3. 经过这段时间的朝夕相处,我对他的看法有所（　）。

4. 让我们同心协力,共同保护那些（　）灭绝的动物。

5. 能结识你这样（　）的科学家实在是我的荣幸。

6. 这些优良的种子是经过层层（　）而获得的。

四、根据课文内容选择正确答案

1. 关于总统儿子小富兰克林下列说法错误的是:
   - A. 患有脓毒性咽喉炎
   - B. 全身链球菌感染,患有败血症
   - C. 哈佛医学院的医生未能治好他的病
   - D. 注射并口服百浪多息药物后脱离了危险

2. 1908 年磺胺第一次被合成之后,埋没了近 30 年的原因是:

A. 磺胺没有百浪多息有名气　　　　　　B. 磺胺的抗菌活性没有被人注意到

C. 磺胺被束之高阁了　　　　　　　　　D. 磺胺被认为是一种偶氮染料

3. 多马克小鼠实验的结果表明：

A. 百浪多息的疗效非常好

B. 百浪多息在体外抗菌效果非常好

C. 百浪多息在体内抗菌效果非常好

D. 百浪多息对其他实验动物的疗效依然良好

4. 关于百浪多息下列说法错误的是：

A. 人类合成的第一种商业化抗菌药　　　B. 是一种高效低毒的化学药物

C. 是一种合成染料　　　　　　　　　　D. 有效成分是磺胺

5. 下列不是磺胺类衍生物的是：

A. 百浪多息　　　　B. 磺胺噻唑　　　　C. 磺胺嘧啶　　　　D. 对氨基苯磺酰胺

6. 为什么说诺贝尔医学奖授予多马克实至名归？

A. 多马克从事偶氮染料抗菌效果的研究

B. 多马克进行了小鼠实验的研究

C. 多马克研究发现了百浪多息出色的抗菌疗效

D. 多马克青史留名

五、根据课文内容回答问题

1. 百浪多息的名字登上报纸头条的原因是什么？

2. "百浪多息"出现的意义是什么？

3. 多马克小鼠试验的结果是什么？

说 一 说

1. 你还知道哪些抗菌药吗？请简单说一说。

2. 请结合所学文章谈谈一种新型药物的诞生需要经历哪些曲折？

阅读技能指导

把握句间隐藏的逻辑关系

当句子中有明确的关联词语时，句子间的关系比较容易确定。有时句子之间会没有关联词出现，那寻找句子间隐含的逻辑关系除了上节课提到的补充关联词以外，还可以通过变化句式来梳理句子间隐含的逻辑关系。例如：普通感冒这种上呼吸道感染可以自愈，治疗均为对症治疗。该句中没有出现关联词，通过句型变化"普通感冒这种上呼吸道感染（如果）采用对症治疗，（就）可以自愈。"通过变化句式并补充关联词的方式找出了句子间存在的内在逻辑关系。

练 习

阅读后分析下列句子之间的关系

1. 江水很深，水流又急，只身游过去是很危险的。

2. 总统的儿子患有脓毒性咽喉炎，链球菌感染了小富兰克林的全身，败血症使得他命在旦夕。

3. 中医通过"切脉"来诊断疾病,主要是身体的某个器官发生病变,常引起心跳快慢、强弱的变化,并表现在脉搏上。

阅读1

几天前,浙江安吉的一名婴儿在注射卡介苗后发生播散性卡介菌病,不幸去世。这将本已令无数国人揪心的疫苗安全问题再次推向舆论热议的中心。经过对此事的调查,有关人士表示,此次疫苗接种后出现的不幸是一个小概率事件(发生率大约为百万分之一),原因在于患儿本身患有一种名叫"高IgE(免疫球蛋白E)综合征"的免疫缺陷病。患有免疫缺陷病的人群在接受类似卡介苗等活菌接种后极有可能引发难以控制的感染。

那么,所谓的免疫缺陷是怎么一回事? 什么是免疫缺陷病? 关于免疫缺陷病,大家可能更熟悉的是"获得性免疫缺陷综合征",即艾滋病(AIDS)。该病是由于HIV病毒感染人体,造成免疫细胞功能障碍,无法对癌细胞或病原体产生良好的抵抗力,多数患者最终将死于肿瘤或多种机会致病菌的感染。HIV本身并不致命,但感染HIV后的免疫系统却仿佛破碎的长城,在敌军面前形同虚设。不过,导致免疫缺陷的凶手可不止HIV一个。根据免疫缺陷的发病原因,医学上将其分为先天性免疫缺陷病(PIDD)和获得性免疫缺陷病(SIDD)。造成后者的最常见原因有营养不良、感染、药物、肿瘤等等。很多常见病毒如麻疹病毒、巨细胞病毒、EB病毒等均可引起获得性免疫缺陷,HIV只是其中最出名的一个罢了。一些做过器官移植的患者由于需要服用免疫抑制剂来对抗排异,这些药物常常也是造成免疫缺陷的重要原因。

至于先天性免疫缺陷,则多数是由于遗传性发育缺陷所导致的免疫功能不全,这意味着人体的免疫长城在建造时就有了瑕疵。本文开头患儿被诊断的"高IgE综合征",正是先天性免疫缺陷病的一个罕见类型,它们多已被证实与基因改变有关。科学家们发现,多数呈现常染色体显性遗传的高IgE综合征存在STAT3基因的突变,该基因是一个涉及多种免疫信号传递的调节者,缺乏这种基因的人会有某些炎症反应的反常激活,引起相关组织和器官的病变,如皮肤湿疹、肺炎,念珠菌病、颅缝早闭等;同时,受STAT3基因调控的IL－21(白细胞介素－21,具有广泛的免疫调节生物学功能,可促进B细胞的增殖分化,免疫球蛋白的生成)信号通路也会因此发生缺陷,其结果将会导致大量IgE的产生。高IgE综合征患者的血清中存在超过2000IU(国际标准单位)/ml的IgE(正常人血清总IgE水平大约在数十到数百IU/ml之间),原因即在于此。

(选自科学松鼠会,有删减,作者:赵承渊)

练习

速读第1遍,完成下面的练习(建议阅读时间4分钟)

一、根据阅读内容选择正确答案

1. 浙江安吉的一名婴儿死亡的根本原因是:
    A. 注射卡介苗　　　　　　　　　B. 患有播散性卡介菌病
    C. 患有"高IgE综合征"　　　　　D. 卡介苗出问题

2. 关于HIV病毒下列说法错误的是:
    A. 会造成免疫细胞功能障碍　　　B. 本身并不致命
    C. 可以感染人体　　　　　　　　D. 导致免疫缺陷的唯一凶手

3. 下列哪一项不是造成获得性免疫缺陷病的因素？
    A. 营养不良、肿瘤　　　　　　　　B. 器官移植

    C. 麻疹病毒　　　　　　　　　　　D. HIV病毒

4. 造成先天性免疫缺陷的主要原因是：
    A. 感染　　　　B. 基因突变　　　　C. 遗传性发育缺陷　　D. 器官病变

5. 关于"高IgE综合征"下列说法正确的是：
    A. 与基因改变有关　　　　　　　　B. 属于获得性免疫缺陷

    C. 患者血清中IgE不足2000IU/ml　　D. 在患者中很常见

细读第2遍，完成下面的练习

二、根据阅读内容判断正误

1. 浙江安吉一名婴儿去世的原因是患有播散性卡介菌病。　　　　　　（　　）

2. 疫苗安全问题是令我们很多人揪心的问题。　　　　　　　　　　　（　　）

3. 艾滋病也被称为"获得性免疫缺陷综合征"。　　　　　　　　　　　（　　）

4. 艾滋病患者最终死亡的原因是HIV病毒的致命性。　　　　　　　　（　　）

5. 先天性免疫缺陷中常见的一种类型是"高IgE综合征"。　　　　　　　（　　）

6. STAT3基因是一个涉及多种免疫信号传递的调节者。　　　　　　　（　　）

三、选择画线部分词语在句子中的意思

1. 这将本已令无数国人揪心的疫苗安全问题再次推向舆论热议的中心。
    A. 为　　　　　　B. 让　　　　　　C. 命令　　　　　D. 另

2. 患有免疫缺陷病的人群在接受类似卡介苗等活菌接种后极有可能引发难以控制的感染。
    A. 似的　　　　　B. 相同　　　　　C. 好像　　　　　D. 大致相像

3. 大家可能更熟悉的是"获得性免疫缺陷综合征"，即艾滋病（AIDS）。
    A. 就是　　　　　B. 就　　　　　　C. 称为　　　　　D. 立即

4. 导致免疫缺陷的凶手可不止HIV一个。
    A. 不停止　　　　　　　　　　　　B. 表示超出一定数量或范围

    C. 不但　　　　　　　　　　　　　D. 不超出一定数量或范围

5. "高IgE综合征"是先天性免疫缺陷病的一个罕见类型。
    A. 很少见到　　B. 稀少　　　　　C. 稀奇　　　　　D. 看见

词语提示

揪心	（形）	jiū xīn	令人悲痛；极度痛苦的。
舆论	（名）	yú lùn	众人的议论。
概率	（名）	gài lǜ	表示某件事发生的可能性大小的一个量。
致命	（形）	zhì mìng	使丧命；使毁灭。
形同虚设	〈组〉	xíng tóng xū shè	形式上虽有，却不起作用，如同没有一样。
瑕疵	（名）	xiá cī	本指玉的疵病，喻微小的缺点，后泛指一切缺点。
涉及	（动）	shè jí	关联到，牵涉到。

阅读2

HIV 是人免疫缺陷病毒的简称。人感染 HIV 后，病毒会选择性进攻名为 CD4 阳性（CD4＋）的免疫细胞，使得此类细胞数量减少。由于 CD4＋细胞在免疫系统内担负非常重要的任务，因此 HIV 感染者的免疫功能会在数年内崩溃，感染者将无法抵御病原生物或肿瘤的侵袭。HIV 感染的终末阶段就是艾滋病。目前艾滋病已经成为对人类威胁最大的传染性疾病之一，不过随着抗病毒等有效治疗手段的出现，HIV 感染者的存活时间已经大大延长了。由于 HIV 并不会在短期内威胁患者的生命，另一些与 HIV 无关的疾病反倒更容易增加死亡率，例如丙肝、肝硬化、尿毒症（终末期肾病）等等。对于这部分携带有 HIV 的器官衰竭患者，移植有没有可能挽救他们的生命呢？

在很长的一段时间内，感染 HIV 都被看作器官移植的禁忌。由于 HIV 感染者免疫功能遭到损害，人们认为他们很难承受器官移植后所要进行的免疫抑制治疗。病毒和免疫抑制剂的双重打击会使得 HIV 感染者更加难以抵御病原生物，从而加速转变为 AIDS（艾滋病）患者，结局糟糕。而如果不进行免疫抑制治疗，那么强烈的排异反应又会使移植手术徒劳无功，移植器官难以成活。对于肾衰竭患者，医生们起初甚至根本没有考虑移植的可能性。因为面对尿毒症，血液透析等治疗方法同样可以起到替代肾脏的效果，抛弃透析而转向效果不明的肾移植，一来并不明智，二来还可能会浪费宝贵的肾脏供体。

于是，第一例针对 HIV 感染者的实体器官移植就变成了难度更大的肝移植。这名接受移植的患者除了感染 HIV 之外，还合并有 HCV（丙肝病毒）感染，同时伴有肝硬化。尽管很困难，但这毕竟迈出了第一步。后来人们发现，同时感染 HIV 和 HBV（乙肝病毒）的患者接受肝移植的效果更好，因为免疫球蛋白和抗病毒药物能够很好地防止乙肝病毒复燃。在联合抗病毒治疗的干预下，现在 HIV 感染者的肝移植效果已经与非 HIV 感染者不相上下了。

在 HIV 感染者中，肾脏有问题的人其实大有人在。由于长期使用抗病毒药物或抗生素，很多 HIV 感染者会合并有急性或慢性肾衰竭，HIV 本身也会造成 HIV 相关性肾病，成为艾滋病的致死原因之一。来自欧洲的资料显示，0.46％的 HIV 感染者进展为终末期肾病（ESRD），而透析并不能解决所有人的问题。在 1997 年之后，随着联合抗病毒疗法的到来，肾移植的效果出现了巨大改观，越来越多的 HIV 感染者接受了肾移植。近些年来，已经有超过 200 名 HIV 感染者接受了肾脏移植，这些患者的术后效果与非 HIV 感染者类似。

在国外越来越多的人倾向于认为只要满足移植要求，HIV 感染者不应被排除在等待移植的名单之外。HIV 感染者接受肾移植的标准各国大致相同，主要包括对患者四个方面的评估，分别是：①有无机会致病菌的感染；②有无肿瘤；③CD4＋T 淋巴细胞计数是否大于 200 个/mm³；④在联合抗逆转录病毒治疗下，血清 HIV 病毒载量是否处于可检测水平之下。

（选自科学松鼠会，有删减，作者：赵承渊）

练习

速读第 1 遍，完成下面的练习（建议阅读时间 5 分钟）

一、根据阅读内容选择最正确答案

1. CD4 阳性细胞的作用是：

A. 免疫细胞   B. 在免疫系统内担负非常重要的任务

C. 造成 HIV 感染者的免疫功能崩溃   D. 抵御病原生物或肿瘤细胞的侵袭

2. 关于 HIV 下列说法正确的是:

    A. 会攻击我们身体里所有的免疫细胞

    B. 随着医学的发展, HIV 在很长一段时间内不会危及患者的生命

    C. 肝硬化是 HIV 引起的疾病

    D. 一种免疫缺陷病毒

3. 第一例针对 HIV 感染者的实体器官移植是:

    A. 肾移植   B. 心脏移植   C. 肝移植   D. 皮肤移植

4. 下列哪一项不是越来越多的 HIV 感染者接受肾移植的原因?

    A. HIV 感染者难以抵御病原微生物

    B. HIV 本身造成的相关性肾病会使人死亡

    C. 透析并不能解决所有 HIV 感染者的问题

    D. 联合抗病毒疗法使用使肾移植的效果更明显

5. 下列不是各国 HIV 感染者接受肾移植标准的是:

    A. 是否有机会致病菌的感染

    B. 有无肿瘤

    C. CD4＋T(淋巴细胞)计数是否大于 200 个/mm^3

    D. 可以检测到血清 HIV 病毒载量

细读第 2 遍, 完成下面的练习

二、根据阅读内容回答问题

1. HIV 感染者的免疫功能会在数年内崩溃的原因是什么?

2. HIV 感染者的存活时间已经大大延长的原因是什么?

3. 对于肾衰竭患者, 医生们起初为什么根本没有考虑肾移植的可能性?

4. 为什么说同时感染 HIV 和 HBV(乙肝病毒)的患者接受肝移植的效果更好?

5. HIV 感染者是否可以接受肾移植?

三、用所给的词语替换下列句子中的画线部分词语, 保证句子意思基本不变

承担   很难   旗鼓相当   不乏其人   反而   困难

1. CD4＋细胞在免疫系统内<u>担负</u>非常重要的任务。   (   )

2. 另一些与 HIV 无关的疾病<u>反倒</u>更容易增加死亡率。   (   )

3. 强烈的排异反应又会使移植手术徒劳无功, 移植器官<u>难以</u>成活。   (   )

4. 现在 HIV 感染者的肝移植效果已经与非 HIV 感染者<u>不相上下</u>了。   (   )

5. 在 HIV 感染者中, 肾脏有问题的人其实<u>大有人在</u>。   (   )

词语提示

崩溃	(动)	bēng kuì	彻底破坏或垮台。
衰竭	(动)	shuāi jié	由于疾病严重或外伤、中毒等导致的生理机能极度减弱。
禁忌	(动)	jìn jì	指医药上应避免某类事物。

徒劳无功	〈组〉	tú láo wú gōng	白白付出劳动而没有成效。
复燃	（动）	fù rán	本来已经消失的东西又重新出现。
联合	（动）	lián hé	结合在一起的；共同的。
逆转录病毒	（名）	nì zhuǎn lù bìng dú	又称反转录病毒，是 RNA 病毒的一种，它们的遗传信息不是存录在脱氧核糖核酸（DNA），而是存录在核糖核酸（RNA）上。

第 47 课　抗生素时代

1945 年,一项医学成就得到了全世界的认可,从此,医学迈进了新的时代,全人类的生活因此而改变。直到今天,我们仍然在享受该成就所带来的福利,尽管问题重重,但这种福利仍然无可替代。这就是抗生素时代的到来。

从 19 世纪下半叶开始,随着巴斯德、科赫等一大批杰出微生物学家的涌现,病原微生物学取得了巨大的成就,以至于一度让人们怀疑人体的所有疾病都与病原微生物有关。而与上述成就相对应的是,直接面对微生物、杀死微生物而又不会对人体自身造成巨大伤害的药物却一直难于发现。磺胺是一个很大的进展,但还远远不够。

机会在无意间降临了。1928 年 9 月 3 日,度假归来的英国科学家亚历山大·弗莱明在走进实验室的那一刻,绝不会想到会做出震惊世界的发现。此前,弗莱明一直在进行金黄色葡萄球菌的研究。金葡菌是一种常见的致病菌,能够引起多种感染。曾有论文报告称金葡菌经过长时间的培养可能产生变异的菌株。弗莱明试图验证上述观点。于是在度假前,弗莱明并未清洗自己的细菌培养基,而是将它们堆放在室内,打算回来之后再作最后一次观察。度假归来正当弗莱明漫不经心地检查这些发霉的培养基时,一个奇怪的现象引起了他的注意:在一种霉菌定植的周围,嚣张的金葡菌竟然退缩了,而在远离霉菌的地方,金葡菌还在大长特长。这说明了一个简单的事实,即一定是这种霉菌分泌了某种抑制金葡菌的物质。目睹此情此景,前来聊天串门的弗莱明的前助手梅林·普利斯说:您当初不就是用同样的方法发现了溶菌酶嘛!(1921 年,弗莱明将自己的鼻涕接种于培养基,发现了溶菌酶)弗莱明提取了这种霉菌,并将其纯化、培养,很快就发现这种霉菌果然能够产生杀灭致病细菌的物质。这种霉菌归于青霉属,因此在 1929 年 3 月 7 日弗莱明发表的论文中,这种杀菌物质被命名为"青霉素"(盘尼西林)。

青霉素的威名如今已是如雷贯耳,不过在当时,青霉素的发现却没有得到足够的关注。甚至连弗莱明自己都对青霉素是否具有足够的应用前景持怀疑态度。青霉素提取困难,杀菌效果不明显(实验显示其起效似乎并不快),应用于人体后是否能够起到对抗细菌的效果也不明确。此外,弗莱明还是第一个发现金葡菌对青霉素产生耐药性的人,这个发现无疑也打击了弗莱明对青霉素的信心。弗莱明是一个微生物学家而非化学家,在青霉素的分离、纯化方面力不从心。这也是为什么青霉素早在 1928 年就被发现,却一直拖到 40 年代才推广应用的原因。好在牛津大学的化学家们适时出现了。恩斯特·钱恩以及霍华德·弗洛里的工作挽救了青霉素。他们手中的青霉菌正是取自弗莱明的菌株。在对青霉素进行了分离、纯化之后,人们发现青霉素在动物实验中的表现非常出色。而此时已经是 1940 年,距离青霉素的发现已经过去了十余年。第二次世界大战激战正酣,战场上的感染促使军方有更大的决心和财力投入对抗菌药物的研究,这才使青霉素的研发和生产得以快速开展。

时至今日,在许多穿越小说里,还不时能够看到现代人携带青霉素回到过去拯救世界的幻想。青霉素对于人类的意义无论怎样形容都不过分。它拯救了成千上万濒临死亡的白喉、梅毒、肺炎、脑膜炎、脓毒症等等感染患者,开辟了一种崭新的治疗方式,永久改变了人类面对病原微生物时的尴尬处境。青霉素所代表的抗生素时代延续至今,并将在可预见的未来继续延续下去。青霉素的发现更像是大自然精心赐予人类的礼物。借助弗莱明的眼,钱恩和弗洛里的实验,这个礼物终于被人们紧紧握在手里,并借此在与致病微生物的战斗中取得主动。1945

年,诺贝尔医学奖被授予上述三位伟大的科学家,以表彰他们的不朽贡献。

(选自科学松鼠会,有删减,作者:赵承渊)

词语提示

无可替代	〈组〉	wú kě tì dài	没有什么能够代替的。
定植	（动）	dìng zhí	从育苗的盆中移到它今后生长的大盆中。
漫不经心	〈组〉	màn bù jīng xīn	做事随随便便,不放在心上。
退缩	（动）	tuì suō	向后退;向后缩。
提取	（动）	tí qǔ	经过提炼而取得。
纯化	（动）	chún huà	去除杂质。
如雷贯耳	〈组〉	rú léi guàn ěr	响亮得像雷声传进耳朵里。形容人的名声大。
打击	（动）	dǎ jī	攻击;使受挫折。
力不从心	〈组〉	lì bù cóng xīn	心里想做某事,但是力量不够。
挽救	（动）	wǎn jiù	从危险或不利中救回来。
尴尬	（形）	gān gà	处于两难境地无法摆脱。

练习

一、根据课文内容判断正误

1. 我们现在仍在享受青霉素所带来的福利。　　　　　　　　　　（　）
2. 直接面对微生物、杀死微生物而又不会对人体自身造成巨大伤害的药物就是磺胺。　　　　　　　　　　（　）
3. 弗莱明曾试图验证金葡菌经过长时间的培养可能产生变异的菌株。　（　）
4. "青霉素"这种杀菌物质是恩斯特·钱恩和霍华德·弗洛里命名的。　（　）
5. 弗莱明一直坚信青霉素的杀菌效果非常好。　　　　　　　　　　（　）
6. 青霉素的研发和生产得以快速开展的一个重要原因是第二次世界大战。（　）

二、选择画线部分词语在句子中的意思

1. 病原微生物学取得了巨大的成就,以至于<u>一度</u>让人们怀疑人体的所有疾病都与病原微生物有关。
   A. 从前　　　B. 曾经　　　C. 一次　　　D. 一年
2. <u>目睹</u>此情此景,前来聊天串门的弗莱明的前助手梅林·普利斯说:您当初就是用同样的方法发现了溶菌酶嘛!
   A. 所见所闻　B. 亲眼看见　C. 亲耳听到　D. 面对
3. 这种杀菌物质被<u>命名</u>为"青霉素"。
   A. 起名　　　B. 称呼　　　C. 名称　　　D. 叫做
4. 甚至连弗莱明自己都对青霉素是否具有足够的应用前景<u>持</u>怀疑态度。
   A. 握住　　　B. 遵守不变　C. 支持　　　D. 持有
5. 第二次世界大战<u>激战正酣</u>。

A. 战斗正在进行   B. 战斗正激烈进行

C. 激战已经停止   D. 战斗即将胜利

6. 青霉素的发现更像是大自然精心赐予人类的礼物。

A. 赐给   B. 赏赐   C. 恩赐   D. 授予

三、选择合适的词语填空

退缩　退出　挽救　拯救　打击　攻击　如雷贯耳　闻名遐迩

1. 我们要尽全力（　）这批珍贵的文物。

2. 他的大名早已在医学界（　），无人不晓。

3. （　）的吐鲁番葡萄,皮薄汁多,果肉甜美,深受游客喜爱。

4. 面对挫折,我们要勇往直前,永不（　）。

5. 我们全社会要行动起来一起（　）那些失足的少年。

6. 这次高考名落孙山对我的（　）非常大。

四、根据课文内容选择正确答案

1. 与弗莱明无关的一项是：

A. 一直在进行金葡菌的研究

B. 他发表的论文报告称金葡菌经过长时间的培养可能产生变异的菌株

C. 发现了溶菌酶

D. 无意间发现了杀菌物质"青霉素"

2. 当时,青霉素的发现没有得到足够重视的原因是：

A. 青霉素本身提取困难,杀菌效果不明确

B. 青霉素发现者弗莱明对青霉素的效果缺少信心

C. 青霉素发现者弗莱明是一位著名的微生物学家

D. 青霉素发现者弗莱明不善于对青霉素进行分离和纯化

3. 关于"青霉素"下列说法正确的是：

A. 磺胺比青霉素的杀菌效果更好   B. 青霉素开辟了一种崭新的治疗方式

C. 青霉素可以杀死任何病原微生物   D. 曾经被带到古代拯救了那里的人类

4. 第一个发现金葡菌对青霉素产生耐药性的人是：

A. 亚历山大·弗莱明   B. 梅林·普利斯

C. 恩斯特·钱恩   D. 霍华德·弗洛里

5. 青霉素发现的意义是：

A. 改变了全人类的生活方式   B. 有效地杀死致病菌

C. 治疗战场上受伤感染的士兵   D. 在与致病微生物的战斗中由被动变为主动

6. 没有获得诺贝尔医学奖的科学家是：

A. 亚历山大·弗莱明   B. 梅林·普利斯

C. 恩斯特·钱恩   D. 霍华德·弗洛里

五、根据课文内容回答问题

1. 请简单说一下费莱明是如何发现青霉素的?

2. 费莱明为什么对青霉素是否具有足够的应用前景持怀疑态度?

3. 青霉素对于人类的意义是什么？

说一说

1. 你知道青霉素在注射之前要干什么吗？为什么？
2. 抗生素的使用给人类带来了福音，但同时也给人类带来了一些问题，你知道是什么吗？请说一说。

阅读技能指导

难句理解之一：缩句

对于阅读中遇到的结构比较复杂的难句，可以采用缩略法去更好地把握句子的关键信息。句子复杂难懂，主要原因是句子的某一部分（如定语和状语）太长，或者句子中出现太多的干扰。可以运用缩略法略去无关紧要的修饰成分，找到复杂句中最核心的主谓宾，把握句子的主要信息来理解句子。

缩句可以这样：1. 先找出句子中关键要讲的人或物。2. 找出句子中最后一个词语（删去助词"得"后边的内容后），如果是动词，那么句子可缩成：名词＋动词；如果不是动词，还要找出一个动词，句子就缩成：名词＋动词＋名词。3. 删去"在……中（上、下）、在……的时候"等表示时间、地点、方向、环境的短语，"一个、两只"等类似的量词短语，"的、地"前面的内容和"得"后面的内容。例如：繁花似锦的焰火在夜空中构成一幅幅美妙的图案。先找要讲的关键词"焰火"，再找最后一个词语"图案"，因为"图案"是名词，接着找到动词"构成"，最后删去"的"字前面的修饰语"繁花似锦"和"一幅幅美妙"，删去表空间的短语"在空中"，得到的缩句就是"焰火构成图案"。

练习

对下列长句进行缩句

1. 一只从树上掉下来的小麻雀无可奈何地拍打着小翅膀。
2. 他出车回来时，遇到了被车撞伤在路旁可肇事司机却已逃逸的她的母亲。
3. 在很多时候，医患双方都只不过是这个推广"过度医疗"的庞大系统中的受害者而已。

阅读1

1928 年，在伦敦一家医院值班的医师亚历山大·弗莱明有一天不经意地发现，容器里的细菌都死了，因为上面有一层绿色的霉。霉是一种菌体，当时已为人所知，这种绿色的霉就称为"青霉菌"。

费莱明这时忽然想到，或许可以用这种青霉菌来击退病原菌。可是，要在实验中培养分量足够的青霉菌并不容易。事实上，他总共花了 10 年，才大量培养出这种细菌。1944 年，使用青霉菌做成的药物终于问世。这种药物被称为"盘尼西林"。可是，盘尼西林并不是对所有病原菌都有效，其中尤以对结核菌最为无力。有些学者相信一定还有其他细菌可以做成药物，就继续研制新药，并在 20 世纪 40 年代终于制成最早的结核菌特效药。由于这种药物，结核才变得能够治疗。对抗其他病原菌的药物也陆续研发出来，这些药物被统称为"抗生素"。在现今时代,抗生素已成了医生不可或缺的治疗用药。

　　盘尼西林在医疗上使用五十多年后,医师又面临另外一个问题:新型的病原菌不断出现,原先所仰赖的抗生素变得效用全无。这种病原菌已经对抗生素产生抗力,亦即具有"耐力",因此早该在世界上消失的疾病,又在世界各地卷土重来。结核病就是一个例子,在发展中国家,依然不断有人死于结核病,而且如同先进国家百年以前的情况,变成很常见的疾病。

　　有耐性的病原菌的产生可以说是进化论的现成例子。所有物种都会随着时间逐渐变化,病原菌也是生物,而且有不计其数的种类,进化论对这些病原菌当然也适用。有极少数病原菌能够忍受抗生素,它们能在因抗生素而改变的环境中存活,并且留下后代,这些后代也继承了上一代的特质,于是就出现了耐得住抗生素的病原菌,耐不住抗生素的病原菌都一个个死去,最后只剩下具有耐性的病原菌不断繁衍。

　　病原菌实在很善于适应环境的变化,有些竟然能在几个月之内就习惯新的抗生素!如果病原菌照这样进化下去,以后我们要如何对抗疾病呢?有许多学者已经在为未来感到忧心。人和病原菌一直都在对抗,这场战争可能永远也不会终止,因为病原菌的进化,以前的特效药失去了效用,全新病原菌还会源源不断地出现。感冒病毒就曾在1918—1920年肆虐,夺去世界上约一千五百万人的性命。

　　20世纪80年代,可怕的艾滋病毒开始流窜,目前已经有数千万人受到感染。而在1995年,埃博拉病毒也使数百人在短时间内死亡,远比艾滋病毒危险。这种疾病会不会像过去的瘟疫一样,在人类还无法控制时蔓延开来,目前还不知道。无论如何,要避免"新瘟疫"的扩展,就必须尽快作更进一步的研究。

(选自《读者》2003年12期,有删减)

练习

速读第1遍,完成下面的练习(建议阅读时间4分钟)

一、根据阅读内容选择正确答案

1. 盘尼西林诞生于:
   A. 1918年　　　　B. 1920年　　　　C. 1928年　　　　D. 1944年

2. 盘尼西林很难对抗的是:
   A. 病原菌　　　　B. 结核菌　　　　C. 感冒病毒　　　　D. 抗生素

3. 人和病原菌的对抗将会永无休止的原因是:
   A. 目前的特效药失去了效用　　　　B. 病原菌会不断进化
   C. 病原菌很容易蔓延　　　　D. 艾滋病毒开始流窜

4. 不是病原菌特点的是:
   A. 可以忍受抗生素　　　　B. 善于适应环境
   C. 比较稳定　　　　D. 不断进化

5. 本文的标题比较恰当的是:
   A. 病原菌的进化　　　　B. 病原菌的特点
   C. 盘尼西林的诞生　　　　D. 人类与病原菌的斗争

细读第 2 遍，完成下面的练习

二、根据阅读内容回答问题

1. 盘尼西林是怎样问世的？

2. 盘尼西林使用五十年后，一个什么样的新问题出现在医生们面前？

3. 请简单说一下病原菌的耐药性是怎么产生的。

4. 在病原菌面前，许多学者都感到忧心，为什么？

5. 文章在最后两段列举感冒病和艾滋病病毒的流窜，是为了说明什么？

三、选择画线部分词语在句子中的意思

1. 1928 年，在伦敦一家医院值班的医师亚历山大·弗莱明有一天<u>不经意</u>地发现，容器里的细菌都死了。

　　A. 不是刻意地　　B. 注意，留心　　C. 觉察到　　D. 不是故意地

2. 霉是一种菌体，当时已<u>为</u>人所知，这种绿色的霉就称为"青霉菌"。

　　A. 为了　　B. 被　　C. 是　　D. 变为

3. 1944 年，使用青霉菌做成的药物终于<u>问世</u>。

　　A. 闻名世间　　　　　　　B. 著作出版
　　C. 见到世界　　　　　　　D. 新产品首次出现

4. 这种病原菌已经对抗生素产生抗力，<u>亦即</u>具有"耐力"。

　　A. 立即　　B. 就是　　C. 也就是　　D. 又就是

5. 20 世纪 80 年代，可怕的艾滋病毒（HIV）开始<u>流窜</u>。

　　A. 流放　　B. 乱跑　　C. 到处传染　　D. 不固定

词语提示

击退	（动）	jī tuì	用打击使对方后退。
统称	（名）	tǒng chēng	总的名称。
不可或缺	〈组〉	bù kě huò quē	非常重要，无法替代或缺少的。
仰赖	（动）	yǎng lài	依靠别人或事物而存在。
卷土重来	〈组〉	juǎn tǔ chóng lái	比喻失败之后，重新恢复势力。
不计其数	〈组〉	bù jì qí shù	没法计算数目。形容很多。
瘟疫	（名）	wēn yì	由于一些强烈致病性微生物，如细菌、病毒引起的传染病。
蔓延	（动）	màn yán	向四周扩展延伸。

阅读2

　　抗生素是治疗细菌感染性疾病的药物，它从致病细菌手中挽救了无数生命。

　　然而，这些药物的误用和过量使用，已造成了一种被称为抗生素耐药的现象。可能有害的细菌发生改变，使得抗生素的药效减弱或消失。抗生素对抗细菌，而不是病毒。抗生素是用来治疗细菌感染的。例如它们可以用来治疗化脓性咽喉炎，这种疾病是链球菌引起的。同样的，

它们也可以治疗葡萄球菌引起的皮肤感染。然而,抗生素对病毒却没有效果。因此,它们对病毒引起的疾病,比如普通感冒,大多数的咳嗽和喉咙痛,以及流感,都是不起作用的。

病人和医务工作者一样,可以在对抗抗生素耐药中起到重要的作用。当医生说不需要时,病人不应要求使用抗生素。医生也应只在确信由细菌引起的感染时开抗生素。作为一名患者,最好询问医生自己的情况是否需要抗生素。同时,还可以询问能用哪些别的方法来缓解症状。那么,如何辨别你是患了感冒还是细菌感染?一般感冒和流感的症状一周左右就会好转。如果你的发热和其他症状在这段时间持续不缓解或加重,那么你可能存在细菌感染,需要寻求医生帮助。当医生为你开了抗生素来治疗细菌感染时,严格遵照指示来服用药物是至关重要的。

哪些药物属于抗生素?这个问题不止一次有人问,所以就简单说一下。其实,严格地说抗生素并不包括全部治疗细菌感染的药物,更准确的说法是抗菌药物,其中包括天然来源的抗生素,和一些全人工合成的抗菌药物。以下药物属于抗菌药物:青霉素类,包括青霉素和各种通用名为"XX西林"(如氨苄西林、哌拉西林)的药物;头孢菌素类,包括各种通用名为"头孢XX"(如头孢呋辛、头孢哌酮)的药物;大环内酯类,常见的有红霉素、阿奇霉素等;氨基糖苷类,包括庆大霉素、依替米星、阿米卡星等;喹诺酮类,包括氟哌酸和各种通用名为"XX沙星"的药物(如环丙沙星、左氧氟沙星);磺胺类,通用名为"磺胺XX",最常见的有复方新诺明;硝基咪唑类,包括甲硝唑、替硝唑、奥硝唑等;其他,克林霉素、林可霉素、多粘菌素、呋喃妥因等;并非所有"霉素"都是治疗细菌感染的,不过其中很大一部分是,也可作为识别的参考。

（选自科学松鼠会,有删减,作者:窗敲雨）

练习

速读第1遍,完成下面的练习（建议阅读时间4分钟）

一、根据阅读内容选择正确答案

1. 抗生素耐药现象产生的原因是:
   - A. 抗生素用来治疗细菌感染性疾病
   - B. 抗生素使有害的细菌发生改变
   - C. 抗生素的误用和过量使用
   - D. 抗生素的药效减弱了

2. 抗生素能治疗的疾病是:
   - A. 流感
   - B. 链球菌引起的疾病
   - C. 普通感冒
   - D. 病毒引起的疾病

3. 下面哪些情况医生不能开抗生素?
   - A. 化脓性咽喉炎
   - B. 葡萄球菌引起的皮肤感染病人
   - C. 感冒症状一周后加重
   - D. 病人要求使用抗生素

4. 抗生素会产生耐药现象,所以病人面对医生开的抗生素:
   - A. 严格按照要求服用
   - B. 可以拒绝服用
   - C. 可以自行确定用量
   - D. 症状减轻时可以停止服用

5. 关于抗生素下列说法错误的是:
   - A. 不能治疗所有的疾病
   - B. 更准确地说法应该是抗菌药物
   - C. 全部是人工合成的
   - D. 有天然来源的

细读第 2 遍，完成下面的练习

二、根据阅读内容判断正误

1. 抗生素从致病菌手中挽救了无数生命。 （ ）

2. 抗生素既可以对抗病毒，也可以对抗细菌。 （ ）

3. 在对抗抗生素耐药的过程中病人也起到重要作用。 （ ）

4. 病人为避免抗生素耐药的产生可以拒绝服用医生开的抗生素。 （ ）

5. 准确地说抗生素是所有治疗细菌感染药物的统称。 （ ）

6. 很大一部分"霉素"是治疗细菌感染的。 （ ）

三、用所给的词语替换下列句子中的画线部分词语，保证句子意思基本不变

按照　滥用　确诊　减轻　缓慢　判断　遵守　分别

1. 这些药物的<u>误用</u>和过量使用，已造成了一种被称为抗生素耐药的现象。 （ ）

2. 医生也应只在<u>确信</u>由细菌引起的感染时开抗生素。 （ ）

3. 还可以询问能用哪些别的方法来<u>缓解</u>症状。 （ ）

4. 如何<u>辨别</u>你是患了感冒还是细菌感染？ （ ）

5. 严格<u>遵照</u>指示来服用药物是至关重要的。 （ ）

词语提示

误用	（动）	wù yòng	错误地使用。
缓解	（动）	huǎn jiě	疾病、痛苦等减轻。
通用名	（名）	tōng yòng míng	药品的法定名称。
识别	（动）	shí bié	辨认；辨别；区分，分辨。
参考	（名）	cān kǎo	用于帮助了解情况。

第 48 课　凝与抗凝

　　人体血管内的血液昼夜奔流不息。然而一旦血管出现小破口,流出的血液便会在短时间内凝固,以阻止更多的血液流出。参与凝血反应的因子多数为蛋白质,它们在肝脏合成、降解和失活,因而肝脏功能的好坏将直接影响人体的凝血功能。除此之外,肝脏合成某些凝血因子还少不了一种营养素的帮助——这就是维生素 K。

　　维生素 K 的促凝血作用是在 1934 年被一位名叫达姆的丹麦科学家发现的。1929 年,达姆在一项针对小鸡的实验中注意到了某种异常:当食物中长期缺乏脂类时,小鸡开始有自发出血的现象。这说明脂类食物中可能存在未知的促进血液凝固的物质。5 年之后,达姆确认麻籽中富含这种止血物质,并将这种物质命名为"凝血维生素"或维生素 K。维生素 K 能够确保肝脏产生足够的正常凝血因子,继而保证凝血反应正常进行。天然维生素 K(K1 和 K2)不溶于水,因而需要从富含脂类的食物(如动物肝脏)中摄取。但是正常情况下人体并不会缺乏维生素 K,因为还有部分维生素 K(K2)可经肠道细菌合成。维生素 K 的吸收依赖胆汁,因此当胆汁流动的管道(胆管)被结石或肿瘤阻塞时,患者常常会发生维生素 K 缺乏,继而产生凝血障碍。新生儿肠道菌群尚未完全建立,维生素 K 的合成能力不足,容易缺乏维生素 K 而产生出血症状。针对上述人群的出血,补充维生素 K 会取得很好的止血效果。

　　崇尚平衡的大自然并未将维生素 K 作为自己唯一的宠儿。与其相对的,一种名为双香豆素的物质几乎能够与维生素 K 产生完全相反的效果。维生素 K 的还原形态能够促使肝脏合成凝血因子,而双香豆素则可阻断还原型维生素 K 的形成,影响凝血因子合成,继而起到抗凝血作用。在某些需要延长凝血时间的场合,香豆素类药物大显身手,华法林就是其中的杰出代表。例如,在人工心脏瓣膜置换手术后,为了防止血液受到瓣膜刺激而产生凝集,医生会让患者口服华法林,以免形成的血栓阻塞脑血管而导致中风;心房纤颤的患者也容易产生动脉血栓,有时医生也会让房颤患者长期口服华法林。在服用华法林期间,患者需要频繁检测凝血功能并调整剂量,以免抗凝效果过强而发生大出血。如果华法林用药过量,医生可以使用维生素 K 解毒,这使得华法林具备的相当的安全性。

　　其实,在双香豆素刚刚被发现的那几年,人们还没有认识到它作为抗凝药物的价值。双香豆素会引起大出血,这使得人们更多地将它归为毒药一类,并想方设法增强它的药力,以便更好地杀死动物。华法林就是这种改进的产物。事实上,最初的华法林就是被当做鼠药使用的。毒力强的鼠药会让老鼠产生戒备,逐渐不再上当,而如前所述,华法林的作用是逐渐产生并增强的,服用华法林的老鼠会慢慢产生自发出血,最终因失血过多而死。老鼠很难将同伴的死与华法林联系起来,因而灭鼠效果不错。直到 1951 年,一名美国士兵用华法林自杀又被维生素 K 救活后,华法林安全的抗凝效用才引起了人们的重视,从那以后,华法林作为人用的抗凝药物进入了研究人员的视野。时至今日,华法林仍然是使用最为广泛的一线抗凝药物之一。当然,在种类繁多的灭鼠药物中,抗凝药物依旧占有一席之地,维生素 K 仍然是抢救这类鼠药中毒的特效药。

　　维生素 K 与双香豆素,凝与抗凝,自然界赐予了我们两种调节凝血时间的有力工具,凭借这对工具,医生能够精巧地在血栓形成和大出血之间找到微妙的平衡,从而满足各类患者的特殊需求。发现维生素 K 的达姆此后又进行了进一步研究,得到了高浓度的富含维生素 K 的油剂,为解开维生素 K 的真正秘密作出了贡献。而另一位美国科学家多依西则在 1939 年彻底完成了维生素 K 的分离提纯,并于 1940 年区分了维生素 K1 和 K2。1943 年,达姆和多伊西分享了当年的诺贝尔医学奖。

（选自科学松鼠会,有删减,作者:赵承渊）

词语提示

降解	（动）	jiàng jiě	高分子化合物的大分子分解成较小的分子。
自发	（动）	zì fā	不受外力影响而自然产生。
大显身手	〈组〉	dà xiǎn shēn shǒu	充分显示出本领和才能。
瓣膜	（名）	bàn mó	是人或某些动物的器官里面可以开闭的膜状结构。
以免	（连）	yǐ miǎn	用于提起下半句话,表明前半句话是为了使下半句话所说的情形不至于发生。
想方设法	〈组〉	xiǎng fāng shè fǎ	想出种种办法或计谋。
上当	（动）	shàng dàng	指中了别人的奸计而受骗。
视野	（名）	shì yě	眼睛看到的空间范围。
微妙	（形）	wēi miào	深奥玄妙。
提纯	（动）	tí chún	除去某种物质所含的杂质,使变得纯净。

练习

一、根据课文内容判断正误

1. 我们伤口的血液不会一直往外流是因为我们流出的血液会在短时间内凝固。 （　）
2. 只有维生素 K 可以促成肝脏合成凝血因子。 （　）
3. 达姆针对小鸡的实验说明脂类食物中肯定存在促凝血的物质。 （　）
4. 维生素 K 只能从脂类食物中获取。 （　）
5. 具有抗凝血作用的是一种名为双香豆素的物质。 （　）
6. 维生素 K 可以促进血液凝固,是人体不可缺少的;而华法林阻止血液凝固,对人体没有任何作用。 （　）

二、选择画线部分词语在句子中的意思

1. 参与凝血反应的因子多数为蛋白质。
   A. 为了　　　　B. 是　　　　　C. 被　　　　　D. 称为
2. 这说明脂类食物中可能存在未知的促进血液凝固的物质。
   A. 没有知道　　B. 未来的认知　C. 迷茫的状态　D. 不知道
3. 新生儿肠道菌群尚未完全建立。
   A. 还没有　　　B. 崇尚未来　　C. 崇尚未知　　D. 尚且
4. 想方设法增强它的药力,以便更好地杀死动物。
   A. 为了有利　　B. 表示目的　　C. 方便　　　　D. 便利于

5. 毒力强的鼠药会让老鼠产生戒备。
   A. 警戒　　　　B. 注意　　　　C. 准备　　　　D. 防备
6. 在种类繁多的灭鼠药物中，抗凝药物依旧占有一席之地。
   A. 一个地方　　B. 一个席位　　C. 一个位置　　D. 重要作用

三、选择合适的词语填空

崇尚　崇高　以免　难免　自发　自觉　大显身手　大有作为

1. 学生们（　　）组织起来，一起为患者募捐。
2. 这场唱歌比赛，参加者个个（　　），难分高下。
3. 我们每一人都要（　　）节俭，节约资源，爱护我们的家园。
4. 你要重新给自己定位，找准目标奋力拼搏，今后一定会（　　）。
5. 我们青少年是祖国的未来，要树立（　　）的理想。
6. 在体操比赛之前一定要进行热身训练，（　　）拉伤韧带。

四、根据课文内容选择正确答案

1. 肝脏功能的好坏将直接影响人体凝血功能的原因是：
   A. 肝脏合成某些凝血因子
   B. 参与凝血反应的蛋白质大多数在肝脏合成、降解和失活
   C. 肝脏里有维生素 K
   D. 肝脏具有解毒的作用

2. 关于达姆下列说法正确的是：
   A. 1929 年发现了维生素 K 的促凝作用
   B. 1939 年彻底完成了维生素 K 的分离提纯
   C. 1934 年获得诺贝尔医学奖
   D. 维生素 K 的命名者

3. 关于维生素 K，下列表述错误的是：
   A. 正常情况下人体不会缺乏维生素 K　　B. 有些维生素 K 人体自身可以合成
   C. 肠道阻塞时人体就会缺乏维生素 K　　D. 新生儿容易缺乏维生素 K

4. 双香豆素能够起到抗凝血作用的原因是：
   A. 可以阻断还原型维生素 K 的形成　　B. 产生与维生素 K 完全相反的效果
   C. 手术时医生会让患者服用　　　　　　D. 可以使用维生素 K 解毒

5. 关于华法林灭鼠效果明显的原因，文中未提到的是：
   A. 毒力很强　　　　　　　　　B. 会让老鼠自发出血
   C. 会让老鼠失血过多而死　　　D. 不会让老鼠产生戒备

6. 关于华法林下列说法错误的是：
   A. 华法林是双香豆素类药物的杰出代表
   B. 1951 年之前其安全的抗凝效用还未被重视
   C. 目前仍然是使用最为广泛的抗凝药物
   D. 在老鼠体内毒力是逐渐产生并增强的

五、根据课文内容回答问题

1. 双香豆素是如何起到抗凝血作用的？
2. 华法林最初被当做老鼠药使用的原因是什么？
3. 自然界赐予了我们两种调节凝血时间的有力工具是什么？

说一说

1. 你知道我们伤口流出的血液会凝固的原因吗？请结合所学知识谈谈。
2. 请你说说人体除了需要维生素 K，还需要哪些维生素？

阅读技能指导

难句理解之二：结合上下文语境理解难句

一些含有引用他人话语、格言、诗词和俗语的句子，如果把它们从句子中抽出来逐字逐词地理解，肯定有一定的难度。这时就需要结合上下文语境去理解它，经常在下文就有对该句的解释说明。例如：在作就职演讲时，寡言务实的梅贻琦却说出了一句此后广受推崇的名言："所谓大学者，非谓有大楼之谓也，有大师之谓也。"此话可谓点睛，对于大学，师资可不是第一位么。不过大楼呢，恐怕也未必就无足轻重。

如果单独去理解名言"所谓大学者，非谓有大楼之谓也，有大师之谓也"，因为带有文言色彩，比较困难，可紧接着后面一句"对于大学，师资可不是第一位么"就解释了该句的意思。

还有一些有其固定句法意义的句子，在依附于具体的语言活动后，就产生了生动的情境意义，这也需要理解句意时瞻前顾后，纵观上下，通过句子与句子，句子与段落，句子与篇章的联系来加强理解。

理解句子，是为了理解整篇文章。因此，在阅读教学中，不能把句子从具体的语言环境中抽出来，就句论句。

练习

根据上下文理解画线句子的意思

1.《礼记·曲礼》上说："男子二十冠而字"，"女子十五笄而字"，就是说不管男女，只有到了成年才取字，取字的目的是为了让人尊重他，供他人称呼。

2. 宋人黄庭坚有句诗说得很好："世上岂无千里马，人中难得九方皋。"九方皋是古代善相马的人。黄庭坚的意思是：世上难道少了人才吗？只不过没有识别人才的能人罢了。

3. 态度应诚恳但不轻信，三思而行，不能"一是朋友，都是朋友"。对于"初相识"，要谨慎。

阅读1

我的名字叫血栓。在我们栓子大家族中排行老大，我有一个坏脾气，喜欢在人们的血管里横冲直撞，惹事生非，大家可得提防着点儿。

我出生在人们有病的心脏里。风心病（风湿性心脏病的简称）、冠心病以及感染性心内膜炎患者的心脏是我最喜欢呆的地方。平时，我还挺老实，整天在病人的心脏里睡大觉，可当他们发生心房颤抖时，我就被震得受不了，就会发起脾气，跑出心脏，在血管里闯祸了。

当我来到到血管里,就像进了黑洞洞的迷宫,自己也不知道该往哪儿跑,只得听天由命,任凭血液把我冲到陌生的地方。如果我闯进脑血管,就会引起脑血栓,也就是平时大家所说的"中风";如果跑到心脏的冠状血管里,就会引起心肌梗塞;而到了肢体的血管,就会引起肢体缺血、坏死,严重时还得锯掉坏死的肢体。

不知为什么,我常常闯进大腿的股动脉,到了那里以后,想上上不去,想下下不来,血管被我挤得直哆嗦,原来在血管里的血液就会凝结成块。这时来自心脏的新鲜血液被我堵住,没法再给下肢运送营养品。病人常会突然感到下肢剧烈疼痛,皮肤颜色变得苍白,温度明显下降,小腿和脚的感觉减退。检查时会发现下肢动脉搏动减弱或者消失,严重时肢体还会溃烂、坏死。人们通常把这种病称为"急性股动脉栓塞"。

有一次,我听医生说,得了动脉栓塞这种病,如果马上就诊(一般在 6～8 小时以内),肌肉组织还没有发生变性坏死,治疗效果一般都比较好。医生可以在病人的大腿根部打一点局部麻药,开一个小口子,然后往股动脉里插入一根带小气囊的导管。可别小看这根导管,当它头上的小气囊挤到我的身边,再由医生向导管灌进空气或盐水,就把我给紧紧地勒住了,一点也动弹不得,这时,医生慢慢地拉出导管,我也只得乖乖地被拖出血管。医生把我拖出来后,再用一些药,如尿激酶、肝素、低分子右旋糖酐等,就可以使下肢恢复血流,保住肢体了。如果就诊太晚,肌肉已经坏死,那医生也爱莫能助,只好截去坏死的肢体了。

今天我把自己的脾气告诉大家,就是想请大家有所防备。凡是心脏病、房颤的朋友,很可能我已经躲在你们的心脏里了,平时要积极治疗,按时服用医生开给你的药,尽可能定期到门诊复查。如果遇到下肢突然剧痛,伴有皮肤颜色苍白,温度降低,感觉减退,就有可能是我不安分守己,又在闯祸了,这时你就应该马上睡平,下肢稍微下垂,一般在 15 度左右。即使感到下肢凉,也不要用热水擦洗,更不要用热水袋敷(这一点必须切记),应当立即去医院急诊。在那里,血管外科医生会帮助您的。

(选自《中专语文》,有删减)

练习

速读第 1 遍,完成下面的练习(建议阅读时间 4 分钟)

一、根据阅读内容选择正确答案

1. 血栓产生于人体的:
   A. 心脏　　　　　B. 肺　　　　　C. 脑　　　　　D. 血管

2. 脑血栓俗称:
   A. 心脏病　　　　B. 中风　　　　C. 抽筋　　　　D. 神经病

3. 如果血栓闯入大腿的股动脉,后果会是:
   A. 肢体坏死　　　　　　　　　B. 小腿和脚感觉减弱
   C. 皮肤苍白　　　　　　　　　D. 以上都有

4. 得了动脉栓塞这种病,病人如果肌肉已经坏死可能会出现的结果是:
   A. 肢体会溃烂　　B. 被截肢　　　C. 下肢会疼痛　　D. 肢体感觉会减退

5. 这是一篇科普说明文,最恰当的标题是:
   A. 血栓的形成　　　　　　　　B. 血栓的预防
   C. 血栓的自述　　　　　　　　D. 急性股动脉栓塞的治疗

细读第 2 遍，完成下面的练习

二、根据阅读内容回答问题

1. 请举例说明血栓给我们的身体带来的危害。

2. 血栓闯进大腿股动脉后，病人会有什么表现？

3. 得了动脉栓塞，患者为什么要在 6－8 小时内接受治疗？

4. 如何预防血栓给我们的身体带来的危害？

5. 这篇文章是以第几人称写的？这样写的效果是什么？

三、选择画线部分词语在句子中的意思

1. 我有一个坏脾气，喜欢在人们的血管里横冲直撞，惹事生非，大家可得<u>提防</u>着点儿。

    A. 防水提　　　　B. 小心防备　　　　C. 提高预防　　　　D. 细心预防

2. 如果马上<u>就诊</u>，肌肉组织还没有发生变性坏死，治疗效果一般都比较好。

    A. 诊断　　　　B. 确诊　　　　C. 看病　　　　D. 就要去医院

3. 如果就诊太晚，肌肉已经坏死，那医生也<u>爱莫能助</u>，只好截去坏死的肢体了。

    A. 责怪病人　　　　B. 有办法　　　　C. 不愿帮忙　　　　D. 帮不上忙

4. 按时服用医生开给你的药，尽可能定期到门诊<u>复查</u>。

    A. 反复检查　　　　B. 再次检查　　　　C. 重复检查　　　　D. 检查体检

5. 即使感到下肢凉，也不要用热水擦洗，更不要用热水袋<u>敷</u>，应当立即去医院急诊。

    A. 放在患处　　　　B. 涂上　　　　C. 应付　　　　D. 足、够

词语提示

横冲直撞	〈组〉	héng chōng zhí zhuàng	乱冲乱撞，蛮横无理。
惹事生非	〈组〉	rě shì shēng fēi	招惹是非，引起争端。
听天由命	〈组〉	tīng tiān yóu mìng	听任事态自然发展变化，不做主观努力。也比喻凭机会，该怎么样就怎么样。
哆嗦	（形）	duō suo	身体不由自主地颤动。
勒住	（动）	lēi zhù	用绳子等捆住和套住，然后用力拉紧。
爱莫能助	〈组〉	ài mò néng zhù	虽然心中关切同情，却没有力量帮助。
安分守己	〈组〉	ān fèn shǒu jǐ	规矩老实，守本分，不做违法的事。

阅读2

阿司匹林于 1899 年进入临床使用，年龄比中国的云南白药还要大（云南白药创制于 1902 年），是名副其实的百年老药。除了最早发现的解热、消炎、镇痛作用外，它用于防治心脑血管疾病也有许多年的历史。它是所有医生最熟悉的药物之一，医生们对于它已经积累了相当丰富的经验。但是，经验毕竟是主观的东西，会受到各种主客观混淆因素的影响，所以就需要严格设计的大规模临床试验来验证。又由于药物对于具有不同特点的患者人群会有不同的作用，所以，过去在某个患者人群中得出的研究结果不一定适用于其他人群。正因为如此，这种百年老药也还是有不断接受再评价的必要。

正如上文所说,人们已经知道阿司匹林可用于防治心脑血管疾病。对于曾经有过心脏病发作和中风史的患者,以及确诊的冠心病患者,服用阿司匹林治疗目前没有异议。但是对于没有心脏病和心脑血管事件发作史,却有此种风险的人群,是否应该常规服用阿司匹林,却是一直有着争议。这是因为阿司匹林虽然是好药,却也有着导致出血的副作用。

目前的心血管疾病防治指南推荐将阿司匹林用于中度冠心病风险人群的一级预防,就是推荐已知有一定冠心病风险但还没有患这个病的人通过吃阿司匹林来预防(这里简单介绍一下现代医学中三级预防的概念:一级预防就是没病防病;二级预防是指早期发现、早期诊断、早期治疗;三级预防是指疾病后期的治疗和康复)。但今年 5 月 30 日的《柳叶刀》杂志上发表的一篇研究论文指出,阿司匹林用于心脑血管疾病的一级预防时,可以使非致命性心肌梗死减少 1/5,但不能显著降低中风的风险;而在不良反应方面,出血的风险却增加了 1/3。因此,该论文的作者认为,对于无心脑血管疾病的患者,不应该推荐使用阿司匹林作为预防用药。

对此,美国心脏学会发言人,心血管病专家杰拉德·弗莱彻博士有不同意见。他认为指南是合理的,小剂量阿司匹林对出血风险小而又有心脏病发作风险的人群,带来的裨益大于风险。他认为这篇论文所分析的的临床试验中使用的阿司匹林每日剂量高达 500mg,这个剂量过大,小剂量更安全。当然,指南中也已经指出,不耐受阿司匹林的患者,或者有胃肠道出血,及出血性中风的患者,不应该服用阿司匹林。

鉴于这些不同意见的存在,对于每一个具体的患者,可能还是应该具体情况具体分析,由经治医生权衡利弊,来决定是否需要使用阿司匹林。但无论是否赞同使用阿司匹林用于一级预防,两方面的专家都认为,预防心脑血管疾病,重点应放在控制血压和胆固醇上。对于胆固醇升高的人来说,首先要考虑的是使用他汀类降脂药,而不是急着用阿司匹林。

(选自科学松鼠会,有删减,作者:崔略商)

练习

速读第 1 遍,完成下面的练习(建议阅读时间 5 分钟)

一、根据阅读内容选择正确答案

1. 阿司匹林的作用是:
   A. 解热   B. 镇痛
   C. 防治心脑血管疾病   D. 以上三者都有

2. 阿司匹林还要不断接受再评价的原因是:
   A. 同一种药物不可能适用于所有患者
   B. 经验是主观的东西
   C. 是否应该常规服用阿司匹林一直存在争议
   D. 医生对阿司匹林的作用还不是很熟悉

3. 哪些患者服用阿司匹林有争议?
   A. 曾经有过心脏病发作的患者
   B. 确诊的冠心病患者
   C. 没有心脏病发作史但有发生心脏病风险的患者
   D. 曾经有过中风史的患者

4. 关于《柳叶刀》杂志上发表的研究论文的观点,下列表述错误的是:

A. 阿司匹林可以使非致命性心肌梗死减少 1/5

B. 阿司匹林降低中风风险效果不显著

C. 阿司匹林可以增加 1/3 的出血风险

D. 阿司匹林不应该被推荐为心脑血管疾病的预防药物

5. 本文作者对使用阿司匹林的观点是：

A. 不应该服用   B. 经由医生决定是否使用

C. 使用剂量要减少   D. 建议改用他汀类降脂药

细读第 2 遍，完成下面的练习

二、根据阅读内容判断正误

1. 中国的云南白药是在阿司匹林之后进入临床使用的。　　　　　　　（　）

2. 所有医生最熟悉的药物是阿司匹林。　　　　　　　　　　　　　　（　）

3. 阿司匹林是名副其实的百年老药，没有副作用。　　　　　　　　　（　）

4. 弗莱彻博士认为阿司匹林不适合用于心脑血管疾病的一级预防。　　（　）

5. 并不是所有的心脑血管患者都适合服用阿司匹林。　　　　　　　　（　）

6. 控制血压和胆固醇是预防心脑血管疾病的关键。　　　　　　　　　（　）

三、用所给的词语替换下列句子中的画线部分词语，保证句子意思基本不变

考虑到　由于　不是　混杂　混乱　分析得失　好处

1. 经验毕竟是主观的东西，会受到各种主客观混淆因素的影响。　　　（　）

2. 阿司匹林用于心脑血管疾病的一级预防时，可以使非致命性心肌梗死减少 1/5。　（　）

3. 小剂量阿司匹林对出血风险小而又有心脏病发作风险的人群，带来的裨益大于风险。

　　　　　　　　　　　　　　　　　　　　　　　　　　　　　　　（　）

4. 鉴于这些不同意见的存在，对于每一个具体的患者，可能还是应该具体情况具体分析。

　　　　　　　　　　　　　　　　　　　　　　　　　　　　　　　（　）

5. 由经治医生权衡利弊，来决定是否需要使用阿司匹林。　　　　　　（　）

词语提示

名副其实	〈组〉	míng fù qí shí	名声或名义和实际相符。
混淆	（动）	hùn xiáo	思想混杂，使界限不分明。
异议	（名）	yì yì	不同的意见。
争议	（名）	zhēng yì	争论。

第 49 课　　肾上腺皮质激素

类风湿关节炎即使在今天也不是一种好治的疾病。到了疾病晚期,患者除了关节疼痛、肿胀外,还会出现严重的畸形,痛苦不言而喻。在医学科技远不如今的 100 年前,医生们面对这种棘手的病症,又会想出什么办法来应付呢?

1923 年,毕业于匹兹堡大学的美国人菲利普·肖瓦特·亨奇进入梅奥诊所风湿病学系,开始专门致力于解决此类疾病。类风湿性关节炎理所当然地成为他的主要目标。类风湿关节炎和感染性疾病不同,后者多半有某种病原微生物(常见的如细菌等)作祟,感染部位因炎症反应而出现红、肿、热、痛等反应,治疗上通常只要采取合理的抗菌素,必要时加以局部的引流手术,病情很快就能得到控制。而类风湿关节炎这类疾病则不同。它们并没有致病微生物感染,完全是由于人体自身免疫系统的某些紊乱或失调所导致。免疫细胞将自身的关节滑膜当做敌人进行攻击,进而破坏关节的软骨骨质,久而久之引起畸形。这就解释了为什么类风湿关节炎的病变关节也存在炎症反应,且与病原微生物感染完全一样,但医生的撒手锏抗生素却完全不起作用。

在亨奇的时代,人们对此类疾病的认识还远远不够。在观察治疗了可观数目的病人之后,细心的亨奇发现了一些现象:那些因患有肝脏疾病而出现黄疸的患者,他们的类风湿关节炎症状常常会有所减轻;而妇女在怀孕后,孕前就有出现类风湿关节炎减轻的现象。这些说明了什么呢? 黄疸的原因是肝脏分泌的胆汁排出不畅。胆汁为金黄色,正常情况下,胆汁经胆管流入十二直肠,参与消化过程。当某些疾病导致胆管阻塞时,胆汁就会经肝脏逆流入血,引起肤色发黄。也就是说,黄疸患者的血液较常人含有更高浓度的胆汁酸。而孕妇由于妊娠期内分泌环境的改变,血液中含有更高浓度的雌孕激素等性激素。胆汁酸和性激素,看上去好像没有什么明显的联系,但在亨奇看来,他们的联系却非同一般:从化学结构上看,他们都是类固醇。由此,亨奇产生了一个设想:黄疸、妊娠之所以能够缓解类风湿关节炎的病情,很有可能就是血液中类固醇浓度升高所致。如果给予外源的类固醇,是不是就能治疗类风湿关节炎呢? 此时,亨奇在梅奥诊所的同事,化学家爱德华·卡尔文·肯道尔带来了好消息:经过努力,肯道尔教授与另一名化学家撒迪厄斯·赖希斯坦成功分离、纯化并鉴定了一种新的激素:化合物 E。这种激素也是一种类固醇,后来改名为可的松,这就是赫赫有名的肾上腺皮质激素。

现在,经过肯道尔和赖希斯坦的努力,可的松终于横空出世。两人使用可的松来试验性治疗类风湿性关节炎获得了前所未有的成功。疼痛的关节不再痛了,肿胀也消退了,全身的症状也大幅好转,这是皮质激素立竿见影的效果。亨奇的成果吸引了全世界的目光,皮质激素以及肾上腺在其他疾病中所扮演的角色也开始为大家所重视。如今人们已经了解到,皮质激素能够下调免疫反应,因此对于那些因自身免疫系统异常而导致的疾病,皮质激素几乎都有用武之地,包括过敏、哮喘、肾病、肿瘤、器官移植等广泛领域。特别是在危重症病人抢救过程中,皮质激素往往有起死回生的效果。不过,随着肾上腺皮质激素使用时间的延长,激素带来的副作用也不能忽视:发胖、多毛、骨质疏松、骨折,诱发消化道溃疡,诱发和加重感染,长期使用停药后还会带来严重的戒断反应。如何应用皮质激素,短期还是长期,全身使用还是局部使用,何时减量、何时停药等等都需要仔细权衡,小心决定。不管怎样,肾上腺皮质激素的发现、提纯、鉴定和应用都是医学历史上的一大进展。为此,1950 年的诺贝尔医学奖花落亨奇、肯道尔和赖希斯坦三人也可谓是众望所归。亨奇敏锐的观察力、谨慎的推理和大胆的实践正是一个临床医生所能达到的最高境界。

（选自科学松鼠会，有删减，作者：赵承渊）

词语提示

畸形	（名）	jī xíng	生物体某部分发育不正常；泛指事物发展不正常，偏于某一方面。
不言而喻	〈组〉	bù yán ér yù	不用说就可以明白。
理所当然	〈组〉	lǐ suǒ dāng rán	按道理应当这样，含有完全合理、不容怀疑的意思。
尽如人意	〈组〉	jìn rú rén yì	事情完全符合人的心意。
紊乱	（形）	wěn luàn	杂乱；纷乱。
妊娠	（名）	rèn shēn	人和动物母体内有胚胎发育成长。
赫赫有名	〈组〉	hè hè yǒu míng	形容声名非常显赫。
横空出世	〈组〉	héng kōng chū shì	形容人或物高大，横在空中，浮出人世，或比喻卓尔不群。
立竿见影	〈组〉	lì gān jiàn yǐng	在阳光下把竿子竖起来，立刻就看到影子。比喻立刻见到功效。
用武之地	〈组〉	yòng wǔ zhī dì	比喻可以施展自己才能的地方或机会。
起死回生	〈组〉	qǐ sǐ huí shēng	把快要死的人救活。形容医术高明。也比喻把已经没有希望的事物挽救过来。
戒断反应	〈组〉	jiè duàn fǎn yìng	是指停止使用药物或减少使用剂量或使用拮抗剂占据受体后所出现的特殊的心理症候群，其机制是由于长期用药后，突然停药引起的适应性反跳。
众望所归	〈组〉	zhòng wàng suǒ guī	大家一致期望的。指得到群众的信任。

练习

一、根据课文内容判断正误

1. 类风湿关节炎无论过去还是现在都是一种很难处理的病症。　　　（　　）

2. 类风湿关节炎是由致病微生物感染引起的疾病。　　　（　　）

3. 黄疸患者和孕妇的类风湿关节炎会加重。　　　（　　）

4. 赫赫有名的肾上腺皮质激素是一种类固醇，也叫可的松。　　　（　　）

5. 可的松治疗类风湿关节炎的效果非常明显。　　　（　　）

6. 可的松具有起死回生的效果，因此可以长期服用，没有副作用。　　　（　　）

二、选择画线部分词语在句子中的意思

1. 在医学科技远不如今的 100 年前，医生们面对这种<u>棘手</u>的病症，又会想出什么办法来应付呢？

    A. 扎手   B. 难办   C. 刺手   D. 荆棘

2. 亨奇进入梅奥诊所风湿病学系，开始专门致力于解决此类疾病。

    A. 把力量用在   B. 导致发生   C. 用于   D. 把精力用在

3. 后者多半有某种病原微生物作祟。

    A. 捣乱、作怪   B. 鬼怪害人   C. 鬼鬼祟祟   D. 不正当的行为

4. 关节肿痛犹如感染，但医生的撒手锏抗生素却完全不起作用。

    A. 招数   B. 古代搏斗时用的兵器。

    C. 看家本领   D. 方法

5. 在观察治疗了可观数目的病人之后，细心的亨奇发现了一些现象。

    A. 可以数得清   B. 可以乐观   C. 规定的数目   D. 很大的数量

6. 1950 年的诺贝尔医学奖花落亨奇，肯道尔和赖希斯坦三人也可谓是众望所归。

    A. 花儿落了   B. 归属   C. 拿到了花儿   D. 获胜了

三、选择合适的词语填空

畸形 变形 紊乱 杂乱 立竿见影 立见成效 众望所归 大失所望

1. 这种药是专门针对过敏性鼻炎患者研制的，喷过后会（　　）。

2. 在他潜移默化的影响下，我曾经（　　）无章的生活现在变得井然有序。

3. 你说得也太神奇了，这种药服用后真的会产生（　　）的效果？

4. 父母的离异，破碎的家庭使他性格扭曲，心理（　　）。

5. 国家安定团结，经济繁荣发展是（　　）。

6. 长期不规律的生活和饮食习惯使他的消化系统功能出现了（　　）。

四、根据课文内容选择正确答案

1. 类风湿关节炎患者不会出现的症状是：

    A. 关节疼痛、肿胀   B. 关节感染致病微生物而疼痛

    C. 关节出现严重畸形   D. 关节肿痛

2. 类风湿关节炎发病的原因是：

    A. 缺少有效的药物   B. 关节部位出现炎症反应

    C. 关节的软骨骨质遭到破坏   D. 人体自身免疫系统的某些紊乱或失调

3. 关于类风湿关节炎下列说法错误的是：

    A. 在亨奇的时代，人们对类风湿关节炎的认识已经非常全面了

    B. 类风湿关节炎不能用抗生素进行治疗

    C. 肝脏疾病引起的黄疸患者类风湿关节炎症状会有所减轻

    D. 怀孕妇女的类风湿关节炎症状也会减轻

4. 黄疸患者的血液与普通人的不同之处是：

    A. 雌激素浓度高   B. 皮质激素浓度高

    C. 胆汁酸浓度高   D. 孕激素浓度高

5. 下列不是皮质激素应用领域的是：

    A. 治疗类风湿关节炎   B. 肝病

C. 器官移植　　　　　　　　　　D. 哮喘

6. 不是 1950 年获得诺贝尔医学奖的科学家：

A. 肯道尔　　　　B. 赖希斯坦　　　　C. 亨齐　　　　D. 梅奥

五、根据课文内容回答问题

1. 类风湿关节炎和感染疾病不同之处是什么？

2. 如今人们已经了解到皮质激素的作用有哪些？

3. 肾上腺皮质激素长时间使用会带来哪些副作用？

说一说

1. 你知道人体里有哪些激素吗？它们又是从哪里来的？

2. 皮质激素会有起死回生的效果，也会带来不可忽视的副作用。关于药物的作用，请谈谈你的想法。

阅读技能指导

难句理解之三：抓句子中的关键词理解难句

阅读中还有一些含义比较深刻的句子，从字面上看，似乎不难理解，但是其隐含的意思却让人难以把握。这些特定的意思有时是由句中某一两个关键的词语决定的。在这种情况下，要准确理解句子的含义，就必须先抓住句中的关键词语进行琢磨。例如：孝宗年间，无论是牛奶还是奶制品，早已失去了原先"特供"奢侈品的标签，老百姓人人皆可食用，且每餐必备。不理解主要是对"早已失去了原先'特供'奢侈品的标签"这句话，关键是对"特供、标签"这两个词语的隐含意思不理解造成的。"特供"加引号表示强调，是对某个阶层的特殊供应，标签本意是贴在物品上，标明品名、用途、价格等的纸片，在这指对贵族和老百姓阶层的一个划分。解决了"特供、标签"这两个词语的意思，不理解的问题就迎刃而解。

练习

理解下列画线句子的意思

1. 按照中医的说法，西医头痛医头，脚疼医脚，没有整体的思维，<u>治标不治本</u>。

2. 一个人如果不善于虚心进取，与人协作，<u>那过人的学识便会变成骄狂而锋利的盾牌</u>，最终只能是伤人害己。

3. 人一旦对嫉妒抱着看轻的态度，他往往立刻就会发现，<u>阳光依旧明媚，人间依旧美好</u>。

4. 事实上，嫉妒的坏处常常是被夸大的，这是因为我们天生瞧不惯嫉妒的嘴脸，<u>就像我们瞧不惯蛇蝎一样</u>，但真正被蛇蝎咬上一口的人，则少而又少。

阅读1

对于人类来说，直立行走在进化上的意义是显而易见的：它解放了我们的双手，促进了人类的智慧。与此同时，直立也给人类下肢关节带来了相应变化。膝关节接近地面，几乎是除脚踝部外最负重的关节了。然而与负重为主的踝关节不同的是，膝关节同时还参与完成许多重要的动作。跑、跳、踢、攀登、骑行等均主要依靠膝关节来完成。因此，膝关节除了需要具备坚固的结构以维持体重外,还必须兼有灵巧的设计以满足活动需要。对于从事竞技体育的运动员来说,膝关节状态的好坏,往往会直接影响职业寿命和竞技生涯。

构成膝的骨性结构为股骨远端、胫骨近端以及髌骨。不过,这些骨组织在维持膝关节稳定性方面并无太大贡献。分布于关节内外的韧带、半月板、肌肉和肌腱才是将这些骨组织牢牢捆绑在一起的主要力量。这就不难解释为何许多运动员在骨折后仍能获得不错的恢复,而那些韧带损伤、半月板损伤的运动员却常常不得不遗憾地提前告别赛场。肌肉拉伤和挫伤也很常见,但由于肌肉的血液供应较之韧带、肌腱等组织更好,假以时日休息后恢复得也更好,所以,肌肉损伤一般来说并不会影响运动生涯。

在膝关节内,股骨和胫骨关节面之间有两根韧带负责将其相互连接。由于两韧带之间相互交叉呈十字状,故又称为交叉韧带或十字韧带。屈膝时,前交叉韧带防止胫骨向前移动,后交叉韧带则防止胫骨向后移动,这便保证了膝关节在屈曲时的前后稳定。在膝关节侧方,分别有内侧副韧带和外侧副韧带,伸直时两侧韧带拉紧,防止膝关节发生伸展和旋转,这样我们站立时才不会东摇西晃。在关节面之间,每个膝关节还有 2 个月牙状的纤维软骨,称为半月板。半月板填充在关节间隙之内,增加了关节的弹性和稳定性,并协助关节的伸曲和旋转。正常情况下,膝关节大约有 7 度的轻微外翻,直立时,内侧膝关节承受了 60% 的负载。因此,在膝关节内侧,半月板、副韧带和前交叉韧带关系更紧密,损伤时往往会造成"三联伤"。

不过,体重并非关节承受的最大力量。在完成攀登、跳跃等动作的时候,髌骨和股骨之间所承受的力量可以高达体重的 5 到 8 倍。髌骨,也就是我们俗称的膝盖,是大自然赋予我们的精巧设计。它不但能够保护膝关节,更可在大腿肌肉牵引时起到杠杆的作用。没有髌骨,我们完成踢腿动作时要额外付出 30% 的力气才行。髌骨严重损伤往往导致不得不将髌骨去除,这也将大大影响运动和生活质量。

除了运动损伤外,随着年龄的增长,膝关节也将逐渐磨损直至发生各种各样的问题。因此从现在起,我们就应该做好膝关节的保养。在运动前充分准备,避免突然发生的大运动量;运动时注意力集中,避免外伤;选择平坦富有弹性的运动场地,减轻体重,避免奔跑时对膝关节的过多冲击;佩戴必要的防护器具等都是合理而有效的措施。如果膝关节已经有伤病,则应当充分休息,尽量避免参加那些膝部负荷量大的体育活动如登山、爬楼等等。

(选自科学松鼠会,有删减,作者:赵承渊)

练习

速读第 1 遍,完成下面的练习(建议阅读时间 5 分钟)

一、根据阅读内容选择正确答案

1. 人体负重的部位,文中未提到的是:

A. 踝关节   B. 膝关节   C. 胫骨   D. 髌骨和股骨之间

2. 将构成膝的骨组织牢牢捆绑在一起的主要力量是:

A. 膝关节内外的韧带   B. 膝关节间隙内的半月板

C. 膝关节周围的肌肉和肌腱   D. 以上三者都有

3. 交叉韧带的作用是:

A. 把股骨和胫骨关节面连接起来   B. 防止胫骨向前移动

C. 防止胫骨向后移动   D. 防止膝关节发生伸展和旋转

4. 关于髌骨下列说法正确的是：

    A. 髌骨在维持关节稳定方面作用很大

    B. 髌骨和股骨之间所承受的力量有时可以高达体重的 5－8 倍

    C. 没有髌骨我们在走路时要额外付出 30％的力气

    D. 去除髌骨不会影响我们的生活质量

5. 我们应该如何保护膝关节，文中没有提到的是：

    A. 运动前做好准备工作　　　　　　B. 运动时集中注意力

    C. 适当佩戴膝关节防护器具　　　　D. 不要登山和爬楼

细读第 2 遍，完成下面的练习

二、根据阅读内容回答问题

1. 在人类进化史上直立行走的意义是什么？

2. 膝关节的作用是什么？

3. 肌肉损伤比韧带、肌腱损伤恢复得更好的原因是什么？

4. 半月板的作用是什么？

5. "三联伤"指的是哪三个部位的损伤？

三、选择画线部分词语在句子中的意思

1. 膝关节接近地面，几乎是除脚踝部外最<u>负重</u>的关节了。

    A. 身负重物　　 B. 担负重任　　　 C. 重荷　　　 D. 担负重量

2. 跑、跳、踢、攀登、骑行等<u>均</u>主要依靠膝关节来完成。

    A. 平均　　　　 B. 相等　　　　　 C. 都　　　　 D. 平分

3. 构成膝的骨性结构<u>为</u>股骨远端，胫骨近端以及髌骨。

    A. 是　　　　　 B. 被　　　　　　 C. 为了　　　 D. 以为

4. 由于肌肉的血液供应较之韧带、肌腱等组织更好，<u>假以时日</u>休息后恢复得也更好。

    A. 不知道什么时间　　　　　　　　B. 再给一段时间

    C. 指某人很有前途　　　　　　　　D. 指某人一定会有惊人的成绩

5. 没有髌骨，我们完成踢腿动作时要<u>额外</u>付出 30％的力气才行。

    A. 定额　　　　 B. 另外　　　　　 C. 规定的量　　 D. 在定额以外

词语提示

显而易见	〈组〉	xiǎn ér yì jiàn	形容事情或道理很明显，极容易看清楚。
脚踝	（名）	jiǎo huái	或称踝关节，是人类足部与腿相连的部位。
膝关节	（名）	xī guān jié	由股骨内、外侧髁和胫骨内、外侧髁以及髌骨构成，为人体最大且构造最复杂，损伤机会亦较多的关节。
股骨	（名）	gǔ gǔ	俗称大腿骨。是人体中最大的长管状骨。
胫骨	（名）	jìng gǔ	小腿双骨之一，位于小腿的内侧，对支持体重起重要作用，为小腿骨中主要承重骨。

髌骨	（名）	bìn gǔ	位于膝关节前方，股骨的下端前面，是人体内最大的籽骨。
韧带	（名）	rèn dài	是使各骨块相互连结的结缔组织的索状物，与弹性纤维紧密并行。
肌腱	（名）	jī jiàn	是肌腹两端的索状或膜状致密结缔组织，便于肌肉附着和固定。
生涯	（名）	shēng yá	指从事某种活动或职业的生活，也指生命、人生。
磨损	（动）	mó sǔn	机器或别的物体因为摩擦或使用而造成的损耗。
佩戴	（动）	pèi dài	（把徽章、符号等）挂在胸前、臂上、肩上等部位。

阅读2

　　我的一位病人麦克在中学和大学期间玩足球、篮球和棒球。在连续数年的撞击后，他的膝关节在运动之后开始感受到疼痛，并且肿大。年复一年，他服用布洛芬剂量越来越大。他也遵守 PRICE 法则（保护、休息、敷冰、敷布、抬膝），但是这些方法起到的作用越来越小。

　　随着年龄逐渐增大，麦克转而打网球和长跑，这两项运动对膝关节的冲击都很大。最后他去看了整形外科医师，尽管体检没有显示任何明显的问题，但 X 光检查结果却显示患有退化的"与年龄有关的"关节炎。在施行物理疗法的过程中，麦克学习新的伸展运动和锻炼方式，并且被告知，强劲的肌肉支持是最好的支撑，能够减轻对软骨的压力，增强膝关节的稳定性。他开始服用据说能够增强软骨抗性的氨基葡（萄）糖、治疗关节炎的药物赛内布瑞克斯以及每日只需服用一次的 Cox－2 消炎药。

　　一天在网球场上他突然感到剧烈的疼痛：他的膝关节锁到了一起。过了一会儿，他可以慢慢地将膝关节舒张，他想也许这只是一次偶然的事件。直到下一次他又感到同样的疼痛，他又重新去找整形外科医师看病。核磁共振成像结果显示半月板——减缓冲击力的 C 形软骨出现损伤。几年前，为了修复半月板损伤，医生会施行开膝外科手术，这意味着会在患者腿部留下一个大的切口，同时患者还要经过冗长的术后恢复时期。现在施行关节镜外科手术则简单得多，这一手术通常只需要局部麻醉，而不需要采取全身麻醉。麦克出问题的游离软骨被切除，剩下的锯齿形软骨边缘则被打磨平滑。麦克在进行外科手术几小时后便拄着手杖走出了医院。第二天，他又回来接受理疗，几周之后他便能够散步两英里了。

　　麦克必须接受他再也无法进行某些运动的事实，否则他就将承受痛苦，同时还会延缓恢复健康的时间。同时，由于一些软骨组织已经遭受损坏，一些会造成强烈冲击力的运动将会导致关节进一步发炎。他转而骑自行车，打高尔夫球，戴上份量很轻的高科技支架，以减轻软骨的压力。这样他的膝关节又维持了几年时间。最后麦克进行日常活动也会感受到很强烈的痛苦，就连步行也成了问题。于是他的整形外科医师建议他更换膝关节。尽管膝关节手术比关节镜手术的规模更大，但他还是决定接受这一手术治疗。

　　麦克的膝关节和大、小腿骨的末端被截除。填充物被附着到骨头和与之相连的周围的组织上。麦克住了大约五天院，同时又一次进行理疗。这次手术恢复时间比较长，他拄了六星期的拐杖，又用了几星期手杖，整个恢复过程持续了几个月。但是他坚持完成了这一恢复过程，现在他又能够自如地运动,而不会感受到多少痛苦。

我们的膝关节牵引着我们走过了生活中的全部岁月。幸运的是,现代科技能够帮助我们的膝关节继续完成未尽的工作。

（选自财富中文网,有删减,作者:唐纳德·D·汉斯鲁德）

练习

速读第 1 遍,完成下面的练习（建议阅读时间 5 分钟）

一、根据阅读内容选择正确答案

1. 麦克膝关节感到疼痛的原因是:

    A. 喜欢打篮球

    B. 运动时间长且其运动项目对膝关节的撞击大

    C. 服用大剂量药物

    D. 年龄越来越大

2. 对膝关节冲击较轻的运动是:

    A. 踢足球　　　　B. 打网球　　　　C. 长跑　　　　D. 打高尔夫球

3. 关于开膝外科手术,下列表述正确的是:

    A. 可以修复半月板损伤

    B. 不会留下刀疤

    C. 只需要局部麻醉

    D. 较之关节镜外科手术简单

4. 麦克膝腿部未被切除的部位是:

    A. 游离软骨　　　　B. 膝关节　　　　C. 大腿　　　　D. 小腿骨末端

5. 作者给我们讲麦克的故事其目的是告诉我们:

    A. 膝关节很重要,要保护好膝关节

    B. 尽量减少运动,避免膝关节的损伤

    C. 现代科技能够帮助我们的膝关节继续完成其未尽的工作

    D. 膝关节牵引着我们走过生活中的全部岁月

细读第 2 遍,完成下面的练习

二、根据阅读内容判断正误

1. 麦克因遵守 PRICE 法则其膝关节的疼痛越来越轻。　　　　　　　　　　（　　）

2. 麦克去看了整形外科医师,X 光检查没有显示任何明显的问题。　　　　（　　）

3. 强劲的肌肉支持能够减轻对软骨的压力,增强膝关节的稳定性。　　　　（　　）

4. 麦克又去找整形外科医师看病,核磁共振成像结果显示半月板出现损伤。（　　）

5. 医生施行关节镜外科手术比施行开膝外科手术要复杂得多。　　　　　　（　　）

6. 麦克最后更换了膝关节,又能自如地运动了。　　　　　　　　　　　　（　　）

三、用所给的词语替换下列句子中的画线部分词语,保证句子意思基本不变

支撑　维护　舒展　舒服　自由　重量　成分　延迟

1. 过了一会儿,他可以慢慢地将膝关节<u>舒张</u>,他想也许这只是一次偶然的事件。（　　）

2. 麦克必须接受他再也无法进行某些运动的事实，否则他就将承受痛苦，同时还会延缓恢复健康的时间。 （ ）

3. 他转而骑自行车，打高尔夫球，戴上份量很轻的高科技支架，以减轻软骨的压力。 （ ）

4. 这样他的膝关节又维持了几年时间。 （ ）

5. 他坚持完成了这一恢复过程，现在他又能够自如地运动，而不会感受到多少痛苦。 （ ）

词语提示

退化	（动）	tuì huà	生物体的一部分器官变小，机能减退、甚至完全消失。
强劲	（形）	qiáng jìng	强大有力。
修复	（动）	xiū fù	修整使恢复原样。
打磨	（动）	dǎ mó	是指磨或擦器物表面，使器物光滑精致。
牵引	（动）	qiān yǐn	引导。

第 50 课 现代疫苗之父

在与病毒对抗的历史上,疫苗总是起着决定性的作用:牛痘的出现消灭了天花;黄热病疫苗不仅使该病得到了满意的控制,更使其发明者马克斯·泰累尔获得了诺贝尔奖的殊荣。不过,总体上说,对抗病毒性疾病总要比对抗细菌致病要来的困难一些,原因在于,病毒一般只能在活体细胞内复制增殖,长期以来人们一直缺乏有效的手段像培养细菌那样培养、观察它们,因而也就难以对其作出准确的评价,继而难以开发出有针对性的治疗方法。

病毒身形微小,大小在数十纳米到数百纳米之间,绝大部分病毒无法经光学显微镜观察到,只有使用电子显微镜才能窥其真身。病毒进入机体后,需要经吸附穿入细胞内,才能藉由机体细胞本身的代谢系统"繁衍"后代。因此,要在体外培养病毒,首先要能够在体外培养活的组织细胞,离开了细胞环境,病毒是难以观察的。而体外培养细胞的技术在上世纪初已经得到了初步发展。培养细胞与培养细菌有类似之处,只是细胞培养尤其要注意防止培养对象遭受细菌等微生物的污染。为此,历克西·卡雷尔(1912 年诺奖获得者,血管缝合技术的开创者)创造了繁琐的技术和仪式来加以解决,并将其作为独门秘术加以保护,这显然不是一种开放的科学态度。不久后,病毒学家们就发现了细胞培养技术对于病毒学研究的重要性,尝试在体外令病毒感染活体细胞并取得了成功。只是此时的活体细胞并不是经人工培养的细胞,因而存活时间较短,无法满足进一步的研究需求。此时,波士顿儿童医院研究实验室主任约翰·富兰克林·恩德斯走上前台。1930 年,恩德斯拿到了哈佛大学博士学位,进入波士顿儿童医院。自 1940 年起,恩德斯就对活体组织培养产生了兴趣。彼时该领域尚未发生突破,恩德斯认为,应当回归繁琐的历克西·卡雷尔细胞培养技术以获取长久存活的组织细胞。恩德斯及其助手韦勒为此积累了相当的经验。

在此之前,学者们已经对脊髓灰质炎病毒进行了长期的研究。在采取了各种实验材质和动物进行培养后,人们发现脊髓灰质炎病毒只对人胚脑组织展露出少许的亲和性,病毒在组织内可取得一定时间的存活。由于神经细胞培养非常困难,因而脊髓灰质炎病毒的培养和研究也就变得遥不可及。因而当恩德斯开始培养脊髓灰质炎病毒时,大多数人对此表示悲观。上世纪 40 年代,恩德斯,韦勒和另一位助手罗宾斯开始使用新的方法来培养脊髓灰质炎病毒,并且采用人胚胎组织替代了神经组织。出乎所有人的预料,实验获得了成功。脊髓灰质炎病毒不但在脑组织内成长,在皮肤、肌肉以及肠组织内也获得成长,并可被方便地观测到。这意味着病毒学家们终于可以像细菌学家们那样在体外、在显微镜下观察和研究病毒了。1949年,该成果发表于 *Science* 上。

这项成果(组织细胞培养技术)迅速波及全世界,各种实验室,各种针对病毒的研究开始蓬勃发展,脊髓灰质炎病毒的成功培养打开了一扇窗,使该领域获得了迅猛突破——一篇不长的论文开辟了一个新的时代。学者们可以恩德斯—韦勒—罗宾斯方法为基础,研制针对病毒的各种疫苗,进而控制和消灭病毒性疾病。1954 年,恩德斯、韦勒和罗宾斯共同获得了当年的诺贝尔医学奖。

有了恩德斯等开创的方法,1952 年,乔纳斯·索尔克研制了脊髓灰质炎疫苗,并于 1954年通过试验而宣告成功。1954 年,恩德斯等又成功提取了麻疹病毒,开始研制麻疹疫苗。1961 年,麻疹疫苗宣告试验成功,这是恩德斯团队的又一项重大贡献。与乔纳斯·索尔克不同,恩德斯并不希望将荣誉专享,他拒绝了单独为他颁发的荣誉,强调同事和团队合作的重要性。恩德斯于 1985 年辞世,世人尊敬他的学识和人品,称其为"现代疫苗之父"。

(选自科学松鼠会,有删减,作者:赵承渊)

词语提示

缺乏	(形)	quē fá	没有或不够。
纳米	(名)	nà mǐ	又称毫微米,是长度的度量单位。
吸附	(动)	xī fù	指物质(主要是固体物质)表面吸住周围介质(液体或气体)中的分子或离子现象。
繁衍	(动)	fán yǎn	繁殖衍生;逐渐增多。
繁琐	(形)	fán suǒ	繁杂琐碎。
展露	(动)	zhǎn lù	显露;展现。
遥不可及	〈组〉	yáo bù kě jí	指非常遥远而不可到达。
蓬勃发展	〈组〉	péng bó fā zhǎn	指发展的势态很迅速,很积极,很向上。
突破	(动)	tū pò	超过;打破。
开辟	(动)	kāi pì	开启,开拓扩展。
颁发	(动)	bān fā	授予(勋章、奖状、证书等)。

练习

一、根据课文内容判断正误

1. 疫苗在对抗病毒的历史上总是起着决定性的作用。 （　）
2. 马克斯·泰累尔因研制出牛痘疫苗而获得了诺贝尔奖的殊荣。 （　）
3. 病毒十分微小,只有使用光学显微镜才能观察到。 （　）
4. 体外细胞培养和细菌培养有相同的地方。 （　）
5. 神经细胞培养非常困难导致脊髓灰质炎病毒也很难培养。 （　）
6. 恩德斯最终研制出了脊髓灰质炎疫苗并通过了试验。 （　）

二、选择画线部分词语在句子中的意思

1. 黄热病疫苗不仅使该病得到了满意的控制,更使其发明者马克斯·泰累尔获得了诺贝尔奖的殊荣。
   A. 特殊的光荣　　B. 荣获　　　　C. 特殊的荣誉　　D. 光荣

2. 绝大部分病毒无法经光学显微镜观察到,只有使用电子显微镜才能窥其真身。
   A. 观望　　　　　B. 观察　　　　C. 偷窥　　　　　D. 侦查

3. 病毒能藉由机体细胞本身的代谢系统"繁衍"后代。
   A. 蕴藉　　　　　B. 抚慰　　　　C. 慰藉　　　　　D. 凭借

4. 历克西·卡雷尔创造了繁琐的技术和仪式来加以解决,并将其作为独门秘术加以保护。
   A. 秘密的方法　　B. 独有的方法　　C. 秘诀　　　　　D. 都有的法术

5. 彼时该领域尚未发生突破。

    A. 那时   B. 彼此   C. 当时   D. 此时

  6. 这项成果迅速<u>波及</u>全世界。

    A. 波动到   B. 遍布到   C. 影响到   D. 牵涉

三、选择合适的词语填空

    繁琐 琐碎 展露 展示 开辟 开创 遥不可及 望尘莫及

  1. 让我们心连心，手牵手，共同（　　）美好的未来。

  2. 你办理签证的材料已齐全，只是手续很（　　）。

  3. 他虽然年龄较小，但已在艺术方面（　　）出惊人的天赋。

  4. 你要面对现实，不要去追求一个（　　）的目标。

  5. 麦哲伦历经艰辛，环行世界，（　　）了新航线。

四、根据课文内容选择正确答案

  1. 关于病毒的特点，下列表述错误的是：

    A. 只能在活体细胞内生活

    B. 身形微小

    C. 藉由机体细胞本身的代谢系统"繁衍"后代

    D. 不能像细菌一样进行体外培养

  2. 进行细胞培养要注意：

    A. 防止人体遭受病菌的感染

    B. 防止培养的细胞遭受细菌等微生物的污染

    C. 防止培养的细胞被病毒感染

    D. 防止细胞在短时间内死亡

  3. 作者对历克西·卡雷尔将自己研制的成果加以保护的看法是：

    A. 肯定   B. 怀疑   C. 否定   D. 文中没有提到

  4. 脊髓灰质炎病毒培养成功意味着：

    A. 病毒学家终于可以在体外、在显微镜下观察和研究病毒

    B. 为人类打开了一扇窗

    C. 使病毒学领域获得了迅猛的发展

    D. 开辟了一个新时代

  5. 关于疫苗下列说法正确的是：

    A. 乔纳斯·索尔克成功研制了黄热病疫苗

    B. 历克西·卡雷尔成功研制了脊髓灰质炎疫苗

    C. 恩德斯团队成功研制了麻疹疫苗

    D. 罗宾斯成功研制了预防天花的疫苗

  6. 下面未获得诺贝尔医学奖的科学家是：

    A. 乔纳斯·索尔克   B. 历克西·卡雷尔

    C. 罗宾斯   D. 韦勒

五、根据课文内容回答问题

  1. 对抗病毒性疾病比对抗细菌性疾病更困难的原因是什么？

2. 为什么说脊髓灰质炎病毒的培养和研究是遥不可及的？

3. 你如何评价"现代疫苗之父"恩德斯？

说一说

1. 现在疫苗种类繁多，请说说你所知道的疫苗。

2. 你怎么看待团队合作的重要性？

阅读技能指导

利用特殊标点符号理解句子（一）

标点符号在文章中看似不起眼，但如果分析得当的话，不仅有助于我们对句义的理解，而且可以加快阅读速度。破折号在句中有着提示、注释、总结、递进、话题转换、插说的作用，而引号的作用是引用、强调、特定称谓、否定、讽刺和反语，这些有着特殊作用的标点符号都对句子的理解起着较为重要的作用。例如：燕京大学乃教会大学，校长是赫赫有名的美国人司徒雷登。司徒雷登出生于杭州，出任校长前是传教士，且正饶有兴致地为金陵神学院服务。他中文极好，热爱中国，也深谙中国文化。难能可贵的是，勉强赴任的司徒雷登，在办学理念上却独树一帜——要办一所"中国人的大学"，而他定立的校训则是出自《圣经》的"因真理得自由而服务"。

"中国人的大学"在文中打引号表强调，强调一位美国人要在中国办一所中国人的大学。"因真理得自由而服务"的引号表示该句话引用于《圣经》，《圣经》是西方价值观的代表，并且强调作为校训。破折号后面的"要办一所'中国人的大学'，而他定立的校训则是出自《圣经》的'因真理得自由而服务'"是解释说明司徒雷登在办学理念上的独树一帜，既有中又有西，中西合璧。

练习

指出标点符号在句中所起的作用

1. 当我们查阅中国大学史时，不难发现一个现象——几乎所有创建于近代的大学建筑，那些大楼们，其风格，无一不是西式或中西合璧式。

2. 这种埋头做事不动脑筋的人简直是——说得不客气一点——跟牛马一样。拉磨的牛成年累月地在鞭子下绕着石磨转，永远不会想一想为什么要做这件事，为什么要这样做，有没有更好的办法。

3. 在学校里，有些同学很"用功"，可是不会用思想。

4. 何况一切伟大的工作，都是由许多细小的工作结合而成的，没有无数平凡的勤恳的工作者，领袖就成了"空中司令"。

阅读1

天花是一种危害极大的传染病，它曾经是最令人害怕的疾病之一，在世界卫生组织的领导下，在世界各国医务工作者的通力合作下，天花病终于被消灭了。1980年，世界卫生组织正式宣布：天花病在我们这个蓝色的星球上已经根除！

天花，据说起源于3000多年前的古印度或古埃及，在人类漫长的历史时期中，它多次横扫各个大陆，杀死大量人口，从而改变人类的历史进程。仅20世纪，就有3亿人死于天花，在一些古代文明中,天花是婴儿的主要杀手,因为天花大量杀死婴儿,因而形成了这样一个习俗:在婴儿没有出天花之前,他们不能有名字。

对于天花,从来就不曾有过特效药,凡是感染上它的人有 30% 都会死去。在那些活下来的人中,有 65%~80% 的人会在身上留下小坑一样的疤痕,俗称"麻子",这些"麻子"主要聚集在面部。失明是天花的另一个恶果。

1798 年,英国乡村医生艾德华·詹纳发现用接种牛痘的方法可以预防天花,这给人类带来了福音。在 20 世纪 50 年代的初期,也就是在人类使用牛痘疫苗的 150 年后,全世界每年还有 5000 万例天花病。到了 1967 年,由于接种牛痘人数的增加,该数值下降到 1000 万~1500 万例,也就是在这一年,世界卫生组织发起了一场声势浩大的根除天花病的世界性运动,终于在 1977 年消灭了天花病。

在 18 世纪的英国,天花是一种对人危害极大的疾病,很多人为此送命,更多的人在病好后下留下残疾——失明和麻脸。也是在 18 世纪,一种预防天花的方法从土耳其流传到了英国。这是一种把天花病人身上结疤里所包含的脓汁,涂抹到另外一个人的伤口上而得到免疫力的方法。这样的接种方法是由一位叫玛丽·沃特利·蒙塔古的女士从土耳其带回英国的。但这种方法并不是十分安全,死人的事件时有发生。

艾德华·詹纳最初也想用这种方法来预防天花,但遭到了当地人的拒绝。当地人有一个迷信,如果他们能感染母牛身上的一种疹性(牛痘)病,他们就能免去天花这一更大的祸害。要得牛的这种疹病的方法很简单,甚至可以通过挤牛奶而感染,引起手背出现结节性疹。在观察了挤奶女工的生活和工作后,詹纳决定试一试这种方法。1796 年 5 月 14 日,他从一个挤奶女工手背上的脓肿处取出一点脓汁涂抹到了一个小男孩手臂的两个伤口。7 月 1 日,小男孩出现了与接种天花脓汁的同样症状。在进行了 23 例实验后,艾德华·詹纳得出结论:接种牛痘可以让人对天花产生免疫力。

1798 年,詹纳公布了他的这一发现,并将论文寄给了英国皇家学会,但学会拒绝发表,理由是很多医生反对这种新的方法。但在詹纳为几位皇家成员接种了牛痘后,得到了他们的大力支持。从此,接种牛痘来预防天花就在英国得到了广泛应用。1840 年,接种牛痘在英国成了一项免费服务,1853 年,接种牛痘成了父母必须为孩子尽的义务(当然也是免费的),从此以后,种牛痘预防天花就在世界范围内慢慢地传播开来。

(选自《大自然探索》2003 年第 6 期,有删减)

练习

速读第 1 遍,完成下面的练习(建议阅读时间 5 分钟)

一、根据阅读内容选择正确答案

1. 世界卫生组织宣布天花已被根除是:
   A. 1967 年　　　　B. 1977 年　　　　C. 1980 年　　　　D. 2000 年
2. 最先把预防天花办法带到英国的是:
   A. 世界卫生组织　　　　　　　　B. 英国皇家学会
   C. 艾德华·詹纳　　　　　　　　D. 玛丽·沃特利·蒙塔古
3. 哪一项不是天花给病人带来的恶果?
   A. 麻脸　　　　B. 失明　　　　C. 耳聋　　　　D. 死亡

高级汉语阅读(下册)

204

4. 艾德华·詹纳经过多次实验得出的结论是：
    A. 接种牛痘可以使人皮肤出现脓肿　　B. 接种牛痘可以让人对天花产生免疫力
    C. 天花并不是绝症　　　　　　　　　D. 天花无法预防

5. 在英国接种牛痘是：
    A. 由孩子父母自费　　　　　　　　　B. 由父母单位提供费用
    C. 由孩子居住地街道办事处提供费用　D. 完全免费

细读第 2 遍，完成下面的练习

二、根据阅读内容回答问题

1. 天花这种传染病起源于什么地方？

2. 在一些古代文明中，为什么婴儿在没有出天花之前，不能有名字？

3. 在过去没有特效药的时候，天花给人类带来的恶果是什么？

4. 在 18 世纪预防天花的方法有两种，分别是什么？

5. 接种牛痘预防天花的办法在英国经历了一个怎样的过程？

三、选择画线部分词语在句子中的意思

1. 在世界卫生组织的领导下，在世界各国医务工作者的<u>通力</u>合作下，天花病终于被消灭了。
    A. 通过努力　　B. 一起努力　　　　C. 竭尽所能　　　D. 努力

2. 1980 年，世界卫生组织正式宣布：天花病在我们这个蓝色的星球上已经<u>根除</u>！
    A. 彻底除名　　B. 彻底废除　　　　C. 铲除　　　　　D. 彻底消灭

3. 在人类漫长的历史时期中，它多次<u>横扫</u>各个大陆。
    A. 扫荡　　　　B. 迅猛掠过　　　　C. 扫除　　　　　D. 强横扫过

4. 失明是天花的另一个<u>恶果</u>。
    A. 可恶的结果　　B. 苦果　　　　　C. 结果　　　　　D. 不好的结果

5. 当地人有一个迷信，如果他们能感染母牛身上的一种疹性（牛痘）病，他们就能<u>免去</u>天花这一更大的祸害。
    A. 免除　　　　B. 罢免　　　　　C. 以免　　　　　D. 免得

词语提示

习俗	（名）	xí sú	风俗习惯。
疤痕	（名）	bā hén	疮口或伤口愈合后留下的痕迹。
福音	（名）	fú yīn	指有益于众人的好消息。
声势浩大	〈组〉	shēng shì hào dà	声威和气势非常壮大。
流传	（动）	liú chuán	传下来或传播开。

阅读2

    1977 年，人类自豪的宣布消灭了天花病毒，到目前为止，此宣布成功地经受住了时间的考验。接下来，人类向第二个病毒对手——脊髓灰质炎病毒宣战，世界卫生组织早在 1988 年就定下 2000 年彻底消灭脊髓灰质炎病毒的计划。当然，这个梦想已经成为了泡影。全球脊髓灰质炎根除计划小组将这个期限推迟到了第二年。事实上，全球脊髓灰质炎根除计划小组所作的工作已经非常出色了，现在的脊髓灰质炎（即小儿麻痹症）发病率已经是 1988 年的 1% 了，但是为什么做不到根除呢？

这个得先从病毒的传播和发病机理说起。脊髓灰质炎病毒通过肠道传染，即吃了含病毒的食物，病毒到达小肠后，在小肠粘膜上侵染细胞并复制，绝大多数情况下，感染会造成短时间的腹泻，有时甚至根本就没有症状。但一些罕见的情况下，在每一到两百个感染的人中，会有一位患者体内的病毒不明原因地逃离肠道系统而进入血液循环，然后进入神经系统，并导致患者瘫痪甚至死亡。这就是根除脊髓灰质炎病毒很困难的第一个原因。当防疫人员在某一地区发现一例瘫痪病例的时候，事实上已经有约两百个人感染过了，而这两百个感染的病人在毫无意识的情况下已经向更多的人扩散病毒了。所以，防疫人员无法使用常规的"围剿"手段对病毒扩散进行控制。

那么我们自然会想到人类消灭病毒的利器——疫苗。人类历史上用过两种对抗脊髓灰质炎的疫苗，分别是灭活疫苗（IPV）和减毒活疫苗（OPV）。1952 年，来自美国匹兹堡大学的乔纳斯索尔克使用福尔马林处理人工培养的活病毒，以将其灭活制成灭活疫苗（IPV）。1954 年至 1955 年间在全美国范围内进行的大规模实验证明，该疫苗对三种亚型的脊髓灰质炎病毒的预防效果分别达到 60～70%、92% 和 94%。该疫苗问世后，小儿麻痹症的发病率有了显著的下降。2002 年，一种含有灭活脊髓灰质炎病毒的五联疫苗在美国批准使用，一般来说，90% 的人在两剂接种后可以获得抗体，超过 99% 的人在三剂接种后可以获得抗体。

1958 年，艾伯特沙宾博士研制出了减毒活疫苗（OPV），这种疫苗就是我们所熟知的"糖丸"，使用"糖丸"的优点是方便且有效，它不像灭活疫苗需要注射接种，口服即可。但是"糖丸"也并不完美，研究发现，在服用"糖丸"后的 48 小时内，疫苗就可能突变成为有感染力的病毒，一般人由于获得了免疫力不会被感染，但如果服用"糖丸"的个体有免疫缺陷病，那么该个体将有可能因为口服疫苗而感染脊髓灰质炎，在极小可能性下（约两百万分之一），服用"糖丸"将导致瘫痪！

因此，对于一直使用减毒活疫苗的国家和地区，他们面临一个艰难的选择：是否现在应该放弃使用口服的减毒活疫苗转而使用灭活疫苗呢？虽然灭活疫苗可能更安全，但是其价格较减毒活疫苗更昂贵，由于需要注射进行接种，更需要专业人士。无论是发达国家还是发展中国家，这样的转型将带来疫苗接种覆盖面积缩小的后果，从而可能导致小儿麻痹症再度流行。然而，若要彻底根除脊髓灰质炎病毒，灭活疫苗又显然是更好的助手。权衡利弊后，不知各国会有怎样的选择呢？

（选自科学松鼠会，有删减，作者：AXON）

练习

速读第 1 遍，完成下面的练习（建议阅读时间 5 分钟）

一、根据阅读内容选择正确答案

1. 2000 年世界卫生组织将彻底消灭脊髓灰质炎的计划：
    A. 成功了　　　　B. 失败了　　　　C. 推迟了　　　　D. 不清楚

2. 吃了含脊髓灰质炎病毒的食物不会出现：
    A. 短时间腹泻　　B. 死亡　　　　　C. 瘫痪　　　　　D. 失明

3. 防疫人员无法使用常规的手段对脊髓灰质炎病毒扩散进行控制的原因是：
   A. 感染病人向更多人扩散病毒很难觉察到
   B. 当发现一例瘫痪病例时已经有很多人感染病毒了
   C. 病毒扩散的速度非常快
   D. 病毒的传染性很强
4. 关于对抗脊髓灰质炎的疫苗下列表述正确的是：
   A. 这种疫苗又叫糖丸　　　　　　B. 是艾伯特沙宾博士研制出
   C. 灭活疫苗是其中的一种　　　　D. 绝对安全可靠
5. 灭活疫苗区别于减毒疫苗的地方是：
   A. 需要注射接种　　B. 价格更昂贵　　C. 可能更安全　　D. 以上都是

细读第 2 遍，完成下面的练习

二、根据阅读内容判断正误

1. 即使现在脊髓灰质炎仍然做不到彻底根除。　　　　　　　　　　　　（　　）
2. 脊髓灰质炎病毒如果进入小肠会导致患者瘫痪甚至死亡。　　　　　　（　　）
3. 脊髓灰质炎疫苗的研制成功大大降低了小儿麻痹症的发病率。　　　　（　　）
4. 减毒活疫苗不如灭活疫苗服用方便。　　　　　　　　　　　　　　　（　　）
5. 有免疫缺陷的人口服糖丸就会感染脊髓灰质炎，导致瘫痪。　　　　　（　　）
6. 要彻底根除脊髓灰质炎还需要各国的继续努力。　　　　　　　　　　（　　）

三、用所给的词语替换下列句子中的画线部分词语，保证句子意思基本不变

不知不觉　再次　多次　感染　熟悉　开战　战斗

1. 病毒到达小肠后，在小肠粘膜上<u>侵染</u>细胞并复制。　　　　　　　　（　　）
2. 接下来，人类向第二个病毒对手——脊髓灰质炎病毒<u>宣战</u>。　　　　（　　）
3. 事实上已经有约两百个人感染过了，而这两百个感染的病人在<u>毫无意识</u>的情况下已经
   向更多的人群中扩散病毒了。　　　　　　　　　　　　　　　　　　（　　）
4. 1958 年，艾伯特沙宾(Albert Sabine)博士研制出了减毒活疫苗(OPV)，这种疫苗就是我
   们所<u>熟知</u>的"糖丸"。　　　　　　　　　　　　　　　　　　　　　（　　）
5. 无论是发达国家还是发展中国家，这样的转型将带来疫苗接种覆盖面积缩小的后果，从
   而可能导致小儿麻痹症<u>再度</u>流行。　　　　　　　　　　　　　　　（　　）

词语提示

围剿	（动）	wéi jiǎo	包围起来用武力消灭。
利器	（名）	lì qì	有效的工具。
转型	（动）	zhuǎn xíng	指事物的结构形态、运转模型和人们观念的根本性转变过程。
覆盖	（动）	fù gài	遮盖；掩盖一定范围。
权衡利弊	〈组〉	quán héng lì bì	比较一下哪一个有利，哪一个有害。

单元阅读测试练习十

阅读1

柏林大学附属诊疗所的儿科病房里，一名女孩气息奄奄，看上去即将不久于人世。就在死神要胜利的时候，一名护士走进房内，向女孩的父母轻声耳语了两句。孩子父母茫然地站起身来，走出房外。走廊上站着一个三十多岁的男子，绝望的父母在得知访客的来意之后，没有多少迟疑就接受了来者的建议：为女儿注射一种新的、未经应用于人体的药物以期出现奇迹。而这一决定，注定将揭开人类对抗疾病的新篇章！来访的男子名叫埃米尔·阿道夫·冯·贝林，37岁，来自大名鼎鼎的科赫实验室，主要是围绕白喉杆菌进行研究。病榻上的女孩罹患的是当时极为凶险的一种传染病——白喉。在19世纪，白喉是威胁儿童健康的主要杀手之一。由于没有可靠的治疗方法，白喉的致死率惊人。20世纪20年代，仅美国每年就有10万~20万人发病，死亡15,000人，其中主要为儿童。欧洲的情况更为严重，每年大约有50,000人死于该病。

起初，贝林试图采取灭菌方式杀死白喉杆菌，但没有成功。不过在实验过程中，贝林和他的同事北里柴三郎发现了一个有意思的现象：将患过白喉的老鼠血清注射入新患白喉的老鼠体内后，新感染白喉的老鼠奇迹般地痊愈了，这说明感染过白喉的老鼠体内有某种对抗白喉杆菌毒素的物质，两人为此发现激动不已，并将这种物质命名为"抗毒素"。1890年，贝林与北里柴三郎共同发表了他们的成果，并指出可以通过注射抗毒素血清来治疗患者，这一理论已经被动物实验证实，但尚未有应用于人体的先例。不用说你可能已经猜到了：这名圣诞节女孩，就是被动免疫疗法（抗毒素血清）应用于人体的第一例。在贝林采用免疫羊血清进行注射后，小女孩的病情迅速好转，没过几天就康复出院了。

鉴于白喉抗毒素血清的优异疗效，贝林被誉为"儿童的救星"。在利用血清疗法治疗白喉取得良好效果后，贝林并未因此止步。1893年，贝林取得教授头衔，当年他39岁。除了白喉抗毒血清之外，贝林又继续开发了新的抗毒血清，其中破伤风抗毒血清更是在此后的一战期间挽救了大批受伤士兵。贝林本人再次被称为"士兵的救星"。

今天我们已经知道，所谓抗毒素实际是一类具有中和作用的抗体。通过计划免疫注射百白破疫苗，白喉在现代社会已经非常罕见。卫生防疫能取得如此巨大的成就，首先应当归功于伟大的埃米尔·阿道夫·冯·贝林先生。为了表彰贝林的突出成就，1901年，诺贝尔奖评委会将第一届生理学和医学奖授予贝林："他的血清疗法，尤其在预防白喉方面的应用为医学科学领域开辟了新的道路；从此，医生们在面对病痛和死亡时有了制胜的武器。"

（选自科学松鼠会，有删减，作者：赵承渊）

练习

速读第1遍，完成下面的练习（建议阅读时间4分钟）

一、根据阅读内容选择正确答案

1. "20世纪20年代，仅美国每年就有10万~20万人发病，死亡15,000人。"这段话中的数字是为了说明：

A. 白喉儿童患者的死亡率很高

B. 白喉的致死率很高

C. 白喉当时缺少可靠的治疗方法

D. 白喉是一种极为凶险的传染病

2. 关于儿科病房里的小女孩，文中未提到的是：

A. 患有白喉这种传染病　　　　　B. 第一个使用被动免疫疗法

C. 被注射免疫羊血清进行治疗　　D. 其父母亲自邀请贝林来为女儿治疗

3. "抗毒素"的命名者是：

A. 科赫　　　B. 贝林　　　C. 北里柴三郎　　　D. B和C

4. 关于贝林，下列说法错误的是：

A. 在科赫实验室里工作　　　　　B. 开始主要进行白喉杆菌的研究

C. 37 岁时就获得博士头衔　　　　D. 开发了破伤风抗毒血清

5. 第一届生理学和医学诺贝尔奖是哪一年评出的？

A. 1901 年　　　B. 1893 年　　　C. 1891 年　　　D. 1890 年

细读第 2 遍，完成下面的练习

二、根据阅读内容判断正误

1. 柏林大学附属医院的儿科病房里一名女孩因患白喉而离开人世。　　　（　　）

2. 白喉患者中儿童的死亡率最高。　　　　　　　　　　　　　　　　（　　）

3. 抗毒素是感染过白喉的老鼠体内对抗白喉杆菌毒素的物质。　　　　（　　）

4. 贝林被誉为"士兵的救星"是因为其开发的白喉抗毒素血清挽救了大批受伤的士兵。

（　　）

5. 通过计划免疫注射百白破疫苗，白喉这种威胁儿童健康的传染病已经彻底消除了。

（　　）

6. 贝林是第一届生理学和医学诺贝尔奖获得者。　　　　　　　　　　（　　）

词语提示

大名鼎鼎	〈组〉	dà míng dǐng dǐng	形容名气很大，极其有名。
茫然	（形）	máng rán	失意的样子；完全不知道的样子
病榻	（名）	bìng tà	指病人的床铺。
痊愈	（动）	quán yù	病情好转，恢复健康。
质疑	（动）	zhì yí	心有所疑，提出以求得解答。
存疑	（名）	cún yí	暂时保留疑问不做定论。
头衔	（名）	tóu xián	一般用来指官职、学衔等称号。
制胜	（动）	zhì shèng	取胜；战胜。

阅读 2

1896 年，生物化学家盖蒂·科里出生于布拉格的一个犹太人家庭，18 岁时进入医学院就读，24 岁时取得医学博士学位。读书期间科里与丈夫卡尔结识，彼此情投意合，于 1920 年完婚。后由于欧洲局势不稳,科里夫妇于 1922 年移居美国。卡尔一直从事研究工作,科里从一开始就从旁协助他,同时还独立发表论文。自 1922 年起,两人同时供职于现在的罗斯维尔公园癌症研究所。正是在罗斯维尔,两人在葡萄糖代谢领域作出了重量级的发现:科里循环。这一成果发布于 1929 年。

所谓科里循环,其实是对人体内葡萄糖储存—利用—再储存的一种描述。众所周知,葡萄糖作为可以被人体直接利用的能源,在代谢中占据举足轻重的地位。从前人们只是知道过高的糖和过低的糖都会给人体带来伤害,前者演变为糖尿病,后者则造成神经系统的不可逆损伤。因此在血液中,葡萄糖浓度总是维持在一个很窄的区间内,受到各种激素(如胰岛素)的精密调节。然而,葡萄糖在体内究竟是如何储存,又是如何被燃烧利用的,生物化学家们仍未解开谜团。科里夫妇的贡献就在于此。

在肝脏,结余的葡萄糖以糖原的形式被储存起来。当然,单一单位的葡萄糖要聚合成为糖原,需要经历多步酶催化的化学反应。当人体禁食时间较久,或者经过大量体力劳动,葡萄糖接近耗竭时,肝糖原开始在酶的作用下重新裂解为葡萄糖,并释放入血。肌肉活动等耗能动作均需消耗葡萄糖,因而血液中的葡萄糖进入肌肉中。在酶的作用下,葡萄糖在肌肉中开始释放能量。如果环境缺氧(无氧运动),葡萄糖无法充分氧化,遂进入无氧酵解模式。一分子葡萄糖经无氧酵解后释放 2 分子 ATP(三磷酸腺苷,ATP 是生物体直接的能量来源)以及 2 分子丙酮酸,后者进一步被还原为 2 分子乳酸。乳酸通过血液循环重新回到肝脏,在 6 分子 ATP 的帮助下重新异生为葡萄糖,进而再次合成为肝糖原。于是,肝糖原在体内完成了完整的循环,这就是科里循环。

在华盛顿大学,科里与丈夫继续从事糖代谢研究,并发现了一个在葡萄糖代谢中起着重要作用的中间产物:1 磷酸葡萄糖。在糖原分解反应中,1 磷酸葡萄糖是糖原磷酸化酶(该酶也由科里夫妇确定)催化的直接产物。单一葡萄糖在从糖原"大树"上脱落时,就是以 1 磷酸葡萄糖的面目出现的。同时,1 磷酸葡萄糖又在糖原合成时扮演重要角色。科里夫妇确定了 1 磷酸葡萄糖的存在及其结构式。1 磷酸葡萄糖因而也被称为"科里酯"。科里夫人逐渐被华盛顿大学认可,被擢升为全职教授,并保持该职位直至去世。1947 年,科里夫妇凭借在糖代谢领域的杰出工作一起获得诺贝尔医学奖。在诺贝尔奖历史中,科里是继居里夫人及其女儿之后第三位获此殊荣的女性,也是第一位获得医学奖的女性。

（选自科学松鼠会,有删减,作者:赵承渊）

练习

速读第 1 遍,完成下面的练习(建议阅读时间 5 分钟)

一、根据阅读内容选择正确答案

1. 关于科里夫人下列说法错误的是:
   A. 她是生物化学家　　　　　　　　B. 24 岁获得医学博士学位
   C. 她是华盛顿大学全职教授　　　　D. 第一位获得诺贝尔奖的女性

2. 关于葡萄糖,文中未提到的是:
   A. 在人体代谢中起着非常重要的作用
   B. 可以被人体直接利用
   C. 其浓度在一定范围内是由于胰岛素的调节

D. 过高或过低对人体都有伤害

3. 结余的葡萄糖在肝脏储存的形式是：

    A. 单一葡萄糖   B. 糖原   C. 酶   D. 乳酸

4. 1磷酸葡萄糖的作用是：

    A. 对糖原合成起着重要作用   B. 对葡萄糖的利用起着重要作用

    C. 对葡萄糖的再储存起着重要作用   D. 在糖原分解中起着重要作用

5. 科里夫妇获得诺贝尔医学奖的原因是：

    A. 发现了科里循环   B. 解开了生物化学家未解开的谜团

    C. 发现了1磷酸葡萄糖   D. 在糖代谢领域的贡献

细读第2遍，完成下面的练习

二、根据阅读内容回答问题

1. 所谓科里循环指的是什么？

2. 1磷酸葡萄糖是从哪里来的？

3. 科里夫妇在糖代谢领域的杰出贡献是什么？

词语提示

结识	（动）	jié shí	与人交际往来，联络友谊。
所谓	（形）	suǒ wèi	所说的，用于复说、引证等。
举足轻重	〈组〉	jǔ zú qīng zhòng	指处于重要地位，一举一动都足以影响全局。
演变	（动）	yǎn biàn	指历时较久的发展变化。
精密	（形）	jīng mì	精致细密。
裂解	（动）	liè jiě	指只通过热能将一种样品（主要指高分子化合物）转变成另外几种物质（主要指低分子化合物）的化学过程。
释放	（动）	shì fàng	把所含的物质或能量放出来。
还原	（动）	huán yuán	事物恢复到原来的状况或形状。
擢升	（动）	zhuó shēng	提升；提拔。

阅读3

现在正在研究的抗肿瘤病毒主要有两大类，一类是天然对于肿瘤细胞具有特异性感染或杀伤能力的病毒，比如呼肠孤病毒，细小病毒和新城疫病毒；另一类是经过人为改造过，对于肿瘤细胞具有特异杀伤能力的病毒，比如甲型流感病毒，腺病毒，麻疹病毒和单纯疱疹病毒。这两类病毒现在已经成为科学家手中抗击肿瘤的利器，并且被赋予了一个振奋人心的名字——溶瘤病毒。

科学家选择利用病毒来治疗恶性肿瘤，首先看中的是病毒感染细胞的特异性。病毒感染细胞的特异性是由病毒表面蛋白质和宿主细胞表面受体相互作用而决定的，不同病毒对于宿主细胞表面的蛋白质需求不同，所以特定的病毒往往只能感染特定种类的细胞。科学家们通过改造溶瘤病毒表面的蛋白质，使得它只能够认识肿瘤细胞表面特异的受体，这样就可以最大程度的降低误伤正常细胞的概率。为了做到双重保险，科学家们给溶瘤病毒加上了肿瘤细胞特异的启动因子，也就是即便它们"失误"感染了正常细胞，也不能够起始自己基因组的复制扩增，这样就不会对正常细胞造成伤害。正是由于进行了严格的"专化"改造，使得溶瘤病毒具有了传统放化疗所不可比拟的靶向性优势。

溶瘤病毒的关键在于"溶瘤"，然而，并不是所有的病毒在感染后都会导致宿主细胞死亡。为了达到目的，科学家们往往选择能够在肿瘤细胞中大量复制并导致肿瘤细胞死亡的病毒进行研究。与此同时，科学家还会通过各种方法进一步强化溶瘤病毒对于肿瘤细胞的杀伤能力。比如，通过对病毒基因组进行重组，科学家们可以将多种抗肿瘤策略整合到同一个溶瘤病毒中，这就将溶瘤病毒变成了"散弹枪"，使得一种病毒就能达到多角度全方位歼灭肿瘤细胞的效果。

为了防止被宿主强大的免疫系统清除掉，科学家们还会通过采取一定的方法改变溶瘤病毒的"容貌"来帮助它们逃过免疫系统的识别，这样做的目的是让溶瘤病毒能够发挥更加持久的抗肿瘤作用。另外，在使用溶瘤病毒的时候，还可以通过免疫抑制药物对宿主进行暂时的免疫抑制或者通过其他方法来弱化病毒激发的宿主免疫反应。

通过以上策略的改造和优化，科学家们已经制造出了许多高效而安全的溶瘤病毒。2005年11月，一个由腺病毒改造而来的溶瘤病毒 H101 经过中国国家食品药品监督管理局（SFDA）审批，开始投入临床用于治疗难治性晚期鼻咽癌，这也是世界上第一个由官方批准的溶瘤病毒药物。作为一种新兴的抗肿瘤治疗药物，溶瘤病毒仍然存在很多显而易见的问题，还无法在短时间内完全取代传统的放化疗法。然而，对肿瘤细胞杀伤效率高，靶向性好，安全性高，副作用小和成本低廉将会使得溶瘤病毒成为未来最具有潜力和应用前景的恶性肿瘤治疗手段之一。

（选自科学松鼠会，有删减，作者：贝塔·鱼）

练习

速读第 1 遍，完成下面的练习（建议阅读时间 5 分钟）

一、根据阅读内容选择正确答案

1. 科学家利用病毒来治疗恶性肿瘤，首先看中的是：
   A. 病毒感染细胞的非特异性　　　　B. 病毒对肿瘤细胞的特异杀伤能力
   C. 病毒感染细胞的特异性　　　　　D. 病毒是抗击肿瘤的利器

2. 科学家对溶瘤病毒表面的蛋白质进行改造的目的是：
   A. 使其只能认识肿瘤细胞表面特异的受体
   B. 使其不能够起始自己基因组的复制扩增
   C. 使其不会对正常细胞造成伤害
   D. 使其比传统放化疗更有优势

3. 科学家帮助溶瘤病毒逃过免疫系统识别的方法是：
   A. 选择能够特异的溶瘤病毒　　　　B. 改变溶瘤病毒的"容貌"
   C. 强化溶瘤病毒的杀伤力　　　　　D. 将溶瘤病毒变成"散弹枪"

4. 第一个由官方批准的溶瘤病毒药物是：
   A. 甲型流感病毒　　　　　　　　　B. 单纯疱疹病毒
   C. H101 溶瘤病毒　　　　　　　　 D. 新城疫病毒

5. 与传统放化疗相比,溶瘤病毒在对抗肿瘤上的优势,下列表述错误的是:

　　A. 杀伤率更高　　　B. 目标更明确　　　C. 更安全　　　　D. 成本更高

细读第 2 遍,完成下面的练习

二、根据阅读内容回答问题

　　1. 现在正在研究的抗肿瘤病毒有两大类,分别是什么?

　　2. 病毒感染细胞的特异性指的是什么?

　　3. 科学家对溶瘤病毒进行"专化"改造指的是什么?

　　4. 为了让溶瘤病毒更好地对抗肿瘤,科学家做了哪些工作?

词语提示

特异	(名)	tè yì	特殊;不同一般。
振奋人心	〈组〉	zhèn fèn rén xīn	使人们振作奋发。
宿主	(名)	sù zhǔ	寄主,为寄生物提供生存环境的生物。
误伤	(动)	wù shāng	无意中使人身体受伤。
失误	(名)	shī wù	出现差错。
不可比拟	〈组〉	bù kě bǐ nǐ	没有可以相比的。
靶向性	(名)	bǎ xiàng xìng	针对性极强,与目标不会有偏离。
歼灭	(动)	jiān miè	消灭(敌人)。
识别	(动)	shí bié	区分、分辨真假。
新兴	(动)	xīn xīng	新近建立的。
显而易见	〈组〉	xiǎn ér yì jiàn	形容事情或道理很明显,极容易看清楚。
潜力	(名)	qián lì	潜在的能力和力量。

阅读4

　　你也许不一定意识到,在你身上有很多地方,完全被外来者占据着,包括细菌、真菌和其他形形色色的微生物……

　　在你的眼睫毛上,有一种微型的小螨虫。它们长年累月地在那儿饮食起居、交配、繁殖,从不离开……除了极偶然地,趁你夜间熟睡,它们悄悄地离开你的眼睫毛到你脸上作一次夜间散步。

　　一旦你生过水痘,有一种带状疱疹病毒就永远地生存在你的体内。它们蛰伏在你脊椎附近的神经里。生活中的压力、人体的老化或免疫功能的下降都有可能重新激活这种病毒,它们会沿着神经束蔓延,产生顽固性疼痛和皮肤疱疹。假如你不经常刷牙,你的牙齿表面会有一层300 到 500 个细胞厚度的细菌膜。它们在你牙齿一出生时就赶来报到,而一直要等到你的牙齿全都掉完才悄然离开。

　　同时,在构成我们人体最根本的基因组中,大约有 1/12 是由在千百万年前感染过我们祖先的某些病毒的 DNA 构成的。它们诡谲地将自己的"拷贝"塞嵌入我们人体的基因组内,从而可能引发我们体内基因变异等一系列新型的遗传性疾病。

　　因此,我们每一个人,都是一个行走着的生态系统,没有绝对的健康,只有相对的平衡。因为在我们人体这个由为数众多的外来户居住着的小小"联合国"里，很难有长久的和平。只有在动态中求平衡，不断地进行调解，又不可避免地发生冲突，再由一段段短暂的安宁组成较为长久的相容和共存。

现代西方医学虽然在战术上极其精到，但在战略上，往往攻其一点，不及其余。反倒是中国传统的中医，虽未精确到计算出人体有多少细胞为外来居住者，却智慧地悟出了要有一个"联合国"式的和平机构，它反对像西医那样动不动就用医疗器械来一场歼灭战。好的中医是一门不断地在动态中调节人体各方面平衡的艺术，它和西医的区别，有点像"人治"和"法治"的区别。如今，已经有愈来愈多受西医训练的人，开始探索并接受了日益流行的"整体医学"观念：每一个人都存在他（她）自身的"人体能量场"，而这一人体能量场又置于宇宙能量场之中。对这种能量场的调节和平衡，是维护健康的关键。西方"整体医学"所行走的方向，与我们的中国传统医学，有"殊途同归"之妙。

但是，无论西医中医、庸医神医，一个不变的规律是：没有一个医生能够对他的每一个病人下承诺。我还深深记得那个用一副七味草药便治愈了我顽固性支气管炎的中医。他为我看病时说的第一句话是："我治得了病，治不了命！"后来，我才得知他同时还在看着几个重症癌症病人……一个人真正的病因，与一个人的起居、性格、环境等等因素互相纠缠，当这种纠缠到了一定程度后，无论西医中医、庸医神医，能力都是有限的。就像一位医生所说：有些病要看西医，有些病要看中医，还有些病要看上帝，而大多数时候，则要靠我们自己。

（选自《东西南北》，有删减，作者：曹明华）

练习

速读第 1 遍，完成下面的练习（建议阅读时间 5 分钟）

一、根据阅读内容选择正确答案

1. 不是我们身体外来者的是：

    A. 微生物   B. 牙齿   C. 病毒   D. 小螨螨

2. 哪一项不是蛰伏在身体里的带状疱疹病毒被重新激活的原因？

    A. 生活压力大   B. 人体衰老   C. 免疫力下降   D. 身体的疼痛

3. 文中提到西方"整体医学"所行走的方向，与我们的中国传统医学，有"殊途同归"之妙。其中"殊途同归"的意思是：

    A. 采取不同的方法而得到相同的结果   B. 在旅途中一起回来

    C. 一次特殊的旅行   D. 走不同的路但到达同一个地方

4. 关于健康，下列说法正确的是：

    A. 健康是绝对的

    B. 健康需要不断地调整

    C. 西医在人体健康中发挥着决定性的作用

    D. 中医在人体健康中发挥着决定性的作用

5. 这篇文章最恰当的题目是：

    A. 人体的入侵者   B. 人体内的"联合国"

    C. 中医与西医的异同   D. 人体健康

细读第 2 遍，完成下面的练习

二、根据阅读内容判断正误

1. 在我们的眼睫毛上小蠕螨从不会离开我们的睫毛。   （ ）

2. 出过水痘的人有一种带状疱疹病毒会永远潜伏在其皮肤里。 （ ）

3. 感染过我们祖先的某些病毒的 DNA 也是我们基因组的一部分。 （ ）

4. 健康是相对的，不是绝对的。   （ ）

5. 西医与我们中国传统医学有很大的相似之处。   （ ）

6. 一个人要想健康，主要靠医生同时还要靠上帝。   （ ）

词语提示

蛰伏	（动）	zhé fú	像虫子冬眠一样长期躲在一个地方，隐蔽起来，等待适合的机会。
激活	（动）	jī huó	刺激有机体内某种物质，使其活跃地发挥作用。
蔓延	（动）	màn yán	向四周扩展延伸。
诡谲	（形）	guǐ jué	狡猾。
拷贝	（动）	kǎo bèi	复写；复制。
塞嵌	（动）	sāi qiàn	塞入、嵌入。
变异	（名）	biàn yì	指同种生物后代与前代、同代生物不同个体之间在形体特征、生理特征等方面表现出来的差别。
纠缠	（动）	jiū chán	烦扰；搅扰。

阅读5

　　疼痛不仅是一种肉体的痛苦，也影响着人的情绪和生活的各个方面，在疼痛面前，人甚至连尊严都没有。不仅如此，疼痛也会影响疾病的进程，严重的疼痛还会引起休克。因此，在临床治疗上，减轻疼痛和根治疾病一样，都是十分重要的治疗目标，那么我们就需要止疼药的帮助。止痛药的作用机制不止一种，其中最为直接而强势的一群是直接作用于中枢的止痛药。这一类药物的故事要从吗啡说起。吗啡是一种天然的生物碱，来源于大家都很熟悉的植物罂粟。它有着强大的镇痛作用，另外还有镇静、止咳等药理活性，至今仍然在临床上有应用，可以算得上对付严重疼痛的最终兵器。当然了，强大的药效不代表它是一剂良药，原因相信大家也心知肚明，那就是成瘾性。

　　为了改善吗啡的成瘾性，科学家做了很多尝试。早期的尝试主要是在吗啡分子的不同位置上取代一些基团。在这个尝试过程中，成功的并不多，常见的情况是，改造后如果镇痛作用增强，毒性和成瘾性往往也增强；而如果毒性减弱，则镇痛作用也减弱。其中以哌啶类和氨基酮类为代表的药物大家相对比较熟悉，分别是哌替啶（度冷丁）和美沙酮。相对于早期的止痛药，这些药物在不良反应等方面都有所改善，但是大家要注意，这一类药物始终无法完全摆脱毒性和成瘾性，一旦滥用，他们几乎个个都有成为魔鬼的潜质。而且，这些强力的止痛药大多是针对癌症晚期等疼痛十分严重的病痛，对日常的止痛显然就不适合了。这时候，就轮到更为温和亲民的一群小天使出场了。

他们的名字是解热镇痛抗炎药，属于三合一型的复合人才。之所以三项全能，是因为发挥这三种作用实际上都是作用在同一靶点上的，这一靶点就是环氧合酶。在人体内，花生四烯酸经过环氧合酶的催化形成前列腺素，而前列腺素正是重要的炎症介质，与引发疼痛、炎症和发热都有关系。而解热镇痛抗炎药就是环氧合酶的抑制剂，通过抑制该酶的活性，减少前列腺素的合成，从而发挥药效。除了单独使用外，一些解热镇痛药还可以协同使用，发挥更强的药效。例如为大家所熟悉的 APC 片，就是由两种解热镇痛药阿司匹林、非那西丁以及辅助药物咖啡因构成的复方制剂。以上所说的这些天使都会温柔地带走人们的疼痛，但是别被他们的温柔所伤。

尽管止痛药能迅速让人脱离疼痛的苦海，但是有一点必须要明确，那就是：止痛药始终只是一种对症的治疗药物，对控制疾病的发展和治疗疾病都起不到作用。千万别被痛苦消失的假象骗了，疾病可能并没有得到控制，而是在悄悄的恶化。而且，如果在医生诊断病情之前患者就自行使用止痛药，这还会干扰医生对病情性质和严重程度的判断，可能会造成误诊。此外中枢止痛药造成的成瘾和药物滥用问题也十分突出，所以我们要正确合理的使用止痛药。

（选自科学松鼠会，有删减，作者：窗敲雨）

练习

速读第 1 遍，完成下面的练习（建议阅读时间 5 分钟）

一、根据阅读内容选择正确答案

1. 最为强势的止痛药是：
   A. 直接作用于疼痛部位的止痛药　　B. 直接作用在中枢的止痛药
   C. 直接作用于疾病的止痛药　　　　D. 具有镇痛、止咳效果的止痛药

2. 关于吗啡，下列说法错误的是：
   A. 来自植物罂粟　　　　　　　　　B. 镇痛作用非常强大
   C. 是一剂良药　　　　　　　　　　D. 可以说是对付严重疼痛的最终武器

3. 中枢止痛药物具有强力的镇痛效果，但不适合日常止痛的原因是：
   A. 这些药只针对癌症晚期患者　　　B. 这些药的毒性很大
   C. 防止普通患者滥用止痛药　　　　D. 这些药具有毒性和成瘾性

4. 关于解热镇痛抗炎药，文中未提到的是：
   A. 可以将解热、镇痛、抗炎三种作用都作用在一个目标上
   B. 可以长期服用，不会给患者带来不良反应
   C. 要想使药效发挥更强，可以与其他解热镇痛药一起使用
   D. 其止痛原理是抑制环氧合酶的活性，从而减少前列腺素的合成，最终达到止痛的目的

5. 作者对止痛药的态度是：
   A. 科学合理的使用　　　　　　　　B. 尽量少用
   C. 尽量不要使用　　　　　　　　　D. 切勿自行使用

细读第 2 遍,完成下面的练习

二、根据阅读内容回答下列问题

1. 临床治疗上,为什么说减轻疼痛与根治疾病是一样重要的目标?

2. 为了改善吗啡的成瘾性,科学家做了很多尝试,结果怎样?

3. 中枢止痛药物一旦滥用,会给患者带来什么后果?

4. 作者在文中提到:这些天使都会温柔地带走人们的疼痛,但是别被他们的温柔所伤。这句话你怎么理解?

词语提示

强势	(名)	qiáng shì	强大的势力;强劲的势头。
罂粟	(名)	yīng sù	属草本植物,是鸦片的来源。
心知肚明	〈组〉	xīn zhī dù míng	心里明白但不说破,形容心中有数。
成瘾	(动)	chéng yǐn	药物依赖性。
基团	(名)	jī tuán	有机物失去一个原子或一个原子团后剩余的部分。
滥用	(动)	làn yòng	胡乱、过多地使用。
催化	(动)	cuī huà	促进反应进行,加快反应速率。
介质	(名)	jiè zhì	一种物质存在于另一种物质之中,后者就是前者的介质。
误诊	(动)	wù zhěn	诊断错误。

阅读6

流言:心脏病发作在睡眠时,剧烈的胸疼足以把人从沉睡中痛醒。如有上述状况发生,立刻口含两颗阿司匹林让它化开,然后喝一点水吞下。接着立刻联络急救中心。坐在椅子或者沙发上静候援助……千万别躺下!心脏科医师强调,如果每个看到这条微博的人,能够转发 10 份给其他人,至少有一条性命将会被救回来……

真相:发布信息的人可能也是出于好意,但很遗憾,这条微博中混杂了某些不准确的信息,反倒有可能给真正的病患造成伤害,需要澄清一下。

"心脏病"是一个颇为笼统的名称。微博中提到的心脏病,应该指的是以胸痛为典型表现的冠状动脉粥样硬化性心脏病,即冠心病。冠心病又包含若干分型,其中后果最严重的当属急性心肌梗死。在怀疑心肌梗死且没有药物禁忌的情况下早期使用阿司匹林无疑是有益的。在急诊室,心血管医生也通常会给患者服用阿司匹林。不过在此需要指出两点:第一,要注意阿司匹林的剂量。我们通常用作解热抗炎的阿司匹林剂量(每日 900 毫克以上)要远远大于用于心脑血管疾病预防的日常剂量(每日 100mg),在服药时要看清药物规格和用途,防止慌乱中误服。一般来说,急性心梗早期建议嚼服的剂量为 300mg,而不是简单的服下"两粒";第二,要注意阿司匹林的种类。由于乙酰水杨酸对胃粘膜有刺激,因此有些制药厂家将阿司匹林制成肠溶片以减少不适,不过这无疑会延长药物的吸收时间。微博中说将阿司匹林含服送下是不确切的,最好的办法应为嚼碎服用,以求最短时间促进药物吸收。

冠心病带来的胸痛(也就是心绞痛)通常被描述为"胸骨后压榨样疼痛",通常在体力活动或情绪激动后发作,停止活动后几分钟内缓解。而熟睡中发作的心绞痛往往意味着心肌缺氧更严重,更易进展为心肌梗死。因此对于冠心病患者来说,在家里备有吸氧设备(如氧气包等)是很有必要的。硝酸酯类药物(以硝酸甘油为代表)具有扩张冠脉血管的作用,应是冠心病患者家中最重要的应急药物。一旦胸痛发作,吸氧的同时给舌下含服硝酸甘油,每五分钟一次,可重复3次,直到急救医生到来。在此期间患者应当保持静息状态,微博中称"千万不可躺下"也不够准确:其实如果冠心病不伴有心力衰竭,平卧也是完全可以的。不过如果发作时伴有呕吐等情况,半卧位有助于防止误吸,也是可以采取的体位。

此外,大家要认识到,有几种胸痛是非常严重的情况,必须得到迅速救治。除了心肌梗死外,气胸、肺栓塞、主动脉夹层动脉瘤等都是随时可能危及生命的急症,对于此前没有经历的患者,很难区分这些胸痛之间的差别,安全的办法只有一个,那就是立即送医。切勿在没有医嘱的情况下自行服药或饮食,包括阿司匹林。

结论:这条流言实际上是一条混杂着不准确信息的医疗建议。对于已确诊的冠心病患者来说,急性胸痛时首先应含服硝酸甘油并及早呼叫急救医生;没有禁忌的情况下可以嚼服阿司匹林。首次发作的剧烈胸痛应立即送医,并避免服用任何药物。

(选自果壳网,有删减,作者:赵承渊)

练习

速读第1遍,完成下面的练习(建议阅读时间5分钟)

一、根据阅读内容选择正确答案

1. 冠心病中后果最严重的是:
   A. 心脏病　　　　　B. 急性心肌梗死　　C. 急性胸痛　　　　D. 心绞痛

2. 什么时候早期服用阿司匹林肯定是有好处的?
   A. 怀疑心肌梗死　　　　　　　　　B. 没有药物禁忌
   C. 怀疑心肌梗死且没有药物禁忌　　D. 怀疑心肌梗死或没有药物禁忌

3. 如果可以服用阿司匹林我们要注意的事项是:
   A. 阿司匹林的剂量和种类　　　　　B. 切勿慌乱中服用
   C. 一定要咀嚼服用　　　　　　　　D. 千万不要含服

4. 对于冠心病患者来说,家里应该常备:
   A. 吸氧设备　　　　B. 硝酸甘油　　　　C. 阿司匹林　　　D. A和B

5. 什么情况下发生胸痛的患者需要立即送医院,不能服用任何药物?
   A. 不明确原因的胸痛　　　　　　　B. 心绞痛
   C. 冠心病引起的胸痛　　　　　　　D. 心肌梗死引起的胸痛

6. 作者写此文的目的是为了:
   A. 让我们不要相信流言
   B. 告诉我们流言中也会有有用的信息
   C. 告诉我们流言的危害
   D. 告诉我们应客观地看待流言

细读第 2 遍,完成下面的练习

二、选择画线部分词语在句子中的意思

1. 这条微博中混杂了某些不准确的信息,反倒有可能给真正的病患造成伤害,需要<u>澄清</u>一下。

    A. 清亮、清澈   B. 讲清楚真相   C. 去除水中杂质   D. 液体变清

2. "心脏病"是一个颇为<u>笼统</u>的名称。

    A. 不具体   B. 模糊   C. 明确   D. 具体

3. 在服药时要看清药物规格和用途,勿慌乱中<u>误服</u>。

    A. 服用   B. 耽误使用   C. 错误地服用   D. 无意服用

4. 除了心肌梗死外,气胸、肺栓塞、主动脉夹层动脉瘤等都是随时可能<u>危及</u>生命的急症.

    A. 危险到   B. 威胁到   C. 影响到   D. 波及

5. <u>切勿</u>在没有医嘱的情况下自行服药或饮食,包括阿司匹林。

    A. 切实不可   B. 不可以   C. 务必可以   D. 千万不要

词语提示

混杂	（动）	hùn zá	混合搀杂。
无疑	（副）	wú yí	没有可疑之处,表示非常肯定确信无疑。
扩张	（动）	kuò zhāng	势力、范围等的扩大。
心力衰竭	〈组〉	xīn lì shuāi jié	心脏因疾病、过劳、排血功能减弱,以至排血量不能满足器官及组织代谢的需要。主要症状是呼吸困难、喘息、水肿等。
误吸	（动）	wù xī	错误吸食(入)某种液体或气体。

第十一单元　常见疾病篇

> 疾病与健康相对，人健康即可认为没有疾病。健康不仅是没有疾病和病痛，而且是在躯体上、精神上和社会上处于完好状态。我们能够更好地理解健康的内涵，就能更深刻地认识疾病。本单元给我们介绍一些常见的疾病，让我们一起了解这些疾病及其预防的方法，健康地生活。

第51课　我用"话聊"治腹痛

正庆幸值班时间可以安静地写一上午的病历，就有位家长神情紧张地来到我跟前说："医生，快去看看我的孩子，他今天都打算出院了，肚子忽然又疼起来。"

我随家长来到孩子所在的病房，这名14岁的高个男孩，正表情痛苦地在病床上辗转反侧。给他作腹部检查，无固定的压痛点，听诊觉得肠鸣音稍活跃，可以第一个排除阑尾炎——我看到了他右下腹的阑尾手术切口。

由于病人不是我直接负责的，我简单安抚了家长和病人几句，就回办公室翻查病历。病人的入院诊断是肠系膜淋巴结炎，入院时白细胞稍高，最近的一个血细胞分析显示，白细胞已经降到正常，肝胆、胰脾、胃肠超声和胃幽门螺杆菌测定都没问题。

还能是什么原因导致的腹痛呢？泌尿系结石？过敏性紫癜？

我再次返回病房，建议对病人进行泌尿系超声和尿液分析的检查。如果超声能在肾盂或输尿管发现结石，或者尿液分析能发现镜下血尿的话，现在的疼痛就可能是泌尿系结石所为。另外，有些紫癜也会导致剧烈的腹痛，当全身尚未出现出血点时，肾脏可能已经受到了攻击，在尿液分析中就会发现红细胞。如果这两项检查能发现问题，就可以进行针对性处理了。

然而，随后的这两项检查结果全是阴性。我的猜测落空，孩子腹痛依旧。

我又想起肠道痉挛也可引起疼痛，于是建议使用开塞露协助孩子排便排气。几分钟后，家长一脸无奈地来找我："还是没缓解，咋办啊？……唉，这孩子本来学习就不好，这回又耽误这么多天，本想出院后就回去上课的，不料又疼起来了。闹心！"

家长这番也许无心的牢骚，却给了我某种提示。我第三次来到病房，重点检查了孩子的腹部。这会儿，压痛点又跑到左下腹去了。

"我觉得你这个肚子疼，问题不是太大，"我看着孩子焦灼的神情，以一种胸有成竹的语气慢悠悠地分析，"你的阑尾被咔嚓掉了，阑尾炎可以排除；白细胞不高，有种少见的叫阑尾残株炎的疾病也可排除；而你现在左下腹又疼了，在左下腹你没什么特别的零件啊。若你是女孩，有个左侧卵巢，我还能考虑一下黄体破裂啊、宫外孕什么的……"家长大笑，孩子也笑，表情似乎不那么痛苦了。

"刚才做的多项检查，排除了肠梗阻、肾结石、紫癜、胃炎；肝胆、胰脾、肾脏、输尿管、膀胱等超声也查了,都没发现问题。所以呢,我可以很负责地说,不会有太大问题。很可能就是一过性的功能性腹痛,不是器质性的。"

"那我们现在该怎么办呢?他真的挺疼的呀!"家长趁我说话的间隙,赶忙问了他们最关心的问题。

"分散他的注意力,"我用眼角的余光扫了一眼那个大男孩,发现他一直很专注地听着,"比如,让他上上网啊,玩玩游戏啊……再比如,打打篮球什么的。"

"啊,我孙子是学校篮球队的队长呢……"孩子奶奶自豪地说,男孩脸上明显洋溢着得意之色。可是孩子爷爷的话马上抹掉了他的自豪感:"打篮球有什么用,学习那么差,考不上大学,将来有个屁出息!"其他人一时语塞。

"老爷子,您这个观点可不对。"我说道,"量体裁衣,因材施教,行行出状元嘛。您孙子篮球打得好,您非逼着他做他不喜欢的事,搞不好毁掉的是一个篮球明星,培养出的不过是一个庸才……哦,扯远了。再观察一会儿,不用作什么特别的处理。我觉得孩子问题不大,如果疼痛有变化,再跟我说。"

大约十分钟后,孩子真的不疼了,得以顺利出院。我嘱咐家长,回家后不要把孩子逼得太紧。

其实,孩子的这种情况,我们把它叫做功能性胃肠病,多伴有精神因素的背景,属于心身疾病。其发病、发展、转归和防治,都与心理社会因素密切相关。有研究发现,持续的精神紧张、情绪激动等神经精神因素,可使迷走神经异常兴奋,使胃酸分泌过多而导致胃痛。

功能性胃肠病的诊断需要慎之又慎,一旦漏诊了严重的器质性疾病,后果就比较糟糕了。

（选自科学松鼠会,有删减,作者:李清晨）

词语提示

辗转反侧	〈组〉	zhǎn zhuǎn fǎn cè	翻来复去睡不着觉。形容心里有所思念或心事重重。
紫癜	（名）	zǐ diàn	皮肤和粘膜出血后颜色改变的总称。临床表现为出血点和瘀斑,一般不高出皮面,仅于过敏性紫癜时可稍隆起,开始为紫红色,压不退色,以后逐渐变浅,至两周左右变黄而消退。
痉挛	（动）	jìng luán	痉挛是指肌肉突然做不随意挛缩,俗称抽筋,会令患者突感剧痛,肌肉动作不协调。
焦灼	（形）	jiāo zhuó	指心情急切,焦虑不安,非常急躁。
开塞露	（名）	kāi sāi lù	能润滑并刺激肠壁,软化大便,使其易于排出的制剂。
牢骚	（名）	láo sāo	抑郁不满的情绪或言语。
胸有成竹	〈组〉	xiōng yǒu chéng zhú	原指画竹子要在心里有一幅竹子的形象。后比喻在做事之前已经有成熟思考和完整计划。
黄体	（名）	huáng tǐ	为排卵后由卵泡迅速转变成的富有血管的腺体样结构。具有内分泌功能,新鲜时显黄色,称黄体。

宫外孕	（名）	gōng wài yùn	孕卵在子宫腔外着床发育的异常妊娠过程。以输卵管妊娠最常见。
器质性	（名）	qì zhì xìng	器质性（疾病）是指多种原因引起的机体某一器官或某一组织系统发生的疾病，从而造成该器官或组织系统永久性损害。
语塞	（动）	yǔ sè	由于激动、气愤、理亏等原因一时说不出话来。
量体裁衣	〈组〉	liàng tǐ cái yī	按照身材裁剪衣服。比喻按照实际情况办事。
转归	（动）	zhuǎn guī	指病情的转移和发展。比如病情的恶化或好转，以及扩散或减轻。一般疾病发展过程常可分为四期：潜伏期、前驱期、症状明显期、转归期。

练习

一、根据课文内容判断正误

1. 在给孩子检查的过程中我第一个排除了阑尾炎。　　　　　　　（　）
2. 病人的入院诊断是肠胃炎。　　　　　　　　　　　　　　　（　）
3. 肠道痉挛也可引起腹痛。　　　　　　　　　　　　　　　　（　）
4. 家长的牢骚启发了我的诊断思维。　　　　　　　　　　　　（　）
5. 爷爷为自己孙子有篮球天赋感到很自豪。　　　　　　　　　（　）
6. 最后我认为孩子得的是器质性的胃肠病。　　　　　　　　　（　）

二、选择画线部分词语在句子中的意思

1. 正庆幸值班时间可以安静地写一个上午病历，就有位家长神情紧张地来到我跟前。
　　A. 幸福　　　　　　B. 不幸　　　　　　C. 感到幸运　　　　D. 庆祝

2. 给他做腹部检查，无固定的压痛点，听诊觉得肠鸣音稍活跃，可以第一个排除阑尾炎。
　　A. 气氛热烈　　　B. 积极活泼　　　　C. 精力充沛　　　　D. 次数多

3. 然而，随后的这两项检查结果全是阴性。我的猜测落空，孩子腹痛依旧。
　　A. 没有达到目的　B. 留下空白　　　　C. 落在了地上　　　D. 停留在空中

4. "我孙子是学校篮球队的队长呢……"孩子奶奶自豪地说，男孩脸上明显洋溢着得意之色。
　　A. 溢出　　　　　　B. 流动　　　　　　C. 充分　　　　　　D. 充满

5. 由于病人不是我直接负责的，我简单安抚了家长和病人几句，就回办公室翻查病历。
　　A. 安全周到　　　B. 安慰抚摸　　　　C. 安顿抚慰　　　　D. 安排筹划

三、选择合适的词语填空

庆幸　辗转反侧　焦灼　胸有成竹　攻击　无奈　闹心　嘱咐

1. 我心里又想起母亲的劳苦，（　　）地睡不着，很想起来陪陪母亲。
2. 机群在（　　）目标之后安全返回。
3. 我已经对陈老板（　　）过了，要他每次新书寄到，无论如何先给留一本。
4. 事情已经到了这一步，我们也感到很（　　）。

5. 毛委员对打赢这一仗（　　），决定马上向南去追赶部队。

6. 他为自己感到（　　），因为自己可以到上海去，离开他所讨厌的家到外面去创造新的事业。

四、根据课文内容选择正确答案

1. 文中男孩住院的原因是：

  A. 阑尾炎   B. 肠系膜淋巴结炎

  C. 肾结石   D. 紫癜

2. "我"用什么方法排除了泌尿系结石的可能：

  A. 胃肠超声   B. 腹部检查

  C. 尿液分析和超声检查   D. 血液分析

3. 什么使"我"排除了器质性病变的可能？

  A. 家长一番牢骚   B. 孩子的表情

  C. 爷爷奶奶的话   D. 医学检查

4. 从文中可知孩子的腹痛可能与什么有关？

  A. 阑尾炎手术   B. 肠道痉挛   C. 心理压力大   D. 生活习惯

5. 功能性胃肠病与什么有关？

  A. 生理因素   B. 心理因素   C. 环境因素   D. 季节因素

6. 为什么功能性肠胃病的诊断需要谨慎？

  A. 漏诊器质性病变后果严重   B. 功能性肠胃病症状很严重

  C. 功能性肠胃病很难发现   D. 功能性肠胃病很少见

五、根据课文内容回答问题

1. 说一说我在为孩子诊断的过程中都排除了哪些可能的疾病？最后确诊为什么疾病？

2. 根据课文说一说功能性胃肠病有什么特点？

3. 分析一下文中的男孩为什么会得功能性胃肠病？

说一说

1. 你认为疾病和心理有关系吗？举例说明。

2. 谈一谈你的就医经历。

阅读技能指导

利用特殊标点符号理解句子（二）

  分号前后往往是语义并列的关系，所以可以借助分号前面的信息来理解分号后面的信息，或者利用分号后面的信息去理解前面的信息。例如：荀子提出"人定胜天"的观点，认为与其宣传拜天拜地，不如鼓励人民增加生产，蓄积财物；与其依赖天地，不如依靠人的力量。

  冒号的一个作用是提起下文，在冒号后面往往是对前面主题的解释或说明，所以只需看懂简单的后一句就可以理解全句。例如：凤凰这个词本来就是阴阳结合的："凤"是雄鸟，"凰"是雌鸟。

  括号的作用是注释或补充说明句子中的一部分词语。例如：辛弃疾（1140—1207），字幼安,号稼轩,宋朝历城(现在山东省历城县)人,著名词人。

掌握标点符号的特殊用法,有助于我们对文章更好地理解和掌握。

练习

利用句中的标点符号理解句子的意思

1. 事物总是有两方面,有所不为才能有所为;失之东隅,收之桑榆;塞翁失马,焉知非福。

2. 牛顿从1692年起,就患失眠、健忘、消化不良、忧郁等病症,然而其患病的原因却始终未能查明,人们对此的说法莫衷一是。有人说他是因为写作《自然哲学的数学原理》一书,积劳成疾;有人说是因为牛顿的母亲病逝,他过度忧伤……

3. 珊瑚虫能在自己身上奇妙地记下"日历":它们每年在自己的体壁上"刻画"出365条环纹,显然是一天"画"一条。

4. 这些情景每天都在ICU(重症监护病房)上演。

阅读1

我们的身体好比是件精密的机器,但在它出问题时,我们不能像检修普通机器那样,直接打开机器后盖得知问题之所在,身体是个黑箱子,大多数情况下我们是借助箱子的表象来推测里面究竟发生了什么故障。修理机器的人——医生——也是根据这些线索加上一些能够窥探到机器内部的辅助技术(例如抽血化验、拍X光片、照CT或核磁片)来判断究竟是哪个部件出了怎样的问题。因此,在多数情况下,身体的异常信号就成为判断疾病的重要线索。综合从这个黑箱子搜集的多种信息进行判断,就是医生们逼近真相的方法。身体给我们的信号有很多种类,这也就是为什么医学院的学生在学医生涯的最初几年里要抱着本厚厚的《症状学》反复翻阅。尽管我们身体纷繁复杂的信号在这寥寥数千字中不能尽言,但聊胜于无,因此我们在这里主要谈谈一些较常见但危害比较大的疾病在发生之前,会有什么样的预警信号。

腹痛。腹痛的原因有上百种,各种腹部器官(诸如胃肠道、肝、胆、胰、脾、肾,另外包括女性的内生殖器如卵巢、输卵管和子宫等)的问题都可能会引起腹部的不适。在这里列举一些需及时就医的情况:

如果在暴饮暴食和酗酒之后出现腹痛,而且疼痛部位主要位于上腹部,一直持续让你坐立不安,程度剧烈有如刀割,弯腰抱膝的姿势可能会使疼痛略微减轻。有时疼痛感会串到后背或左侧肩部,伴随着恶心、呕吐或发烧,那么有可能是患上了急性胰腺炎,它是由于胰腺这个消化和内分泌器官被炎症破坏所致。当出现以上情况的肚子痛时,就说明是该去看医生的时候了。因为若不及时就医,不仅疼痛程度难以忍受,重型的胰腺炎还会出现一系列威胁生命的合并症。

如果腹部受到外伤或暴力作用后,在上腹部出现腹痛,就要考虑肝或脾脏破裂的可能。肝或脾的破裂是非常严重且紧急的情况,常常需要尽快手术。这样的腹痛若伴随有头晕或昏迷的出现则是身体提示我们情况更加严峻,它说明因为内脏破裂造成的失血量大到已经影响到脑部供血的程度,若不及时就医,可能会因为内出血过多造成休克甚至死亡。

生育年龄的女性若出现腹痛,一定不要忽视宫外孕(即异位妊娠)的可能性。宫外孕是胚胎在子宫以外的地方种植发育,它像一颗定时炸弹,随时可能因破裂出血造成生命危险。宫外孕的腹痛常常来得很突然,疼痛位于下腹部,程度剧烈有如钝痛、绞痛或撕裂样的疼痛,同时可能会伴有阴道出血、头晕、恶心、呕吐,有时还会有总想上厕所的感觉。宫外孕产生的腹痛常常容易与其他原因引起的腹痛相混淆,因此在就医时应该告诉医生自己的月经情况,宫外孕的腹痛在发生之前多有5～8个星期没有来月经。若宫外孕没有被及时识别出来,结局会很糟糕,患者会因异位妊娠的破裂造成迅速、大量的腹部内出血,很快就会陷入休克,甚至死亡。

（选自科学松鼠会,有删减,作者:KIWI)

练习

速读第1遍,完成下面的练习(建议阅读时间5分钟)

一、根据阅读内容选择正确答案

1. 医生诊断疾病借助的辅助技术不包括:
   A. 抽血化验　　　　B. 拍X光片　　　　C. 照CT或核磁片　D. 望闻问切

2. 医学生在学医的最初几年都要抱着厚厚的《症状学》反复翻阅是因为:
   A. 身体发出的信号纷繁复杂　　　　B. 身体发出的信号太少
   C. 身体发出的信号难以察觉　　　　D. 身体发出的信号很难说清

3. 本文例举造成腹痛的原因不包括:
   A. 急性胰腺炎　　B. 肝脾破裂　　　　C. 宫外孕　　　　D. 急性肠胃炎

4. 造成胰腺炎的原因是:
   A. 受凉感冒　　　B. 暴饮暴食　　　　C. 病毒感染　　　D. 外伤所致

5. 宫外孕的后果最严重可造成:
   A. 腹痛　　　　　B. 休克　　　　　　C. 死亡　　　　　D. 呕吐

细读第2遍,完成下面的练习

二、根据阅读内容判断正误

1. 身体的异常信号是医生判断疾病的重要线索。　　　　　　　　　　（　　）
2. 身体发出的异常信号只有疼痛。　　　　　　　　　　　　　　　　（　　）
3. 腹痛的原因有近百种。　　　　　　　　　　　　　　　　　　　　（　　）
4. 重型胰腺炎甚至会威胁生命。　　　　　　　　　　　　　　　　　（　　）
5. 肝脾破裂常需要尽快手术。　　　　　　　　　　　　　　　　　　（　　）
6. 宫外孕产生的腹痛与其他原因引起的腹痛非常相似。　　　　　　　（　　）

三、选择画线部分词语在句子中的意思

1. 大多数情况下我们是借助箱子的表象来<u>推测</u>里面究竟发生了什么故障。
   A. 研究报告　　　B. 打算计划　　　　C. 推举测试　　　D. 推断预测

2. 尽管我们身体纷繁复杂的信号在这<u>寥寥</u>数千字中不能尽言,但聊胜于无。
   A. 无数　　　　　B. 不多不少　　　　C. 很少　　　　　D. 很多

3. 医生也是根据这些线索加上一些能够<u>窥探</u>到机器内部的辅助技术来判断究竟是哪个部件出了怎样的问题。
   A. 偷看　　　　　B. 观察探索内部　　C. 暗中探讨　　　D. 悄悄寻找

4. 这样的腹痛若伴随有头晕或昏迷的出现则提示情况更加<u>严峻</u>。
   A. 严厉　　　　　B. 沉重　　　　　　C. 严重　　　　　D. 严格

5. 宫外孕产生的腹痛常常容易与其他原因引起的腹痛相**混淆**，因此在就医时应该告诉医生自己的月经情况。

A. 混沌　　　　　B. 混乱　　　　　C. 混合　　　　　D. 分不清楚

词语提示

精密	（形）	jīng mì	精确周密。
推测	（动）	tuī cè	根据已经知道的事情来想像不知道的事情。
窥探	（动）	kuī tàn	暗中察看。
线索	（名）	xiàn suǒ	比喻事情的头绪或发展脉络。
寥寥	（形）	liáo liáo	形容数量少。
聊胜于无	〈组〉	liáo shèng yú wú	比没有要好一点。
暴饮暴食	〈组〉	bào yǐn bào shí	又急又猛地大量吃喝。
酗酒	（动）	xù jiǔ	无节制地沉迷于酒，也指撒酒疯。
严峻	（形）	yán jùn	严厉，严格或苛刻。
就医	（动）	jiù yī	病人到医生那里接受治疗；看病。

阅读2

如果说发热是小儿内科最常见的就诊原因，那么腹痛则是小儿外科最常见的急诊情况了。对于门诊医生来说，首要的问题是判定腹痛的性质，区分这种腹痛是否需要住院。

小宝宝表达腹痛这种不适最常用的手段是哭闹，多数哭闹都是生理性的，比如宝贝饿了、尿了，或者过冷过热，姿势不舒服等因素均可能引起哭闹，但如果能基本排除这些因素，且患儿在哭闹的同时还伴有脸色苍白、呕吐、精神状态渐进性变差，甚至便血，那就必须要到医院来处理了。

有些腹痛可能只是因为患儿没有及时排便，经过开塞露灌肠排便之后多可立刻缓解，哭闹停止，但那种需要外科手术干预的"急腹症"可就没那么简单了，诊治不及时会造成不可挽回的悲剧。

外科急腹症不是一个具体的病，而是一组发病急、变化快、需要紧急处理或手术的急性腹痛性疾病。可引起小儿急腹症的疾病很多，笔者仅以临床较为常见的足以致命的"肠套叠"为例，来说明一下小儿急腹症的特点、危害及诊治过程。

肠套叠指一部分肠管套入相邻的肠管之中，如不治疗甚至会导致患儿的死亡。典型的肠套叠常导致患儿突然发作阵发性哭闹、面色苍白，每次发作数分钟，之后患儿安静或入睡，约数十分钟后再发作，如此反复……继续发展会出现呕吐，甚至由于肠壁血管破裂出血而导致便血——果酱样便。婴儿肠套叠在建国初期均采用手术治疗，当时的手术死亡率高达20％～30％。随着技术的进步，现在在发病早期多数病例可用非手术疗法治愈（空气压力灌肠法和钡灌肠水压复位法），但延误到病情严重就不得不进行手术处理了。

这种病是婴儿期一种特有的疾病，发病原因至今尚不清楚，除个别情况有解剖学异常的因素而外，多数病例找不到明确的病因……这等于说，想采取一些措施让自己的孩子免于肠套叠这种危险，根本没有可操作性。因此与其纠结肠套叠的发病原因，还不如了解一些肠套叠的基本知识，一旦出现也好识别。

肠套叠以 1 岁以内尤其是 4～10 个月的婴儿最为多见，这个时期是发病高峰期，5 岁以后发病罕见，男女患病比为 2～3：1，男孩明显多于女孩，一年四季均可发病，但以 3～5 月份发病率最高。

肠套叠发病早期最典型的表现是阵发性的腹痛和呕吐，腹痛规律性发作，每次间歇10～20分钟，持续数分钟或更长时间后腹痛缓解，孩子安静或入睡，后又反复发作；这期间可伴有呕吐，呕吐物含有乳块或食物残渣，更严重的情况甚至有粪便样液体，出现这种情况时，通常已不是早期了。除腹痛呕吐之外，另一个重要的症状就是果酱样黏液血便，以笔者的经验，多是远离城市的偏远地区的患儿有这种情况，在城市的患儿通常不会耽误到出现血便才来就诊，此前的腹痛和呕吐足以引起家长的警惕了。

（选自科学松鼠会，有删减，作者：李清晨）

练习

速读第 1 遍，完成下面的练习（建议阅读时间 5 分钟）

一、根据阅读内容选择正确答案

1. 小儿外科最常见的急诊情况是：
   A. 发热　　　　　B. 哭闹　　　　　C. 腹痛　　　　　D. 咳嗽

2. 肠套叠的症状不包括：
   A. 阵发性腹痛和呕吐　　　　　B. 果酱样粘液血便
   C. 面色苍白　　　　　　　　　D. 发热

3. 肠套叠在建国初期都采用什么治疗方法？
   A. 手术治疗　　　　　　　　　B. 空气压力灌肠法
   C. 钡灌肠水压复位法　　　　　D. 非手术疗法

4. 肠套叠的发病原因是：
   A. 原因不明　　　B. 饮食不当　　　C. 伤风受寒　　　D. 消化不良

5. 根据本文，远离城市的偏远地区肠套餐患儿常会出现什么症状？
   A. 腹痛　　　　　B. 呕吐　　　　　C. 发热　　　　　D. 果酱样血便

细读第 2 遍，完成下面的练习

二、根据阅读内容回答问题

1. 在什么情况下可以判断孩子的哭闹是因为疾病而非生理性的？
2. 什么是外科急腹症？
3. 肠套叠有什么症状？
4. 肠套叠的治疗方法有什么发展？
5. 肠套叠的发病有什么特点？

三、用所给的词语替换下列句子中的画线部分词语，保证句子意思基本不变

注意　特别　避免　以免　必须　间隔　休息

1. 现在在发病早期多数病例可用非手术疗法治愈，但延误到病情严重就<u>不得不</u>手术处理了。

（　　）

2. 想采取一些措施让自己的孩子<u>免于</u>肠套叠这种危险，根本没有可操作性。 （　　）

3. 肠套叠以 1 岁以内<u>尤其</u>是 4～10 个月婴儿最为多见。 （　　）

4. 肠套叠发病早期最典型的表现是阵发性的腹痛和呕吐，腹痛规律性发作，每次<u>间歇</u>
   10～20分钟。 （　　）

5. 在城市的患儿通常不会<u>耽误</u>到出现血便才来就诊，此前的腹痛和呕吐足以引起家长的
   <u>警惕</u>了。 （　　）

词语提示

缓解	（动）	huǎn jiě	剧烈、紧张的程序有所减轻。
生理	（名）	shēng lǐ	生物机体的生命活动和各个器官的机能。
挽回	（动）	wǎn huí	设法使局势好转或恢复原状。
延误	（动）	yán wù	指缓慢移动或行动，以致未按预料的进度进行。
干预	（动）	gān yù	指过问别人的事。

第 52 课　　直面儿童第一杀手——肺炎

肺炎指由不同病原体或其他因素导致的肺部炎症,是一种相当古老的疾病,在公元前 1200 年的埃及木乃伊上就找到了此病存在的证据。据估计,在抗生素出现之前的时代,罹患肺炎者大约有三分之一的人将难免一死。抗生素的出现虽然使肺炎的死亡率大大下降,但时至今日,作为儿科常见病的肺炎,每年仍可导致约 140 万儿童死亡(其中 99％的死亡发生在发展中国家),是儿童死亡的第一病因,故我们称其为儿童第一杀手绝非虚言。

小儿肺炎有多种分类方法,按病因来分可分为细菌性肺炎、病毒性肺炎及支原体肺炎等,在发达国家以病毒为主,而在我国及其他发展中国家则以细菌为主;按病理类型可分为支气管肺炎和大叶性肺炎等,支气管肺炎是小儿时期最常见的一种,全年均可发病,以冬春寒冷季节为多。营养不良的低体重儿、先天性心脏病患儿等更易发病。

肺炎发生时,支气管粘膜水肿而管腔变窄,同时肺泡内充满炎性渗出物。炎症加重时,可使支气管腔更为狭窄甚至堵塞,引起患儿缺氧,这时候患儿会出现口唇青紫,为了代偿这种情况,患儿的呼吸开始加快心率也加快,这时家长可以观察到患儿的鼻翼开始扇动,喘气很费力的样子。除此而外,患儿还可能伴有烦躁、嗜睡、前囟隆起、呕吐腹胀等情况。然而早期最常见也是最主要的症状乃是发热和咳嗽。

普通感冒这种上呼吸道感染可以自愈,治疗均为对症治疗,比如退热之类;而属于下呼吸道感染的肺炎则必须进行对因治疗。由于发热跟咳嗽也多见于普通感冒,可作为没有医学常识的家长,仅凭这两种症状,其实很难区分这到底是普通感冒还是肺炎早期。如果是将普通感冒误认成肺炎,那最多是多往医院折腾了一次,但要是把肺炎早期当成了普通感冒,而没有及时正确处理就比较麻烦了。

所以我建议,当患儿的发热咳嗽渐进性加重,且一般状态逐渐变差时,及时就医方是明智之举。

就医时,经由护士量完体温之后,医生除了要对患儿进行望触叩听等基本检查以外,还会详细询问患儿的病史,此外,血细胞分析是必不可少的检查。结合医生的查体,尤其是对肺部的听诊,医生可能得出一个初步判断:如诊断为感冒,可能就要打发你回家了,或者在门诊肌注退热药物以后再让你回家;若考虑到肺炎的诊断,通常需要做一个胸部的 X 线片。不少家长对 X 线的副作用颇有顾虑,但和漏诊肺炎可能造成的危险结果相比而言,这一点儿辐射伤害的代价是值得的。

住院治疗后,还可能有更进一步的检查,这其中最有价值的是病原学方面的检查,可能是血液培养、痰液培养或咽拭子培养。为什么说这个检查最有价值呢? 因为一旦培养出阳性结果,比如查出是肺炎链球菌,就可以针对肺炎链球菌做药敏实验,选出最敏感的药物进行精准打击。对治疗来说,只有敏感药物才是最好的。可问题是,一则病原学方面的检查未必都能得到阳性结果,二则即使有结果也需要时间,那么在这个结果出现之前怎么用药呢?

世界卫生组织和很多儿科学教材都将青霉素推荐为肺炎治疗的一线用药,可实际上除极特殊原因外,临床医生是不会贸然使用青霉素的。以我们医院微生物室 2011 年 10 月份的抗生素耐药情况通报来看,青霉素的耐药率排名第一,耐药率高达 61％。所以一定要尊重临床医生的治疗建议,不要因为自己的一知半解干扰治疗。

必须要说明的是，同一种药物用在两个不同的患儿身上，可能造成不一样的治疗结果，这是因为两者的致病细菌可能根本不一致，假若一个对该抗生素敏感，而另外一个属于耐药，那就很可能出现一个已经痊愈出院，另一个还在继续治疗的局面。另外，不同的病原体造成的肺炎，治疗周期有所不同，像葡萄球菌引起的肺炎治疗周期就稍长，这是因为这种肺炎比较顽固，容易复发及产生并发症。

如治疗后期需要改为口服抗生素，一定要听清医嘱，因为小儿的用药更需要相对准确的计算，用量小了不足以治病，用量超了，则可能有危险。

（选自时尚育儿网站，有删减，作者：李清晨）

词语提示

代偿	（动）	dài cháng	指某些器官因疾病受损后，机体调动未受损部分和有关的器官、组织或细胞来替代或补偿其代谢和功能，使体内建立新的平衡的过程。
嗜睡	（动）	shì shuì	白昼睡眠过度。
前囟	（名）	qián xìn	新生儿颅顶骨发育尚未完全，被纤维组织膜充填，称颅囟。前囟最大，位于矢状缝前端，呈菱形，1～1.5岁闭合。
渐进性	〈组〉	jiàn jìn xìng	随时间的变化而不断发生变化。
明智	（形）	míng zhì	通达事理，有远见。
贸然	（副）	mào rán	轻率地；不加考虑地。
耐药	（名）	nài yào	指微生物、寄生虫以及肿瘤细胞对于药物作用的耐受性。
一知半解	〈组〉	yì zhī bàn jiě	形容知知甚少，理解不深刻不透彻。
医嘱	（名）	yī zhǔ	医生根据病情和治疗的需要对病人在饮食、用药、化验等方面的指示。

练习

一、根据课文内容判断正误

1. 肺炎是儿童死亡的第一病因。　　　　　　　　　　　　　　（　　）
2. 在我国及其他发展中国家以病毒性肺炎为主。　　　　　　　（　　）
3. 肺炎早期最常见的症状是发热和咳嗽。　　　　　　　　　　（　　）
4. 对属于下呼吸道感染的肺炎必须对症治疗。　　　　　　　　（　　）
5. X射线对人体有副作用，因此不要做此项检查。　　　　　　（　　）
6. 对于肺炎治疗来说，只有敏感药物才是最好的。　　　　　　（　　）

二、选择画线部分词语在句子中的意思

1. 当患儿的发热咳嗽渐进性加重，且一般状态逐渐变差时，及时<u>就医</u>方是明智之举。

A. 就在医院　　　　B. 接近医生　　　　C. 就是医生　　　　D. 看病

2. 肺炎是儿童死亡的第一病因,故我们称其为儿童第一杀手绝非<u>虚言</u>。

A. 空话;假话　　　B. 大话　　　　　　C. 废话　　　　　　D. 客气话

3. 普通感冒这种上呼吸道感染可以<u>自愈</u>,治疗均为对症治疗。

A. 自己治疗　　　　B. 自行痊愈　　　　C. 愈合　　　　　　D. 越来越

4. 如诊断为感冒,可能就要<u>打发</u>你回家了。

A. 送给施舍　　　　B. 派去办事　　　　C. 使离去　　　　　D. 消磨时间

5. 不少家长对 X 线的副作用颇有<u>顾虑</u>。

A. 顾忌忧虑　　　　B. 不愿意　　　　　C. 照顾　　　　　　D. 考虑

6. 葡萄球菌引起的肺炎治疗周期就稍长,这是因为这种肺炎比较<u>顽固</u>,容易复发及产生并发症。

A. 思想保守　　　　B. 立场反动　　　　C. 坚硬　　　　　　D. 很难治疗

三、选择合适的词语填空

罹患　明智　高明　贸然　漠然　一知半解　半信半疑

1. 世上最可笑的是那些自以为是的人,(　　),便自封为"天下第一"。

2. 小伙子倒在地上浑身发抖,口吐白沫,旅客们都不敢(　　)施救。

3. 我认为这是(　　)之举,虽然也是一件无可奈何的事。

4. 他点点头,神情有些(　　),仿佛他的思想还没有从什么地方收回来似的。

5. 在整个八路军医务系统中,他的医术是很(　　)的。

6. 抽烟会让你(　　)胰腺癌的风险增加一倍。

四、根据课文内容选择正确答案

1. 小儿肺炎按照病因来分,不包括哪一项?

A. 细菌性肺炎　　B. 病毒性肺炎　　　C. 支原体肺炎　　　D. 支气管肺炎

2. 支气管肺炎在哪个季节最易发病?

A. 冬春季节　　　B. 春秋季节　　　　C. 夏秋季节　　　　D. 春夏季节

3. 肺炎发生时,患儿的症状不包括哪一项?

A. 发热　　　　　B. 腹泻　　　　　　C. 咳嗽　　　　　　D. 呼吸加快

4. 医生在诊断肺炎时,必不可少的检查是:

A. 量体温　　　　B. 尿液分析　　　　C. 血细胞分析　　　D. X 光检查

5. 在住院治疗中,为什么说病原学方面的检查最有价值?

A. 可以选出敏感药物进行有效治疗　　　B. 可以发现病原菌

C. 可以选出最贵的药物进行治疗　　　　D. 可以体现医院的技术水平

6. 为什么临床医生不会贸然使用青霉素?

A. 青霉素为肺炎治疗的一线用药　　　　B. 青霉素的治疗周期较长

C. 青霉素的耐药率排名第一　　　　　　D. 青霉素的治疗效果容易反复

五、根据课文内容回答问题

1. 肺炎发生时都有哪些症状?

2. 同一种药物用在不用的患儿身上,疗效为什么不一致?

3. 为什么在肺炎治疗后期改为口服抗生素时，一定要听清医嘱？

说一说

1. 说一说在季节变化时该怎样预防呼吸道疾病？
2. 说一说饮食营养与健康的关系。

阅读技能指导

利用同义词猜测词义

阅读过程中，我们常会碰到一些不认识的生词或短语，或虽认识但并未掌握其意思。这些词语若不影响对文章主要内容的理解，我们可以将它们一略而过，但如果它们已成为理解文章重要内容的障碍，就必须设法弄清它们的意义。

阅读材料中的每个词与它前后的词语或句子甚至段落有着互相制约的关系，因此，我们可以利用各种已知信息来推测、判断某些生词的词义。

利用同义词来猜测词义。例如：冠军的光环使她变得专横而跋扈。根据"专横"可以推知"跋扈"的意思是做事毫无顾忌，任意妄为。有时会有一些表示前后信息可能存在同义或近义关系的标志词，帮助我们猜测词义，例如：和、或者、并且等。看到这些标志词，可尝试通过同义或近义的关系来猜测生词的词义。如果没有明显的标志词，则看看上下文中有没有给提供一些暗示，或者生词的另一种说法，或者同义词。例如：由于投资失败，他变得一无所有，生活窘迫而拮据。"拮据"可以根据近义词"窘迫"得知其意思是生活贫困，如果"窘迫"也是生词，可根据"他变得一无所有"推知"拮据"的意思。

练习

猜测下列句子中画线词语的意思

1. 春节临近，又到了聚餐、派对和尾牙扎堆的季节。
2. 别人也许会认为我们无病呻吟，或小题大做。
3. 彩陶是人类具有精神文化表达意识的发端，或者说是新石器时代早中期文化的开始。
4. 作为语言学者应更新语言观念，抛弃陈腐和落后的观念。

阅读1

在火灾现场，救援人员会遇到各种各样的伤者，有一些伤员，体表毫发无伤或者只是些轻度的烧伤，同时有呼吸困难，不停咳嗽，痰液发黑，这是不容忽视的现象。为什么呢？他们在逃离火灾现场的时候，也许忽略了在火灾防护手册里被反复提及的重要措施："把毛巾浸湿，叠起来捂住口鼻，穿越烟雾区时，即使感到呼吸困难，也不能将毛巾拿开。""不要大声喊叫，避免烟雾进入口腔，造成窒息中毒。"

这就是为了避免火场中的另一个往往被人忽略的杀手：吸入性损伤。

1942 年，美国波士顿的一家夜总会发生大火灾，这场火灾导致了 492 人的死亡。该场馆定员 460 却容纳了 1000 个人狂欢，发生火灾后秩序混乱，大部分死者是由于蜂拥逃跑而最终被挤死在打不开的旋转门前。当时烧伤科的医生们经历了伤员的救治，借此机会对烧伤进行了更深一步的研究,第一次提出了吸入性损伤的概念。

顾名思义,这是一种由呼吸道吸入了有毒烟雾、粉尘颗粒、化学物质甚至热蒸汽等等而造成的呼吸道损伤,严重的甚至可以引发休克导致死亡。同样是在美国,1980年内华达州拉斯维加斯市的米高梅饭店也发生了一场大火,其中便有59人丧身于吸入性损伤。

吸入性损伤往往发生在密闭不透风的环境中,在这些环境中,灼热的烟雾浓度大,温度高也不容易扩散,同时燃烧不够充分,又会产生大量有毒或是对人有害的气体,使人们中毒、呼吸道粘膜损伤、气管或/和喉头痉挛、肺水肿、呼吸窘迫、窒息、休克,最终可能导致死亡。它是烧伤病人的主要死亡原因之一,一份研究资料表明:约有60%的烧伤病人的死因不是烧伤本身而是烟雾吸入造成的肺损伤所致。

吸入的热气给人带来的伤害,不仅是本身的热力因素,还包括有害物质对呼吸道的损伤。

干热的空气会立刻灼伤呼吸道的粘膜,湿热的空气中,水蒸气在呼吸道中凝结会放出大量的热,由于水的比热也比较大,湿热气的热量能够长驱直入,比干热气体到达气管的更深远的地方——它不止引起声门、喉头、气管的痉挛、水肿,还可能会引起肺实质的损伤。

有害物质对人体损伤原因也不尽相同,燃烧可能会产生 CO、NO、NO_2、SO_2、氰化物、还有各种酸、醛、酮等,有些直接刺激呼吸道,有些进入血液循环后产生全身的毒性作用。另外,粉尘颗粒等粘附于肺泡表面,减小了肺泡表面活性物质的张力,导致散在的局灶性肺不张。另外由于呼吸道的纤毛及粘膜损伤,导致屏障功能减弱,各种致病菌趁机而来,加之免疫能力降低,可能引起肺部或全身感染。

吸入性损伤来势凶猛,却在一开始不容易被人重视——伤者的体表也许毫发无伤却已经死去。还有些吸入性损伤者,尽管离开了火灾现场,灾难却还没过去。在伤后的几小时到一周内,如果情况进一步恶化,各种继发反应接踵而来:肺水肿,呼吸困难,气道坏死组织脱落引发梗阻,由缺氧而引起的各脏器衰竭,全身感染,休克等等。

在火灾现场,最重要的就是牢记这点:浓烟比大火更可怕! 逃生时一定牢记用湿润的毛巾捂住口鼻,尽量放低身体逃生,不看热闹,避开浓烟。

(选自科学松鼠会,有删减,作者:四月)

练习

速读第1遍,完成下面的练习(建议阅读时间5分钟)

一、根据阅读内容选择正确答案

1. 在火灾现场,有些伤员体表毫发无损或只有轻度烧伤,却已经死亡是因为:
   A. 休克而死　　　　B. 吸入性损伤致死　C. 挤压伤亡　　　　D. 惊恐而亡
2. 波士顿的一家夜总会火灾导致了多少人死亡?
   A. 492人　　　　　B. 460人　　　　　C. 1000人　　　　D. 59人
3. 吸入性损伤一般发生在什么环境当中:
   A. 火势较小的环境中　　　　　　　B. 大火刚开始燃烧的环境中
   C. 密闭不透风的环境中　　　　　　D. 火势凶猛的环境中
4. 吸入性损伤不包括下列哪一项:
   A. 吸入热气损伤呼吸道　　　　　　B. 有毒有害物质损伤人体
   C. 呼吸道屏障功能减弱造成的肺部感染 D. 皮肤损伤造成的感染

5. 要避免吸入性损伤,在逃离火灾现场时要怎么做?

　　A. 用湿毛巾捂住口鼻放低身体逃生　　　B. 快速跑出火灾现场

　　C. 大声呼救,让消防员前来施救　　　　　D. 躲入卫生间等无火空间。

细读第 2 遍,完成下面的练习

二、根据阅读内容判断正误

1. 在火灾中用湿毛巾捂住口鼻逃生是为了避免吸入性损伤。　　　　　　　　（　　）

2. 由于参与了 1942 年波士顿一家夜总会火灾的救治过程,医生们第一次提出了吸入性损伤的概念。　　　　　　　　　　　　　　　　　　　　　　　　　　　（　　）

3. 1942 年内华达州拉斯维加斯市的米高梅饭店大火中有 59 人死于吸入性损伤。　（　　）

4. 吸入性损伤是由呼吸道吸入有毒烟雾、粉尘颗粒、化学物质甚至热蒸汽等而造成的呼吸道损伤。　　　　　　　　　　　　　　　　　　　　　　　　　　　（　　）

5. 火灾中因烟雾而造成的肺损伤死亡达到了烧伤病人死亡的 60%。　　　　　（　　）

6. 干热气体与湿热气体相比,能到达气管更深远的地方。　　　　　　　　　（　　）

三、选择画线部分词语在句子中的意思

1. 有毒有害气体,使人们中毒、气管或/和喉头痉挛、肺水肿、呼吸<u>窘迫</u>、窒息、休克,最终可能导致死亡。

　　A. 贫穷　　　　　　B. 难堪　　　　　　C. 尴尬　　　　　　D. 困难

2. 在伤后的几小时到一周内,如果情况进一步恶化,各种<u>继发</u>反应接踵而来。

　　A. 继续　　　　　　　　　　　　　　　B. 持续

　　C. 在原有基础上发生　　　　　　　　　D. 发现

3. 吸入性损伤往往发生在密闭不透风的环境中,在这些环境中,灼热的烟雾浓度大,温度高也不容易<u>扩散</u>。

　　A. 扩充充满　　B. 扩大分散　　C. 分布分散　　D. 放大散开

4. 发生火灾后秩序混乱,大部分死者是由于<u>蜂拥</u>逃跑而最终被挤死在打不开的旋转门前。

　　A. 大量逃跑　　B. 像蜜蜂一样　　C. 集中拥挤　　D. 拥抱

5. 肺水肿,呼吸困难,气道坏死组织脱落引发<u>梗阻</u>,由缺氧而引起的各脏器衰竭,全身感染、休克等等。

　　A. 阻挡　　　　　　B. 阻止　　　　　　C. 障碍　　　　　　D. 阻塞

词语提示

窒息	（动）	zhì xī	因外界氧气不足或其他气体过多或者呼吸系统发生障碍而呼吸困难甚至停止呼吸。
窘迫	（形）	jiǒng pò	处境困急。
长驱直入	〈组〉	cháng qū zhí rù	迅速向很远的目的地前进。形容进军迅猛顺利。
继发	（动）	jì fā	在原有疾病的基础上发生与其相关的其他疾病。
接踵而来	〈组〉	jiē zhǒng ér lái	指人们前脚跟着后脚,接连不断地来。形容来者很多。

生活中,我们常听说"昨晚睡觉着凉感冒了"之类的说法。但且慢,着凉就是感冒吗?两者是等同关系吗?如果不是,那着凉能引起感冒吗?看似稀松平常的话题,其实有待深究一番。

首先从概念来判断,着凉也称受凉,即身体感受到凉。这里的凉可以看作由外界较大的温差变化引起,比如夏日的晚间睡眠,同白日相比温差能达10度,而如果不注意保暖,便容易着凉。而在寒冷的冬日,室外活动时若穿衣保暖不够,也会因气温过低而着凉。而着凉的后果可能有很多,比如冷的发抖、打喷嚏、鼻塞不畅、拉肚子等等。

那什么是感冒呢?感冒一词极具中国特色,据说这词发端自南宋的官场。当时的馆阁(中央级学术机构)也有值班制度,但基本一夜无事。为了开溜,他们约定俗成地在登记簿上把原因写为"肠肚不安"。而一位名叫陈鹄的值班新丁,偏不遵照惯例,标新立异的写上"感风"二字。到了清代,感风进化为感冒,也即身体感受到疾病症状的全面爆发。

的确,咽喉发干、鼻塞、咳嗽、打喷嚏、头痛等感冒症状的确够全面,让人够难堪。感冒是最常见的传染病之一,是最常见的呼吸系统疾病。说其是传染病,是因为感冒实际上是由病毒的入侵引起的,病毒还能继续四处传播,比如喷嚏或说话时的飞沫,和别人握手等。在身体过度疲劳、抵抗力降低时,这些病毒便蠢蠢欲动,对你进行骚扰。他们有上百种之多,名称繁芜,诸如鼻病毒、腺病毒、轮状病毒等。而一般普通感冒50%是鼻病毒引起,90%的病人手上也能分离出这种病毒。虽是病毒一种,但这种病毒还算温顺,因此不必过于担忧。

从上面可以看出,着凉并不是感冒,二者不能对等。那着凉一定引起感冒吗?还是让我们看看科学试验怎么说吧。1958年,美国伊利诺州大学医学院的道林(H. F. Dowling)为了一探着凉与感冒是否确有干系,招募了400多名医学院的学生做了个试验。首先让学生先接触能导致感冒的病毒,接下来让其中一部分人着凉一下。有些志愿者穿上厚重的棉衣身处极低的温度下,有些则穿着内衣处在舒适的温度下,另外一些就让他们感受下酷暑的滋味吧。结果有趣的是,所有人感冒的几率是一样的。换句话说,让你感冒的关键,并非在于你是否着凉,而是因为你接触到了这些病毒,才让你感冒的。

1968年,美国的道格拉斯(R. G. Douglas)医生在德克萨斯州犯人身上进行了类似的试验。他先把病毒放进犯人的鼻子里,然后让他们身处严寒之中,穿着不同数量的衣物保暖。为了进一步验证着凉受冻是否会感冒,还让一部分头发湿漉漉的。但无论怎样折腾,他们的感冒几率还是没差别。

由此看来,引起感冒的罪魁祸首是病毒,让你鼻塞流涕、喷嚏连天的感冒并非着凉的得意之作。但着凉知能引起类似感冒的症状,这是为何呢?在昼夜温差变化较大时,皮肤表层的感受器会感受到这种凉意,然后紧急报告给大脑中枢司令部。司令部便会下达指示,发出打喷嚏的指令,同时皮肤毛孔收缩,鸡皮疙瘩也冒出来了,或许你还会不由自主的打哆嗦来与这种冰冷对抗。

(选自科学松鼠会,有删减)

练习

速读第 1 遍，完成下面的练习（建议阅读时间 5 分钟）

一、根据阅读内容选择正确答案

1. 着凉是由什么原因造成的？
   A. 温差变化大，不注意保暖　　　　　B. 细菌感染
   C. 天气太冷　　　　　　　　　　　　D. 疲劳过度

2. 根据本文，着凉的后果不包括下面哪一项？
   A. 打喷嚏　　　　B. 打摆子　　　　C. 拉肚子　　　　D. 中风

3. 感冒是由什么引起的？
   A. 过度疲劳　　　B. 病毒入侵　　　C. 和别人握手　　　D. 受凉

4. 科学家的实验证明：
   A. 感冒和着凉没有必然关系　　　　　B. 感冒由着凉引起
   C. 感冒和着凉是一回事　　　　　　　D. 感冒和着凉的症状完全相同

5. 着凉时打喷嚏、打哆嗦是：
   A. 是病毒引起的　　　　　　　　　　B. 是抵抗力下降引起的
   C. 是我们的身体对寒冷做出的反应　　D. 是感冒引起的

细读第 2 遍，完成下面的练习

二、根据阅读内容回答问题

1. 什么是着凉？
2. 说一说感冒一词的来源。
3. 究竟什么是感冒？
4. 感冒病毒都有哪些种类？
5. 着凉和感冒是不是一回事？

三、对画线词语进行解释

1. 从上面可以看出，着凉并不是感冒，二者不能对等。　　　　　　　　　　　（　　）

2. 当时的馆阁（中央级学术机构）也有值班制度，但基本一夜无事。为了开溜，他们约定俗
   成地在登记簿上把原因写为"肠肚不安"。　　　　　　　　　　　　　　　　（　　）

3. 道林（H. F. Dowling）为了一探着凉与感冒是否确有干系，招募了 400 多名医学院学生
   做了个试验。　　　　　　　　　　　　　　　　　　　　　　　　　　　　（　　）

4. 为了进一步验证着凉受冻是否会感冒，还让一部分人头发湿漉漉的。但无论怎样折腾，
   他们的感冒几率还是没差别。　　　　　　　　　　　　　　　　　　　　　（　　）

5. 引起感冒的罪魁祸首是病毒，让你鼻塞流涕、喷嚏连天的感冒并非着凉的得意之作。
   　　　　　　　　　　　　　　　　　　　　　　　　　　　　　　　　　　（　　）

词语提示

稀松平常	〈组〉	xī sōng píng cháng	很平常，没什么特别的。
探究	（动）	tàn jiū	探索研究。
开溜	（动）	kāi liū	偷偷离去。
约定俗成	〈组〉	yuē dìng sú chéng	指事物的名称或社会习惯由人民群众经过长期社会实践而确定或形成的。
新丁	（名）	xīn dīng	新添的人口。
标新立异	〈组〉	biāo xīn lì yì	提出新奇的主张，表示与众不同。
难堪	（动）	nán kān	难以忍受。
蠢蠢欲动	〈组〉	chǔn chǔn yù dòng	比喻敌人准备进攻或坏人阴谋捣乱。
骚扰	（动）	sāo rǎo	使不安宁；扰乱。
繁芜	（形）	fán wú	繁多芜杂。
招募	（动）	zhāo mù	征召募集。
罪魁祸首	〈组〉	zuì kuí huò shǒu	做恶犯罪的头目，也指灾祸的主要原因。

第53课 "饮食不规律"真会引起胃溃疡吗？

去年年底，一则新闻称有年轻女子因长期饮食不规律而引发胃溃疡，后不幸大出血死亡。这让很多人紧张不已——难道饮食不规律就会引发胃溃疡吗？春节临近，又到了聚餐、派对和尾牙扎堆的季节，同时工作也非常繁忙，于是很多人这边挨饿加班，那边在聚会上胡吃海喝，算作是对自己一年辛苦学习和工作的犒劳。可是，有了这"前车之鉴"，一年忙到头，难道犒劳一下自己也要冒生命危险吗？要弄清这个问题，一切要从头讲起。

胃溃疡是由于胃酸过多吗？

在医学上，经常会有同一个词医生和病患理解不同的现象，胃溃疡就是一个典型。医学术语中的"胃溃疡"仅指出现在胃的溃疡，是"消化性溃疡病"的一种；而病患口中的"胃溃疡"则涵盖了整个消化性溃疡的概念，也包括了同属消化性溃疡的十二指肠溃疡。这两种消化道不同部位的溃疡即被归于一类疾病，自然是有其相似之处，即都与"消化"有关。

正常人的胃内有大量的强酸性胃液，pH值在0.9～1.5之间，胃液不仅酸性强，还含有大量的消化酶，用以分解食物中的蛋白质。正常人的胃和十二指肠之所以不会被胃液所腐蚀，是因为胃壁表面有一层稠厚的粘液屏障，可以中和胃酸，因此胃酸就无法直接接触到胃壁了，而消化力强的蛋白酶一旦离开强酸环境，就好像鱼儿离开了水，变成了无用的废物。当胃和十二指肠的这种自我保护机制受到各种原因的破坏，就会使脆弱的黏膜直接暴露在强酸的腐蚀之下，被破坏而形成溃疡。

从百余年前开始，人们就一直在寻找造成胃十二指肠黏膜屏障功能被破坏的原因。最早认为胃酸过多才是溃疡病的罪魁祸首。有人通过不停的给病人胃里灌弱碱性的牛奶治愈了溃疡病。也有手艺精湛的外科医生通过切除部分胃或直接切断支配胃的神经，以此减少胃酸分泌，成功地治疗了溃疡病。表面看来胃酸确实是溃疡病的罪魁祸首，只要通过各种手段提高胃内的pH值，就能使溃疡痊愈。但是为什么所有人的胃都分泌胃酸，却只有一部分人罹患消化性溃疡病呢？医生们虽然知道如何治疗溃疡病，却对溃疡病的发病原因一无所知。

不良的饮食习惯真的就能引起溃疡病吗？一些研究者认为在长期慢性精神压力的情况下，长期饮食不规律会减弱流经十二指肠的食物对胃酸的缓冲作用，从而增加十二指肠溃疡的风险。这种机制可能与溃疡病的发病有关，但是对健康人来说，即使在饥饿状态下缺乏食物的缓冲，胃和十二指肠的屏障功能仍然能保护其黏膜不受胃酸的腐蚀；对溃疡病患者来说，饮食不规律只是雪上加霜而已。而另一个不良习惯——睡眠过少则会通过扰乱下丘脑、垂体等的功能而使机体的内分泌功能紊乱。这些因素与幽门螺杆菌感染或精神压力等因素交互作用而更增加了溃疡病的风险。

如果说幽门螺杆菌和压力是溃疡病主谋的话，不良的饮食习惯只能算是从犯，仅因"饮食不规律"而罹患胃溃疡，最后导致大出血死亡的情况极为罕见。此外，拜近几十年来医学的飞速发展所赐，高效的诊断和治疗措施已经使溃疡病的死亡率大大下降。虽然溃疡病仍然是年轻人中常见的消化系统疾病，但是已经很少有人为此而丧命了。因此，虽然饮食不规律对健康没什么好处，应尽量予以避免，但是对此小题大做，提心吊胆完全没有必要。

（选自科学松鼠会，有删减，作者：萧汲）

词语提示

尾牙	（名）	wěi yá	是闽南地区的汉族传统民俗,商家活动的"尾声",普通百姓春节活动的"先声"。
扎堆	（动）	zhā duī	指多人聚拢在一块,亦有群体起哄干某事之意。
胡吃海喝	〈组〉	hú chī hǎi hē	无节制地大吃大喝。
犒劳	（动）	kào láo	用酒食或财物慰劳。
前车之鉴	〈组〉	qián chē zhī jiàn	比喻把前人或以前的教训作为借鉴。
涵盖	（动）	hán gài	包括,包容。
腐蚀	（动）	fǔ shí	物质表面发生了化学反应而受到了破坏。
稠厚	（形）	chóu hòu	液体的浓度大。
罪魁祸首	〈组〉	zuì kuí huò shǒu	灾祸的主要原因。
精湛	（形）	jīng zhàn	某样技艺十分熟练。
雪上加霜	〈组〉	xuě shàng jiā shuāng	比喻接连遭受灾难,苦上加苦。

练习

一、根据课文内容判断正误

1. 一则新闻报道,有位年轻女子因工作繁忙,胃出血死亡。 （ ）
2. 食物中的蛋白质使胃和十二指肠不被胃酸腐蚀。 （ ）
3. 现代医学认为胃酸过多是溃疡病的罪魁祸首。 （ ）
4. 一些研究者认为长期饮食不规律增加了十二指肠溃疡的风险。 （ ）
5. 对健康人来说,饮食的不规律会破坏胃和十二指肠的屏障功能。 （ ）
6. 因为近几十年医学飞速发展,高效诊断和治疗措施使溃疡病的死亡率大大下降了。

（ ）

二、选择画线部分词语在句子中的意思

1. 胃溃疡就是一个<u>典型</u>。
   A. 具有代表性的例子 　　　　B. 显著的例子
   C. 新的形式 　　　　　　　　D. 突出的情况

2. 只要通过各种手段提高胃内的 pH 值,就能使溃疡<u>痊愈</u>。
   A. 伤口愈合 　B. 康复出院 　　C. 病好了 　　　D. 病情恢复

3. 即使在饥饿状态下,缺乏食物的<u>缓冲</u>,胃和十二指肠的屏障功能仍能保护其黏膜。
   A. 缓慢冲洗 　B. 减缓冲击力 　　C. 冲突缓和了 　　D. 小的影响

4. 幽门螺杆菌和压力是溃疡病的<u>主谋</u>。
   A. 为首谋划的人 　　　　　　B. 积极谋划的人
   C. 最主要的计划 　　　　　　D. 主导谋划

5. 不良的饮食习惯只能算是<u>从犯</u>。

第十一单元　常见疾病篇

A. 一起犯罪　　　　　　　　　　B. 次要的原因

C. 跟从实施犯罪　　　　　　　　D. 帮助主犯犯罪的人

6. 因"饮食不规律"而最后导致大出血的情况极为**罕见**。

A. 很稀罕　　　B. 屡见不鲜　　　C. 很少、很难见到　　D. 鲜为人知

三、选择合适的词语填空

犒劳　涵盖　精湛　罹患　缓冲　紊乱　前车之鉴　雪上加霜

1. 有了赵括的（　），我们应该知道，一切都要以实践为前提，绝不能够纸上谈兵。

2. 我用假期来（　）紧张学习生活的如意算盘也彻底落空。

3. 这部著作，（　）政治、社会、经济、文化四个方面。

4. 这个地区去年刚遭受地震灾害，今年又遇特大洪涝袭击；这可真是（　）。

5. 她的棋艺（　），次次都能赢过对手。

6. 最近大家工作辛苦了，老板准备（　）一下大家。

四、根据课文内容选择正确答案

1. 下面哪一项符合课文的内容？

A. 临近春节，又到挨饿加班的季节了　　B. 吃的好点会对生命构成威胁

C. 工作繁忙时，容易出现饮食不规律　　D. 聚餐时大家不敢大吃大喝

2. 医学术语中的"胃溃疡"是指：

A. 胃和十二指肠溃疡　　　　　　B. 出现在胃的溃疡

C. 消化性溃疡　　　　　　　　　D. 定论不清晰

3. 正常人的胃和十二指肠之所以不会被胃液腐蚀，是因为：

A. 正常人体内含有大量的蛋白酶　　B. 正常人的 pH 值较低

C. 正常人的胃壁表面有粘液屏障　　D. 胃酸被吸收了

4. 弱碱性的牛奶治愈了溃疡病，主要是因为：

A. 牛奶可以支配胃的神经　　　　B. 医生叮嘱每天要喝牛奶

C. 牛奶中和了胃酸　　　　　　　D. 牛奶大大降低了 pH 值

5. 一些研究者认为引起溃疡病的原因不包括下面哪一项？

A. 长期的精神压力　　　　　　　B. 长期的饮食不规律

C. 长期的胃酸腐蚀　　　　　　　D. 长期的睡眠过少

6. 饮食不规律对健康没什么好处，因此，我们应该：

A. 小题大做　　　B. 提心吊胆　　　C. 尽量避免　　　D. 敬而远之

五、根据课文内容回答问题

1. 溃疡是怎样形成的？

2. 哪些因素会增加溃疡病的风险？

说一说

1. 谈谈"饮食不规律"对身体的不良影响。（至少三条）

2. 请你谈谈在繁忙的学习生活中，应该如何注意饮食？

利用反义词猜测词义

我们还可以利用反义词猜测词义,在一个句子或段落中,有对两个事物或现象进行对比的描述,我们便可以根据反义词猜测生词的词义。例如:碰上偏心的父母,常常是鞭打快牛,有的子女披星戴月做事,而有的却是睡太阳玩月亮。有些人对"披星戴月"不理解,"而"提示我们"披星戴月"和后面的句子是对比关系。分析出这个关系后,我们便能猜出"披星戴月"意思为"早出晚归,非常辛苦"。

表示对比或反义关系的标志词主要有:但是、然而、相反、而、却等。看到这些标志词,就要注意这些词前后的信息可能存在反义的关系。如果句中没有表示对比关系的标志词,可通过上下文判断句子前后是否存在对比关系。如果有,那就能猜出生词的词义。

练习

猜测下列词语在句子中的意思

1. 孤独的意思是,你活得精彩没有人欣赏,活得落魄没有人疼惜,尽管身边人来人往,你却好像被全世界遗忘。

2. 看一部青春偶像剧,帅哥美女扎堆,养眼过后却难以入心。相反,某小人物因其丑陋的面容或夸张的表演,倒令人一见难忘。

3. 如果问"植物为什么总是在春天生长",这似乎是个幼稚的问题,而这又是一个深奥的问题。

阅读1

当我们一口气吃下很多东西的时候,常常会用"撑死了"来形容肚腹饱胀的感觉。一般来说,这只是一种夸张的说法,但近日有媒体报道,一女子连续暴食5个小时后发生急性胃扩张、胃破裂,最后死亡。也就是说,这位女士真的"撑死了"。那么这一听起来匪夷所思的事件是真的吗? 人真的有可能吃太多被"撑死"吗?

坏消息是,尽管极为罕见,因为吃太多而把胃"撑破""撑死"的情况真的有可能发生;好消息是,我们的胃非常结实,有非常好的调节功能,只有在非常极端的情况下才会出现胃被"撑破"的情况。

众所周知,我们的胃有一个入口(即贲门)和一个出口(即幽门)。正常情况下,食物从食道经贲门进入胃腔,在胃内充分搅拌、消化后经幽门进入小肠。当胃腔内容物的体积因为各种原因增大,超出胃所能容纳的极限时,人体就会调动各项保护机制,排出多余的容量,防止胃被"撑破"。呕吐就是一种机体保护自己,防止胃破裂的有效手段。通常贲门作为控制食物进入胃腔的阀门,保证食物能从食管进入胃内,而不会从胃里返出来。但是在胃内容物过多的情况下,人体的呕吐反射会被激活,刺激贲门松弛、胃壁收缩,使得胃内容物回到食道、再经口腔吐出来,如此胃内的压力就能得到释放。这一招在胃的出口——幽门因为各种原因阻塞,胃内容物不能经由正常途径排出的情况下非常有用。在幽门阻塞,而呕吐反射这一保护机制又丧失功能时,就有可能发生急性胃扩张。

不管因为什么原因，当大量液体或固体积聚在胃内，超过了胃容忍的极限时，胃壁会因为过度扩张而丧失收缩的能力，此时靠患者自己的努力已无法自行排出这些内容物，就造成急性胃扩张。单是急性胃扩张并不会引起死亡，但是极度扩张的胃会压迫腹腔内的血管，引起相应脏器缺血，造成损伤；大量分泌的胃液会带走病人体内的水和电解质，威胁生命。更严重的是，扩张的胃随时有破裂的可能。出乎意料的是，造成急性胃扩张患者胃破裂的原因并不是像气球一样被"撑破"，而是因为胃内容物的压力增大，当这个压力超过胃壁内静脉的压力时，胃壁的血液回流受阻，胃壁淤血，最后导致胃壁坏死，才造成的破裂。也就是说，即使胃内物体的量并不多，只要胃内压力超过静脉压，或者胃壁发生严重的缺血，就会引起胃破裂。

分析急性胃扩张和胃破裂发生的过程，虽然病因种类繁多，发生几率小，而且发病的过程复杂。但是当很多偶然的因素结合起来的时候，这些小概率的事件就有可能发生。

（选自科学松鼠会，有删减，作者：萧汲）

练习

速读第 1 遍，完成下面的练习（建议阅读时间 5 分钟）

一、根据阅读内容选择正确答案

1. 食物将从下面哪个部位进入小肠：
   A. 贲门　　　　　B. 幽门　　　　　C. 阀门　　　　　D. 食道

2. 在胃内容物过多的情况下，人体会产生的反应是：
   A. 呕吐反射　　　B. 胃破裂　　　　C. 胃扩张　　　　D. 防止食物倒流

3. 当胃内容物超过胃容忍的极限，且无法自行排出时会造成：
   A. 呕吐　　　　　B. 急性胃扩张　　C. 胃破裂　　　　D. 死亡

4. 胃液大量的分泌造成的最严重后果可能是：
   A. 水流失　　　　B. 电解质流失　　C. 死亡　　　　　D. 胃损伤

5. 只要胃内压力超过静脉压，即使胃内物体量不多，也会出现：
   A. 胃出血　　　　B. 胃破裂　　　　C. 呕吐　　　　　D. 死亡

细读第 2 遍，完成下面的练习

二、根据阅读内容判断正误

1. "撑死了"只是一种夸张的说法，现实中不可能发生。　　　　　　（　　）

2. 正常情况下人的胃非常结实，调节功能很好。　　　　　　　　　（　　）

3. 呕吐是一种机体的自我保护功能。　　　　　　　　　　　　　　（　　）

4. 在幽门阻塞时，呕吐反射这一保护机制就不起作用了。　　　　　（　　）

5. 极度扩张的胃会压迫腹腔内的血管。　　　　　　　　　　　　　（　　）

6. 当胃内容物的压力超过胃壁内静脉压时，有可能会出现胃破裂。　（　　）

三、选择画线部分词语在句子中的意思

1. 只有在极端的情况下才会出现胃被"撑死"的情况。
   A. 非常　　　　　　　　　　　　　B. 特别
   C. 事物发展到顶点状态　　　　　　D. 极其

2. 人体的呕吐机制反射会被激活，刺激贲门松弛。

A. 紧张程度减轻　　B. 松散　　　　　　C. 轻松悠闲　　　　D. 紧张又放松
3. **单**是急性胃扩张并不会引起死亡。
　　A. 简单　　　　　　B. 仅仅　　　　　　C. 只能　　　　　　D. 一切
4. 胃壁的血液<u>回流</u>受阻,胃壁淤血,最后导致胃壁坏死。
　　A. 流动　　　　　　B. 流回去　　　　　C. 向前流动　　　　D. 输送
5. 虽然病因种类繁多,发生<u>几</u>率小。
　　A. 可能性　　　　　B. 机会　　　　　　C. 效率　　　　　　D. 几何

词语提示

匪夷所思	〈组〉	fěi yí suǒ sī	指言谈行动离奇古怪,不是一般人根据常理所能想象的。
贲门	(名)	bēn mén	胃与食管相连的部分。
幽门	(名)	yōu mén	胃与肠相连的部分。
阀门	(名)	fá mén	是流体输送系统中的控制部件,具有截止、调节、导流、防止逆流、稳压、分流或溢流泄压等功能。
激活	(动)	jī huó	刺激有机体内某种物质,使其活跃地发挥作用。某些植物成分能激活细胞免疫反应。
淤血	(名)	yū xiě	因静脉血液回流受阻,机体内的器官或组织内血液淤积。

阅读2

　　从小时候起,大人就一直教育我们,吃完饭以后不能马上运动,至少要等半小时以上,否则会引起消化不良。长久以来,我们大多数人都对这一说法深信不疑。不仅自己严格恪守饭后不能马上运动的守则,在我们自己当上父母的时候,也会以此来要求自己的孩子。但是饭后半小时不能运动的定律真的科学吗? 这是关于健康的真相,还是又是一个都市传说呢?

　　在不清楚真相的情况下,很多人选择宁可信其有不可信其无。殊不知遵守"饭后不能运动"的生活准则也有潜在的风险。比方说,对儿童来说,我们的半个小时对他们来说就像半个世纪那么长,如果强制规定他们饭后半个小时不准出去玩儿的话,可是要把这些小祖宗给憋坏了。

　　即使不考虑小祖宗的感受,对于忙碌的现代都市人来说,如果恪守饭后不能运动的"准则",可能就很难抽出时间来运动了。而且饭后不能运动的说法可能还会造成一些人选择不吃饭直接去运动,造成"空腹运动"的情况,而空腹运动很容易造成低血糖发作(尤其对糖尿病病人来说),反而增加了运动时发生危险的可能。因此在饭后什么时候运动的问题上,"宁可信其有"未必是最好的策略。

　　研究发现,对消化不良的病人来说,餐后本来就可能发生饱胀不适感。当这类病人饭后运动出现消化不良的症状时,可能会对此印象深刻,而将其归咎于饭后运动,殊不知进餐本来就会诱发消化不良的症状,很有可能和运动没有任何关系。虽然这只是一个推论,但是当我们总结医学界对消化不良的病因或诱发因素的认识时候,就会发现,认为运动或饭后运动会引起消化不良的症状的观点是缺乏依据的。

很多胃和食管的疾病会引起消化不良，包括胃和十二指肠溃疡、消化道肿瘤等。另外，还有目前已知有一些因素与功能性消化不良的发病有明显的相关性。比如幽门螺杆菌感染、吸烟、饮酒、解热镇痛药和精神压力等等，目前仍没有证据证明运动或饭后短时间内开始运动与功能性消化不良存在相关性。

即使不考虑缺乏证据支持，"饭后不宜运动"的理论基础也经不起推敲。通常认为饭后不能立即运动的原因是因为吃完饭后人体的血流会集中到胃，用以消化食物。如果此时开始运动的话，血液会流到骨骼肌，胃的血液供应就减少了，因此引起消化不良。且不论增加骨骼肌的血供是否会引起胃血流量的减少，也不论胃血流量减少是否与消化不良有关，如果胃在工作的时候不能运动的话，那么考虑到胃内的食物通常要经过 4～6 个小时才能彻底排空，那么饭后不止半个小时，而是数个小时之内都不能运动了。

所以对于一般人的运动建议是：如果你确实经常在饭后运动时出现胃痛或胃部不适，那么很有可能你已经是罹患消化不良的患者，应该到正规医院寻求帮助。

（选自果壳网，有删减，作者：萧汲）

练习

速读第 1 遍，完成下面的练习（建议阅读时间 5 分钟）

一、根据阅读内容选择正确答案

1. 在不清楚真相的情况下，很多人会选择：
   A. 相信　　　　　B. 半信半疑　　　　C. 怀疑　　　　　D. 否定

2. 如果强制孩子饭后半小时不许出去玩，孩子们会：
   A. 死了　　　　　B. 受不了　　　　　C. 发疯了　　　　D. 喘不过气来

3. 空腹运动很容易造成的结果是：
   A. 血糖升高　　　B. 低血糖发作　　　C. 胃溃疡　　　　D. 消化不良

4. 认为运动或饭后运动会引起消化不良的症状的观点是：
   A. 有理论依据的　B. 有分歧的　　　　C. 缺乏依据的　　D. 得到证实的

5. 胃内的食物通常要经过多长时间才能彻底排空？
   A. 数个小时　　　B. 4 至 6 个小时　　C. 4 或 6 个小时　D. 短时间

细读第 2 遍，完成下面的练习

二、根据阅读内容回答问题

1. 从小，大人教育我们，吃完饭后不能马上运动，这对我们有什么影响？
2. 举例说明遵守"饭后不能运动"的生活准则有什么潜在的危险？
3. 对于忙碌的都市人来说，恪守"饭后不能运动"的准则会有什么危险？
4. 消化不良的病人饭后运动会出现什么情况？
5. 目前已知哪些因素与功能型消化不良的发病有关？

三、用所给的词语替换下列句子中的画线部分词语，保证句子意思基本不变

严守　竟不知　归罪　引发　诱惑　斟酌　归功

1. 糖尿病，容易<u>诱发</u>肾病。　　　　　　　　　　　　　　　　　　　（　）

2. 把错误都<u>归咎</u>于客观原因是不正确的。 （　　）

3. 有人以为喝酒可以御寒，<u>殊不知</u>酒力一过，更觉得冷。 （　　）

4. 遇到难题要反复<u>推敲</u>，才能找到解决的方案。 （　　）

5. 做人要<u>恪守</u>本分，不能痴心妄想。 （　　）

词语提示

恪守	（动）	kè shǒu	严格遵守。
殊不知	〈组〉	shū bù zhī	竟不知道(引述别人的意见而加以纠正)。
归咎	（动）	guī jiù	把错误都归罪于别人或客观原因。
推敲	（动）	tuī qiāo	斟酌字句。亦泛指对事情的反复考虑。

第 54 课　　那些造就天才的疾病

前阵子有条新闻,美国有个名叫贾森·帕吉特的中年男子出了本书,说自己12年前遇袭,脑后挨了一闷棍,醒来后变成了数学达人,满眼都是数学公式,洗澡的水流在他眼里都变成了直线。功能性磁共振成像技术扫描结果显示,帕吉特的左脑非常活跃。那一闷棍似乎改变了他的脑部结构,使他变成了数学天才。

医学界将帕吉特的这个症状称为后天性学者症候群,有专家认为,这是大脑的代偿性机制在运作——当右脑受损后,左脑负责弥补右脑失去的功能,从而激发了大脑的潜能。据悉,截至 2014 年,全世界约有 40 名后天性学者症候群患者。

有人说,上帝给你关上了一扇门,就会为你打开一扇窗。同理,他让你成为一名天才,或许会拿走你的一些什么,比如健康,或是让你拥有许多怪癖。拿帕吉特来说,他称自己在被袭后变成内向宅男,不爱见人,还用毯子盖住窗户,有洁癖,洗手时经常搓到双手发红。

同样能造就天才的还有艾斯伯格综合症、自闭症、威廉斯氏综合症、马凡氏综合症等,上帝拿来与之交换的条件各不相同。

说起艾斯伯格综合症,这是一种精神上孤僻的状态,被定义为"没有智能障碍的自闭症",由奥地利精神病专家汉斯·艾斯伯格于 1944 年首次发现。据悉,爱因斯坦、牛顿、凡·高、莫扎特都是这一病症的疑似患者。

艾斯伯格综合症患者专注于特定的事物,同时存在社交和沟通上的障碍,但智力与常人一样或高于平均水平。他们无法理解常人言语字面意思以外的表达形式,比如表情、目光等,且自我情绪控制能力较差。艾斯伯格综合症的致病原因可能有许多,如遗传基因、生物化学污染、滤过性病毒、妊娠期和分娩时出现的一些问题等,患病概率为 0.7%。

提起自闭症,又是另一个概念了。它与艾斯伯格综合症有点相似,但并不等同。有人说,自闭症患者是活在自己的世界里,而艾斯伯格综合症患者则是努力让自己的小世界能够与外面的大世界融合。

自闭症是一种因神经系统失调影响到大脑功能而导致的终身发展障碍,症状在 3 岁前出现,患者有社交和沟通障碍,喜欢做重复单调的动作。其发病原因为遗传基因、脑部疾病或创伤及其他生理原因。有些自闭症患者具有某方面的天赋,比如音乐、数学。电影《雨人》中的"白痴天才"雷蒙就是自闭症患者。

一项发表在《美国医学会杂志》上的研究称,遗传因素与环境因素共同作用,导致了自闭症的形成。大体说来,其成因中,遗传因素仅占一半,而各种环境因素,如新生儿时期的并发症、个人社会经济地位、父母的健康状况以及生活方式等,则同样起到了很大的作用,也占到了一半。

还有一个威廉斯氏综合症。它盛产音乐天才,是一种先天性疾病,由基因排列失常造成。这种患者的发病率约为两万分之一,虽说是由于出生时体内的 7 号染色体少了 20 个基因所致,但较少源自遗传。威廉斯氏综合症患者多半有学习障碍,却是"社交达人",独处反而会不安。他们似乎天生就有音乐细胞。

最后一个我所能想到的天才病症,就数马凡氏综合症了。它是一种常染色体显性遗传疾病,马凡氏综合症的患者手指和脚趾较长,手臂平伸时长过身高等特征,估计中国每 10 万人中有 17 人会患此病。患者最大的生命威胁来自血管病变,如治疗不及时,寿命将止于 30 岁左右。从病症上来看,双手过膝的刘备、小手指特长的著名意大利小提琴家帕格尼尼、美国女排著名主攻手海曼、美国游泳健将菲尔普斯都疑似患有此病。

　　天才的诞生总伴随着遗憾,而且这些病症目前是较难治愈的。尽管如此,也有不少人对其灿烂的人生心生羡慕。其实普通人也能拥有闪耀的人生,如果你对某个事物很感兴趣,不妨疯狂地投入尝试,忘我地努力付出,定会有所收获。

(选自语文资源网,有删减,作者:夏志)

词语提示

闷棍	(名)	mèn gùn	比喻突如其来的打击。
弥补	(动)	mí bǔ	表示对一个时期或个人错误的补偿。
疑似	(形)	yí sì	似乎确实又似乎不确实的。
概率	(名)	gài lù	表示某件事发生可能性大小的量。
怪癖	(名)	guài pǐ	表示一个人所有区别于他人的、古怪的、与众不同的癖好,多表示贬义词。
孤僻	(形)	gū pì	多用于形容人的性情孤独怪异,难与常人相处。
妊娠	(动)	rèn shēn	人和动物母体内有胚胎发育成长;怀孕。
融合	(动)	róng hé	是指将两种或多种不同的事物合成一体。
基因	(名)	jī yīn	存在于细胞的染色体上的生物体遗传的基本单位。

练习

一、根据课文内容判断正误

1. 美国的贾森·帕吉特说自己遇到车祸后,醒来后变成了数学达人。　　　　（　　）
2. 当右脑受损后,左脑就会完全代替右脑的功能。　　　　　　　　　　　　（　　）
3. 艾斯伯格综合症患者存在着社交和沟通上的障碍,是因为智力低于常人。　（　　）
4. 自闭症患者,有社交和沟通障碍,但努力与外界融合。　　　　　　　　　（　　）
5. 威廉斯氏综合症患者大多数有学习障碍,因此不喜欢与人交往。　　　　　（　　）
6. 马凡氏综合症的最大生命威胁来自血管病变。　　　　　　　　　　　　　（　　）

二、选择画线部分词语在句子中的意思

1. 贾森·帕吉特发现自己醒来后变成了数学<u>达人</u>。

　　A. 天才　　　　　B. 高手　　　　　C. 能人　　　　　D. 乐观豁达的人

2. 贾森·帕吉特称自己在被袭后变成内向<u>宅男</u>。

　　A. 社会交往不多的男人　　　　　　B. 有住宅的男人

　　C. 内向的男人　　　　　　　　　　D. 有财富的男人

3. 艾斯伯格综合症患者<u>专注</u>于特定的事物。

　　　A. 留意　　　　B. 注意　　　　C. 全神贯注　　　　D. 不放弃

4. 有些自闭症患者具有某方面的<u>天赋</u>。
　　A. 能力　　　　　B. 才能　　　　　C. 天才　　　　　D. 天分

5. 天才的诞生总伴随着<u>遗憾</u>。
　　A. 惋惜　　　　　B. 缺点　　　　　C. 撼动　　　　　D. 遗留

6. 其实普通人也能拥有<u>闪耀</u>的人生。
　　A. 耀眼　　　　　B. 辉煌　　　　　C. 闪烁　　　　　D. 炫目

三、选择合适的词语填空

弥补　怪癖　孤僻　融合　源自　威胁　羡慕　尝试

1. 你应该（　）去学习做一些家务，早点独立。

2. 晓雪性格（　），不爱接近同学。

3. 英国《新科学家》杂志做了一个关于人类（　）行为和现象的特别报道。

4. 这两种细胞的（　）成功无疑为医学界创造了一项奇迹。

5. 自己做错了事，怎么可以让别人去（　）。

6. 当地球水资源枯竭时，将（　）到人类的生存。

四、根据课文内容选择正确答案

1. 下面哪一项符合课文的原意？
　　A. 后天性学者症候群在全世界只有 40 名
　　B. 帕吉特遇袭后经检查右脑非常活跃
　　C. 帕吉特遇袭醒来后有了许多怪癖
　　D. 帕吉特遇袭后变得非常外向

2. 下面哪一项不是艾斯伯格综合症患者的症状？
　　A. 专注于特定事物　　　　　　　B. 存在社交和沟通上的障碍
　　C. 智力与常人一样或高于平均水平　　D. 自我情绪控制能力较好

3. 下面哪一项不是自闭症的发病原因？
　　A. 遗传基因　　　　B. 脑部病变　　　　C. 生理原因　　　　D. 心理疾病

4. 导致自闭症形成的原因，除了环境因素外，下面哪一项占到了成因的一半？
　　A. 遗传因素　　　　　　　　　　B. 父母的健康状况
　　C. 新生儿时期的并发症　　　　　　D. 生活方式

5. 下面哪位不是疑似马凡氏综合症患者？
　　A. 帕格尼尼　　　B. 刘备　　　　　C. 海曼　　　　　D. 艾斯伯格

6. 威廉斯氏综合症盛产哪方面的天才？
　　A. 数学　　　　　B. 运动　　　　　C. 音乐　　　　　D. 语言

五、根据课文内容回答问题

1. 艾斯伯格综合症和自闭症有什么不同？

2. 导致自闭症形成的原因有哪些？

说一说

1. 学过本文后，请你谈谈对艾斯伯格综合征的认识。

2. 你听说过自闭症吗？如果你周围有自闭症患者,我们应该怎样去帮助他们?

阅读技能指导

通过下定义的方式猜测词义

作者为了更好地表达思想,在文章中会对一些重要的概念、难懂的术语或词汇做一定的解释。这些解释提供的信息具有明确的针对性,利用它们猜词义会比较容易。如果生词是句子或段落所要解释的定义,那理解句子或段落本身就是推断词义。比如:一年当中最热的一段时间,被称为伏天。前半句就是对"伏天"的解释,所以"伏天"的意思很容易就知道了。下定义常用的标志词有:所谓……是指、是、意思是、叫做、称为、即等。这些词是我们阅读中所要关注的。

练习

解释下列句子中画线词语的意思

1. 所谓<u>基因治疗</u>是指利用基因工程的技术方法,把正常的基因移植到患者的细胞中,以取代病变基因。或者通过控制某些有病基因的功能,来治疗某些遗传疾病。

2. 所谓<u>黄道十二宫</u>,即十二个星座,把天空中一年四季出现的可以观察到的星群分为十二组。

3. 很多跑者经历过"<u>岔气</u>",实际是呼吸肌痉挛引起的,充分热身、慢慢提速、缓而深地呼吸,就可以解决肋骨下方的刺痛问题。

阅读1

要说清楚什么是抑郁,是一件比较困难的事情,每个陷入抑郁之中的人对抑郁都有着个人化的体会和理解,当然也有着不同的症状表现。一般而言,抑郁会影响我们的情绪、对未来的希望、对自己及他人的看法,同时在食欲和睡眠等生理方面也会受到很大的影响。患者越希望自己能够快乐积极一点,越是难以做到,整个人好像已经不受自己的控制,经常和自己唱反调。当他人可以轻易获得我们期待已久的快乐的时候,这一点会更加刺痛我们的心。在患抑郁之前,我们对生活和未来也许会抱有很多希望和理想,但当陷入抑郁之中,一切都变得不那么重要,重要的只有:我什么时候才能好起来。虽然周围的人也试图理解和关心我们,但他人无法真正地理解发生在我们身上的一切,毕竟抑郁是一种无形的伤。别人也许会认为我们在无病呻吟,或是小题大做。就算别人可以体会到我们的痛苦,但也爱莫能助。有时,我们对他人的评价及态度也会变得敏感、多疑,很容易把他人中性或没有恶意的言行当成是对我们的一种否定,当人际关系恶化的时候,我们的情绪会变得更糟。

就在这种不停地挣扎又不断挫败的循环当中,毅力被不断地消磨,生存的意志受到严酷的考验,一些人放弃了,一些人坚持了过来,重新找回了自己,找回了久违的快乐。所以,战胜抑郁除了正确的方法,还要有一种坚韧的精神。请记住:有时成功的关键在于,尽管前景不容乐观,我们仍不放弃努力!

抑郁还会让患者体验到严重的受困感:感觉到整个人被抑郁所束缚,无法挣脱。下面是一位患者的随笔:"我感觉自己就像是被锁在笼子里面,随着时间的流逝,虽然我还在挣扎,但这些都无济于事，我越想着冲出来，就会变得越疲惫，现在的我已经被撞得头破血流，却还是不愿意放弃挣扎，希望奇迹会出现，笼子会突然被打开。我也知道把笼子锁起来的人正是我自己，所有的一切都是我自作孽，但我怎样才能找回自己？谁能给我这个答案。"

抑郁的核心症状是：缺乏快乐。更确切地说是丧失了体验快乐的能力。过去可以让我们开心的事情，现在却无法激发我们的兴趣，越想摆脱这种状态却陷得越深，无力自拔。当一次次的抗争换来的是失败与绝望，改变的动力就会进一步被削弱，也许躺在床上是最好的选择，因为一切都太费力了，生活对患者而言变得异常的艰难。起初，逃避可能会让我们感觉好些，但最终逃避也成了我们问题的一部分——越逃避，就越发恐惧；越逃避，就越发自我疏离；越逃避，就越被失败及不快乐的感觉所淹没。

很多人会期待药物可以帮助他神奇地从抑郁中走出来，但有时换来的只有绝望：尽管药物能帮你缓解症状，但潜在的失败感、自卑感仍然存在。药物不能让我们了解自己，也无法使我们放弃病态的追求，所以药物不能帮我们找回真正的自我。

（选自网络资料，有删减，作者：王宇）

练习

速读第 1 遍，完成下面的练习（建议阅读时间 5 分钟）

一、根据阅读内容选择正确答案

1. 抑郁会影响人的情绪，但不会影响：
   A. 食欲　　　　B. 睡眠　　　　C. 对未来的希望　　D. 身体发育

2. 当别人轻易获得快乐时，抑郁症患者会：
   A. 替他人高兴　B. 嫉妒别人　　C. 痛恨别人　　　D. 更加痛苦

3. 抑郁症患者认为，人们能体会到自己的痛苦，但不能做到：
   A. 分担痛苦　　B. 完全理解自己　C. 特别体谅自己　D. 充分支持自己

4. 战胜抑郁的关键是：
   A. 不放弃努力　B. 坚持快乐　　C. 与人交往　　　D. 遵守作息

5. 药物对于抑郁来说，起到的作用是：
   A. 消除失败感　B. 战胜自卑感　C. 缓解症状　　　D. 克服绝望

细读第 2 遍，完成下面的练习

二、根据阅读内容判断正误

1. 抑郁症患者主观上比较消极，不希望自己快乐。　　　　　　　（　　）
2. 抑郁症患者对别人给予自己的评价及态度比较迟钝。　　　　　（　　）
3. 战胜抑郁除了有正确的方法，还要有坚韧的精神。　　　　　　（　　）
4. 抑郁症患者也自认为会自我封闭。　　　　　　　　　　　　　（　　）
5. 抑郁的核心症状是缺乏快乐。　　　　　　　　　　　　　　　（　　）
6. 很多抑郁症患者寄希望于药物帮助自己康复。　　　　　　　　（　　）

三、选择画线部分词语在句子中的意思

1. 整个人好像不受自己的控制，经常和自己<u>唱反调</u>。
   A. 采取对立的措施　　　　　　　　　B. 胡言乱语

C. 驴唇不对马嘴   D. 反对
2. 虽然周围的人也<u>试图</u>理解和关心我们,但无法真正理解。
   　A. 企图　　　　　B. 打算　　　　　C. 试验　　　　　D. 图谋
3. 一些人坚持了下来,重新找回了自己,找回了<u>久违</u>的快乐。
   　A. 违背　　　　　B. 很久没有遇到　　C. 长久　　　　　D. 丢弃
4. 下面是一位患者的<u>随笔</u>。
   　A. 日记　　　　　B. 小说　　　　　C. 随手写的文章　　D. 著作
5. 所有的一切都是我<u>自作孽</u>。
   　A. 由于自己的原因造成的事　　　　B. 犯的罪
   　C. 得到的报应　　　　　　　　　　D. 孽障

词语提示

抑郁	(动)	yì yù	忧愤烦闷。
小题大做	〈组〉	xiǎo tí dà zuò	比喻不恰当地把小事当作大事来处理,有故意夸张的意思。
爱莫能助	〈组〉	ài mò néng zhù	虽然心中关切同情,却没有力量帮助。
消磨	(动)	xiāo mó	逐渐消耗;度过(时间,多指虚度)。
束缚	(动)	shù fù	使受到约束限制,使停留在狭窄的范围内。
无济于事	〈组〉	wú jì yú shì	对事情没有什么帮助或益处。比喻不解决问题。
疏离	(动)	shū lí	疏远隔离。

阅读2

　　唐氏综合症这个名字恐怕不少人都听过。特别是准妈妈们在进行产检时,针对其所进行的"唐氏筛查"、"羊水穿刺"等检验项目总是将不少孕妇弄得惴惴不安。那么究竟什么是唐氏综合症,它究竟有多大影响,哪些孕妇需要进行唐氏筛查和羊水穿刺呢?

　　什么是唐氏综合症? 唐氏综合症又称21三体综合唐氏综合症,是一种染色体病,它的病因是多了一个21号染色体:正常人有2个,患者有3个(其下还有更多的分型)。这条多出的染色体一点都不闲着,它显著地改变了人体发育过程,从而产生了各种疾病症状。

　　1866年,英国医生约翰·朗顿·唐发现某些智能障碍的患者具有相似的面部特征,他们面部宽、眼睛小而上挑,类似蒙古人种的面容。于是唐医生将之称为"蒙古症"并首次在医学会上公开发表其发现。只是蒙古症这样的描述既没有反映出疾病的实质亦带有种族歧视的色彩,因此针对此病命名的问题学术界一直都无定论。直至1965年,该病症才被WHO确定命名为唐氏综合症。

　　正如唐医生所描述的那样,大多唐氏患者都存在非常典型的脸型:眼距宽,鼻梁低平,眼裂小,外耳小,舌常伸出口外,流涎多;此外患儿还多有身材矮小、发育落后等问题。

　　除了特殊面容之外,唐氏综合症患儿的平均智力仅为50,而普通儿童平均水平则为100。不过部分患者的动手能力比听说能力要好,因此后天专门的教育和训练可以在一定程度上弥补缺陷,并使他们获得基本生存、自食其力的能力。

除了要面对特殊面容和智能障碍,家庭恐怕还要承受患儿的一系列健康问题。

唐氏症患儿伴发先天性心脏病等脏器畸形概率较高;白内障、急性白血病、甲状腺疾病、心肺疾病等发病概率亦高于常人。唐氏患儿具有严重的智力障碍,伸舌样痴呆、生活不能自理,部分患儿伴有复杂的心血管等疾病,需要家人的长期照顾,会给家庭造成极大的精神及经济负担。

但应当指出的是,目前医学水平的发展可以对上述疾病进行一定程度的干预和治疗,如唐氏筛查,是唐氏综合症产前筛选检查的简称。目的是通过化验孕妇的血液,结合其他临床信息,来综合判断胎儿患有唐氏症的危险程度,如果唐筛检查结果显示胎儿患有唐氏综合症的危险性比较高,就应进一步进行确诊性的检查,因此在医疗条件发达地区唐氏患者平均预期寿命已经从上世纪八十年代的 25 岁上升到目前的 60 岁。

（选自科学松鼠会,有删减,作者:ent）

练 习

速读第 1 遍,完成下面的练习（建议阅读时间 4 分钟）

一、根据阅读内容选择正确答案

1. 对于唐氏综合症,人们:
   A. 很少了解　　　B. 大都听说过　　　C. 没听过　　　D. 很了解

2. 唐氏综合症的命名是在:
   A. 1965 年　　　B. 1866 年　　　C. 无定论　　　D. 不清楚

3. 下面哪一项符合原文的意思?
   A. 唐氏综合症患儿动手能力比听说能力差
   B. 唐氏综合症患儿经后天教育和训练也无法正常生活
   C. 唐氏综合症患儿智力和普通儿童差不多
   D. 唐氏综合症患儿身材矮小,发育落后

4. 除了下面哪一项,唐氏综合症患儿发病率都高于常人?
   A. 白内障　　　B. 急性白血病　　　C. 甲状腺疾病　　　D. 消化道疾病

5. 目前医疗条件发达地区唐氏综合症患者平均预期寿命已达:
   A. 25 岁　　　B. 35 岁　　　C. 60 岁　　　D. 50 岁

细读第 2 遍,完成下面的练习

二、根据阅读内容回答问题

1. 什么是唐氏综合症?
2. 唐氏综合症患者有哪些相似的面部特征?
3. 唐氏综合症患儿有什么健康问题?
4. 唐氏综合症患者的智力水平怎么样?
5. 目前的医疗水平发展对唐氏综合症有什么作用?

三、用所给的词语替换下列句子中的画线部分词语,保证句子意思基本不变

检查　忐忑不安　流口水　补偿　轻视

1. 歧视女性的现象,在世界一些地区还存在。　　　　　　　　（　）
2. 医院通知我下周可以取筛查结果。　　　　　　　　　　　　（　）
3. 他决定用钱来弥补对前妻的伤害。　　　　　　　　　　　　（　）
4. 一天都没他的消息了,父母心里惴惴不安。　　　　　　　　（　）
5. 晚上睡觉前进食过多,会出现流涎水的现象。　　　　　　　（　）

词语提示

筛查	（动）	shāi chá	利用筛子进行选拣,现泛指通过淘汰的方式挑选。
惴惴不安	〈组〉	zhuì zhuì bù ān	形容因害怕或担心而不安。
穿刺	（动）	chuān cì	将特制的针刺入体腔抽取分泌物做化验,向体腔注入气体或造影剂做造影检查,或向体腔内注入药物的一种诊疗技术。
流涎	（动）	líu xián	流口水。

第55课 过犹不及说心脏

统计资料表明：我国自上世纪九十年代以来，无论城乡，心血管系统的疾病所致的病死率均已占至首位，而发达国家早在此前 40 年就已经呈现这一态势。从马季到侯耀文，演艺界不断传出某人因心脏疾病而猝死的新闻，不时地刺激着尚在人世间的你我，提醒人们，其实死亡并不遥远，他们随时会不期而至。

我导师在本地是一位极有名气的外科医生，年轻时是医科大学运动会上四项校纪录的保持者，身体极好。他的住所距医院很近，每天都步行上下班。有一天，当他走到一半时，忽然感到胸口一阵闷痛，仿佛当年长跑临近终点时体力濒临崩溃似的感觉。毕竟是医生，对此不敢大意，当即到心内科做了 24 小时动态心电图，结果提示严重的心肌缺血。这个工作狂人甚至在带着动态心电图的那一天还在做手术！随后又做了相关的影像学检查，发现冠状动脉最主要的一个分支的开口处，已经狭窄到 90% 以上了，也就是说，如果不及时处理，那么一次忽然发作的大面积心肌梗死就可能让这位年富力强的一代名医永远离开手术台。

类似这种大难不死的事件，在我身边还发生过一次。正值下班期间，一位外科医生刚走出电梯门就忽然晕厥过去，心跳呼吸骤停，随后走出的两位同事，一位是心内科医生，另一位是麻醉科医生，这两位恰恰都是心肺复苏的行家里手，当即将其拖进电梯，一人进行心脏按压，另一人进行人工呼吸，电梯直接升入抢救室，继续予以后续抢救，这才使这位外科医生保住一条命。假如他不是在医院里出现意外，假如随后从电梯出来的不是专业医生，那么这位医生几乎是必死无疑了。显然，多数遭遇"心脏罢工"的人，都不会如此幸运，通常一次就会致命。

在诸多可引起心脏性猝死的病因当中，最主要的便是冠状动脉硬化性心脏病（即冠心病），因此，凡是临床诊断为冠心病的病人，皆应该严格遵医嘱进行规范治疗。尽管目前尚无任何一种"灵丹妙药"可以使已经发生病变的心脏再变回从前的样子，但如果明知自己有冠心病，仍置医生的良言良药于不顾，依然故我，胡吃海塞，拒绝健康的生活方式和规范的治疗，这就离猝死不远了。这绝非危言耸听，在人群总死亡中，21% 的男性和 14.5% 的女性就是以这样猝不及防的方式离开人世的。

心脏神经官能症也叫作功能性心脏不适，系神经功能紊乱所引发的心血管症状，多发于青壮年，以女性为多见，随着经济发展和社会压力的增大，此症的发病率呈增加趋势。

所谓功能性心脏不适，是同器质性心脏疾病对应来讲的，我们前面提到的冠心病即属器质性疾病，即可以找到临床证据的情况。比如心电图检查可以发现心肌缺血，造影检查能发现冠状动脉狭窄，但心脏神经官能症则除了病人本身的主观感受以外，从头查到脚，也查不出个病变来。

心血管系统的疾病在全部的内科疾病中占有较大比重，且较为严重，明显地影响人的劳动力。上述两种情况，不过是众多心脏疾病当中较有代表性的两种。虽然只是浅尝辄止的介绍，但从这两种情况当中，我们应该明白的是，第一，对心脏方面的异常感觉要有足够的警惕，诸如心前区疼痛一类的情况，也许就是冠心病导致的心绞痛在发作，应及时就医及时明确诊断，避免悲剧的突发。第二，一旦被医生判定为基本无大碍，就不必继续纠缠于自己的主观感觉，很可能你真的就属神经官能症一类，对自己的躯体感觉异常太过关注，只会心疑生暗鬼，自己把自己吓得够呛，平白无故的花掉许多金钱和时间。由于这种情况与心理暗示密切相关，症状的好转往往并不依赖于正规的心内科治疗,因此与之相关的各种昂贵的保健仪器才能大行其道,有这样的冤枉钱扔给那些无良厂商,真不如约个靠谱的心理医生解决一下"心病"更好。人固有一死,在真死之前,先不要一次次的无事生非把自己吓得半死。

简单说,自觉心脏有异常,应该及时就医,若确定有问题则按规范治疗,若否,则该干嘛干嘛去。不要放过真正的危险信号,也不要在医生已认为没问题的情况下仍继续纠结,是为"过犹不及"。

(选自科学松鼠会,有删减,作者:李清明)

词语提示

过犹不及	〈组〉	guò yóu bù jí	事情做得过头,就跟做得不够一样,都是不合适的。
濒临	(动)	bīn lín	接近、即将、快要。
崩溃	(动)	bēng kuì	多指人因过度的刺激或悲伤,超过了本人的心理承受极限而彻底的情绪失控,绝望,无法自制。
冠状动脉	(名)	guān zhuàng dòng mài	是供给心脏血液的动脉,起于主动脉根部,分左右两支,行于心脏表面。几乎环绕心脏一周,恰似一顶王冠,这就是其名称由来。
危言耸听	〈组〉	wēi yán sǒng tīng	故意说吓人的话使听的人吃惊。
猝不及防	〈组〉	cù bù jí fáng	形容事情来得突然,来不及防备。
浅尝辄止	〈组〉	qiǎn cháng zhé zhǐ	略微尝试一下就停止,比喻不肯下功夫深入钻研。
纠缠	(动)	jiū chán	指相互缠绕或遭人烦扰不休。
平白无故	〈组〉	píng bái wú gù	多用在风平浪静之时突然毫无道理地出现令人惊讶的大事。
大行其道	〈组〉	dà xíng qí dào	现指某种新潮事物流行、盛行,成为一种风尚。
靠谱	(形)	kào pǔ	表示可靠,值得相信和托付的意思。
无事生非	〈组〉	wú shì shēng fēi	指没有原因地制造麻烦。

练习

一、根据课文内容判断正误

1. 死亡并不遥远,但他们不会随时到来的。 （　　）
2. 遭遇"心脏罢工"的人通常会一次致命,但也有大难不死的。 （　　）
3. 现在还没有任何一种可以使已经发生病变的心脏再变回从前样子的有效药物。 （　　）
4. 冠心病和心脏神经官能症均属器质性疾病。 （　　）
5. 找个靠谱的心理医生解决心病好过把钱扔给那些无良厂商。 （　　）
6. 如果确定有问题,就按规范治疗,如果不是,就该干啥干啥去。 （　　）

二、选择画线部分词语在句予中的意思

1. 一位外科医生刚走出电梯门就<u>忽然</u>晕厥过去，心跳呼吸<u>骤</u>停。
   A. 急忙　　　　　B. 着急　　　　　C. 障碍　　　　　D. 突然

2. 明知自己有冠心病，仍置医生的良言良药于不顾，依然<u>故</u>我，胡吃海塞。
   A. 故意　　　　　B. 像从前一样　　C. 所以　　　　　D. 固执

3. 人<u>固</u>有一死。
   A. 固定　　　　　B. 结实　　　　　C. 本来、原来　　D. 坚硬

4. 在真死之前，先不要一次次的无事生非把自己吓得<u>半死</u>。
   A. 形容受到的折磨、摧残极深　　　B. 因害怕而生病
   C. 因紧张而不知所措　　　　　　　D. 濒临死亡状态

5. 如果不及时处理，那么一次忽然发作的大面积心肌梗死就可能让这位<u>年富力强</u>的一代名医永远离开手术台。
   A. 力气大的　　　　　　　　　　　B. 年纪大的
   C. 年老但身体强壮的　　　　　　　D. 形容年纪轻，精力旺盛

6. 不要放过真正的危险信号，也不要在医生已认为没问题的情况下仍继续纠结，<u>是为</u>"过犹不及"。
   A. 就是　　　　　　　　　　　　　B. 这些（行为）就是
   C. 对的　　　　　　　　　　　　　D. 因为

三、选择合适的词语填空

纠缠　纠结　大行其道　危言耸听　靠谱　牢固　浅尝辄止　过犹不及

1. 有福人不贪婪，他知道人的享受应该适度，（　）。
2. 做学问不能（　），要持之以恒。
3. 这不是（　），文化基准的不断下滑其实已经是我们面临的事实。
4. 第一次世界大战结束了，经济大萧条还没有到来，传统的清教徒道德已经土崩瓦解，享乐主义开始（　）。
5. 他办事不可靠，不让人放心，是个不（　）的人。
6. 这件事让我感到很（　），这样不行，那样也不行。

四、根据课文内容选择正确答案

1. 下面哪一项不是原文表达的意思？
   A. 心血管系统疾病的病死率占至首位这一态势，发达国家比中国早 40 年呈现
   B. 心脏神经官能症是神经功能紊乱所引发的心血管症状
   C. 心脏神经官能症查不出病变
   D. 心脏神经官能症多发于青少年

2. 文章第四自然段中"灵丹妙药"的准确解释是：
   A. 比喻能解决一切疑难问题的好办法　　B. 指灵验有效的奇药
   C. 指能让人长生不老的药　　　　　　　D. 指能让人聪明的药

3. 文中画线句子"因此与之相关的各种昂贵的保健仪器才能大行其道"这句中的"之"代指：

A. 心血管系统的疾病　　　　　　　　B. 冠心病

C. 心脏神经官能症　　　　　　　　　D. 功能性心脏不适

4. 器质性心脏疾病的特点是：

A. 病人本身有主观感受　　　　　　　B. 对自己的躯体感觉异常太过关注

C. 可以找到临床证据　　　　　　　　D. 查不出病变

5. 患有冠心病的人不应该做哪一件事？

A. 注意饮食　　　　　　　　　　　　B. 规范治疗

C. 保持健康的生活方式　　　　　　　D. 我行我素

6. 下面哪一项内容文中没提到？

A. 心电图检查　　　B. 心肺复苏　　　　C. 影像学检查　　　D. 血液循环

五、根据课文内容回答问题

1. 为什么保健仪器能大行其道？

2. 冠心病与心脏神经官能症有什么不同？

说一说

1. 你知道马季和侯耀文吗？你认为演艺界为什么容易出现猝死的新闻？

2. 你身边有冠心病或其他心血管疾病的患者吗？请简单叙述一下症状。

阅读技能指导

利用构词法猜测词义

　　我们还可以根据构词方面的知识，依靠语素来猜测词义。现代汉语中双音节复合词数量较多，最常见的构词类型包括联合式、偏正式、动宾式、补充式和主谓式。例如：买卖、艰难、方圆、动静等属于联合式复合词，其两个语素之间是平等并列的关系。蜂拥、新潮、毛毛雨、倾销等属于偏正式复合词，前后语素之间具有修饰被修饰的关系。担心、负责、剪彩、动员等属于动宾式复合词，前一语素表示动作、行为，后一语素表示动作行为所支配的对象。提高、搞活、摧毁、白茫茫等属于补充式复合词，前一语素表示一种事物或动作，后一语素进行补充说明。目击、地震、肉麻、胆怯等属于主谓式复合词，前后语素是陈述和被陈述的关系。

　　通过语素知识猜测词义时，如果是联合结构的生词，知道其中任一语素义，便可知整个词的意思。偏正结构的生词，猜测起来较容易，知道中心语素的语义，也就大致懂得了整个词的意思。猜测动宾、主谓、补充式复合词时，则需要理解构成该词的两个语素的意义，难度较大。词义猜测与生词的结构方式有密切关系，构词分析可以给猜测词义提供比较可靠的信息来源。但需要注意的是不少复合词也和成语、典故一样，其含义不能从字面意思进行推理，需要我们平时的语言积累。

练习

用合适的词语替换下列句子中画线部分词语，保证句子意思基本不变

1. 我见过娴熟的搬家工，四五件大行李经他巧妙归置，一趟就能搬上六层楼。　　　　　　（　　）

2. 一座直径 44 米的圆球形音乐厅，居然矗立在人们面前。　　　　　　　　　　　　　　（　　）

3. 这些百年建筑,及其鲜明地<u>彰显</u>了清华大学的气质。 （　）
4. 兄弟姐妹间的财富<u>调剂</u>也让人费尽脑筋。 （　）
5. 第三世界国家之间没有根本的<u>利害</u>冲突。 （　）

阅读1

我至今还记得第一次观摩心脏手术的情形:站在手术台边,看着一颗鼓囊跳动的心脏。它的跳动渐渐缓慢无力,像将熄的烛火一般,最后竟然完全停了下来。初次看到这个场景,我的惊惧不言自明:这是我生命中从未有过的体验!

但心脏外科医生精巧的双手一刻未歇。他们查看着心脏上的血管,正在筹划着如何为它搭建一座血管立交桥。这台手术的名称,被叫做"冠脉搭桥术"。

心脏为何需要搭建桥梁呢?若把人体比作一具机器,心脏毫无疑问是核心部件——发动机。心脏打从你在娘胎里时,便开始一刻不歇地跳动,它泵出、回纳血液,维系全身运转。可问题是,谁又为发动机提供动力呢?换句话说,大脑等全身各脏器都需要血液的话,那谁能为心脏提供血液呢?答案是位于心脏表面的冠状动脉系统。

对不少高血压、糖尿病、高血脂的人来说,冠状动脉在积年累月的"打击"下,血管会变得硬化,内壁也会集聚脂质,最后形成脂质斑块,从而使血管变得狭窄起来。若把冠状动脉比作道路,通行车辆简单视为携带有氧气的红细胞,那狭窄的直接后果是,交通不畅,通行车流量减少。长此以往,尤其是在人体劳累或情绪激动时,它们便可能爆发——最常见表现是心绞痛,最严重后果则是心肌梗死。

典型的心绞痛,表现为突发性的胸骨后剧痛,性质如刀割、压榨或闷痛,每次持续 3～5 分钟,患者本身有濒死的感觉,可自行缓解,发作多与剧烈活动(大运动量活动、排便)或情绪激动(生气、愤怒、过度兴奋)有关。而心肌梗死,则是由于冠状动脉内的斑块脱落、血栓形成,堵塞血管管腔所致。

对付冠心病,人们有很多药物选择,缺点是大多只能救急,难以从根本上解决问题。换句话说,在拥堵难行的道路上,及时出现的交通警察,或能暂时使车流畅行。但若不拓宽路面或搭设高架桥绕过阻塞点,这里将永远是拥堵高发地。对冠状动脉这条马路而言,服用药物犹如警察的出现。

冠脉搭桥术的正式称法是冠状动脉旁路移植术。医生搭的这座桥,材料系出天然,就是你身体上的某一条血管。换句话说,冠脉搭桥术就是使用身体里的某条血管,来绕过狭窄或阻塞的冠状动脉,以改善心脏的血流和减少发生心肌梗塞的机率。有时,拥堵的心脏血管部位有多处,就会搭建多桥,有的甚至会搭五桥。

拓宽路面则犹如在血管内放置弹簧支架,起到撑开血管的作用,也就是心脏内科的支架置入(PCI);搭设高架桥则是另谋出路,重新开辟道路一条,也就是心脏外科的冠脉搭桥术(CABG)。

两者的区别在哪里?对普通读者最直观的印象是,PCI 住的是心脏内科,CABG 要住心脏外科。前者显得更加微创,后者则要劈开胸骨。前者是撑开狭窄的血管壁,使这部分血管的血流恢复畅通,后者是自体移植一根新血管,使血液通过心血管(而非原来的狭窄血管)。不过,两种方法的目的都是一样的,即保障心脏的血液供应、缓解心绞痛发作、降低心肌梗塞发生率。

(选自科学松鼠会,有删减,作者:BOBO)

📖 练习

速读第1遍,完成下面的练习(建议阅读时间5分钟)

一、根据阅读内容选择正确答案

1. 文章中没有提到的疾病是:
   A. 糖尿病　　　　B. 高血脂　　　　C. 便秘　　　　D. 心肌梗塞

2. 典型的心绞痛的诱因不包括哪一项?
   A. 剧烈活动　　　B. 生气　　　　　C. 过度兴奋　　D. 过饱

3. 冠脉搭桥术的材料出自:
   A. 患者自身　　　B. 其他患者　　　C. 人工制作　　D. 不确定

4. 下列哪一项不是 PCI 和 CABG 的共同目的?
   A. 保障血液供应　　　　　　　　　B. 缓解心绞痛发作
   C. 降低心肌梗塞发生率　　　　　　D. 为发动机提供动力

5. 血管内放置的支架有什么作用?
   A. 提供动力　　　B. 加速血液循环　　C. 减缓疼痛　　D. 撑开血管

细读第2遍,完成下面的练习

二、根据阅读内容判断正误

1. 心脏外科的冠脉搭桥术属微创术。　　　　　　　　　　　　　　　（　　）
2. 治疗冠心病的药物有很多,但大多不能从根本上解决问题。　　　（　　）
3. 为心脏提供动力的是位于心脏表面的冠状动脉系统。　　　　　　（　　）
4. 冠心病最常见的表现是心肌梗死。　　　　　　　　　　　　　　　（　　）
5. 冠脉搭桥术中,医生搭桥用的材料并非天然。　　　　　　　　　　（　　）
6. 血管变硬变狭窄的原因是,内壁集聚脂质,最后形成脂质斑块所致。（　　）

三、选择画线部分词语在句子中的意思

1. 它的跳动渐渐缓慢无力,像将熄的烛火一般,最后竟然完全停了下来。
   A. 通常　　　　　B. 普通　　　　　C. 相似　　　　D. 一样

2. 心脏打从你在娘胎里时,便开始一刻不歇的跳动,它泵出、回纳血液,维系全身运转。
   A. 抽出　　　　　B. 压出　　　　　C. 拧出　　　　D. 榨出

3. 换句话说,在拥堵难行的道路上,及时出现的交通警察,或能暂时使车流畅行。
   A. 或者　　　　　B. 也许　　　　　C. 要么　　　　D. 一定

4. 搭设高架桥则是另谋出路,重新开辟道路一条,也就是心脏外科的冠脉搭桥术(CABG)。
   A. 阴谋　　　　　B. 出主意　　　　C. 设法求得　　D. 计策

5. 医生搭的这座桥,材料系出天然,就是你身体上的某一条血管。
   A. 打结　　　　　B. 绑、捆　　　　C. 联结　　　　D. 来源于

词语提示

观摩	（动）	guān mó	指观看彼此的成绩并互相学习研究。
鼓囊	（形）	gǔ náng	塞得很满而撑起来的样子。
不言自明	〈组〉	bù yán zì míng	义同"不言而喻"。不用说话就能明白。形容道理很明显，容易理解。
筹划	（动）	chóu huà	想办法，定计划；筹措。
泵	（名）	bèng	输送液体或使液体增压的机械。
濒死	（动）	bīn sǐ	临近死亡。
微创	（名）	wēi chuàng	微小的创口、创伤。

阅读2

用"沉默的杀手"来形容高血压的危险性简直太贴切不过了。

委内瑞拉心血管专家伊戈尔·莫尔在2006年的"世界高血压日"（每年五月份的第二个星期六）接受媒体访问时说："高血压是致人死亡或残疾的'沉默杀手'，但人们对待它的方式却'过于温柔'。如果有人被确诊患有癌症，他会立刻感到非常惊恐；如果是被确诊患有高血压，他就不会觉得情况很糟。可实际上，死于高血压的人数是死于癌症人数的4倍。高血压最初不会带给患者什么不适感，可它一发病，症状就可能是因脑卒中或心肌梗塞导致的死亡。"

具体说来，高血压可累及的器官系统主要包括：动脉、心脏以及肾脏、中枢神经系统（脑）和视网膜。

以肾脏为例，由于肾小动脉受累造成管腔狭窄甚至闭塞，引起肾脏发生一系列病理改变，最终将导致肾脏功能衰竭，出现尿毒症——至此，理查德·伯瑞特在1827年所提出的肾病理论才真正同高血压建立确切的关联。同理，视网膜的受累也是由于视网膜小动脉的痉挛硬化，致使视网膜发生出血等病变，表现为视物模糊甚至失明。即使部分对高血压的危害有一定程度了解的人，似乎也对高血压对肾脏及视网膜的危害不甚了了，那是因为多数人在未出现肾及视网膜的严重病变以前，已经于此前死于心脏和脑的并发症了。

由于高血压的存在，脑部小动脉可发生从痉挛到硬化等一系列改变，而脑部的血管本身比较薄弱，硬化后更是脆弱，再加上在长期高血压的作用下，脑部小动脉容易有微小动脉瘤形成，易在血管痉挛压力出现波动时发生破裂出血。另外，在脑部小动脉硬化的基础上又容易导致血栓形成引起脑梗死，而梗死后的脑组织软化又可引起病灶周围的脑组织出血……这些情况统称为脑血管意外，俗称脑卒中或中风——轻者致残，重则致命。

当然，由于心脏是整个循环系统的最核心器官，因此受高血压之累首当其冲的还是心脏。正所谓近水楼台先得"病"。

长期的全身小动脉管腔的缩窄导致周围血管阻力上升，心脏射血时被迫增加做功，力不能及时，心肌将增厚以应对，而这种补救措施又将影响心脏的舒张功能，久而久之，心功能渐渐衰竭。但最惨的还不是这种情况，毕竟这种渐进性的变化尚能给医患双方以足够的治疗时间，那些同时合并冠状动脉粥样硬化（高血压可促进其发展）的病人则随时可能由于一次严重的心梗发作而告别这个美丽的世界。

综上所述,大家可以看出,心、肾、脑、视网膜的病变其实都源自于(小)动脉的病变,而大动脉本身严重的病变亦是动脉瘤形成的原因之一。虽然多数高血压病人就诊时多以某一症状最为突出,但通常这些病变并不是单独发生的,只是有些病变尚不足以产生病人可以感知的临床症状。如不及时治疗,各种病变组团作战将引发人体如多米诺骨牌般的级联破坏反应,那时候的病人将仿佛是一艘到处漏水的破船,任何人亦无法力挽狂澜,行将崩溃坍塌的人体大厦早已失掉了被扶起的最佳时机。

(选自科学松鼠会,有删减,作者:李清晨)

练习

速读第 1 遍,完成下面的练习(建议阅读时间 5 分钟)

一、根据阅读内容选择正确答案

1. 下面哪句话符合原文表达的意思?
   A. "世界高血压日"在每年五月份的第二个周末
   B. 死于高血压的人数少于死于癌症的人数
   C. 最先受到高血压之累的是肾脏
   D. 中风最严重的后果是丧命

2. 文中"近水楼台先得'病'"一句中的"楼台"是指:
   A. 脑　　　　　B. 肾脏　　　　　C. 心脏　　　　　D. 视网膜

3. 脑部血管自身的特点是:
   A. 柔弱　　　　　B. 薄弱　　　　　C. 懦弱　　　　　D. 脆弱

4. 心肌增厚的原因是:
   A. 血管阻力上升,心脏射血力不能及
   B. 血管阻力下降,心脏射血力所能及
   C. 血管阻力上升,心脏射血力所能及
   D. 血管阻力下降,心脏不能射血

   5. 文中最后一段的"破船"是指:
   A. 尿毒症患者　　　　　　　　B. 心脏病患者
   C. 脑卒中患者　　　　　　　　D. 高血压并发症患者

细读第 2 遍,完成下面的练习

二、根据阅读内容回答问题

1. 为什么人们用"沉默的杀手"来形容高血压?
2. 高血压可累及的器官系统主要包括哪些?
3. 高血压对肾脏有什么危害?
4. 脑血管意外的结果是什么?
5. 动脉瘤形成的原因是什么?
6. 对文中最后一段的划线句子,应如何理解?

三、用所给的词语替换下列句子中的画线部分词语,保证句子意思基本不变。

牵连到　明显　明确　知之甚少　一知半解　坏　确切

1. 用"沉默的杀手"来形容高血压的危险性简直太贴切不过了。（　　）
2. 如果是被确诊患有高血压，他就不会觉得情况很糟。（　　）
3. 具体说来，高血压可累及的器官系统主要包括：动脉、心脏以及肾脏、中枢神经系统（脑）和视网膜。（　　）
4. 这种即使部分对高血压的危害有一定程度了解的人，似乎也对高血压对肾脏及视网膜的危害不甚了了。（　　）
5. 虽然多数高血压病人就诊时多以某一症状最为突出，但通常这些病变并不是单独发生的。（　　）

词语提示

贴切	（形）	tiē qiè	妥帖、确切。
不甚了了	〈组〉	bù shèn liǎo liǎo	心里不太明白，不很清楚。
首当其冲	〈组〉	shǒu dāng qí chōng	比喻最先受到攻击或遭遇灾害。
力挽狂澜	〈组〉	lì wǎn kuáng lán	比喻尽力挽回危险的局势。
近水楼台先得月	〈组〉	jìn shuǐ lóu tái xiān dé yuè	比喻由于地势便利而获得优先的机会。
多米诺骨牌	（名）	duō mǐ nuò gǔ pái	玩时将骨牌按一定间距排列成行，轻轻碰倒第一枚骨牌，其余的骨牌就会产生连锁反应，依次倒下。

单元阅读测试练习十一

这个故事的主人公是一位5岁的小男孩。他的名字叫文森特·巴特菲尔,是美国密苏里州联盟中心小学的学生。他有一个好朋友叫扎克。他俩同住一个小区,同坐一张课桌,上学一道去,放学一道回,好得像一个人一样。

可不幸的是扎克患了急性淋巴细胞白血病,这是一种白血球快速增长的癌症。当文森特听到朋友扎克患了这种病后,非常担心,当他在网上了解到这种病不可怕,可以治愈时,他打电话安慰扎克,让扎克坚强些。

扎克住院的日子,文森特像丢了魂一般,心里特别挂念。要求妈妈与他一道前往医院看望扎克。当看到扎克化疗后头发全秃了后,他难过极了。他决心为扎克做些事。可一个5岁的小男孩能做什么事呢?当文森特了解到化疗费用十分昂贵之后,他脑海里闪过的第一件事就是想要为朋友筹钱。

其实小扎克也离不开好友文森特,他虽然在化疗,但他还是决定到学校去上课,因为只有到了学校,才能与好朋友文森特相聚。可化疗后没有头发的扎克,在学校里显得另类与孤独,同学们都用异样的眼光打量着扎克,扎克心里有些难受,文森特心里也不是滋味。他觉得光是陪扎克玩游戏、讲笑话还不足以让扎克快乐,于是他做出了一个惊人的决定,也剃掉了自己的头发,他想只有剃光头,才能让好朋友知道,自己对他的痛苦感同身受。

扎克化疗还在继续,小文森特筹钱计划还在实施。他一边紧缩自己的零用钱,一边想着别的办法。当文森特看见妈妈在编织围巾时,他顿时冒出跟妈妈学编织围巾为扎克凑钱的想法。他妈妈看见儿子为了友谊煞费苦心,心里当然高兴,于是欣然同意,收了儿子这个徒弟。那段时间文森特一放学回家,就扎进特殊的家庭作业——编织围巾中。他心想,朋友有难,为朋友出力,才算好哥们。小文森特为编织围巾常常忙到废寝忘食的地步,以致在妈妈提醒下,才记起吃饭、睡觉。

就这样文森特一口气织了20条围巾,一共卖了200多美元送给了扎克……

小男孩文森特的事迹惊动了电视台记者。当记者问小男孩妈妈,文森特帮助朋友有何感受时,文森特妈妈凯伦·巴特菲尔德告诉电视台记者:"文森特非常乐意,他说如果我们做出一大堆这样的围巾然后再去卖,那将会很酷。"

当记者问文森特为何剃光头时,文森特说:"我想让扎克知道,他不是唯一没有头发的人。"

当记者又问:"什么是友谊?"文森特用手拍拍自己的光头,俏皮地说了一句:"友谊就是锃光的头,瓦亮的友。"

（选自乐读网,有删减,作者:张峪铭）

练习

速读第1遍,完成下面的练习(建议阅读时间5分钟)

一、根据阅读内容判断正误

1. 急性淋巴细胞白血病是一种白血球快速增长的癌症,不可以治愈。　　　（　　）

2. 当看到扎克化疗后头发全秃了后，文森特难过极了，脑海里闪过的第一件事就是：也剃掉自己的头发。　　　　　　　　　　　　　　　　　　　　　　　　　（　）

3. 为了让扎克快乐，文森特陪扎克玩游戏、讲笑话。　　　　　　　　　　　（　）

4. 文森特剃光头，是为了让好朋友知道，自己理解他的痛苦。　　　　　　　（　）

5. 文森特的筹钱计划只包括编织围巾卖钱这一种方法。　　　　　　　　　　（　）

6. 妈妈和徒弟一起帮文森特织了200条围巾。　　　　　　　　　　　　　（　）

细读第2遍，完成下面的练习

二、根据阅读内容回答问题

1. 为什么说文森特和扎克好得像一个人一样？

2. 文森特为何剃光头？

3. 电视台记者为什么来了？

4. 在文森特看来，什么是"好哥们"和"友谊"？

词语提示

筹	（动）	chóu	谋划。
另类	（形）	lìng lèi	与其他大众都不一样的行为、举止等等。
煞费苦心	〈组〉	shà fèi kǔ xīn	形容费尽心思。
废寝忘食	〈组〉	fèi qǐn wàng shí	形容很刻苦，专心致志。
酷	（形）	kù	表示广泛意义上的"好"。"特立独行、充满个性"是"酷"的精髓所在。
锃亮	（形）	zèng liàng	反光发亮，锃光瓦亮；光芒四射，非常明亮。

阅读2

杰克从医院回来，到办公室后，总要和往常一样，去公司的"公共吧"倒一杯咖啡。他端着咖啡来到办公桌前坐下，若无其事地告诉我，他得了癌症，要经常去看看医生。

突然听到朝夕相处的同事得了"绝症"，我内心的难过和惋惜可想而知。从那天起，我和杰克的交往变得小心翼翼起来，生怕一句无意的话伤害到"脆弱"的他。

一个星期过去了，也不见杰克请假。我心想，这家伙要钱不要命了，跟没事一样？但是，我也只能在心里犯嘀咕，我打定主意，他的任何行为，我都会迁就。从那时起，杰克永远是对的，他不上班是对的，他上班也是对的；他工作时大声说话是对的，他一言不发也是对的。我的原则是，一切顺着他，只要他高兴。

有一天，杰克剃了光头，突然变了个模样，有的同事就问他，为什么要剃光头？他回答说，最近天气热。后来，他告诉我，因为做放疗时会掉头发，所以提前把头发剃光，省得到时慢慢掉，麻烦。结果，公司里一个很怕热的墨西哥小伙子何塞，也跑去剃了一个光头，回来后大呼上当，说加州太阳大，剃了光头更热。杰克听后，悄悄地笑。

有一天，杰克没来上班，主管说，杰克请假去医院做手术了。我听了很难过，心想，我可能除了到参加葬礼那天，再也见不到这位和我共事近五年的朋友了。越想我心里越难过，甚至后悔在以前和杰克相处的日子里，我有许多不周到和欠礼貌之处……我准备打听杰克住在哪家医院,然后周末去看望他。

第三天,杰克居然又来上班了。和往常一样,杰克又去"公共吧"倒了一杯咖啡,坐下后悄悄告诉我,昨天麻药的劲儿没过,头有点儿昏,不然昨天就来上班了。

"手术做过了?"我惊奇地问。

杰克说:"做了,所有感染了癌细胞的腺体都取出来了,中期,医生说不需要做放疗了,定时做做化疗就可以。"

我问:"手术后不休息?"

杰克回答说:"医生不让,说坚持上班对我恢复更有利。"说完,他让我看了他的伤口,刀口不像想象中那样可怕,没有见到传统手术那种难看的、缝得像蜈蚣一样的针脚,只有透明的尼龙搭扣一样的带子贴在上面,很有一种现代化的感觉。

五六年过去了,杰克已长出头发,身体比以前还强壮。杰克这次癌症治疗就像我们治感冒一样,给我留下极深刻的印象,除了美国先进的医疗手段以外,好像还有点儿什么。

(选自《意林》2012 年 15 期,有删减,作者:聂圣哲)

练习

速读第 1 遍,完成下面的练习(建议阅读时间 4 分钟)

一、根据阅读内容选择正确答案

1. 从得知杰克得病的那天起,我和他的交往:

    A. 一如既往   B. 很是微妙   C. 格外谨慎   D. 落落难合

2. 杰克剃光了头,原因是:

    A. 天热   B. 放疗时会掉头发

    C. 时尚   D. 给别人作榜样

3. 我准备周末去看望杰克,原因不是:

    A. 和我共事多年   B. 我对他曾有许多不周

    C. 我曾对他不礼貌   D. 他的身体没以前强壮

4. 杰克手术后的刀口有什么特点?

    A. 惨不忍睹   B. 美观   C. 缝合精细   D. 手法传统

5. 这篇文章告诉我们一个什么道理?

    A. 癌症并不可怕,但要重视

    B. 癌症有点可怕,非手术不可

    C. 癌症有点可怕,一定要有先进的医疗技术

    D. 癌症并不可怕,要像对待感冒一样对待癌症

细读第 2 遍,完成下面的练习

二、根据阅读内容判断正误

1. 杰克从医院回来,难过地告诉我,他得了癌症。   ( )

2. 因为杰克这家伙要钱不要命,所以从未请过假。   ( )

3. 因为杰克患了癌症,所以,无论他的任何行为,我都会让着他。   ( )

4. 墨西哥小伙子何塞知道杰克的实情,为了感同身受,安慰杰克,也跑去剃了一个光头。

                                                   ( )

5. 杰克去医院做了手术,可第二天就又来上班了。　　　　　　　　　　（　）

6. 为了对杰克恢复更有利 ,是医生说坚持上班,不让休息的。　　　　　　（　）

词语提示

吧	（名）	bā	泛指某些具备特定功能或设施的休闲场所,如迪吧、琴吧、书吧、陶吧、氧吧、网吧等。
若无其事	〈组〉	ruò wú qí shì	形容好像没有那么回事似的,或形容不动声色或漠不关心。
朝夕相处	〈组〉	zhāo xī xiāng chǔ	从早到晚都在一起,形容关系密切。
嘀咕	（动）	dí gu	小声说,私下里说。
迁就	（动）	qiān jiù	降低要求,刻意将就。
蜈蚣	（名）	wú gōng	陆生节肢动物,身体由许多体节组成,每一节上均长有步足,故为多足生物。蜈蚣有毒腺分泌毒液,毒素不强,被蛰后会造成疼痛但不会致命。本身可入药用。
尼龙	（名）	ní lóng	是聚酰胺纤维（锦纶）的一种说法,是世界上出现的第一种合成纤维。

阅读3

猝死已经成为这个时代最富震撼性的死法之一。

名人们工作忙碌,又多自认为精力过人,不注意休息。因此,成为猝死杀手最青睐的群体之一。症状发生后到死亡时间不超过一小时,称为猝死。这是我国和世界卫生组织（WHO）的定义。在外人看来,猝死的发生就像车祸,带有一定的随机性,但是,细究个例,我们总能找到猝死者生前的身体隐患。50％以上的猝死都是心源性猝死。最常见的原因就是缺血性心肌病,即冠状动脉粥样硬化性心脏病（简称冠心病）。

顾名思义,"粥样硬化"是冠状动脉的血管内膜出现了黄色的小米粥一般的沉积物,这使得动脉变窄,血流不畅。冠状动脉是心脏的供血血管,当这个渠道发生堵塞,心脏得不到足够的供氧,就没法正常运作。如果冠状动脉供血急剧减少或完全中断,心肌会由于缺血发生坏死,这是冠心病的一种严重类型,也就是心肌梗死。心肌供血中断也常常是暂时的,所以通常情况下心肌梗死并不致命。

过度疲劳、情绪激动、压力巨大、剧烈运动……这些都是可致死的因素。一旦"起爆",硬化斑块破裂,只要几分钟或几小时,就会造成冠状动脉堵塞、心肌缺血,令心律紊乱甚至心脏停搏。即使这一次安然度过,也难保下一次不发生意外。所以,预防要从早抓起,平时注意心情开朗、生活规律、饮食均衡、劳逸有度。这是老生常谈,但真的管用。

在一般人的印象中,冠心病是中老年人的"专利",但是,一起起年轻人猝死的案例给我们敲响了警钟。猝死,原来近在咫尺。冠状动脉的粥样硬化在年轻人的甚至是婴儿的血管中就已经发生了,它是与生俱来的隐患。随着年龄增长,衰老、吸烟、高血压、高血脂、炎症、精神紧张等各种有害刺激,反复作用于冠状动脉的内膜,使它的完整性遭到破坏,这种内膜损伤引起一系列的损伤反应,导致脂质沉积、血栓形成等问题。所以,冠心病是一种"起源于少年、植根在青年、发展在中年、发病在老年"的慢性病。

并非所有的冠心病都有症状,有的冠心病是以猝死为首发表现的,部分病人可能完全没有症状,称为"无症状型(或隐匿型)冠心病"。一般来说,心源性猝死并非全无先兆,只是往往被人们忽视。心动过速、胸闷、呼吸困难,这都是危险的征兆,需要及时注意。从分类上说,大部分的冠心病患者表现为心绞痛、心肌梗死、心率失常等。

猝死太过突然,人们往往当成无可抵御的灾难,默默承受。其实,猝死并非绝无可救,如能在关键时间内进行及时的心肺复苏救助,可大大提高存活率。美国的数据表明,心源性猝死的病人,在心脏停止跳动 4 分钟内,如能得到心肺复苏法的救助,并在 8 分钟内得到进一步医治,救愈率可达 45% 以上。

(选自科学松鼠会,有删减,作者:姬十三)

练习

速读第 1 遍,完成下面的练习(建议阅读时间 5 分钟)

一、根据阅读内容选择正确答案

1. 下面哪种说法与原文意思相符?

    A. 名人注重保健,不易发生猝死

    B. 年轻人不会发生猝死

    C. 通常情况下心肌梗死均会致命

    D. 多于一半的猝死,是由于冠心病所致

2. 根据本文,冠状动脉的粥样硬化最不可能发生在:

    A. 少年的血管中   B. 中年人的血管中

    C. 胎儿的血管中   D. 婴儿的血管中

3. 内膜损伤引起一系列的损伤反应,导致:

    A. 心动过速   B. 血栓形成   C. 胸闷   D. 呼吸困难

4. 冠心病患者的表现不包括:

    A. 心肌炎   B. 心绞痛   C. 心肌梗死   D. 心率失常

5. 关于猝死,本文中作者的观点是什么?

    A. 命不可保   B. 有近五成命可保

    C. 多数命可保   D. 无药可救

细读第 2 遍,完成下面的练习

二、根据阅读内容回答问题

1. 名人为什么常发生猝死?

2. 什么是心肌梗死?

3. 人们默默承受猝死的原因是什么?

4. 怎样减少猝死的死亡率?

词语提示

青睐	（名）	qīng lài	表示对人喜爱或尊重。
老生常谈	〈组〉	lǎo shēng cháng tán	老书生经常说的话。比喻人们听惯了的没有新鲜意思的话。
咫尺	（名）	zhǐ chǐ	周制八寸为咫，十寸为尺。形容距离近。也指微小，仿佛对方就在眼前。
与生俱来	〈组〉	yǔ shēng jù lái	表示个人的特别、不可替代性，一生下来就是如此。
隐匿	（动）	yǐn nì	隐藏，躲起来。
复苏	（动）	fù sū	呼吸心跳骤然停止时所采取的一切急救措施称为复苏术。

阅读4

德国心理学家格林曼特曾做了一个著名的"电梯实验"。他让自己的一名学生扮演"患病者"乘坐电梯，当电梯里只有两个人（"患病者"和一名同乘者）时，"患病者"晕倒后，那个唯一的旁观者通常会立即上前施助；当电梯里有 3 个人（"患病者"和两名同乘者）时，晕倒的"患病者"仍能得到很好的救助，通常是一个人负责安抚，另一个人打电话向警方或者医疗机构求助；当同乘者增加到 4 人时，情况开始发生微妙的变化，有人借故离开，尽管"患病者"仍处于危险中；当同乘者增加到 7 人时，选择离开的人会更多，最严重的一次，只剩下一人照顾"患病者"，其他 6 人一声不响地走了，好像什么事都没有发生一样。

实验结束后，格林曼特追问冷漠的"离开者"为什么选择离开。"离开者"的回答大同小异："不是有人在施救吗？我没有必要继续待在那里……""有那么多人在现场，即使我离开，也会有人出手相助的。""我看到有人走了，就跟在他后面离开了……"格林曼特认为，当有人在车站或马路上遇到危险或困难时，得不到及时救助，并非完全与旁观者的品德有关。在有很多人在场的时候，一种群体性"依赖心理"弥漫所造成的负面影响不可小觑；有一部分人的冷漠则是消极的"从众心理"起了作用——跟随其他人一起离开，内疚感和自责感会在无形中减弱。

格林曼特在另外的一些研究中，还有一些颇让人意外的发现：在地铁车厢和马路上见到行动不便的老人，大多数人都想去帮他们一把，但真正采取行动的人却很少，不采取行动的原因仅仅是因为害羞；而在一些车祸现场，有人袖手旁观，大都是因为血腥场面让他们感到害怕；还有一种情形，受困者得不到及时救助，是因为旁观者侥幸地认为对方并无大碍。

格林曼特的研究告诉我们，培养善良、正义的行为，仅仅靠道德反省是不够的，还需构建一种积极强大的心理力量——不让依赖、从众、恐惧、害羞、侥幸等心理因素打败自己的良心。

（选自《知识窗》，有删减，作者：蒋骁飞）

速读第 1 遍,完成下面的练习(建议阅读时间 4 分钟)

一、根据阅读内容选择正确答案

1. 著名的"电梯实验"分了几种情况?
   A. 四种　　　　　B. 五种　　　　　C. 六种　　　　　D. 不清楚

2. "电梯实验"有一个共同点,是什么?
   A. 总有人离开　　　　　　　　　B. "患病者"是学生
   C. 救人者是学生　　　　　　　　D. 救人者是老师

3. 研究表明,离开者的原因可能不是:
   A. 从众　　　　　B. 冷漠　　　　　C. 害怕　　　　　D. 完全无道德

4. 下列哪一种属于积极强大的心理力量?
   A. 责任　　　　　B. 依赖　　　　　C. 侥幸　　　　　D. 害羞

5. 根据本文,旁观者对需要救助的人袖手旁观的原因不包括:
   A. 因为害羞　　　　　　　　　　B. 因为害怕
   C. 因为存在侥幸心里　　　　　　D. 因为讨厌

细读第 2 遍,完成下面的练习

二、根据阅读内容回答问题

1. 什么情况下,"患病者"能得到很好的救助?
2. 为什么离开者的内疚感和自责感会减弱?
3. "即使我离开,也会有人出手相助的。"这句话该如何理解?
4. 格林曼特的研究,告诉我们什么?

词语提示

弥漫	(动)	mí màn	充满、布满。
不可小觑	〈组〉	bù kě xiǎo qù	意思是不容小看。
从众	(名)	cóng zhòng	是在群体影响下放弃个人意见而与大家保持一致的社会心理行为。通俗的说就是"随大流"。
颇	(副)	pō	很,相当地。
袖手旁观	〈组〉	xiù shǒu páng guān	比喻人置身事外、不协助别人。多指看到别人有困难,不帮助别人。
血腥	(形)	xuè xīng	血液的腥味,形容战斗或屠杀的残酷。
侥幸	(形)	jiǎo xìng	由于偶然的原因而得到成功、免去灾害,很幸运。

阅读5

胸部内有很多维系生命的器官,如心脏、肺脏和大动脉等,肋骨的存在就为这些重要器官提供了保护作用。胸部疼痛可能是胸部很多种疾病的提示,当胸部的这些器官——心脏、肺脏及大动脉出现了威胁生命的问题时,如果我们能及时觉察出危险的先兆,就为及时就医争取了时间,为挽救生命增添了一份希望。下面就来了解一种严重且致命的疾病所表现出的胸痛特征。

这种致命的胸痛,有如巨石压胸、紧缩、压榨或刀割样的痛,程度不仅剧烈且一直持续达半小时以上,有时候这种疼痛还会串到左胳膊、肩膀或脖子的部位,含服硝酸甘油也不能缓解疼痛,如果出现了这样的情况就需要赶快去急诊或心内科就诊,因为这种胸痛有可能提示了心肌梗死。心肌梗死是指心脏细胞因为缺血而死。我们的心脏长在胸腔内偏左的位置,有如自己的拳头般大小,心脏其实是一个由肌肉构成的水泵,只不过这个水泵里流的液体不是水而是血。心跳不停,生命不息。每一声的心跳都是由这个肌肉泵的收缩舒张产生的声音,这个血泵的功能就在于它不断地将富含氧气和营养的血液运送到身体的每个角落,若失去了新鲜血液的供养,身体的细胞就会死亡。心脏也不例外,它本身也需要新鲜的富含氧气和营养的血液,然而心脏并不能直接从这个泵里的血液中吸取营养,于是为心脏供血的任务就交给了匍行于心脏表面的3根重要血管——冠状动脉,如果冠状动脉出了问题,比如长斑块出现了血管狭窄,或出现血栓将血管堵死,心脏不能得到足够的血液供给,就会出现上述的胸痛。这种胸痛在发生之前常常有一些诱发的原因,比如过度劳累、情绪波动较大等,这些情况会造成心脏耗氧增多,加重心脏缺氧的情况。如果心肌梗死没有得到及时的处理,就可能会因为心脏泵的功能严重受损而有生命危险。因此,如果能够识别出心肌梗死这种致命疾病的胸痛特征,就为自己和家人的生活增加了一个安全保障。

（选自科学松鼠会,有删减,作者:KIWI）

练习

速读第 1 遍,完成下面的练习（建议阅读时间 4 分钟）

一、根据阅读内容选择正确答案

1. "有时候这种疼痛还会串到左胳膊、肩膀或脖子的部位"这一句中的"串"的意思是:
    A. 错误地连接　　　　　　　　　B. 互相沟通、勾结
    C. 由这里到那里走动　　　　　　D. 扮演戏剧角色

2. 文中这种致命的胸痛,不会出现下列哪种情况?
    A. 像巨石压胸　　B. 剧烈　　　　C. 持续超过半小时　D. 扩张

3. 若是心肌梗死引起的疼痛,应立即去哪里就诊?
    A. 心外科　　　　　B. 急救中心　　　C. 呼吸科　　　　　D. 中医科

4. 心脏其实就是一个:
    A. 血泵　　　　　　B. 水泵　　　　　C. 油泵　　　　　　D. 电动泵

5. 出现下列什么情况,说明冠状动脉出了问题?
    A. 斑块颜色加重　B. 血管扩张　　　C. 出现血栓　　　　D. 血管不通

细读第 2 遍,完成下面的练习

二、根据阅读内容回答下列问题

1. 肋骨有什么作用?

2. 简述什么是心肌梗死？

3. 心脏的功能是什么？

4. 为什么会出现致命的胸痛？

词语提示

压榨	（动）	yā zhà	压取物体里的汁液。
硝酸甘油	（名）	xiāo suān gān yóu	一般指硝化甘油。一种黄色的油状透明液体，这种液体可因震动而爆炸，属化学危险品。同时硝化甘油也可用做心绞痛的缓解药物。
匍匐	（动）	pú fú	躯体贴地（像虫、蛇、龟）缓慢爬行，匍匐前进。

阅读6

　　说到小儿阑尾炎，好多家长第一反应是：怎么小孩儿也有阑尾炎呢？小孩儿当然也有阑尾炎，因为孩子也有阑尾。在实际情况中，由于小儿无法准确表达腹痛的情况，阑尾炎的延误诊断远比成人多得多。通常患儿年龄越小，延迟诊断的可能性越大，甚至常常在穿孔之后才确诊。因为笔者在儿童医院工作之前，接触的阑尾炎患者都是成人，来到儿童医院再处理阑尾炎这个疾病时，非常明显地感觉到，小儿阑尾炎化脓及穿孔的比例远远高于成人。

　　阑尾炎引起的腹痛不同于肠套叠，通常会渐进性加重，外科医生结合查体、血细胞分析及腹部彩超可作出诊断。对于小儿阑尾炎来说，一经确诊，首选手术治疗，只有极个别情况才适于保守治疗，很多糊涂虫家长在手术的问题上犹豫不决，其实遭殃的是孩子。即使外行也能想通，急性阑尾炎早期显然要比已经化脓坏疽甚至穿孔腹膜炎的情况容易处理多了，更为关键的是，当阑尾炎已经合并化脓穿孔，即使手术顺利，术后并发症的概率也会大大增加。

　　由于医学的发展，现在已经极少听到有什么人死于阑尾炎了。但在人类对这一疾病认识还不够透彻的过去，情况却并非如此，别说可能出现误诊的情况，就是诊断无误，也有不少人死在阑尾炎上，这其中甚至不乏有名有姓的对外科学发展有着举足轻重作用的著名医生。

　　最后说一下手术同意书的问题。任何一次手术之前，医生都会同患者签订一个手术同意书，很多人对这个同意书有误会，认为里面列举的情况太过恐怖，有夸大之嫌。其实，凡是被外科医生写进手术同意书中的并发症及不良后果，没有一个是不曾发生过的。只是随着医学技术的进步，手术的安全性已大大提高，最关键的问题是，即使存在这些风险，手术仍是唯一正确的选择，不做手术将要面对的风险远比做手术可能出现的意外情况严重的多，尤其对于小儿来说，当阑尾已经化脓穿孔，合并弥漫性腹膜炎时，不做手术基本是死路一条。

（选自《时尚育儿》，有删减）

练习

速读第1遍，完成下面的练习（建议阅读时间4分钟）

一、根据阅读内容选择正确答案

1. 相比较下列哪种病情最难处理？

　　A. 急性阑尾炎　　　B. 穿孔腹膜炎　　　C. 化脓　　　D. 坏疽

2. 保守治疗是指：

A. 手术治疗　　　　B. 非手术治疗　　　　C. 手术结合药物治　D. 坚持不懈的治疗

3. 现在极少有人死于阑尾炎了，其原因是现代医学：

A. 落后　　　　　B. 愚昧　　　　　C. 传统　　　　　D. 发达

4. 对文中最后一段的画线部分的理解，正确的是：

A. 一个都没有发生过　　　　　　　B. 全部都没发生过

C. 全部都发生过　　　　　　　　　D. 只有一个发生过

5. "不做手术基本是死路一条。"这句中的"基本"一词，用下列哪一个词语可以替换？

A. 根本　　　　　B. 几乎　　　　　C. 原本　　　　　D. 本来

6. 下列哪一句话符合本文表达的意思？

A. 只有成人才可能得阑尾炎

B. 阑尾炎引起的腹痛跟肠套叠相同

C. 当年，因为有著名医生，所以基本听不到有什么人死于阑尾炎

D. 医生同患者签订的手术同意书，并非夸大其辞

细读第 2 遍，完成下面的练习

二、根据阅读内容回答问题

1. 小儿阑尾炎化脓及穿孔的比例为什么远远高于成人？

2. 如何诊断阑尾炎？

3. 家长在手术的问题上拿不定主意，会导致什么后果？

4. 为什么对外科学发展有着举足轻重作用的著名医生也会出现问题？

5. 为什么很多人对手术同意书有误会？

词语提示

阑尾炎	（名）	lán wěi yán	是因多种因素而形成的炎性改变，为外科常见病，以青年最为多见，男性多于女性。临床上急性阑尾炎较为常见，各年龄段及妊娠期妇女均可能发病。慢性阑尾炎较为少见。
穿孔	（动）	chuān kǒng	穿透表面。
肠套叠	（名）	cháng tào dié	是指一段肠管套入与其相连的肠腔内，并导致肠内容物通过障碍。
彩超	（名）	cǎi chāo	简单的说就是高清晰度的黑白 B 超再加上彩色多普勒。
糊涂虫	（名）	hú tu chóng	比喻混混噩噩、不明事理的人（骂人的话）。
遭殃	（动）	zāo yāng	遭遇困难，遇到麻烦。
坏疽	（名）	huài jū	组织坏死后因继发腐败菌的感染和其他因素的影响而呈现黑色、暗绿色等特殊形态改变，称为坏疽。

腹膜炎	（名）	fù mó yán	是由细菌感染、化学刺激或损伤所引起的外科常见的一种严重疾病。多数是继发性腹膜炎，源于腹腔的脏器感染，坏死穿孔、外伤等。
举足轻重	〈组〉	jǔ zú qīng zhòng	只要脚稍微移动一下，就会影响两边的轻重。指处于重要地位，一举一动都足以影响全局。
嫌	（动）	xián	猜疑；怀疑。

第十二单元　医疗保健篇

在疾病肆虐的今天，爱护健康是每个人的责任和义务。那么如何保护身体的健康、如何防治疾病已成为我们生活中人人关注的话题。有了健康才能感受生命的美好，才有幸福的生活。为了远离疾病，请自觉地选择有益于健康的行为生活方式。

第 56 课　谢绝过度医疗

多年前，一位德高望重的骨科医师，我的导师查理，被发现胃部有个肿块。经手术探查，证实是胰腺癌。手术的主刀医生是国内同行中的佼佼者，并且，他正巧发明了一种针对此类胰腺癌的手术流程，可以将患者生存率从 5％提高至 15％（尽管生存质量依然较低下）。查理却丝毫不为之所动。他第二天就出院回家，停了自己的诊所，并自此再也没迈进医院一步。他将所有时间和精力都放在家庭生活上，非常快乐。几个月后，他在家中去世。他没有接受过任何的化疗、放疗或是手术。他的保险商也为此省了一大笔钱。

人们很少会想到这样一个事实，医生也是人，也会迎来死亡。但医生的"死法"，似乎和普通人不同。不同之处在于：和尽可能接受各种治疗相反，医生们几乎不会选择被治疗。在整个医务工作生涯中，医生们面对了太多生离死别。他们和死神的殊死搏斗太过频繁，以至于当死亡即将来临时，他们反而出奇地平静和从容。因为他们知道病情将会如何演变，有哪些治疗方案可供选择，以及，他们通常拥有接受任何治疗的机会及能力。但他们选择不。

"不"的意思，并不是说医生们放弃生命。他们想活。但对现代医学的深刻了解，使得他们很清楚医学的局限性。同样，职业使然，他们也很明白人们最怕的，就是在痛苦和孤独中死去。他们会和家人探讨这个问题，以确定当那一天真正来临时，他们不会被施予抢救措施。也就是说，他们希望人生在终结时，不要伴随着心肺复苏术和随之而来的肋骨断裂的结果（正确的心肺复苏术可能会致肋骨断裂）。

几乎所有的医务人员在工作中都目睹过"无效治疗"。所谓的无效治疗，指的是在奄奄一息的病人身上采用一切最先进的技术，来延续其生命。病人将被切开，插上导管，连接到机器上，并被持续灌药。这些情景每天都在 ICU（重症监护病房）上演。我已经记不清有多少医生同事跟我说过："答应我，如果有天我也变成这样，请你杀了我。"

为什么会变成这样？为什么医生们在病人身上倾注了如此多的心血和治疗，却不愿意将其施予自身？答案很复杂，或者也可以说很简单，用三个词足以概括，那就是：病人、医生、体制。

先来看看病人所扮演的角色。假设甲失去意识后被送进了急诊室：通常情况下，在面对这类突发事件时，甲的家属们会面对一大堆突如其来的选择，变得无所适从。当医生询问"是否同意采取一切可行的抢救措施"时，家属们往往会下意识说："是。"

于是噩梦开始了。有时家属所谓的"一切措施"的意思只是采取"一切合理的措施"，但问题在于，他们有时可能并不了解什么是"合理"；或者当沉浸在巨大的迷茫和悲痛中时，家属们往往想不到去仔细询问，甚至连医生的话也只能心不在焉地听着。在这种时候，医生们会尽力做"所有能做的事"，无论它"合理"与否。如果医生建议不采取积极的治疗，那家属们很有可能会认为他是出于省事、省时间、省钱等原因才提出这个建议的。

在很多时候，医患双方都只不过是推广"过度医疗"庞大系统中的受害者而已。在一些不幸的例子中，一些医生用"有治疗，就有进账"的思路去做一切他们能做的事，为了钱而不择手段。而在更多的例子中，医生们只是单纯出于害怕被诉讼，而不得不进行各项治疗，以避免官司缠身的下场。

然而，即使做出了正确的决定，这个系统仍然能够使人身陷囹圄。不过，医生们仍旧不愿对自己过度治疗。因为这种治疗的结局他们见得太多。几乎所有人都宁愿呆在家里宁静地离去，伴随的疼痛也可以被更好地缓解。临终关怀和过度医疗相比，为病人提供舒适的环境和有尊严的生存方式显然更为合理。

（选自《视野》，有删减，作者：Ken Murray）

词语提示

德高望重	〈组〉	dé gāo wàng zhòng	道德高尚，名望很大。
佼佼者	（名）	jiǎo jiǎo zhě	美好、突出的人物。
殊死	（形）	shū sǐ	拼命。
奄奄一息	〈组〉	yǎn yǎn yī xī	呼吸微弱的样子，只剩下一口气，形容临近死亡。
倾注	（动）	qīng zhù	把精神或力量集中到一个目标。
突如其来	〈组〉	tū rú qí lái	出乎意料地突然发生。
无所适从	〈组〉	wú suǒ shì cóng	不知怎么办才好。
心不在焉	〈组〉	xīn bù zài yān	心思不在这里，指思想不集中。
微妙	（形）	wēi miào	深奥玄妙，难以捉摸。
显赫	（形）	xiǎn hè	有名声有权势地位的。
不择手段	〈组〉	bù zé shǒu duàn	指为了达到目的，什么手段都使得出来。
囹圄	（名）	líng yǔ	监狱。

练习

一、根据课文内容判断正误

1. 我的导师查理被证实是胰腺癌后因为害怕治疗过程中的疼痛放弃了治疗。　　　（　）
2. 医生通常拥有接受任何治疗的机会及能力，但他们多数会选择放弃治疗。　　　（　）
3. 正确的心肺复苏术不会导致肋骨断裂。　　　（　）
4. 无效治疗指在奄奄一息的病人身上采用一切先进的技术来延续其生命。　　　（　）
5. 医患双方都是推广"过度医疗"庞大系统的受害者。　　　（　）
6. 过度医疗不能让病人安然度过最后的日子。　　　（　）

二、选择画线部分词语在句子中的意思

1. 手术的主刀医生是国内同行中的<u>佼佼者</u>。
   A. 突出的人　　　B. 较少的人　　　C. 平凡的人　　　D. 普通的人

2. 他们和死神的殊死搏斗太过<u>频繁</u>。
   A. 繁杂　　　　　B. 频率　　　　　C. 复杂　　　　　D. 次数很多

3. 同样,职业<u>使然</u>,他们也很明白人们最怕的,就是在痛苦和孤独中死去。
   A. 使命　　　　　B. 让他们这样　　C. 自然　　　　　D. 任务

4. 当<u>沉浸</u>在巨大的迷茫和悲痛中时,家属们往往想不到去仔细询问。
   A. 沉默　　　　　　　　　　　　　B. 沉闷
   C. 完全处于某种境界或思想活动中　D. 浸泡

5. 家属们会面对一大堆突如其来的选择,变得<u>无所适从</u>。
   A. 没办法适应　B. 不选择办法　C. 不知怎么办　D. 没办法

6. 一些医生用"有治疗,就有进账"的思路去做一切他们能做的事,为了钱而<u>不择手段</u>。
   A. 选择方法　　B. 不选择方法　　C. 什么办法都用　D. 没办法

三、选择合适的词语填空

突如其来　佼佼者　倾注　变化　积聚　演变　无所适从　积累

1. 他是这届学生中的(　　)。
2. 老师为我们的成长(　　)了大量心血。
3. 一场(　　)的冰雹破坏了我们的整个计划。
4. 刚到这个新的环境,柳江对陌生的一切感到(　　)。
5. 卫生学已经逐渐(　　)为预防医学。
6. 由于没有排水口,里海的水量流失只能依赖蒸发,造成湖水中盐份(　　)。

四、根据课文内容选择正确答案

1. 我的导师查理被证实是胰腺癌后,他是怎么做的?
   A. 接受朋友的治疗
   B. 自己给自己治疗
   C. 在自己的诊所里治疗
   D. 将所有的时间和精力都放在家庭生活上

2. 医生的"死法"与普通人有什么不同?
   A. 可以享受更好的医疗条件
   B. 可以用更好的药品
   C. 不喜欢选择被治疗
   D. 他们懂医,会选择最佳的治疗方案,治疗效果会更好

3. 如果医生对重症病人不采取积极的治疗措施,病人的家属会认为:
   A. 医生很负责任　　　　　　B. 医生的做法正确
   C. 医生为了省事　　　　　　D. 医生没有能力

4. 作者认为是谁造成了"过度医疗"?
   A. 病人　　　B. 家属　　　C. 医生　　　D. 体制

5. 根据作者的看法,大多数医生对病人进行"过度医疗",是因为什么?

    A. 责任心   B. 为了钱

    C. 害怕被诉讼   D. 为了尽力挽救病人的生命

6. 临终关怀对病人有什么好处?

    A. 提供更好的医疗条件   B. 提供舒适和尊严

    C. 提供更好的药品   D. 提供更好的服务

五、根据课文内容回答问题

1. 什么是无效治疗?

2. 临终关怀对病人有什么好处?

说一说

1. 请你站在一名医生的角度谈谈你对过度医疗的看法。

2. 作为病人家属你会对"过度医疗"说"不"吗,请谈谈理由。

阅读技能指导

通过同位关系猜测词义

阅读中出现的难词有时后面紧跟一个同位语,对前面的词进行解释,这时可利用同位关系对前面或后面的词义或句意进行猜测。构成同位关系的两部分之间也通常用一些标志性词连接,比如:换句话说、意思是说、表明等。有时也使用破折号、冒号、分号或括号等标点符号表示。例如:弄堂——上海和江浙地区的小巷,已成为学者们竞相研究的热点。破折号后的句子是对前面"弄堂"一词的解释说明,二者是同位关系,因此便可得知"弄堂"的意思。

在实践中,我们可以灵活地综合运用上面提到的几种猜测技巧,排除生词的障碍,顺利理解文章的思想内容,提高阅读速度和效率。同时,在阅读学习的过程中要有意识地培养和训练猜词的能力,准确地发现上下文中所蕴含的语义暗示和语境线索,从而提高自己的猜词能力。

练习

解释下列句子中画线词语的意思

1. 据考古和文献资料,高昌回鹘王国时期曾使用一种叫"七曜历"的历法,这是以日、月和金、木、水、火、土五大行星纪日的历法。

2. 对岸的草原上万籁无声,河这边却是一片骚动和聒噪:鸟啄击橡树干的笃笃声,野兽穿越丛林的沙沙声,潺潺的流水声,野牛的低哞声——荒野的世界充满一种亲切而粗犷的和谐。

3. 这里说的"政治美文",就是说既要有思想,还要有文字美。

阅读1

当人们身体不舒服到医院看病时,"诊断"给人们的印象就是寥寥数语的对话和无休止的抽血、拍片、心电图、B 超、CT 以至核磁检查……难怪当下不少人形容医生的工作就是"开单子"。运气好经过检查能找出原因的,治疗就是吃药、打点滴甚至做手术;运气不好检查一通之后一无所获的,治疗还是吃药、打点滴解除症状,有时甚至试图进行"探查"手术找病因。那么,

"诊断"到底是一种怎样的过程,正确的医学诊断从哪里来呢?

当一名患者求助于医生的时候,他可能同时表现出很多症状,比如发烧、腹泻、呕吐、皮疹、关节痛、视物模糊、昏迷等等。诊断过程就是试图用一种原因来解释患者所有的临床表现,并使这种解释能在逻辑关系上自洽。

面对一个病人,医生首先要做的就是进行病史采集:根据患者或者家属的描述记录病情发生发展的经过。这些经过和细节都可能是诊断所需的信息。每一个问题的答案都是医生进行鉴别和筛选的"材料"。同时还要结合其他一些伴随症状和资料,如患者过去的病史、服药史、过敏史、旅游史、家族史、放射性毒物野外动物接触史,儿童还要了解生产史、母乳喂养史和免疫接种史等等,找出异常情况,缩小疾病筛查的范围。

在完成病史记录之后,还要进行体格检查。很多疾病单凭患者描述是不够的,体格检查能给医生提供有效信息。比如脑疝患者常常昏迷无法言语,但是医生通过观察瞳孔和神经反射就能了解大致病情;右下腹固定点的压痛能帮助医生诊断阑尾炎。细致的体格检查往往不容易遗漏重要的临床表现,为诊断提供线索。

经过病史采集和体格检查,医生将有针对性地开出检查单,验证自己的初步推断或进一步收集更多的临床资料。在显微镜的帮助下,医生可以对全血细胞进行分类并计数;对尿液、组织液、引流液、分泌物等样本进行比重测定和成分化验;对血清蛋白、离子浓度和某些特殊成分进行测定;对微生物进行鉴定培养并测试哪些药物可以有效对抗它;通过大型成像仪器和设备对身体内部进行细致了解。在这些领域,科学技术的利剑发挥了它强大的威力。凭借这些结果,多数常见病能够得到确诊:即找到了某个能够解释所有临床表现的疾病名称。

在医学实践中,一种临床表现往往代表十数种甚至数十种疾病的可能。比如上腹痛可见于胃溃疡、胃穿孔、胰腺炎、胆囊炎、胆管炎、肠梗阻、阑尾炎、急性胃炎、肝炎、大叶性肺炎、心肌梗死、消化道肿瘤、系统性红斑狼疮等等。医生所要做的就是在最短的时间内花费最少的资源找出患者的病因所在,这个鉴别、分析的过程就是诊断路径。

（选自《东方早报》周刊,有删减,作者:赵承渊）

练习

速读第 1 遍,完成下面的练习（建议阅读时间 5 分钟）

一、根据阅读内容选择正确答案

1. 在现实生活中人们对于"诊断"的印象是怎样的?
   A. 富有传奇色彩　　　　　　　　　B. 询问病情少和检查多
   C. 神秘　　　　　　　　　　　　　D. 高深莫测

2. 当患者向医生求助,医生首先要做的工作是什么?
   A. 体格检查　　　B. 采集病史　　　C. 开检查单　　　D. 诊断

3. 作者认为医生采集病史这项工作怎么样?
   A. 十分重要　　　B. 无足轻重　　　C. 不太重要　　　D. 可有可无

4. 对于无法言语,处于昏迷状态的病人,医生怎样获得患者的信息?
   A. 询问病史　　　B. 体格检查　　　C. 开采血单　　　D. 开检查单

5. 下面哪一项不属于诊断的过程?
   A. 采集病史　　　B. 确定疾病名称　　C. 打针吃药　　　D. 开检查单

细读第 2 遍，完成下面的练习

二、根据阅读内容判断正误

1. 诊断过程就是医生开单子进行检查的过程。 （ ）

2. 面对病人，医生首先要做的工作是体格检查。 （ ）

3. 对于儿童患者，医生不需要了解生产史。 （ ）

4. 患者描述能给医生提供有效信息。 （ ）

5. 医生开检查单的目的应该是为了验证自己对疾病的推断正确与否。 （ ）

6. 可能引起上腹痛的疾病是脑膜炎。 （ ）

三、选择画线部分词语在句子中的意思

1. 难怪<u>当下</u>不少人形容医生的工作就是"开单子"。
   A. 现在　　　　　　B. 以前　　　　　　C. 从前　　　　　　D. 过去

2. "诊断"给人们的印象就是<u>寥寥数语</u>的对话和无休止的抽血、拍片。
   A. 许多的话　　　　B. 数不清的话　　　　C. 很少的几句话　　　　D. 没完没了说话

3. 运气不好检查一通之后<u>一无所获</u>。
   A. 有一点收获　　　B. 没有什么收获　　　C. 收获很大　　　　D. 收获不少

4. 诊断过程就是试图用一种原因来解释患者所有的临床表现，使这种解释能在逻辑关系上<u>自洽</u>。
   A. 融洽　　　　　　B. 洽谈　　　　　　C. 恰当　　　　　　D. 自相一致

5. 这个鉴别、分析的过程就是诊断<u>路径</u>。
   A. 道路　　　　　　B. 路过　　　　　　C. 门路　　　　　　D. 过程

词语提示

筛选	（动）	shāi xuǎn	通过淘汰的方式挑选。
脑疝	（名）	nǎo shàn	当颅腔内某一分腔有占位性病变时，该分腔的压力比邻近分腔的压力高，脑组织从高压区向低压区移位，导致脑组织、血管及神经等重要结构受压和移位，有时被挤入硬脑膜的间隙或孔道中，从而引起一系列严重临床症状和体征。
遗漏	（动）	yí lòu	应该列入或提到的事物因疏忽而没有列入或提到。

阅读 2

　　某天，一位朋友由于腰部不适去医院看病，回来后将门诊病历本上的记录扫描下来用 Email 发给了我，让我帮忙看一下上面到底写了些什么。我对着屏幕眯起眼端详了半个小时，只能看懂片言只字，处方记录里面一半内容看不清楚，签名更是龙飞凤舞不知所云。又请曾是内科医生的老婆一起看，还是没有多大进展，只好悻悻地回信：我看不懂，你还是回去问写这幅字的那位大夫吧……。

　　这种事情已经发生过很多次了。医生们字迹之潦草早已饱受诟病，甚至变得见怪不怪。

以至于老百姓哪天碰到一位规规矩矩写字的大夫，反倒觉得成了稀罕，没准还认为这是新来的医生或是资历浅的医生。只要是医生们手写的医疗记录，仿佛总有很多人抱怨如"鬼画符"、"天书"一般看不懂，无论中医西医皆是如此。有趣的是，这种障碍在医生和医生之间、医生和药师之间却仿佛没有那么大。当患者拿着龙飞凤舞的处方到药房或售药处取药时，药师们一般可以毫不费力地辨认出这些药名并交付患者。于是疑虑产生了：这些涂鸦是不是医生和专业人员之间约定俗成的"暗号"，用来防止患者在其他地方领药或治疗？在当下中国医患关系紧张的背景下，怀疑医师潦草的字迹隐藏着逐利冲动的这种想法并不奇怪。

然而上面的猜测却并非事实。实际上，医师们字迹潦草并非我国独有，几乎全世界的患者对医生们糟糕的书法都颇有微词，很多医疗差错直接缘于医师们潦草的字迹。据美国国家科学院医学研究所的报告，每年全美由于医疗差错死亡的人数，超过了因高速公路交通事故、乳腺癌或艾滋病死亡的人数；医疗差错中用药错误排在所有错误发生率的第四位，用药错误中最主要的原因就是处方错误，而医生们潦草的字迹是造成处方错误的重要原因之一。美国医学会曾在7年内颁布3条政策以敦促医生们"改进潦草的处方笔迹"。2000年英国医学杂志曾报道了一桩官司：美国一名医生为心绞痛患者开具了"硝酸异山梨酯20mg，（血管扩张药）每6小时一次口服(Isordil，20mg，Q6h)"的处方，然而由于字体过于飘逸，药师将 Isordil 误认作 Plendil（波依定，降压药），导致患者过量服用后心脏病发作，数日后死亡。最终法院认定处方医师和药师负同等责任，各赔偿患者亲属225000美元，真可谓4个字母引发的悲剧。

（选自《科学松鼠会》，有删减，作者：赵承渊）

练习

速读第1遍，完成下面的练习（建议阅读时间4分钟）

一、根据阅读内容选择正确答案

1. 对于医生们字迹潦草，人们的态度怎样？
   A. 可以理解　　　　B. 不能理解　　　C. 一直在指责　　　D. 气愤

2. 本文的作者能看懂朋友的病历吗？
   A. 一点儿也看不懂　　　　　　B. 只能看懂一点
   C. 可以看懂一大半　　　　　　D. 完全看不懂

3. 在医患关系紧张的背景下，人们怀疑医生书写处方潦草的原因是：
   A. 医生不认真　　　　　　　　B. 医生很忙
   C. 医生的书写习惯不好　　　　D. 医生为了追逐利益

4. 美国国家研究院医药研究所的报告中死亡原因排在第一位的是：
   A. 医疗差错死亡　　　　　　　B. 高速公路交通事故死亡
   C. 乳腺癌死亡　　　　　　　　D. 艾滋病死亡

5. 其他国家对待医生书写病历，处方字迹潦草的态度如何？
   A. 听之任之　　　　　　　　　B. 管理严格，效果好
   C. 一直在想办法，但还没有完全解决　　D. 管理不严格

细读第2遍，完成下面的练习

二、根据阅读内容回答问题

1. 那位腰部不适的病人为什么要请作者帮他看自己的病历？

2. 为什么人们认为规规矩矩写字的医生是新来的？

3. 药师们认识医生写的字吗？

4. 美国对于医生书写处方潦草有什么措施？

5. 医生处方错误的一个重要原因是什么？

三、选择画线部分词语在句子中的意思

1. 我对着屏幕眯起眼<u>端</u>详了半个小时。
   A. 端起来看　　　B. 详细地看　　　C. 仔细地看　　　D. 捧着看

2. 签名更是龙飞凤舞<u>不知所云</u>。
   A. 不知说的什么　　B. 说得清楚明白　　C. 不知去哪里　　D. 不知道厉害

3. 医生们字迹之潦草早已饱受<u>诟</u>病。
   A. 污垢　　　　　B. 生病　　　　　C. 病得严重　　　D. 批评

4. 几乎全世界的患者对医生们糟糕的书法都颇有<u>微词</u>。
   A. 小声说话　　　　　　　　　B. 词语很少
   C. 隐含批评和不满的话　　　　D. 词语很多

5. 很多医疗差错直接<u>缘于</u>医师们潦草的字迹。
   A. 起源　　　　　B. 无关　　　　　C. 所以　　　　　D. 起因于

词语提示

片言只字	〈组〉	piàn yán zhī zì	不多的几句话，极少的几个字。
悻悻	〈形〉	xìng xìng	失意的样子。
饱受诟病	〈组〉	bǎo shòu gòu bìng	就是遭受非议，被挑出来很多毛病。
鬼画符	〈名〉	guǐ huà fú	比喻潦草难认的字迹。
涂鸦	〈动〉	tú yā	比喻自己字写得难看或文章写得不好。（多用作谦词）
约定俗成	〈组〉	yuē dìng sú chéng	指事物的名称或社会习惯由人民群众经过长期社会实践而确定或形成的。

第 57 课　味道、食欲与营养

经常有人说"想吃什么了，就是身体缺什么了"，还有"这东西炖了这么久，又香又有营养"。这样的话作为茶余饭后的谈资也没什么问题，要是当了真用来指导饮食，就很糟糕了。

在远古时代，因为食物短缺，人体对特定营养成分的需求或许能够在一定程度上体现为对某些食物的渴望。比如糖能快速转化为热量，对于补充体力有着重要的价值，而那个时候的糖直接与甜味相关，再比如盐，保证着体内电解质的平衡，而体现为对咸味的需求。而现代社会的食物极大丰富，人们很少再有需要快速补充体力的时候，更不大可能有体内缺乏电解质的状况。相反，它们在人们的饮食结构中甚至往往过多。糖和盐的过量，是多数人的饮食习惯中风险最大的因素。

人们的食欲——对某种食物的渴望，更多与饮食习惯，或者某种回忆有关。因为从小吃某种食物，那种食物就最能满足他的生理和心理需求。尽管不同的妈妈做的饭相差很大，但"妈妈做的饭"能勾起大多数人的食欲，这就是习惯使然。曾经在某种特定场合吃过的某种食品，多年以后也还能勾起食欲，是回忆的作用。作为化学意义上的食物已经不重要，重要的是那个特定场合食物所带来的愉悦被记忆了下来。当再次看到那种食物，那种愉悦感会被激活，就产生了"食欲"。如果一种食物是完全陌生的，那么不管它有多么"美味"，都难以产生食欲。有时候一些"陌生食物"能让我们食欲大振，但它其实也并非完全陌生，而是某个方面——比如外观、颜色或者气味等等，与我们记忆中的某些美食契合，从而引发了我们对那种食物的回忆。

食物的味道，多数情况下与食物的味道无关。人们感知有五种基本味道——酸、甜、苦、咸、鲜。酸和苦更重要的作用是人体自我保护的机制，天然食物的酸表示果实尚未成熟或者已经变坏，而苦则与许多"有害成分"有关。

人们体味到的各种香味，主要依靠的是"嗅觉"。人体的嗅觉固然比起狗之类的动物要逊色得多，但比起自己的味觉，还是要灵敏得多了。嗅觉依靠的是各种挥发性的有机小分子，尤其是酯类、酮类、醛类、芳香烃类等等。比如香草味主要来自于香草醛，只要有了它，很多人甚至无法分辨出是天然的香草精还是"山寨"出来的香草味。柑橘的酸味来自于柠檬酸，气味则来自于醋酸辛酯，有了它们也就可以"合成橘子汁"。黄油的味道来自于丁二酮，香蕉的香味来自于醋酸异戊酯，菠萝的香味来自于醋酸丙酯——"人造香味"是靠它们，"天然香味"也是靠它们，但它们没有营养价值。

"这汤煲汤得这么香，一定很有营养"是许多人耳熟能详的说法。煲汤是把固体食材中的可溶成分萃取到汤中的过程。各种酯类等挥发性有机小分子使得汤"闻起来很香"，蛋白质长时间加热，会有一部分被水解释放出本来不被释放的谷氨酸或者一些小分子肽。这些成分混在一起，就产生了浓郁丰富的香味。

但是，这些成分本身也并没有多大的营养价值，而更多的营养成分：蛋白质、碳水化合物、脂肪、矿物质，依然存在于"不好吃"的固体残渣中。而维生素，长时间的炖煮破坏比较大，所剩已经不多了。

冰冷地说，长时间煲出的一锅汤，固然好喝，但就营养价值而言，未必就比调料"勾兑"出的好到哪里去。

（选自《科学松鼠会》，有删减，作者：云无心）

词语提示

谈资	（名）	tán zī	谈话的资料。
愉悦	（形）	yú yuè	愉快,喜悦。
契合	（动）	qì hé	符合。
协同	（动）	xié tóng	各方互相配合。
逊色	（形）	xùn sè	比较差。
醛	（名）	quán	有机化合物的一类。
芳香烃	（名）	fāng xiāng tīng	通常指分子中含有苯环结构的碳氢化合物。
酯	（名）	zhǐ	有机化合物的一类。
酮	（名）	tóng	有机化合物的一类。
耳熟能详	〈组〉	ěr shú néng xiáng	指听得多了,能够说得很清楚、很详细。
勾兑	（动）	gōu duì	把不同的酒适量混合,并加添调味酒,进行配制。

练习

一、根据课文内容判断正误。

1. 从科学的角度来解释,人们想吃什么是因为人体内这种物质缺乏。 （　）
2. 在现代社会人们饮食中的糖和盐的摄入是需要控制的。 （　）
3. 天然食物中的酸味表明食物已经变坏。 （　）
4. 人体的"嗅觉"比"味觉"要灵敏。 （　）
5. 长时间炖煮食物,对食物中的维生素破坏比较大。 （　）
6. 经过长时间炖煮的食物,主要营养成份在固体残渣中。 （　）

二、选择画线部分词语在句子中的意思

1. 妈妈做的饭总能<u>勾起</u>大多数人的食欲。
   A. 产生　　　　B. 吸引　　　　C. 引起　　　　D. 造成

2. 某个方面与我们记忆中的某些美食<u>契合</u>,从而引发了我们对那种食物的回忆。
   A. 适合　　　　B. 符合　　　　C. 默契　　　　D. 联合

3. 人体的嗅觉固然比起狗之类的动物要<u>逊色</u>得多。
   A. 掉色　　　　B. 出色　　　　C. 比较差　　　　D. 变色

4. 很多人甚至无法分辨出是天然的香草精还是"<u>山寨</u>"出来的香草味。
   A. 仿制　　　　B. 制作　　　　C. 山区生产　　　　D. 制造

5. 在炖煮的过程中,这些成分<u>迁移</u>到了汤中。
   A. 搬迁　　　　B. 转移　　　　C. 迁徙　　　　D. 移动

6. 长时间煲出的一锅汤,<u>固然</u>好喝,但营养价值却好不到哪去。
   A. 坚固　　　　B. 虽然　　　　C. 自然　　　　D. 固定

三、选择合适的词语填空

　　谈资　短缺　使然　迁移　愉悦　浓郁　耳熟能详

1. 地震发生后,灾区食品供应（　　）。
2. 喀什具有（　　）的民族风情。
3. 明星们的私生活成为追星族茶余饭后的（　　）。
4. 他并不刻意这么做的,而是多年的家庭教育（　　）。
5. 读书能使人感觉到无与伦比的（　　）感。
6. 这几十户人家是解放后才（　　）到这个村子来的。
7.《小苹果》已经成为男女老少（　　）的歌曲了。

四、根据课文内容选择正确答案

1. 远古时代人们对于某些食物的渴望是由于什么原因?
　　A. 食物好吃　　　　　　　　　　B. 人体对特定营养成分的需要
　　C. 远古时代人的嗅觉灵敏　　　　D. 远古时代人的食欲旺盛

2. 多数人饮食中风险最大的因素是:
　　A. 酒精　　　　B. 脂肪　　　　C. 盐　　　　　D. 矿物质

3. 课文中"妈妈做的饭"能勾起大多数人的食欲是因为:
　　A. 好吃　　　　　　　　　　　　B. 有营养
　　C. 与饮食习惯有关　　　　　　　D. 妈妈做饭用心

4. 为什么有时"陌生的食物"能让我们食欲大振?
　　A. 气味好　　　　　　　　　　　B. 能引起人的好奇心
　　C. 与记忆中的美食契合　　　　　D. 色泽好

5. 作者认为长时间煲出的一锅汤,主要的营养成份在哪里?
　　A. 固体残渣中　　B. 汤中　　　C. 盐份中　　　D. 已经被破坏了

6. 长时间煲出的一锅汤,营养价值怎么样?
　　A. 非常高　　　　B. 很高　　　C. 没有一点　　D. 并不是很高

五、根据课文内容回答问题

1. 人体感知到的酸味和苦味能起到怎样的保护作用?
2. 为什么汤煲久了会闻起来很香?

说一说

1. 介绍一种本民族的传统美食。
2. 介绍一种你最爱吃的妈妈做的饭。

阅读技能指导

科普文章书面语体的阅读

　　科普类文章的语体特点是准确、周密和简明。因此,与一般读物相比,科普类文章的书面语较多地保留了一部分古汉语中单音词的用法,例如:输尿管起自肾盂,在腹膜后方,沿腰大肌前面下降,达小骨盆入口处,跨越髂血管的前方入盆腔,下行至膀胱底,斜穿膀胱壁,开口于膀胱内面的输尿管口。其中用"起、沿、达、至"等单音词代替了现代汉语中的"开始、沿着、到达、到达"等双音节词来进行表达,使语言更简明、精炼。所以,了解一些文言单音节词在现代汉语中的用法,有助于我们对科普类文章的理解。

此外,还要积累一些专有名词的书面语体表达方式。例如:"肚子、脖子、胳膊、屁股"等表身体的词汇在医学科普类文章中一般会用"腹、颈、臂、臀"等单音节词来表达。类似的词语在专业性较强的科普说明文中较常见,这需要加大科普说明文的阅读量,逐渐熟悉科普说明文一些独特而固定的表达方式,丰富自己知识面的同时,提高科普文章的阅读能力。

常用文言单音节词和现代汉语词对应表

文言单音节词	现代汉语词	文言单音节词	现代汉语词
之	的;指代"它、他、她"	于	在
其	指代"它、他、她"	乃	就
以	表目的"为了、来"	为	是;被
者	的人	均	都
则	就;却	故	所以
然	那样	与	和,跟
若	如果	此	这
至	到	即	就;也就是
便	就	凡	所有
未	没有	尚	还
伴	伴随	兼	同时
呈	表现出	亦	也
及	到	略	稍微

练习

写出下列画线单音节词的现代汉语词义

1. 膝关节除了需要具备坚固的结构<u>以</u>维持体重外,还必须<u>兼</u>有灵巧的设计以满足活动需要。　　　　　　　　　　　　　　　　　　　　　　　　　　　（　　）（　　）

2. 甲亢是自身免疫性疾病,<u>其</u>病因<u>尚</u>未完全清楚。　　　　　　　　（　　）（　　）

3. 内分泌腺,<u>因</u>无导管,<u>故</u>又称无管腺。　　　　　　　　（　　）（　　）（　　）

4. 脊髓位于椎管内,<u>呈</u>前后<u>稍</u>扁的圆柱形。　　　　　　　　　　（　　）（　　）

5. 淋巴结遍布全身,只有在比较表浅的特殊部位才<u>可触及</u>。　　　　　（　　）（　　）

6. 心脏位<u>于</u>胸部中线左侧,两肺<u>之</u>间,横膈之上。　　　　　　　　（　　）（　　）

阅读1

有网友说喝鸡汤更有营养,这大概是绝大多数同胞的看法。在传统的养生之道里,喝汤是很重要的一个方面。那么,喝鸡汤更有营养到底是以讹传讹还是确有其科学道理? 我们需要分成两个问题来看:第一,我们要从鸡肉(鸡汤)中获取什么营养? 第二,鸡肉在炖汤的过程中发生了什么变化?

第一个问题,从现代科学的观点来看,鸡肉为我们提供的营养成分主要是蛋白质,其他的成分主要还有：脂肪、维生素、钙等矿物质。"鸡汤营养好"主要是一个传统养生的概念。当然，传统的养生之道认为鸡汤里有某些神奇的成分，现代科学看不见摸不着，用仪器检测不到，只是某个老祖宗说有所以就有了。所以我们需要先说明：这儿所说的营养，是指现代科学意义上的营养。

理清了上一个问题，下面就好办了。鸡肉中的脂肪并不多，我们也不想多吃。维生素和其他矿物质虽然有，但是鸡肉也不是它们的主要来源，所以我们也可以不去重点关注。人们从鸡肉中获取的主要营养成分，只是蛋白质。

在炖鸡肉的过程中，脂肪、维生素和骨头中的钙比较容易溶解到汤中。脂溶性的香味物质是溶解在脂肪里的，随着脂肪一并进入汤里，而水溶性的香味物质自然容易进入汤里，这是为什么汤好喝的原因。但是，汤好喝并不意味着我们关心的营养成分蛋白质也进入了汤里。鸡肉中的蛋白质种类比较多，在炖的过程中只有一小部分会溶到汤里。有多少蛋白质溶进汤里受盐浓度和煮汤时间的影响很大，不过很难超过总数的10％。也就是说，只喝汤不吃肉的话相当于扔掉了90％以上的蛋白质。

在炖鸡汤的过程中，什么时候加盐很重要。盐的加入一方面会促进蛋白质溶解，也就是说，加了盐炖会增加汤中的蛋白质。也有人说，加盐会导致肉中蛋白变性凝固，从而阻碍蛋白溶出。这种说法有点想当然。其实炖鸡过程中加不加盐，蛋白质都变性了，在炖的过程中温度很高，蛋白质不会凝固。另一方面，盐的加入增加了汤的渗透压，会导致鸡肉脱水。用通常的话说，鸡肉变得"干涩"，失去了"嫩滑"的口感。这也是炖完汤的鸡肉很难吃的原因。

流行全国的白斩鸡，是将鸡肉在不加盐的水里快速煮熟，实际上是尽可能避免蛋白质和其他成分进入汤里，从而保持鸡肉的鲜美。美国没有喝鸡汤的习惯，他们烹制鸡肉时更是极力避免损失其中的营养成分，所以通常用烤、炸或者蒸这样的烹饪方法。

从物质守恒的角度来说，鸡肉中的营养成分是固定的。简单的加热不能产生新的营养成分，而长时间的加热倒有可能破坏某些营养成分。就最重要的成分蛋白质而言，很小一部分在汤里，很大一部分在肉中。

当然，对于很多人而言，吃的时候考虑的更多的是美味而不是营养。而好的汤，确实比肉要好吃。如果用一句话来总结这个问题的话，就是：要美味，喝鸡汤；要营养，吃鸡肉。

（选自《吃的真相》，有删减，作者：云无心）

练习

速读第1遍，完成下面的练习（建议阅读时间5分钟）

一、根据阅读内容选择正确的答案

1. 有网友说喝鸡汤更有营养的根据是什么？
   A. 传统的养生之道　　　　　　B. 科学研究
   C. 网上流传的知识　　　　　　D. 一些古代医书中的记载
2. 鸡肉主要的营养成份是什么？
   A. 蛋白质　　B. 矿物质　　C. 脂肪　　D. 维生素
3. 美国人烹制鸡肉时不用哪种方法？
   A. 炸　　B. 烤　　C. 蒸　　D. 炖
4. 炖完的鸡肉为什么很难吃？

A. 加热时间长，蛋白质流失   B. 加热时间长，盐分流失

C. 加热时间长，矿物质流失   D. 汤中加入的盐会导致鸡肉干涩

5. "白斩鸡"采用什么方法将鸡肉烹熟？

A. 炸   B. 蒸   C. 煮   D. 烤

细读第 2 遍，完成下面的练习

二、根据阅读内容回答问题

1. 鸡肉为我们提供的主要成份是什么？

2. 炖鸡肉时，哪些物质容易溶解在汤中？

3. 只喝鸡汤不吃鸡肉会有哪些损失？

4. 炖鸡汤时加盐，为什么鸡肉会变得难吃？

5. 美国人为什么没有喝鸡汤的习惯？

三、选择画线部分词语在句子中的意思

1. 在传统的养生之<u>道</u>里，喝汤是很重要的一个方面。

A. 道路   B. 道义   C. 办法   D. 道理

2. 喝鸡汤更有营养到底是<u>以讹传讹</u>还是确有其科学道理？

A. 指把本来就不正确的话又错误地传出去，越传越错

B. 指把本来正确的话错误地传出去

C. 指把正确的话传出去

D. 宣传谣言

3. 脂溶性的香味物质是溶解在脂肪里的，随着脂肪<u>一</u>并进入汤里。

A. 并且   B. 一同   C. 同样   D. 合并

4. 美国人烹制鸡肉时更是<u>极力</u>避免损失其中的营养成分

A. 用力   B. 尽所有努力   C. 极限   D. 费力

5. 只喝汤不吃肉的话<u>相当于</u>扔掉了 90% 以上的蛋白质。

A. 等于   B. 大于   C. 小于   D. 很大

词语提示

以讹传讹	〈组〉	yǐ é chuán é	指把本来就不正确的话又错误地传出去，越传越错。
想当然	〈组〉	xiǎng dāng rán	凭主观推断，认为事情大概是或应该是这样。
凝固	（动）	níng gù	物质由液态变为固态的现象。
脱水	（动）	tuō shuǐ	物质失去水分。
干涩	（形）	gān sè	因发干而显得滞涩或不润泽。
白斩鸡	（名）	bái zhǎn jī	鸡肉白水煮熟蘸佐料食用的一种菜肴。

📖 **阅读2**

蔬菜和水果根据含有维生素的多少排列为绿、黄、红、紫、黑、白，即使是同一品种或是同一棵蔬菜、水果的不同部位，由于颜色的不同，其维生素含量也不同。如芹菜叶里的胡萝卜素含量要比芹菜梗高出6倍。

先以蔬菜为例：

绿色蔬菜里含有丰富的维生素C、B_1、B_2、胡萝卜素及多种微量元素，对高血压及失眠者有一定的镇静作用。绿色蔬菜还能阻止糖类变成脂肪。绿色蔬菜有芹菜、青菜、青椒等。

黄色蔬菜有韭黄、南瓜、胡萝卜等，黄色蔬菜里含有丰富的维生素E，能减少皮肤色斑，延缓衰老，能调节人体的消化功能。黄色蔬菜和绿色蔬菜都有较强的抗癌作用。

红色蔬菜最重要的作用是能提高人们的食欲，刺激神经系统产生兴奋。红色蔬菜还能增加人体抵抗组织中细胞的活力。红色蔬菜有西红柿、红辣椒、红萝卜等。

紫色蔬菜有紫茄子、扁豆等。它们有调节神经和增加肾上腺分泌的功效。最近的研究还发现，紫茄子比其他蔬菜含更多的维生素P，能增强身体细胞之间的粘附力，提高微血管的强力，降低脑血管栓塞的发生。

黑色蔬菜有黑茄子、海带、黑香菇等，能刺激人的内分泌和造血系统，促进唾液的分泌。黑木耳含有一种能抗肿瘤的活性物质，可防治食道癌、肠癌、骨癌。

白色蔬菜有莲藕、竹笋、白萝卜等，对调节视觉和安定情绪有一定的作用，对高血压和心肌病患者有益处。

除了蔬菜以外，水果也符合以上原则，以苹果为例：

西方有句谚语："一天一个苹果，医生远离我。"苹果的营养价值很高，含有多种维生素。苹果中含有15％的碳水化合物及果胶，维生素A、C、E及钾和抗氧化剂等含量也很丰富。苹果里含有一种天然的抗氧化物质，这些抗氧化物质可以及时地清除体内的代谢"垃圾"，能降低血液里中性脂肪的含量，对预防心脑血管疾病特别重要。科学家研究后发现，男性受试者，每天吃1—2个苹果，心脏病的危险可减少一半。一个中等大小没有去掉皮的苹果可提供3.9克纤维素，苹果中的可溶性纤维可降低胆固醇。实验证明，每日吃两个苹果的人，胆固醇可降低16％。芬兰的研究者发表的研究报告说明，常吃苹果可以减少肺癌的危险性。他们指出，苹果里所含有的抗氧化物质，是降低肺癌发病率的主要原因。

（选自网络材料，有删减）

📖 **练习**

速读第1遍，完成下面的练习（建议阅读时间为5分钟）

一、根据课文内容选择正确答案

1. 下列哪种蔬菜中含有的维生素最多？
   A. 绿色蔬菜　　　B. 红色蔬菜　　　C. 白色蔬菜　　　D. 黄色蔬菜

2. 下列哪种蔬菜具有延年益寿的作用？
   A. 黄瓜　　　　　B. 芹菜　　　　　C. 扁豆　　　　　D. 南瓜

3. 预防癌症，吃什么蔬菜、水果最好？
   ①绿色蔬菜 ②黄色蔬菜 ③红色蔬菜 ④紫色蔬菜 ⑤黑色蔬菜 ⑥白色蔬菜 ⑦苹果

A. ①②⑥⑦   B. ②⑤⑥⑦   C. ①②⑤⑦   D. ③④⑤⑥

4. 黑木耳可以预防哪种疾病?

    A. 近视   B. 肺癌   C. 血癌   D. 肠癌

5. 哪种蔬菜对高血压和心肌病者有好处?

    A. 胡萝卜   B. 南瓜   C. 西红柿   D. 莲藕

细读第 2 遍,完成下面的练习

二、根据课文内容判断正误

1. 芹菜梗里的胡萝卜素含量比芹菜叶高得多。   ( )

2. 绿色蔬菜能阻止糖类变成脂肪,所以多吃绿色蔬菜有减肥作用。   ( )

3. 有皮肤色斑的人应多吃胡萝卜和南瓜。   ( )

4. 紫色蔬菜含有维生素 p,这种维生素可防治食道癌、肠癌、骨癌。 ( )

5. 得了高血压和心肌病的患者应多食用白色蔬菜。   ( )

6. 吃苹果可以降低肺癌的发生率。   ( )

三、选择画线部分词语在句子中的意思

1. 维生素 E 能减少皮肤色斑,<u>延缓</u>衰老。

    A. 推迟   B. 延长   C. 缓慢   D. 迟缓

2. 维生素 P,能增强身体细胞之间的<u>粘附力</u>,提高微血管的强力。

    A. 附着在别的物体上   B. 粘稠

    C. 粘帖   D. 吸附

3. 白萝卜对调节视觉和安定情绪有一定的作用,对高血压和心肌病患者有<u>益处</u>。

    A. 意义   B. 副作用   C. 好处   D. 有帮助

4. 男性<u>受试者</u>,每天吃 1~2 个苹果,心脏病的危险可减少一半。

    A. 做实验的人   B. 考试的人   C. 接受实验的人   D. 参加考试的人

5. 芹菜叶里的胡萝卜素含量要比芹菜<u>梗</u>高出 6 倍。

    A. 植物的根   B. 植物的果实   C. 植物的枝或茎   D. 植物的种子

词语提示

色斑	(名)	sè bān	和周围颜色不同的斑点。
延缓	(动)	yán huǎn	拖延,推迟。
谚语	(名)	yàn yǔ	民间流传的简练通俗而富有意义的语句。

第58课　给"肥胖"的肝脏减肥

脂肪肝，就是指肝细胞内堆积过多的脂肪。正常成人的肝脏约重1.8千克，脂肪重量占其湿重的2％～4％，如果比重超过5％，或超过30％以上的肝细胞发生脂肪浸润（肝细胞脂肪变），就称为脂肪肝。

脂肪肝按脂肪堆积程度及所致危害，分为三型：单纯性脂肪肝、脂肪性肝炎、脂肪性肝硬化。按发病因素，脂肪肝又分为酒精性与非酒精性两种，前者是因为摄入酒精过多导致，后者则主要与肥胖、糖尿病血脂异常等有关。

肝脏是人体的"化工厂"，是人体最大的脏器，是除脑之外，具有最复杂功能和多元功能的。肝脏竟有500多种功能，能够合成并降解5000余种生物活性物质。

肝脏也是一个很勤劳的脏器，即便是跳个不停的心脏，也比不上它。因为心脏还知道保护自己，每跳一次，就会休息一下；而肝脏无论是在人安静、活动时，都在不停地工作。

脂肪细胞承担着人体"能量储存库"的责任。当"库存"已满，或者由于其他原因，脂肪会跑到肝细胞里存起来，这使得肝脏又多了一项"工作"。

脂肪肝给人体带来的危害是巨大的：15％的患者会从单纯性的脂肪肝转变为肝纤维化、肝硬化，更有30％的患者会进展为肝功能衰竭，需要进行肝移植治疗。

脂肪肝在我国的发病率大致是20％，约1/4的脂肪肝患者同时合并其他肝病，其中以病毒性肝炎及药物性肝炎最多。在小于50岁的人群中，脂肪肝的发病男性多一点；大于50岁，男女发病差不多。50岁是脂肪肝危害的一个分水岭。脂肪肝病可使50岁以下患者的寿命缩短4年，50岁以上患者的寿命缩短10年。

瘦人同样可能得脂肪肝，而且这种现象在东方人中并不少见。这是由于东方人体内有一种利于人体能量储备的"节俭基因"。这种"节俭基因"是在长期物质条件不丰富的情况下形成的，其作用是让更多能量储备下来，以备不时之需。就如同持家有道的家庭主妇，会尽量节衣缩食，以多存些钱到银行。这原本是好事，但如今人们的生活已得到很大改善，吃得好了却动得少了，而"节俭基因"仍继续在起作用，摄入的能量过多地变成脂肪存在肝细胞中，结果导致脂肪肝的发生。

不少人在得知自己患有脂肪肝后，就自己买"保肝药"或保健品来吃，这样做并不明智。所有脂肪肝患者都需要接受治疗，但治疗手段并非仅限于药物和保健品。对大多数脂肪肝患者而言，节食、锻炼等非药物治疗，比保肝药物治疗更为重要。对肥胖者而言，减肥是治疗单纯性脂肪肝的唯一有效措施。

不过，这并不意味着"脂肪肝不是病，不需要药物治疗"。通常情况下，脂肪只会在肝细胞内无害堆积，这种单纯性脂肪肝并不会造成肝脏的严重损伤。但重度脂肪肝，如脂肪性肝炎、脂肪性肝纤维化或脂肪性肝硬化，会对人体造成极大损害。因而对伴有转氨酶升高的脂肪性肝炎患者，控制体重、降低血糖、调整血脂，有助于肝内脂肪沉积的消退；此外，可加用保肝药物，以阻止肝病进展，减少肝硬化和肝功能衰竭的发生。

当然，保肝药物是一种辅助措施，患者仍然需要长期坚持科学的生活，否则就是治好了脂肪肝也会复发。要提醒的是，保肝药物不要自己随意乱买，因为现在的保肝药市场"龙蛇混杂"，而肝脏又是药物代谢的重要场所，易受药物的伤害，乱服药只会进一步加重病情。

有一些人认为，患了脂肪肝就一定是高血脂，就要吃降血脂药。这种看法也有失偏颇。尽管高脂血症与脂肪肝关系密切，但两者之间并非因果关系。至今国内外尚无正规临床试验结果，证明降血脂药物能够有效减少肝脏脂肪的堆积。

脂肪肝的治疗，最根本的就在于改变生活方式，包括节制饮食、增加运动及纠正不良生活习惯。

（选自《家庭医生》2007 年第 4 期，有删减）

词语提示

脂肪肝	（名）	zhī fáng gān	肝组织的脂肪含量超过正常值（肝湿重的5％）的病理现象。多因肥胖或营养不良、长期饮酒、病毒性肝炎、糖尿病、药物中毒等引起。
浸润	（动）	jìn rùn	（液体）渐渐渗入；滋润。医学上指由于细菌侵入或由于外物刺激，机体的正常组织发生白细胞等的聚集。
肝纤维化	（名）	gān xiān wéi huà	指肝脏纤维结缔组织的过度沉积，是纤维增生和纤维分解不平衡的结果。
分水岭	（名）	fēn shuǐ lǐng	比喻不同事物的主要分界。
储备	（动）	chǔ bèi	（物资）储存起来准备必要时应用。
以备不时之需	〈组〉	yǐ bèi bù shí zhī xū	为需要的时候做准备。
明智	（形）	míng zhì	懂事理；有远见；想得周到。
衰竭	（动）	shuāi jié	由于严重的疾病而导致各生理机能极度减弱。
偏颇	（形）	piān pō	偏于一方面，不公平。
龙蛇混杂	〈组〉	lóng shé hùn zá	比喻好人和坏人混在一起。

练习

一、根据阅读内容判断正误

1. 肝脏是人体最累的器官之一。　　　　　　　　　　　　　（　）
2. 有 25％的脂肪肝患者同时还患有其他肝病。　　　　　　　（　）
3. 肝细胞有 30％以上发生脂肪浸润就称为脂肪肝。　　　　　（　）
4. 患脂肪肝后，买点保肝药或保健品来吃就可以了。　　　　（　）
5. 患有高血脂症的人就一定会患脂肪肝。　　　　　　　　　（　）
6. 治疗脂肪肝的方法最根本的是去医院就诊。　　　　　　　（　）

二、选择画线部分词语在句子中的意思

1. 酒精性脂肪肝是因为摄入酒精过多。

　　A. 摄取　　　　　B. 吸入　　　　　C. 吸收　　　　　D. 取得

2. 肝脏是人体的"化工厂"，竟有 500 多种功能。

    A. 竟然   B. 果然   C. 原来   D. 结果

3. 东方人的"节俭基因"是在长期物质条件不丰富的情况下形成的，其作用是让更多能量储备下来。

    A. 其实   B. 别的   C. 东方人的   D. 节俭基因的

4. 会持家的家庭主妇，会尽量节衣缩食，以多存些钱到银行。

    A. 因为   B. 为了   C. 用   D. 以后

5. 服用保肝药物只是辅助措施，患者仍需坚持科学的生活，否则脂肪肝会复发。

    A. 重复   B. 出现   C. 发现   D. 再次发作

6. 至今国内外尚无临床试验结果能够证明降血脂药物能够有效减少肝脏脂肪的堆积。

    A. 尚且   B. 高尚   C. 还   D. 却

三、选择合适的词语填空

衰竭衰弱 储备 储蓄 龙蛇混杂 偏颇 以备不时之需 明智

1. 不少人认为，肺结核病人一定具有传染性，这种看法有失（   ）。

2. 一旦感染艾滋病病毒，人体的免疫力功能首先受到侵扰，其他生理机能随之（   ）。

3. 在生活困难的年代，老百姓总是要（   ）一些粮食，（   ）。

4. 既然知道错了，就应该主动承认错误，承担责任，这才是（   ）之举。

5. 网络聊天尽管可以结交许多朋友，但虚拟世界里各类人等（   ），要谨防上当受骗。

四、根据课文内容选择正确答案

1. "肝脏也是一个很勤劳的脏器，即便是跳个不停地心脏也比不上它"这一句话的正确理解是：

    A. 肝脏不比心脏勤劳   B. 肝脏比不上心脏勤劳

    C. 肝脏不如心脏勤劳   D. 心脏不如肝脏勤劳

2. 脂肪肝的类型分类依据是：

    A. 脂肪堆积程度   B. 脂肪堆积导致的危害

    C. 脂肪浸润程度   D. 脂肪堆积以及危害

3. 有一位脂肪肝病人的血脂异常，他最有可能患的是：

    A. 酒精性脂肪肝   B. 非酒精性脂肪肝

    C. 脂肪性肝炎   D. 脂肪性肝硬化

4. "50 岁是脂肪肝危害的一个分水岭"这一句话的正确理解是：

    A. 过了 50 岁，就会得脂肪肝   B. 过了 50 岁，肝脏就会受到损伤

    C. 过了 50 岁，脂肪肝的危害会更大   D. 过了 50 岁，脂肪肝的危害会更小

5. 现在东方人中瘦人也会患脂肪肝的原因是：

    A. 脂肪肝是现在东方人的常见病

    B. 由于"节俭基因"在东方人体内能储存更多的能量

    C. 现在的东方人爱吃油腻食物

    D. 东方人缺乏锻炼

6. 对于肥胖者来说，治疗单纯性脂肪肝最有效的方法是：

A. 减肥　　　　　B. 服用药物　　　　C. 锻炼　　　　D. 服用保健品

五、根据课文内容回答问题

1. 为什么说脂肪肝给人体带来的危害是巨大的？

2. 脂肪肝最根本的治疗方法是什么？

说一说

1. 你的身边有瘦人型脂肪肝患者吗？结合课文谈谈它是怎么形成的？

2. 结合你以及家人的生活方式谈谈自己对脂肪肝的看法？

阅读技能指导

科普说明文阅读之一：把握说明顺序

所谓科普说明文，就是以介绍科学技术知识为目的而对某方面的科学知识进行说明解释的文章。因其目的是解说事物、阐明事理，故句子结构较复杂，一些解释性、定义性、说明性的长句较多，且经常出现多种从句交叠的现象，还有一些专业术语的出现，这都增加了科普说明文阅读的难度。

阅读科普说明文首先要从总体上把握说明的顺序，常使用的说明顺序主要有三种：时间顺序。包括从古至今、从春夏到秋冬以及先后安排的说明顺序；空间顺序。包括由远及近、从前往后、从左到右、从南到北或者从高到低的说明顺序；逻辑顺序。包括从原因到结果、从主要到次要、从整体到局部、从概括到具体、从现象到本质、从总说到分说再到总说的说明顺序。把握好说明顺序，有助于读者正确地理清文章思路，更好地抓住文章的中心。

练习

分析下列语段所用的说明顺序

1. 几十年前，死海还是一片荒凉。为了开发利用它的资源，而今死海旁边已出现了一些工厂，同时修建了一些现代化的游泳池、高级旅馆和游乐场所。

2. 死海是怎样形成的呢？其实，死海是一个咸水湖，它的形成是自然界变化的结果。死海地处约旦之间南北走向的大裂谷的中段，它的南北长 80 公里，东西宽约 5 至 17 公里，海水平均深度 300 米，最深的地方大约有 400 米。死海的源头主要是约旦河，河水含有很多的盐类。河水流入死海，不断蒸发，盐类沉积下来，经年累月，越积越浓，便形成了今天世界上最咸的咸水湖——死海。

3. 今年四月我来到向往已久的蝴蝶泉，这一天给我留下了难忘的美好记忆。从大门进去，可见竹林道旁高大的徐霞客石像；潭的北面，有蝴蝶陈列馆；潭后曲径通幽，穿过"清溪玉液洞"，拾级而上便是"望海亭"，站在亭中向四面远眺，洱海、苍山的美景尽收眼底。

阅读1

大凡喜好运动，热爱健康的人都知道，"有氧健身"、"有氧操"等运动早已是人们耳熟能详的一种健身方式了。然而，如今又有些专家反其道而行，建议应大力普及低氧健身。

低氧条件下的健身与一般自然状态下的健身相比，可以增加红细胞数量。研究发现，低氧空气对人体具有良好的保健治疗,能提高机体的免疫能力,增加氧的运输和肝脏的解毒作用,提高运动员的训练能力等。有关专家说低氧健身的好处起码有两点。首先,人体处于"低氧状态",这是对人体正常状态的一种挑战,人体为了适应低氧、低气压环境,心率相应加快,心脏的排血量增多,血中携氧红细胞和血红蛋白也随之增多,使血液对氧的运输能力增强,血液扩散到人体组织的功能也必然随之加强,结果,人体对氧的利用率便会相应增加。还有,当健身者在低氧状态下锻炼时,肺的活动量变大,可以使动脉血管扩张,使全身的血液循环速度加快。因此,低氧条件下的健身与一般自然状态下的健身相比,有增加红细胞数量,增强免疫系统功能,强化脑组织的肌肉对氧的利用等好处。其次,喜欢滑冰、爬山和乐于冒险的人,通常也会到低氧健身房进行锻炼,这对健康十分有益,因为人的生命是既要靠氧气也要靠二氧化碳来维持的。人体血液中不仅要有 2％ 的氧气,同时还必须要有 6.5％ 的二氧化碳。如果人体二氧化碳含量过低,就会引起体内气体失衡,造成酸多碱少的碱血症。这将会破坏正常的新陈代谢过程,损害人的神经系统和免疫机能,最终导致丧失对疾病的自我防御能力。

其实,低氧健身并不是一个新概念。在美国,低氧健身已成为一种最受欢迎的健身运动,许多以往习惯于户外运动的人都转到健身房对此进行经常性的锻炼。另外,前苏联医学专家还曾发明过"缺氧疗法":让患者反复吸入只有 10％ 氧含量的低氧空气,以启动人体缺氧自卫系统的潜能,从而达到有病治病,无病强身的目的。此法不仅对治疗心血管、呼吸及神经系统疾病均有明显疗效,同时还有缓解疼痛,消除疲劳等作用。

看来,"低氧"挑战"有氧"似有不可逆转之势,现在的问题是,低氧健身必须要在人工特制的低氧健身房内进行,所以其价格自然会偏高。一般来讲,低氧运动的费用是普通健身的一倍左右。有关人士称,随着参加低氧健身人数的迅速增加和健身范围的不断扩大,低氧健身的成本费用应该会下降,也许,这一天真的为期不远。

(选自《健康报》,有删减)

练习

速读第 1 遍,完成下面的练习(建议阅读时间 4 分钟)

一、根据阅读内容选择正确答案

1. 下列对"低氧健身"的理解,不正确的一项是:

   A. 用人工的方法使健身房的氧气含量低于正常状态的一种健身方式

   B. 低氧空气对人体具有良好的保健治疗作用

   C. 人体处于"低氧状态"是对人体正常状态的一种挑战

   D. 专家认为"低氧健身"运动已经过时

2. 下面哪一项不是"低氧健身"的好处?

   A. 低氧运动可以增加人体对氧的利用率

   B. 低氧运动可以增大肺的运动量

   C. 低氧运动能增加体内氧气的含量

   D. 低氧运动能使人体内蓄积必要的二氧化碳

3. 下列理解不符合原文意思的一项是:

   A. 维持生命既需要氧气也需要二氧化碳

   B. 在美国许多以往习惯于户外运动的人都转到低氧健身房进行锻炼

C. 前苏联医学专家发明的"缺氧疗法"可以启动人体缺氧自卫系统的潜能

D. 低氧健身很多时候要在人工特制的低氧健身房内进行

4. 低氧运动的成本下降,只有在什么条件下才能实现?

    A. 低氧运动改在户外进行

    B. 氧的成本降低

    C. 参加低氧健身的人数增加,健身范围扩大

    D. 参加低氧健身的人数减少,健身范围缩小

5. "低氧"势必挑战"有氧",但必须解决什么问题?

    A. 运动场所   B. 价格偏高   C. 参加人数   D. 健身项目

细读第 2 遍,完成下面的练习

二、根据阅读内容判断正误

1. "低氧健身"是一个新概念,美国最先兴起此项运动。   （　　）

2. 在"有氧健身"逐渐被人们遗忘的时候,"低氧健身"悄然兴起。   （　　）

3. 生命的维持既需要氧气也需要二氧化碳。   （　　）

4. "缺氧疗法"的目的是使人体缺氧自卫系统的潜能发挥作用。   （　　）

5. "缺氧疗法"会加重心脏负担,不宜采纳。   （　　）

6. 由于低氧运动的费用较高,所以,这一运动大有退热之势。   （　　）

三、选择画线部分词语在句子中的意思

1. 如今又有些专家<u>反其道而行</u>,建议应大力普及低氧健身。

    A. 采取同对方相反的办法行事   B. 从来时路原路返回

    C. 对着干   D. 走不同的路

2. 低氧健身并不是一个新<u>概念</u>。

    A. 方法   B. 内容   C. 样本   D. 思维形式

3. 低氧"挑战"有氧"似有不可<u>逆转</u>之势。

    A. 转换   B. 扭转   C. 倒转   D. 向相反的方向转化

4. 有关专家说低氧健身的好处<u>起码</u>有两点。

    A. 至少   B. 最多   C. 开始计算   D. 多于

5. 低氧健身的成本费用<u>应该</u>会下降。

    A. 一定   B. 不一定   C. 说不定   D. 视情况而定

词语提示

反其道而行	〈组〉	fǎn qí dào ér xíng	用与对方相反的方法去做。
扩散	（动）	kuò sàn	向外扩展分散。
缓解	（动）	huǎn jiě	疾病、痛苦等的减轻。

阅读2

    咖啡是彻底的舶来饮品。随着国际交流的逐渐增多,喜欢咖啡的国人也越来越多。在各

种饮品中,对咖啡的研究可能是最多的。今天这位科学家说咖啡能够抗癌,明天那位科学家说咖啡会伤胃,人们真的是"不知道该听谁的了"。如果把各种各样的研究汇总来看,喝咖啡到底是好是坏呢?

咖啡是咖啡豆的提取物,其中的成分不下几百种。其中,咖啡因无疑是最重要的。咖啡因能刺激神经兴奋,所以咖啡的作用首先就是"提神"。尤其是咖啡因加葡萄糖,能互相促进使得提神效果更好。很多运动饮料中,也会添加咖啡因作为合法的"兴奋剂"。

咖啡因是不是有其他的"保健功能",也吸引了科学家们的许多目光。这类研究很多,总体而言,有一些研究显示了"没准有效"。比如有的老人饭后会因为低血压而出现晕眩,如果喝一杯含有咖啡因的饮料,就可能减轻这种症状。有调查显示咖啡因对降低帕金森氏症发生的风险相当有效。男性每天喝三到四杯会达到最大效果,而每天一两杯也有明显作用。女性则跟饮用量关系不大,每天一到三杯就达到最大效果。不过有趣的是,这种效果对于吸烟的人就不存在。此外,咖啡因对于降低胆结石的患病率也有一定帮助,每天 400 毫克咖啡因(大致三四杯咖啡),可以显示出效果来。有意思的是,对二型糖尿病的影响与摄入量的关系跟人种也有关系。在欧美人群中,每天喝六杯咖啡,男性患病的风险可以降低 50% 以上,而女性则降低 30% 左右。而在日本人中,每天喝三杯就可降低 42%。

咖啡中除了咖啡因,还含有许多其他的"活性成分",比如抗氧化剂。尤其是经过烘炒的咖啡豆,抗氧化剂的含量会增高。抗氧化剂有助于心血管健康,但是咖啡中也有"有害物质",比如双萜烯类化合物,会增加心血管疾病的风险。有调查显示,每天三杯咖啡,可能降低患直肠癌的风险。但是,烘烤使抗氧化剂含量增高的同时,也会产生丙烯酰胺,而大剂量的丙烯酰胺在动物实验中显示了致癌性。

咖啡的"不良表现"远不止这些。如果每天喝太多咖啡(比如六杯以上),可能导致上瘾,对咖啡的敏感性下降,又会进一步喝得更多。喝太多,可能会导致失眠、紧张、胃部不适、恶心、呕吐、心率与呼吸加快、头痛、耳鸣等症状。对心脏病人,每天五杯就达到"不安全"的量。

此外,咖啡也会增加钙流失。如果有骨质疏松症状,每天的咖啡因摄入就不要超过 300 毫克(相当于两三杯咖啡)。老年女性很容易出现骨质疏松,也就需要更加注意。

对于喝咖啡来说,更应该注意的是与药物的反应。最需要小心的是麻黄碱,它具有刺激神经兴奋的作用。如果加上咖啡,其效果就会大大加强,从而出现"过量服药"的症状。而含有麻黄碱的感冒药很常见,比如康泰克、白加黑等等。

(选自《感冒药攻略》,有删减)

练习

速读第 1 遍,完成下面的练习(建议阅读时间 5 分钟)

一、根据阅读内容选择正确答案

1. 咖啡中的"有害物质"会增加哪种疾病的风险?

　　A. 心血管　　　　B. 低血压　　　　C. 胆结石　　　　D. 直肠癌

2. 咖啡能增加人体中哪种元素的流失?

　　A. 锌　　　　　　B. 铁　　　　　　C. 钙　　　　　　D. 硒

3. 咖啡因加什么能使提神效果更好?

　　A. 盐酸　　　　　B. 麻黄碱　　　　C. 牛奶　　　　　D. 葡萄糖

4. 每天喝几杯咖啡最有可能导致上瘾？

    A. 六杯　　　　　B. 七杯　　　　　C. 五杯　　　　　D. 四杯

5. 从文中可得出喝咖啡到底是好还是坏呢？

    A. 好　　　　　　B. 坏　　　　　　C. 不知道　　　　D. 有利有弊

细读第 2 遍，完成下面的练习

二、根据阅读内容回答问题

1. 咖啡豆的提取物是什么？

2. 咖啡的作用是什么？

3. 咖啡因有哪些功能？（至少写两个）

4. 哪种"活性成分"有助于心血管健康？

5. 咖啡喝多会导致什么症状？

三、解释画线部分词语在句子中的意思

1. 咖啡是咖啡豆的提取物，其中的成分<u>不下</u>几百种。

    A. 不超过　　　　B. 超过　　　　　C. 在……以下　　D. 接近

2. 这类研究很多，总体而言，有一些研究显示了"<u>没准</u>有效"。

    A. 肯定有效　　　B. 很有效果　　　C. 可能有效　　　D. 绝对有效

3. 男性每天喝三到四杯会达到最大效果，而每天一两杯也有明显作用。女性<u>则</u>跟饮用量关系不大，每天一到三杯就达到最大效果。

    A. 却　　　　　　B. 就　　　　　　C. 而且　　　　　D. 是

4. 如果每天喝太多咖啡，可能会导致失眠、紧张、胃部<u>不适</u>等症状。

    A. 不正常　　　　B. 不适合　　　　C. 不合适　　　　D. 不舒服

5. 咖啡也能增加钙<u>流失</u>。

    A. 丢失　　　　　B. 离开　　　　　C. 消失　　　　　D. 失散

词语提示

舶来品	〈组〉	bó lái pǐn	从外国传入本国的意识、物品、语言等等。
晕眩	（形）	yūn xuàn	头脑发晕，周围物体好像在旋转，人有要跌倒的感觉；昏昏沉沉的；也形容身体乏力。
萜烯	（名）	tiē xī	一类广泛存在于植物体内的天然来源碳氢化合物，可从许多植物，特别是针叶树得到。
丙烯酰胺	（名）	bǐng xī xiān àn	一种白色晶体化学物质，是生产聚丙烯酰胺的原料。
麻黄碱	（名）	má huáng jiǎn	一种生物碱。存在于多种麻黄属植物中，中草药麻黄的主要成分。无色挥发性液体。可以水蒸气蒸馏。

第 59 课　火腿肠啊，为什么这么咸

各种加工肉制品，比如火腿肠、午餐肉等等，都会做得很咸。而高盐是现代人不可忽视的健康风险因素——不管是国内还是国外，很多人的盐摄入量都大大超过推荐的"控制摄入量"。高盐饮食最直接最明显的危害就是升高血压，因而降盐是高血压"食疗方案"的核心。

随着加工食品越来越多，加工食品中的"高盐"特性也备受关注。在美国，人们摄入的食盐有 77％来自于加工食品，其中有 20％来自于加工肉类。不管是火腿肠、午餐肉还是肉丸子，超市里买来的总是很咸。"降盐"的市场吸引力越来越大，为什么这些食品中依然要加那么多盐呢？答案是：肉制品中的盐，除了产生咸味，还有更加重要的功能！

首先，盐是防腐剂。肉制品比较容易受到细菌污染，有的细菌或者其毒素的致病能力还很强。高盐对抑制细菌生长有明显作用。当然，食物中能够添加的盐也会受到制约，不可能咸得太过分。所以，除了食盐，还需要其他的防腐剂。比如肉毒杆菌，目前对它最有效的防腐剂就是亚硝酸盐。如果不能控制它，它死亡之后会产生肉毒素，是自然界中毒性最强的物质之一。所以，不管消费者对亚硝酸盐多么深恶痛绝，肉制品中一般还得使用它。而李斯特菌和乳酸菌，则可以用乳酸钠、二乙酸钠配合食盐来控制。一方面，这些防腐剂中也有钠；另一方面，如果降低了食盐用量，就需要添加更多的其他防腐剂，这是消费者更不愿意的。

第二，加工肉制品中需要食盐来改善品质。加工肉制品需要结合尽可能多的水，才能有良好的口感。要结合更多的水，一方面需要盐使得肌肉纤维吸水膨胀，吸收的水才能被肌肉牢牢抓住，在后续的加热中不流失。另一面，需要肉中的蛋白质溶解出来，互相结合形成蛋白胶，把水固定在这些蛋白质形成的胶中。溶解出来的蛋白质越多，结合的水就越多。盐可以促进更多的蛋白质溶解出来，通常在火腿肠类的肉制品中用到 2％左右——这已经很咸，但从保水的角度也还不足够高，通常还要加入保水能力更强的磷酸盐。不过，虽然磷也是人体需要的元素，但是人们从正常饮食中得到的磷已经足够多，所以并不希望再通过添加来摄入更多的磷。

要想降低肉制品中的盐含量，就必须要同时解决防腐和保水两方面的问题。

防腐的问题可以通过工艺流程的控制来减少引入细菌的机会，然后组合使用多种防腐剂来减少防腐剂的总用量。许多人看到"多种防腐剂"就很不安。其实，要抑制不同的致病细菌，不同防腐剂的效率并不相同。合理地组合使用多种防腐剂，反倒有利于减少总用量。此外，氯化钾与食盐在化学结构和性质上有比较大的相似之处，用氯化钾来替代一部分食盐，也可以降低食盐的用量。对于健康人，常规饮食中摄入的钾距离"有害"的量还比较远，所以除了那些因为特定疾病需要限制钾摄入的人，氯化钾取代食盐也是很好的方案。

从技术上说，高压处理也是一个有潜力的方向。食品技术中的"高压处理"，是把食品置于软包装中，在几千个大气压下处理一定时间。这种加工手段不需要添加其他成分，不用加热或者只需加热到几十度，比较容易被消费者所接受。经过高压处理，食品中的细菌数大大降低，可以实现一定的灭菌功能。此外，经过这样的高压处理，肉的保水能力也有明显增强。有实验显示，经过 300 兆帕的压力（大致相当于 3000 个大气压）处理，1.5％的盐能展示出常规加工下 2.5％盐的保水能力。

（选自《MSN 健康专稿》，有删减，作者：无心云）

词语提示

摄入量	（名）	shè rù liàng	指人体最多能吸收的量。
防腐剂	（名）	fáng fǔ jì	指天然或合成的化学成分,用于加入食品、药品、颜料、生物标本等,以延迟微生物生长或化学变化引起的腐败。
抑制	（动）	yì zhì	压制,控制。
深恶痛绝	〈组〉	shēn wù tòng jué	极端厌恶和痛恨。
口感	（名）	kǒu gǎn	食物吃到嘴里时的感觉。
肌肉纤维	（名）	jī ròu xiān wéi	骨骼肌的肌细胞。
溶解	（动）	róng jiě	溶质均匀地分散于溶剂中的过程。
保水能力	（名）	bǎo shuǐ néng lì	保持水分的能力 。
工艺流程	（名）	gōng yì liú chéng	一般是指产品制造阶段的流程。

练习

一、根据课文内容判断正误

1. 高盐饮食的危害只有高血压。 （　）
2. 在美国,人们摄入的食盐大多数来自于加工食品。 （　）
3. 肉制品中盐的主要作用就是防腐。 （　）
4. 如果在加工肉制品中降低了食盐用量,就需要添加更多的其他防腐剂。 （　）
5. 为了使加工肉制品有良好的口感需要结合尽可能多的水。 （　）
6. 对健康人来说氯化钾是取代加工肉制品中食盐的很好方案。 （　）

二、选择画线部分词语在句子中的意思

1. 而高盐是现代人不可__忽视__的健康风险因素。
   A. 看不见　　　B. 轻视　　　　　C. 可以看见　　　D. 忽略

2. 食物中能够添加的盐也会受到制约,不可能咸得太__过分__。
   A. 超过本分　　B. 超过限度　　　C. 过多　　　　　D. 超过分数

3. 不过,虽然磷也是人体需要的元素,但是人们从正常饮食中得到的磷已经足够多,所以并不希望再通过__添加__来摄入更多的磷。
   A. 填入　　　　B. 增加　　　　　C. 加入　　　　　D. 增多

4. 合理地组合使用多种防腐剂,__反倒__有利于减少总用量。
   A. 翻转　　　　B. 倒立　　　　　C. 反而　　　　　D. 而且

5. 从技术上说,高压处理是一个有__潜力__的方向。
   A. 潜水的能力　B. 潜在的能力　　C. 压力　　　　　D. 浮力

6. 这种加工手段不需要添加其他成分,不用加热或者只需加热到几十度,比较容易被消费者所__接受__。
   A. 答应　　　　B. 承诺　　　　　C. 认同　　　　　D. 承受

三、选择合适的词语填空

摄入　吸收　抵制　抑制　改善　改变

1. 研究证实,过多( )蛋白质对身体健康非常不利。
2. 怎样补充胶原蛋白可以更好的( )?
3. 他( )不住心中的喜悦,激动地跳起来。
4. 作为大学生我们要( )不良思想的影响。
5. 一年多没见过面,再见面时发现她有了很大的( )。
6. 建国以来,人们的生活条件有了很大( )。

四、根据课文内容选择正确答案

1. 下面哪一项是高血压"食疗方案"的核心?
   A. 降压药物　　　B. 降盐　　　　　C. 多吃蔬菜　　　D. 减肥
2. 下面哪一项不属于肉制品中盐的功能?
   A. 产生咸味　　　　　　　　　　B. 是一种防腐剂
   C. 防治高血压　　　　　　　　　D. 改善肉的口感
3. 目前对肉毒杆菌最有效的防腐剂是什么?
   A. 亚硝酸盐　　　B. 食盐　　　　　C. 乳酸钠　　　　D. 二乙酸钠
4. 磷是人体需要的元素,但为什么人们并不希望再通过添加来摄入更多的磷?
   A. 磷对人们身体有害
   B. 食品添加对人身体有害
   C. 磷价格昂贵,不容易获取
   D. 人们从正常饮食中得到的磷已经足够多
5. 要想降低肉制品中盐的含量,就必须要同时解决两方面的问题?
   A. 防腐和保水　　B. 防腐和安全　　C. 安全和保水　　D. 安全和质量
6. 这篇文章的文体是:
   A. 说明文　　　　B. 散文　　　　　C. 议论文　　　　D. 记叙文

五、根据课文内容回答问题

1. 肉制品中的盐有哪些功能?
2. 降低肉制品中的盐含量,如何同时解决防腐和保水两方面的问题?

说一说

1. 你身边的家人朋友有"高盐的问题吗"? 你是怎样认识这一问题的?
2. 你有什么措施改善家人的"高盐"问题?

阅读技能指导

科普说明文阅读之二:注意说明方法

科普说明文以说明为主,但也会用到描写、叙述、议论等手法。常用的说明方法有分类别、举例子、打比方、列数据、作比较、下定义、作诠释、画图表、引资料。其中涉及较多的是分类别、举例子、打比方、列数据、作比较、下定义。对说明方法的熟练掌握,有助于我们加快阅读速度和准确把握文章或段落的中心思想或主要观点。

我们也可以根据一些标志词来更好地判断说明方法。例如:凡是来自于一个祖先,无性繁殖出的一群个体,叫克隆。该句标志词是"叫",用的就是下定义说明。不同的说明方法都有各自常用的标志词。例如:举例子说明常用"例如、比如、据说、譬如"等;列数据说明常用一些"数词(大写也是)、确数、约数、小数、分数、百分数、度数、倍数"等;分类别说明常用"一类(种),……一类(种);……可分为…"等;作比较说明常用"相对于、较"等;下定义说明常用"叫做;所谓……,是指……;把……称作"等;打比方说明常用"像、仿佛"等。

练习

分析下列句子所用的说明方法

1. 一切活的生物获取食物有两种不同的途径和方法,一种叫自养,另一种叫异养。
   A. 列数据　　　　　B. 打比方　　　　　C. 分类别　　　　　D. 举例子

2. 据统计,死海水里含有多种矿物质:有 135.46 亿吨氯化钠,有 63.7 亿吨氯化钙,有 20 亿吨氯化钾,另外还有溴、锶等。
   A. 列数据　　　　　B. 打比方　　　　　C. 下定义　　　　　D. 作比较

3. 所谓干细胞,就是在生命的成长和发育中起"主干"作用的细胞,是如同建筑中钢筋泥沙这样的基本材料。
   A. 列数据 打比方　　　　　　　　　　B. 下定义 打比方
   C. 下定义 分类别　　　　　　　　　　D. 举例子 打比方

4. 头发是人生活及身体状况的指示剂。譬如,烟瘾大的人,头发中含镉量偏高;患多尿症的孩子,头发中含镉量偏低;营养不良的孩子,头发中含锌量偏低;精神分裂症患者,头发中镉和锰的含量很低,而铝和铁的含量则偏高。
   A. 列数据　　　　　B. 打比方　　　　　C. 下定义　　　　　D. 举例子

5. 酸奶不仅仅不比牛奶差,实际上它要比牛奶还更好一些。比如酸奶中的大部分乳糖在乳酸菌发酵的过程中都被水解了,因而相对于牛奶而言,不容易引起乳糖不耐受,更适合具有乳糖不耐受的人。
   A. 列数据　　　　　B. 打比方　　　　　C. 分类别　　　　　D. 作比较

阅读1

酸奶能代替牛奶吗?答案很简单:完全可以!

为什么说酸奶可以代替牛奶呢?这就需要从牛奶和酸奶的营养成分上说起了。

我们先来看看牛奶里都有什么。不管是巴氏奶还是常温纸包装奶,通常 100 克全脂牛奶中,含有大约 3% 的蛋白质,3.5% 左右的脂肪,以及 5% 左右的碳水化合物。除此之外,100 克的全脂牛奶中还含有 110 毫克的钙质。若是低脂或者脱脂牛奶,其中的脂肪含量则会更低一些。

至于酸奶,通常原味酸奶的各种成分和牛奶里的差不多。这不稀奇,因为酸奶就是直接从牛奶发酵而来的。牛奶经过嗜热链球菌和保加利亚乳杆菌这两种乳酸菌的发酵,让其中的一种名为酪蛋白的蛋白质互相交联成网状,网罗住了牛奶里的其他物质,从而形成了一种像嫩豆腐一样的质地,这就是凝固型酸奶。若是在发酵后把凝固的酸奶搅拌一下,就成了能流动却又比牛奶粘稠许多的搅拌型酸奶。如果再加入其他的果蔬等成分,我们就得到了风味酸奶。由于加入了一部分果蔬,因而风味酸奶中牛奶的各种营养物质的含量会相应略低一些。

通常我们提倡大家喝牛奶,最主要的就是因为乳制品含有丰富的钙质,而且其中的钙质很容易被人体吸收利用。这一点很难有其他类型的食物能代替。其次是因为牛奶里的蛋白质也是一种很不错的蛋白质。在牛奶发酵成酸奶的过程中,钙质并没有损失。蛋白质虽然被乳酸菌水解了一部分,但是却变成了更容易被人体吸收的多肽。因而从这两个方面来说,酸奶并不比牛奶少什么营养。

酸奶不仅仅不比牛奶差,实际上它要比牛奶还更好一些。比如酸奶中的大部分乳糖在乳酸菌发酵的过程中都被水解了,因而相对于牛奶而言,不容易引起乳糖不耐受,更适合具有乳糖不耐受的人。酸奶中还含有大量的活性乳酸菌,在经过了胃液和各种消化酶的折磨后,仍然会有一大部分活菌抵达肠道。虽然乳酸菌并不能长期驻扎在肠道中,仅能存活几个小时到几天,但是在这段时间内乳酸菌仍然能够发挥一定的益生菌功效,有助于帮助消化和恢复肠道正常菌群。

对于婴儿来说,酸奶更是要强于牛奶。由于在乳酸菌的发酵过程中,酸奶里的大部分蛋白质被水解成了更容易被消化吸收且更不容易致敏的氨基酸和多肽,因而一般认为从六个月起,就可以在添加辅食的同时逐渐给宝宝吃酸奶了。

总之,就算不考虑酸奶那比牛奶更好的口感和味道,仅从营养的角度来看,用酸奶代替牛奶也是完全可以的,而且酸奶比牛奶更胜一筹。其实,若是有条件,不妨变换着选择多种多样的乳制品,牛奶、酸奶、甚至奶酪都可以。如此这般,既能享受各种不同的风味,又可以获取优质的钙质,何乐而不为?

(选自网络资料,有删减,作者:少个螺丝)

📚 练习

速读第 1 遍,完成下面的练习(建议阅读时间 4 分钟)

一、根据阅读内容选择正确答案

1. 本文主要从哪个方面说明酸奶可以代替牛奶?
   A. 酸奶比牛奶更好的口感和味道　　B. 酸奶比牛奶更受欢迎
   C. 酸奶比牛奶有更多的有益成分　　D. 酸奶比牛奶更安全

2. 为什么风味酸奶中各种营养物质的含量会相应略低一些?
   A. 由于加入了一些果蔬
   B. 风味酸奶不是直接从牛奶发酵而来的
   C. 味道好了,营养价值就低了
   D. 厂家偷工减料

3. 本文从哪两个方面来说酸奶并不比牛奶营养少?
   A. 钙质和蛋白质　　B. 蛋白质和多肽
   C. 钙质和乳酸菌　　D. 益生菌和乳酸菌

4. 下面哪个不是文中认为的“酸奶比牛奶还更好一些”的原因?
   A. 酸奶更适合乳糖不耐受的人　　B. 酸奶中含有大量的活性乳酸菌

C. 酸奶有助于恢复肠道正常菌群　　　　D. 酸奶中含有更丰富的钙质

5. 为什么对于婴儿来说,酸奶要强于牛奶?
   A. 因为从六个月起,婴儿就可以吃酸奶了
   B. 酸奶易被消化吸收,且不易致敏
   C. 酸奶比牛奶的口感和味道更好
   D. 婴儿更喜欢喝酸奶

细读第 2 遍,完成下面的练习

二、根据阅读内容判断正误

1. 从营养的角度来看,酸奶完全可以代替牛奶。　　　　　　　　　　　　　　(　)
2. 通常酸奶的各种成分和牛奶里的差不多。　　　　　　　　　　　　　　　　(　)
3. 酸奶中的钙质比牛奶中的更容易被人体吸收和利用。　　　　　　　　　　　(　)
4. 风味酸奶不仅口感好,而且营养物质的含量也高。　　　　　　　　　　　　(　)
5. 对于六个月婴儿来说,酸奶可以作为辅食喂给宝宝。　　　　　　　　　　　(　)
6. 酸奶不逊于牛奶,甚至比牛奶还要好一些。　　　　　　　　　　　　　　　(　)

三、根据选择画线部分词语在句子中的意思

1. 通常原味酸奶的各种成分和牛奶里的差不多。
   A. 完全一样　　　　B. 多于　　　　　　C. 少于　　　　　　D. 接近
2. 由于加入了一部分果蔬,因而风味酸奶中牛奶的各种营养物质的含量会相应略低一些。
   A. 非常　　　　　　B. 很　　　　　　　C. 稍微　　　　　　D. 省略
3. 酸奶中还含有大量的活性乳酸菌,在经过了胃液和各种消化酶的折磨后,仍然会有一大部分活菌抵达肠道。
   A. 虐待　　　　　　B. 打骂　　　　　　C. 消磨　　　　　　D. 强迫
4. 若是有条件,不妨变换着选择多种多样的乳制品,牛奶、酸奶、甚至奶酪都可以。
   A. 可以　　　　　　B. 不可以　　　　　不防范　　　　　　D. 非常
5. 如此这般,既能享受各种不同的风味,又可以获取优质的钙质,何乐而不为?
   A. 何必快乐而不去做呢　　　　　　　　B. 为什么高兴还不去做呢
   C. 做这件事有什么可快乐的呢　　　　　D. 因为快乐不去做

词语提示

全脂牛奶	(名)	quán zhī niú nǎi	脂肪含量为 3.0% 的牛奶。
驻扎	(动)	zhù zhā	驻留扎营。
水解	(动)	shuǐ jiě	水将物质分解成新物质的过程。
乳酸菌	(名)	rǔ suān jūn	一类能利用可发酵碳水化合物产生大量乳酸的细菌的通称。
益生菌	(名)	yì shēng jūn	一类对宿主有益的活性微生物。

阅读2

流言:社会上盛传各种"清肺食物",比如一条微博写道"持续的雾霾天气损伤肺脏,除了减

少出行、戴口罩,适当的饮食也能达到清肺效果。白萝卜治痰多咳嗽;雪梨炖百合、银耳莲子羹润肺抗病毒;罗汉果茶清肺降火;木耳、葡萄、紫甘蓝滋阴润肺。"

真相:"清肺"这个概念来源于传统医学。每一次牵涉到传统医学,都会有爱好者指出"传统医学里的肺不是解剖学上的肺"。所以,在解析关于清肺的流言之前,有必要先界定话题:流言中所针对的是空气污染对身体的损害,大多数人说到这个话题,指的是空气中的粉尘对"解剖学上的肺"所产生的"现代医学意义上的损害"。至于老祖宗如何定义"肺"、他们的"清肺"是指什么、是不是有效,不在此讨论范围之类。

空气粉尘是如何影响健康的呢? 粉尘是空气污染中的主要因素。除了浓度,颗粒大小是粉尘污染的关键因素。颗粒越小,危害越大。空气动力学上直径大于 10 微米的颗粒可以被鼻腔内的纤毛拦截,而比这小的颗粒则可以被吸入。通常所说的 PM10 就是指空气中小于 10 微米的颗粒浓度。10 微米是个很小的尺度。人的头发直径大约 50～70 微米。也就是说,如果把一根头发分成 25 到 50 根,每根的平均直径才小到 10 微米。这样的颗粒能通过呼吸进入肺,所以被称为"可吸入颗粒"。如果颗粒小于 2.5 微米,那么还能进一步到达肺的细支气管,沉积在那里。这些沉积影响肺里的气体交换,导致各种呼吸道症状,甚至肺癌。2.5 微米的颗粒实在很小,要把一根头发分成 400 到 800 根才能小到这个尺度。因为它的危害巨大,所以空气质量监测中会专门测量小于它的颗粒含量,就是大家熟知的 PM2.5。这个尺度的颗粒会留在肺里。其中小于 0.1 微米的那些,还可以进一步穿过肺泡进入血液,并随着血液流窜到其他器官,包括脑。它们沉积在血管中会导致血管硬化,从而危害心血管健康。

那么食物能否影响吸入的粉尘? 这些粉尘对人体的影响主要来自于物理作用。要"清除"它们,就得让"清洁工"与它们见面。而食物从消化道进入体内,经过胃肠,大分子被消化分解成小分子。跟食物中的其他小分子一样,穿过小肠绒毛进入血液,然后被运送到人体各处的细胞中。对比空气颗粒物与食物在体内的动向,会发现食物跟那些大于 0.1 微米的颗粒完全没有见面的机会,自然也就无法"清除"。而那些进入血液的极其"细小"的微粒,在食物的小分子面前依然还是庞然大物。虽然逻辑上也不能排除"老鼠打败大象"的可能,但没有实验证据,靠这些食物的小分子去清除粉尘也就只是美好的想象。古人在提出"清肺"这个概念,开出"清肺食谱"或者"清肺药方"的时候,大概还意识不到空气污染这回事。传说中的这些食物能否减缓那些呼吸道症状这里不讨论,但这种"清肺"在概念上就跟解决空气污染的"清肺"完全不是一回事。

结论:"食物清肺"只是一种美好的愿望。任何一种食物,都无法清除或者减轻空气中的粉尘污染物对肺的影响。"清肺食物""清肺保健品",都只是噱头而已。

(选自果壳网,有删减,作者:云无心)

练习

速读第 1 遍,完成下面的练习(建议阅读时间 5 分钟)

一、根据阅读内容选择正确答案

1. 本文讨论的"清肺"是指
   A. 传统医学意义上的清肺　　　　　B. 现代医学意义上的清肺
   C. 老祖宗对肺的定义　　　　　　　D. 没有明确说明

2. 下面哪一项是粉尘污染的关键因素?

A. 粉尘浓度大小   B. 粉尘颗粒大小

C. 空气污染的程度   D. 粉尘浓度大小和颗粒大小

3. 下面不属于本文中粉尘对健康影响的是：

A. 随血液流窜到其他器官,引起心血管病

B. 引起呼吸道疾病,如肺癌

C. 导致血管硬化

D. 引起人们的心理疾病

4. 作者对"食物能影响吸入的粉尘"这一观点的态度是：

A. 反对   B. 赞同   C. 支持   D. 不确定

5. 作者认为古人为什么会提出"清肺"这个概念,开出"清肺食谱"或者"清肺药方"?

A. 他们也许还未意识到空气污染   B. 古人高超的领悟能力

C. 古代空气污染严重   D. 古人的美好想象

细读第 2 遍,完成下面的练习

二、根据阅读内容回答问题

1. 在解析关于清肺的流言之前,作者首先界定话题是什么?

2. 粉尘颗粒小于 PM2.5,会导致什么结果?

3. 食物能否影响吸入的粉尘? 为什么?

4. 对于食物能清肺,作者最后结论是什么?

三、选择合适的词语填空

界定   流窜   物理作用   关键因素   庞然大物

1. (　　)在山区的残匪不久都被消灭了。

2. 这家伙看上去像个(　　),其实一点能耐也没有。

3. 如果以成绩来(　　)孩子的好坏,那就违背了教育的原则。

4. 成功的一个(　　)是要学会与人合作。

5. 戈壁上的岩石风化是一种(　　)。

词语提示

拦截	(动)	lán jié	阻拦,阻断。
测量	(动)	cè liáng	测定,量化。
流言	(名)	liú yán	毫无根据的话。
噱头	(名)	xué tóu	花招,引人发笑的笑语或举动。
雾霾	(名)	wù mái	是雾和霾的组合词。雾霾常见于城市。中国不少地区将雾并入霾一起作为灾害性天气现象进行预警预报,统称为"雾霾天气"。

第 60 课　保健品有什么用？

在中国，"保健品"是一类很独特的商品。一方面它使老年人和时尚女性趋之若鹜，不惜血本，希望从中获得"治病强身"的功效。另一方面，又有许多人断言"所有的保健品都是骗子"，恨不得置之死地而后快。保健品到底是什么样的一类东西，我们又该如何来看待它们呢？

"保健品"这个名称本身就有很大的误导性。消费者喜欢"顾名思义"，而这个名称正好产生了"吃了它就会有保健功能"的暗示。在国外，它们被称为"膳食补充剂"，就很中性——正常膳食之外的补充而已。

不管是叫"保健品"还是叫做"膳食补充剂"，市场上的产品都五花八门，形形色色，每一种都可以单独写一篇文章来剖析。

人体所需要的微量营养成分，比如各种维生素和矿物质。这些物质对人体健康的影响是中性的，少了影响健康，多了也影响健康，在"充足"与"过量"之间有一个缓冲范围。营养均衡的目标，是使得这些营养成分的摄入量在那个范围内。不同的食物含有这些营养成分的量不同，所以"全面均衡"的食谱就很关键。

但绝大多数人都不是营养师，也不可能照着营养师们开出的食谱去吃饭，所以很多人总是担心自己缺这缺那。其实这些营养成分"充足"与"过量"之间的缓冲范围都比较大，普通人只要注意饮食多样化，参考一下《中国居民膳食指南》大致安排自己的饮食，基本上不用担心缺什么的问题。

有少数的营养成分，在某些人群中比较容易缺乏。比如钙，人体需求量比较大、更年期后的女性、运动员、严格素食者等，或者因为饮食中的钙含量不高，或者因为吸收率低，都比较容易处于钙缺乏的状态。维生素 D、维生素 B_{12}、铁等，也都各有一些人群比较容易缺乏。而碘、硒等，则与地域有很大关系。

这些人群依然可以有意识地加强富含这些营养成分的食物来获得全面营养。此外，强化食品是次之的选择。所谓强化，就是在某些常规的食品中额外加入某些营养成分，使得人们可以获得相当的量。比如碘盐，可以让中国绝大多数地区的人获得充足的碘而又不到"过量"的地步。而在克山病地区，"加硒盐"也是一种很好的选择。针对许多人铁输入不足的状况，中国有"铁强化酱油"，可以让常规食用酱油的人每天获得一部分铁，也是一种可行的选择。在国外，许多人的食谱中缺乏蔬菜，因而一些矿物质和维生素容易缺乏，许多早餐麦片就强化了各种维生素和矿物质。

如果均衡饮食和强化食品都做不到，膳食补充剂也是可以接受的选择。只是需要强调，那些列出来的成分只是人类研究得比较清楚的成分，食物中还有许多研究得不是那么清楚或者没有列出来的营养成分。通过补充剂可以摄入某种或者某几种特定的成分，但是无法获得其他的那些成分。换句话说，它们只能作为一种不得已的"补充"，而不应该以为吃了它们就"健康"了。

而许多人期望的——也是保健品行业鼓吹的，是吃了这些补充剂能够防治某某疾病。实际上，这是把"如果缺乏，会导致某某症状"偷换成了"补充它，可以防治某某疾病"。这些微量营养成分就像润滑油，缺乏了会让车磨损得更快或者出现某些状况，但只要给够了就行——在此基础上多给，不会带来额外的好处，反倒是弄得满地滴油。迄今为止，通过额外补充维生素或者矿物质来防治疾病的大型研究,都没有获得令人满意的结果。

另外的那些保健品不是人体必需的,人们补充它们是希望获得"保健功能"。这类产品以各种动植物"精华"、"提取物"为代表,通常以"提高免疫力"、"抗氧化"、"抗癌"、"降血脂"、"减肥"等等功能为号召。这类产品处于管理上的灰色地带——它们通常有一些"初步研究"所支持,但在科学上既不能肯定也不能否定,更像一种"信则灵"的状态。

不得不说,中国市场几乎所有的保健品,在这两个问题上存在夸大和扭曲事实来忽悠公众——差别只是夸张程度而已。基于这种夸张,才出现了一个又一个"天价"、"神奇"的保健品。

(选自网络资料,有删减,作者:云无心)

词语提示

趋之若鹜	〈组〉	qū zhī ruò wù	比喻很多人争着赶去。
置之死地	〈组〉	zhì zhī sǐ dì	有意使人处于无法生存下去的境地。
误导	〈动〉	wù dǎo	错误的指导,作贬义。
顾名思义	〈组〉	gù míng sī yì	看到名称就联想到含义。
膳食	〈名〉	shàn shí	日常吃的饭菜。
形形色色	〈组〉	xíng xíng sè sè	形容事物种类繁多,各式各样。
笼统	〈名〉	lǒng tǒng	宽泛不具体;不明确。
缓冲	〈动〉	huǎn chōng	使冲突缓和。
食谱	〈名〉	shí pǔ	介绍菜肴等制作方法的书;制定的每顿饭菜的单子。
硒	〈名〉	xī	硒是一种化学元素,化学符号是 Se,是一种非金属。
克山病	〈名〉	kè shān bìng	克山病亦称地方性心肌病,于 1935 年在我国黑龙江省克山县发现,由此得名。

练习

一、根据课文内容判断正误

1. 在中国,"保健品"是一类很受老年人和时尚女性追捧的商品。 （ ）
2. 保健品吃了就会有保健功效。 （ ）
3. 在国外,保健品只是正常膳食之外的补充。 （ ）
4. 本文讨论的保健品分为人类需要的和不是人类必需的两大类。 （ ）
5. 人体含有钙的多少与地域有很大关系。 （ ）
6. 通过额外补充维生素或者矿物质来防治疾病的研究已取得了满意的结果。 （ ）

二、选择画线部分词语在句子中的意思

1. 许多人<u>断言</u>"所有的保健品都是骗子"。

    A. 断定   B. 判断   C. 直言   D. 断断续续地说

2. 每一种都可以单独写一篇文章来<u>剖析</u>。

    A. 解剖   B. 剖开   C. 分析   D. 欣赏

3. 市场上的产品都<u>五花八门</u>。

    A. 五朵花八个门   B. 花样繁多   C. 繁杂的事   D. 艳丽的事物

4. 而许多人期望的——也是保健品行业<u>鼓吹</u>的。

    A. 古代的一种器乐   B. 奏演音乐的乐队

    C. 宣扬；宣传   D. 用鼓吹

5. 一方面它是老年人和时尚女性趋之若鹜，<u>不惜血本</u>，希望从中获得"治病强身"的功效。

    A. 花很大的代价   B. 不珍惜血液

    C. 乱花钱   D. 不爱惜血液样本

6. 在这两个问题上存在夸大和扭曲事实来<u>忽悠</u>公众——差别只是夸张程度而已。

    A. 晃悠   B. 欺骗   C. 吃牛   D. 戏弄

三、选择合适的词语填空

独特 奇特 缓冲 缓慢 忽悠 暗示 指示 强化

1. 经常运动的人，会显现出一种（　　）的健康气质。

2. 他（　　）我出去，结果自己在家里搞聚会。

3. 他用眼睛（　　）我，让我走开。

4. 蜻蜓的身体构造十分（　　），他的眼睛能看到自己身边 360 度的任何东西！

5. 快高考了，我们要（　　）学习能力。

6. 矮树丛（　　）了我的下跌。

四、根据课文内容选择正确答案

1. 对"保健品"在我国是一类很独特的商品，理解不正确的是：

    A. 一些人认为保健品有治病强身的功效

    B. 许多人断言所有的保健品都是骗人的

    C. 在我国对于保健品的作用争议颇大

    D. 保健品只有我国才有

2. 在国外，保健品被称为"膳食补充剂"，其意思是？

    A. 正常膳食之外的补充   B. 主食

    C. 每个人必须补充的营养   D. 零食

3. 人体所需要的微量营养成分，对人体的影响是：

    A. 越少越好   B. 既不能不足，也不能过量

    C. 越多越好   D. 无影响

4. 关于保健品的作用，描述正确的是：

    A. 吃了它可以获得健康   B. 能防治某种疾病

    C. 能治疗某种疾病   D. 可以作为一种膳食补充剂

5. 根据本文通过额外补充维生素或者矿物质来防治疾病会怎么样？

    A. 效果令人满意   B. 效果惊人

    C. 没有满意的效果   D. 还没有研究

6. 在中国市场为什么会出现"天价"、"神奇"保健品？

    A. 通过夸大扭曲事实来忽悠公众   B. 中国人的攀比心理

    C. 大家会趋之若鹜地购买   D. 有钱人不怕花钱

五、根据课文内容回答问题

1. 营养均衡的目标及关键是什么？

2. 本文把保健食品分为哪两类？

说一说

1. 你对保健食品有什么了解？（至少说出三点）

2. 在你的日常生活中，你是如何实现营养均衡的？

阅读技能指导

科普说明文阅读之三：答题技巧

科普说明文的阅读理解一般会从查找细节、主旨理解、判断推理、观点态度等几个方面进行考查。但其主要考查的是读者的阅读能力和逻辑思维能力，而不是对科普知识全面、系统、透彻的掌握能力。所以，掌握正确的阅读方法能起到事半功倍的效果。科普说明文的解题步骤一般是：先审题，到原文中找到相关语句，然后把选项和在原文中找到的相关语句进行比较、筛选、排除，最后作出准确的判断和选择。运用的阅读技巧和方法前面都有涉及，只需要注意的是科普说明文十分讲究语言的严谨性。因此，在阅读中要注意一些细节，有时设置的选项看似与原文语句相符，却在细微处做了改动，尤其遇到"凡""全""可能""或许"这样的字词，要特别当心，以免影响我们做出正确的判断。

练习

阅读下列短文并完成相应的练习

人类保护大熊猫，不仅仅因为它的外貌十分迷人，数量稀少，也不仅仅因为它们在分类上的独特地位。人类保护它们的原因还有很多，不仅基于科学的、经济的、文化的及美学的价值，更重要的是基于一种新的伦理与道德：即每种生命都应当与人类一样，享有在自然界中继续生存下去的权利。

当代的大熊猫与生存在地球上所有的生物一样，都是我们和我们的子孙后代的自然遗产。人类终有一天需要从这些自然遗产所保留的各式各样的遗传系统中获得新的知识，未来的科学有可能从熊猫的消化系统中寻找到生产新的粮食——水解半纤维素，使之成为可被食用的单糖的新方法。这是大自然的恩惠——她赐予地球上的生命多样性。如果我们只顾眼前利益去毁灭森林，那么我们很快就会得到报应，而我们的子孙后代将会陷入到更恶劣的环境和更贫困的状态之中。

新的伦理学所处理的道德关系之一，就是处理好人与自然之间的利益关系。当我们努力保护住现存的大熊猫时，我们就同时保护住了与野生大熊猫生活在一起的成千上万种其他动物、植物与微生物。这也就同时保护住了生活在中国西部大山和长江中下游数以亿计的群众得以安心地劳动生息的生态环境。

【主旨】1. 这篇文章主要谈的什么问题？
　　　　A. 保护大熊猫　　　　　　　　B. 保护地球
　　　　C. 保护一切动植物　　　　　　D. 保护生态环境

【细节】2. 大自然给予地球的恩惠是：
　　　　A. 大熊猫　　　　　　　　　　B. 生存的权利
　　　　C. 生命的多样性　　　　　　　D. 从自然遗产中获得知识

【推断】3. 关于保护大熊猫的原因文中提到了几个？
　　　　A. 两个　　　　B. 三个　　　　C. 四个　　　　D. 五个

【态度】4. 作者对从熊猫的消化系统中找到生产新的粮食的新方法持什么态度？
　　　　A. 憧憬　　　　B. 怀疑　　　　C. 批评　　　　D. 无所谓

阅读1

　　不管是中国还是外国，大蒜除了食用，都有着许多传说中的药用。关于这些功效的传说，也吸引了许多科学家的目光。

　　降低胆固醇是比较广为人知的一种。一些流行病学调查以及初步的实验支持这种"功效"，于是美国"补充与替代医学中心"资助了一项临床试验来评估其有效性与安全性。192位胆固醇比较高的志愿者被随机分成4组，分别每天吃鲜大蒜、大蒜粉保健品、大蒜提取物、安慰剂，大蒜粉和提取物的量大约相当于4克鲜大蒜。每周吃6天，连吃6个月之后，检测胆固醇的变化，发现四组之间没有实质差别。这项研究的质量要高于其他那些"有效"的研究，所以在大蒜是否降低胆固醇的问题上，它的结论也就更加可靠。

　　世界上许多地方进行过许多癌症与饮食结构的调查，不少结果显示大蒜可能对消化道相关的癌症有一定帮助。比如在中国，1970年在山东的调查发现，栖霞的癌症死亡率是苍山的12倍。这两个县相距只有300公里，地理环境、生活习俗都比较相近。不同的是，苍山是大蒜之乡，人均每年吃掉6公斤大蒜，而栖霞只有0.5公斤。此外，苍山的大蒜含硒比较多。于是，有人猜测大蒜和硒有助于抗癌。有两项"病例—对照"研究也支持了这一猜想：吃蒜多的人胃癌的发生率要低一些。

　　此外还有一些动物实验也支持"大蒜抗癌"的假设。但是，这些证据都还是不足以"证实"它。比如栖霞盛产苹果，总不能因此说吃苹果多是栖霞癌症多发的原因。卫生部资助齐鲁医院等机构进行了一项大型研究去验证这一假设。在栖霞找了288个村，招募了5000多名志愿者，随机分为两组，一组每天吃200毫克人工合成的大蒜素，并隔天吃100微克硒，另一组则吃安慰剂。连续吃两年之后，在以后的5年中跟踪这些人的癌症发生状况。结果是：对于女性，两组没有明显差异；对于男性，吃大蒜素和硒的那组癌症和胃癌的发生率都要低一些。

　　面对这些互不一致，甚至互相矛盾的研究结果，美国国家癌症研究所（NCI）的态度是"不推荐任何膳食补充剂预防癌症，但认为大蒜是一种具有潜在抗癌特性的蔬菜"。对于大多数人来说，除了把大蒜弄在皮肤上会很不舒服之外，吃起来是安全的。大蒜有抗凝血的作用，这对于一般人来说也不是什么问题。但如果在手术前后，或者拔牙之前，以及对那些容易流血并且止血困难的人，这种"副作用"就值得注意了。

（选自网络资料，有删减，作者：云无心）

练习

速读第1遍,完成下面的练习(建议阅读时间4分钟)

一、根据阅读内容选择最恰当的答案

1. 本文认为大蒜是否可以有效降低胆固醇?

    A. 有效　　　　B. 没有效果　　　C. 观点有分歧　　　D. 没有结论

2. 山东栖霞癌症多发的原因是:

    A. 不吃大蒜　　B. 吃苹果多　　　C. 地理环境特殊　　D. 不清楚

3. "大蒜是否抗癌"的最终研究结果是:

    A. 对消化道癌症有帮助　　　　　　B. 可使胃癌的发生率降低

    C. 使男性胃癌发生率低于女性　　　D. 结论不统一

4. 美国国家癌症研究所对大蒜抗癌的看法是:

    A. 大蒜具有潜在抗癌特性　　　　　B. 大蒜不具有潜在抗癌特性

    C. 认为大蒜能抗癌　　　　　　　　D. 大蒜只是一种膳食补充剂

5. 对那些容易流血并且止血困难的人,大蒜的"副作用"是:

    A. 有凝血的作用　　　　　　　　　B. 有抗凝血的作用

    C. 有抗衰老的作用　　　　　　　　D. 有抗癌的作用

细读第2遍,完成下面的练习

二、根据阅读内容回答问题

1. 本文提到大蒜有哪些功能?

2. 一些流行病学的调查认为大蒜有什么作用?

3. 美国"补充与替代医学中心"资助的一项临床试验在大蒜是否降低胆固醇的问题上,为什么它的结论也就更加可靠?

4. 文中对于"栖霞的癌症死亡率是苍山的12倍",人们作出了怎样的猜想?

5. 美国国家癌症研究所(NCI)对大蒜的态度是什么?

三、用所给的词语替换下列句子中的画线部分词语,保证句子意思基本不变

可信　随机　证实　冲突　本质

1. 降低胆固醇是比较广为人知的一种192位胆固醇比较高的志愿者被<u>自由组合</u>分成4组。　　　　　　　　　　　　　　　　　　　　　　　　　　　　　　　(　　)

2. 连吃6个月后,检测胆固醇的变化,发现四组之间没有<u>实质</u>差别。　　(　　)

3. 卫生部资助齐鲁医院等机构进行了一项大型研究去<u>验证</u>这一假说。　(　　)

4. 这项研究的质量要高于其他那些"有效"的研究,所以在大蒜是否降低胆固醇的问题上,它的结论也就更加<u>可靠</u>。　　　　　　　　　　　　　　　　　　　(　　)

5. 面对这些互不一致,甚至互相<u>矛盾</u>的研究结果,美国国家癌症研究所(NCI)的态度非常明显。　　　　　　　　　　　　　　　　　　　　　　　　　　　(　　)

词语提示

广为人知	〈组〉	guǎng wéi rén zhī	广泛地被人们知晓。
副作用	（名）	fù zuò yòng	随主要作用而附带发生的不好的作用。
招募	（动）	zhāo mù	征召募集。
随机	（名）	suí jī	自由组合。

阅读2

茶在中国人的日常生活中起着重要的作用。中国有句俗话："开门七件事：柴米油盐酱醋茶。"由此可见茶在中国老百姓的生活中的重要位置。

中国人不论是饭后、休息或者招待客人，茶是不可缺少的。客来敬茶已经成为中国人待客的基本礼仪，否则就会被视为对客人的不敬。在许多重大仪式上，茶也是必不可少的。在结婚大喜的日子里，新娘一定要给婚姻介绍人、男女双方的长辈和亲友们递烟、敬茶。

在西方国家，人们在初次见面的时候，往往互赠名片，互相问好，而中国人的风俗却不然。到了老百姓家里，不论彼此是否认识，先奉上一杯茶。如果是在公共的社交场合中，大家问候几句后，必定是邀请对方去茶楼或茶园喝茶。这种习俗在中国南方表现得更为突出，特别是广东人，当地开设了许多茶楼，朋友们一见面便互相问候："饮茶吗？"广东人把喝茶叫饮茶，他们习惯上茶楼去坐坐，不只是为了喝茶，而是一边喝茶一边吃点心，一边喝茶一边聊家常。

中国茶叶的种类很多，由于种植地区的气候和土壤的原因，各地出产的茶叶，其性能和味道也不相同。如，龙井茶带有清香，茉莉花茶有浓浓的花香，苦丁茶先苦后甜，铁观音有很强的助消化作用，而乌龙茶则具有减肥美容的作用。

中国人饮茶，注重一个"品"字。所谓"品茶"，是指喝茶时，细细地品尝嘴里茶的味道，不但要鉴别茶的质量如何，同时也要体会饮茶的情趣，享受喝茶的快乐。当一个人百忙之中能找一个安静的环境，泡上一壶好茶，慢慢品味喝茶的妙趣，既消除了疲劳和烦恼，又可以振奋精神，使思路重新变得清晰起来，该是一件多么惬意的事啊。所以，饮茶跟环境也很有关系，要求周围的环境安静、清新、舒适、干净。

中国人习惯用煮沸的清水冲泡茶叶，认为这样才能泡出茶原有的味道，所以中国人喝茶重在自然，重在喝茶的氛围，这是中式品茶的特点。

中国人饮茶喜欢"清饮"，茶里什么也不放。因为喝茶可去油腻，尤其是吃了炖肉之后，喝杯浓茶还可以帮助消化，使嘴里留有茶香。所以，主人在热情地款待了客人之后，往往会敬上一杯好茶，更可博得客人的欢心。

人们在享受饮茶乐趣的同时，借助饮茶来达到"清肠胃、降血脂"的目的。然而，饮茶虽能起到健康保健的作用，却也对人体有一定负面影响。因此，科学饮茶很重要。

（选自网络资料，有删减）

▣ 练习

速读第 1 遍，完成下面的练习（建议阅读时间 5 分钟）

一、根据课文选择正确答案

1. 茶在中国人的生活中：
   - A. 只用来招待客人
   - B. 一般只在饭后喝
   - C. 是最基本的食品
   - D. 是不可缺少的

2. 中国人家里来了客人最基本的做法是：
   - A. 请客人坐下
   - B. 给客人端上一杯茶
   - C. 留客人住下
   - D. 请客人留下吃饭

3. 在婚礼上，新娘常常：
   - A. 向客人敬酒
   - B. 给来宾表演节目
   - C. 给亲朋好友敬茶
   - D. 给客人们送礼

4. 与欧美人不同的是，中国人饮茶：
   - A. 茶里什么也不放
   - B. 放一点儿糖
   - C. 在饭前喝
   - D. 边吃饭边喝茶

5. 茶的性能与味道取决于：
   - A. 饮茶的环境
   - B. 泡茶的习惯
   - C. 品茶的情趣
   - D. 种植地的气候和土壤

细读第 2 遍，完成下面的练习

二、根据阅读内容回答问题

1. 文中哪句话可以看出茶在中国老百姓生活中的重要位置？
2. 铁观音和乌龙茶的作用是什么？
3. 饮茶对环境有什么要求？
4. 中式品茶有什么特点？
5. 中国人为何喜欢饮清茶？

三、选择画线部分词语在句子中的意思

1. 中国有句俗话："开门七件事"。
   - A. 庸俗的话
   - B. 通俗的说法
   - C. 俗气的说法
   - D. 讲道理的说法

2. 不论彼此是否认识，先奉上一杯茶。
   - A. 尽管
   - B. 不进行讨论
   - C. 不仅
   - D. 不管

3. 中国人饮茶，注重一个"品"字。
   - A. 物品
   - B. 种类
   - C. 品味
   - D. 颜色

4. 泡上一壶茶，慢慢品味喝茶的妙趣，该是一件多么惬意的事啊。
   - A. 称心
   - B. 美妙
   - C. 快乐
   - D. 顺心

5. 在西方国家，人们初次见面的时候，往往互赠名片，互相问好，而中国人的风俗却不然。
   - A. 不是这样
   - B. 微不足道
   - C. 否则
   - D. 要不

词语提示

奉	（动）	fèng	恭敬地用手捧着。
开设	（动）	kāi shè	开办；设立。
鉴别	（动）	jiàn bié	指分辨一些事物的真假，多用于古物的鉴定。
百忙之中	〈组〉	bǎi máng zhī zhōng	指十分繁忙的时候抽出时间来。
博得	（动）	bó dé	换来；取得。

单元阅读测试练习十二

阅读1

每次出现食品安全事件，"加强立法""加强监管"的呼声总是此起彼伏。毫无疑问，立法与监管是保障食品安全至关重要的一环。但，它不是全部。要进一步提高食品安全状况，预防才是根本。

美国食品和药品管理局的历史大概代表了政府监管食品的发展历程。经过一百多年的发展，美国食品和药品管理局形成了相当完善的监管制度，世界其他国家也都建立了类似的监管体系。这一套体系的核心是：保护守法、惩治犯法，通过"惩前"来实现"毖后"。

相比于以前，这一套体系在减少食品安全事故方面也算卓有成效。不过，美国食品和药品管理局认为这还远远不够。根据美国疾控中心公布的数据，目前美国每年也还有 4,800 万人次因为食物得病，相当于美国人口的六分之一。其中 12.8 万人次严重到入院治疗，3,000 人死亡。也就是说，严刑峻法能够有效地阻止故意制造的食品安全事故，但食品生产是一个很容易出现"过失事故"的行业。任何环节的"无意犯错"都有可能导致后续的所有食品受到污染，从而导致大规模的事故。

美国食品和药品管理局认为还需要从根源上避免食品安全事故的出现，为此在 2011 年推行通过了《食品和药品管理局食品安全现代化法》，简称 FSMA。这一法案堪称是 1938 年以来美国食品和药品管理局最重大的法案改变，其核心是"更多地致力于食品安全问题的预防，而不是主要依靠事发后作出反应。"

2013 年，美国食品和药品管理局发布了两个 FSMA 的配套规则，一个针对农场，一个针对食品加工厂。规范的核心内容都是要求生产者基于科学认识，识别出每一个生产环节可能存在的风险因素，然后采取措施来避免这种风险。

从科学的角度来说，安全食品是生产出来的，而不是靠检测出来的。一种食品中可能存在的不安全因素很多，如果一一检测，生产成本会高到大众无法接受。而在生产过程中，生产者积极地控制原料品质、生产流程、环境卫生，就可以降低回避各种风险。这样生产出来的产品，出问题的可能性就大大降低，再通过检测就能减少问题产品的上市。

这两份规则还有一个值得我们参考的地方，就是这规定都只针对大型生产者，小型农场则可以不执行这一规则。这是一个很现实的规定。生产规模越大，单位产品的执行成本就越低。大规模生产者执行好了，市场上大多数的产品安全性也就有了保障。至于那些小规模的生产者，产量少，对食品市场的影响不大。真要他们执行规则，他们可能无法承受，而监管所需的成本也很大。

只要管好了大生产者，就为消费者提供了安全性高的渠道——对于消费者来说，这是至关重要的。至于那些小规模的生产者，监管部门明确承认它们并没有出现在管理范围的监控之内。所以，是否要购买他们的产品，就交由消费者自己判断、做出"愿赌服输"的选择了。

（选自人民网，有删减，作者：云无心）

🔖 **练习**

速读第 1 遍,完成下面的练习(建议阅读时间 5 分钟)

一、根据课文内容选择正确答案

1. 美国食品与药品管理局监管体系的核心是什么?
   A. 保护守法、惩治犯法　　　　　　B. 重在预防
   C. 严格检测　　　　　　　　　　　D. 愿赌服输

2. 为什么完善的监管体系对于食品安全还是远远不够?
   A. 因为天灾人祸难以防范
   B. 因为食品生产的特殊性,造成很多事故并不是故意而为
   C. 因为很多人并不畏惧严刑峻法
   D. 因为很多人不重视食品安全问题

3. 怎样才能从根源上避免食品安全事故?
   A. 加强监管　　B. 重在预防　　C. 惩前毖后　　D. 严格检测

4. 预防食品安全事故主要在什么环节?
   A. 检测环节　　B. 销售环节　　C. 生产环节　　D. 人工环节

5. 美国食品药品管理局发布的两个配套规则都只针对:
   A. 小型生产者　　B. 直销生产者　　C. 消费者　　D. 大型生产者

细读第 2 遍,完成下面的练习

二、选择画线部分词语在句子中的意思

1. 每次出现食品安全事件,"加强立法""加强监管"的呼声总是<u>此起彼伏</u>。
   A. 起起落落　　B. 高高低低　　C. 发展变化　　D. 接连不断

2. 这一套体系的核心是:保护守法、惩治犯法,通过"<u>惩</u>前"来实现"<u>毖</u>后"。
   A. 惩罚;结束　　B. 惩处;死亡　　C. 警戒;谨慎　　D. 警告,隐藏

3. 也就是说,<u>严刑峻法</u>能够有效地阻止故意制造的食品安全事故。
   A. 长篇的刑法　　B. 严厉的刑法　　C. 严格执行　　D. 不留情面

4. 这一法案<u>堪称</u>是 1938 年以来 FDA 最重大的法案改变。
   A. 甚至称为　　B. 必须称为　　C. 可以称为　　D. 应该成为

5. 只要管好了大生产者,就为消费者提供了安全性高的<u>渠道</u>。
   A. 办事的途径　　　　　　　　　B. 获得信息的途径
   C. 水流的通道　　　　　　　　　D. 商品买卖的通道

🔖 **词语提示**

此起彼伏	〈组〉	cǐ qǐ bǐ fú	这里起来,那里落下。形容接连不断。
卓有成效	〈组〉	zhuó yǒu chéng xiào	有突出的成绩和效果。
严刑峻法	〈组〉	yán xíng jùn fǎ	严厉的刑罚和严峻的法令。

愿赌服输	〈组〉	*yuàn dǔ fú shū*	既然自愿参加的赌博,赌输的后果就要心悦诚服地承担
回避	(动)	*huí bì*	让开;躲开。
渠道	(名)	*qú dào*	通常指水渠、沟渠,是水流的通道。现指方法、途径。

阅读2

你可能听说过一类食品添加剂,叫"甜味剂",比如最常见的糖精、阿斯巴甜。但你很可能不知道它们的来历,其实是一些不遵守实验室操作规程的粗枝大叶的理科男无意中发现或发明了它们:1879年一个俄国化学家在实验室倒腾完瓶瓶罐罐,没洗手就回家吃饭,结果发现吃啥都是甜的,"糖精"被发现;1965年一个叫施莱特的化学家在合成药物的时候无意中舔了一下手指,大名鼎鼎的甜味剂"阿斯巴甜"问世。

"甜味剂"的诞生对于食品工业来说是个天大的好消息,因为它们的甜度数百倍于蔗糖,能大大降低成本;对于消费者来说,其实这也是一个好消息,因为它们提供的热量远低于蔗糖,甚至可以忽略不计。所以既可以满足你对甜食的渴望,又可以避免因能量摄入过多导致的肥胖、糖尿病等慢性疾病。

但是相比那些什么都敢舔的"发明家",普通人显得谨小慎微,因为大家对"化学合成"的物质总是充满了敬畏、怀疑甚至抵触。所以各国的监管者和研究者都在不断的检验它们的安全性,确保不会对消费者的健康造成损害。当然,科学存在不确定性,科学也在不断发展,随着研究证据的积累,科学界对安全性的诠释也会与时俱进,糖精、甜蜜素、阿斯巴甜等诸多"化学合成"物质都曾在安全和不安全之间多次翻转。

争论其实并不是坏事,自从1976年美国食品和药品管理局批准阿斯巴甜,围绕它的各种流言、阴谋论、利益绑架疑云甚至漫长的法律诉讼从来没有间断过。这通折腾也许是值得的,后来美国FDA把阿斯巴甜描述为"研究最彻底的食品添加剂之一",其安全性"毋庸置疑"。美国疾控中心也证实,"没有流行病学证据可以验证阿斯巴甜能引起重大伤害或严重风险"。美国食品和药品管理局为它制定了每公斤体重50毫克的安全摄入量。

当然,作为阿斯巴甜的主要生产者和推动者,美国拥有很多与之相关的专利,所以始终有人怀疑这里面有利益绑架的嫌疑。但世界各国的权威机构几乎都认可了阿斯巴甜的安全性,世界卫生组织下属的食品添加剂联合专家委员会两次对其安全性进行评估。在动物身上做实验证明,每公斤体重4000毫克也未出现不良反应,考虑到各种不确定因素,设定100倍保险系数,最后确立每公斤体重40毫克为安全摄入水平。有100多个国家依此批准它作为食品添加剂使用,包括历来以保守、苛刻著称的欧洲。

阿斯巴甜的安全性经历了多年的争论,这次或许能让争论暂时告一段落,但围绕"人造"、"化学合成"物质的安全性争论不会走远,人们对"安全"的渴望也会促使科学界不断的深入研究,去探索人类健康的奥秘。

(选自网络资料,有删减,作者:钟凯)

练习

速读第1遍，完成下面的练习（建议阅读时间4分钟）

一、根据阅读内容选择正确答案

1. 关于"甜味剂"阿斯巴甜的发现，不正确的一项是：
   A. 吃饭时发现的　　　　　　　　B. 无意中发现的
   C. 一位化学家发现的　　　　　　D. 施莱特在合成药物时发现的

2. 下面哪一项不是甜味剂的好处？
   A. 热量低　　　B. 甜度大　C. 不易导致发胖　D. 安全性不确定

3. 普通人对"化学合成"的物质的态度是：
   A. 不欢迎　　　B. 敬重　　　C. 怀疑　　　D. 无知

4. 哪个国家是阿斯巴甜的主要生产者和推动者？
   A. 欧洲　　　B. 美国　　　C. 英国　　　D. 不知道

5. 下列哪项不是"化学合成"物质？
   A. 甜蜜素　　　B. 阿斯巴甜　　　C. 蔗糖　　　D. 糖精

细读第2遍，完成下面的练习

二、根据阅读内容判断正误

1. 施莱特在1956年发明了"甜味剂"阿斯巴甜。　　　　　　　　　　　（　　）
2. 甜味剂比蔗糖甜千倍，能大大降低成本。　　　　　　　　　　　　（　　）
3. 甜味剂提供的热量低，可避免因摄入过多能量而得糖尿病、肥胖等疾病。（　　）
4. 美国食品和药品管理局认为阿斯巴甜是很安全的食品添加剂。　　　　（　　）
5. 有100多个国家依此批准阿斯巴甜作为食品添加剂使用，除了欧洲。　（　　）
6. 围绕"人造"、"化学合成"物质的安全性讨论会一直继续下去。　　　（　　）

词语提示

福兮祸兮	〈组〉	fú xī huò xī	指福祸互为因果，互相转化。是福还是祸。
谨小慎微	〈组〉	jǐn xiǎo shèn wēi	指过分小心谨慎，缩手缩脚，不敢放手去做。
毋庸置疑	〈组〉	wú yōng zhì yí	指事实明显或理由充分，不必怀疑，根本就没有怀疑的余地。
苛刻	（形）	kē kè	形容某人的行为怪异，故意刁难，或要求过高。
舆论	（名）	yú lùn	指众人的议论。

阅读3

　　三聚氰胺一夜之间变得妇孺皆知，但它引发肾结石的原因目前仍有争议。可以明确的是，三聚氰胺能引起肾结石，产生肾积水，甚至导致急性肾衰竭。但目前，相关的临床资料却并不多。

　　据推测，三聚氰胺被摄入后，富集在肾小管中的三聚氰胺浓度升高，便引起自身或其他易致结晶物质析出,从而刺激肾小管及尿路的上皮细胞,引起结晶尿,导致婴儿出现尿液混浊甚至白色沉淀。

亦有观点认为,含有三聚氰胺的奶粉会造成尿液酸化,钙质和其中的各种酸根结合,形成钙盐,在肾盂中达到过饱和状态后,便会以结晶形式析出,形成结石。

其实,肾结石并不是什么新疾病。1901 年,有人在埃及古墓中发现一枚黄色结石,它存留于一具男孩尸架骨盆内,被证实为膀胱结石。不幸的是,存放于大英博物馆的这枚结石连同尸架,在二战空袭中被毁。

简而言之,肾结石是指一些晶体物质(如钙、草酸、尿酸、胱氨酸等)和有机基质(蛋白、多糖)在肾脏的异常聚积,从而形成的"石头"。很早之前,人们便认识到体内某些成分的吸收或排泄障碍,新陈代谢的紊乱,便可能引起结石。然而,在医学上,尿路内结晶及结石形成机制极为复杂,涉及到物理化学、生物化学、晶体动力学等多方面知识。

恰如宝石的色彩斑斓,肾结石的组成及颜色也不尽相同。大约 3/4 的结石含有草酸钙成分,其余大多为磷酸镁铵(又名鸟粪石)。它们有的细小如泥沙,有的像鹿角,核桃仁一般。有的呈黑褐色,更多则是灰白色。有一种胱氨酸结石甚至呈现为黄绿色,表明粗糙但有光泽,极像贝母。

而肾结石的形成原因,大多要追究饮食。大量动物蛋白质、精制糖和低纤维素食品,被认为是目前肾结石发病率上升的原因之一。高蛋白能促进尿钙和草酸的排泄,还能酸化尿液,而这三者都有利于尿酸盐的结晶析出,并形成结石。

牛奶富含钙质,人们不禁担心——喝牛奶会更容易患肾结石。事实上,喝牛奶反而会降低肾结石的危险性。缘何如此? 原来,机体这个复杂系统,很巧妙的平衡了高钙与肾结石的关系。虽然高钙饮品势必增加尿内钙的排泄量,但却可以降低尿液内草酸的排泄,从而使得尿液内草酸及钙的比值明显降低,反而不容易形成草酸钙结晶。因此,若从预防肾结石的角度说,我们应多喝高钙饮品。

同为奶制品,那喝豆奶、豆浆呢? 这类饮品也富含钙质、蛋白质及嘌呤,对人体善莫大焉。但人们担心他们是否有升高肾结石的风险性。没错! 豆类饮品的确可能增加肾结石的风险,但却由豆类中的草酸盐所致。别担心,高营养的豆类饮品对正常人来说,没有任何问题。只有那些患有肾结石、痛风的人应该少喝为妙。

(选自网络资料,有删减,作者:BOBO)

练 习

速读第 1 遍,完成下面的练习(建议阅读时间 5 分钟)

一、根据阅读内容选择正确答案

1. 在医学上,尿路内结晶及结石形成机制极为复杂,涉及到哪些方面知识?
   A. 物理化学　　　B. 生物化学　　　C. 晶体动力学　　　D. 以上都是

2. 关于三聚氰胺引发结石的原因,本文陈述了几种观点?
   A. 一种　　　　　B. 两种　　　　　C. 三种　　　　　D. 四种

3. 文中没有提到结石有哪种颜色?
   A. 褐色　　　　　B. 灰白色　　　　C. 黄绿色　　　　D. 黑褐色

4. 黄色结石是哪一年发现的?

A. 1910 年　　　　B. 1901 年　　　　C. 1911 年　　　　D. 1091 年

5. 根据文章内容，三聚氰胺不会导致：

A. 肾结石　　　　B. 肾积水　　　　C. 急性肾衰竭　　　　D. 痛风

细读第 2 遍，完成下面的练习

二、根据阅读内容判断正误

1. 喝牛奶会更容易患肾结石。　　　　　　　　　　　　　　　　　　（　　）
2. 高钙饮品势必减少尿内钙的排泄量，但却可以增高尿液内草酸的排泄。（　　）
3. 结石中大约 3/4 含有草酸钙成分。　　　　　　　　　　　　　　　（　　）
4. 肾结石是指一些晶体物质和有机基质在肾脏的异常聚积，从而形成的"石头"。（　　）
5. 不注意饮食是目前肾结石发病率上升的原因之一。　　　　　　　　（　　）
6. 患有肾结石、痛风的人要少喝豆浆。　　　　　　　　　　　　　　（　　）

词语提示

妇孺皆知	〈组〉	fù rú jiē zhī	妇女、小孩全都知道。指众所周知。
色彩斑斓	〈组〉	sè cǎi bān lán	形容色彩错杂灿烂的样子。
嘌呤	〈名〉	piào lìng	存在人体内的一种物质，主要以嘌呤核苷酸的形式存在，在能量供应、代谢调节及组成辅酶等方面起着十分重要的作用。
善莫大焉	〈组〉	shàn mò dà yān	没有比这更好的事了。

阅读 4

随着人们对食品安全的关注越来越多，任何现代加工技术都会带来疑虑。许多人相信，传统的、以前的加工技术总是安全和健康的。比如食用油，"自家榨的油"甚至成为了高档的礼品，就象"有机产品"一样受到人们的追逐。

自家榨的油，真的会更好吗？

所谓"自家榨的油"，就是自己提供菜籽、花生、大豆等油料，由榨油作坊压榨得到的油。在食品技术上，这样的油称为"粗油"。食用油的主要成分是甘油三酯。在粗油中，还有相当多的磷脂和游离脂肪酸等杂质。

在现代食品工业里，压榨已经属于淘汰工艺，现在一般使用溶剂浸取。不管是压榨还是浸取，得到的油都要进行精炼，除去杂质，并且脱色、除味之后才进行销售。精炼后的油颜色浅，味道淡，稳定性更好。因为粗油有精炼油所不具有的风味，于是许多人相信：粗油更有营养、更安全。

我们知道，油烧到一定温度都会冒烟。冒出的烟中含有一种物质叫做丙烯醛，对眼睛和呼吸道有很强的刺激作用。在第一次世界大战中，丙烯醛甚至作为化学武器来使用。除此之外，冒烟还会产生其他的有害物质。

油开始冒烟的温度叫做"烟点"。烟点与油的种类有关，比如葵花籽粗油的烟点不到 110 度，而芝麻粗油则接近 180 度。同种类油的烟点又跟其中的杂质密切相关，大豆和花生粗油的烟点在 160 度左右，而精炼之后能够达到 230 度以上。从安全的角度说，"自家榨的油"不如精炼的油好。

不过，植物油中有一些对健康有益的成分，比如维生素 E 和植物甾醇等，也会随着精炼而被去除一部分。有些情况下，损失能够达到百分之几十。因此，从营养的角度说，"自家榨的油"比起精炼的油又有一定的优势。

对于食品，我们应该是在安全的前提下考虑营养。精炼所损失的营养，可以从其他的食物中获得。而粗油冒烟所带来的危害，则无法消除。虽然它的危害不见得立竿见影，但是小的风险，只要能避免也就没有必要去承担。尤其是对于爆炒或煎炸，精炼油应该是更好的选择。当然，不管是粗油还是精炼油，关键都是避免加热到冒烟的温度。

（选自网络资料，有删减，作者：云无心）

练习

速读第 1 遍，完成下面的练习（建议阅读时间 4 分钟）

一、根据阅读内容选择正确答案

1. 食用油的主要成分是：
   A. 甘油三酯　　　B. 磷脂　　　　C. 固醇　　　　D. 脂肪酸

2. 不管是压榨还是浸取，得到的油都要进行哪些步骤才进行销售？
   A. 精炼　　　　　B. 除杂　　　　C. 脱色　　　　D. 三项皆有

3. 葵花籽粗油的烟点大概为：
   A. 160 度　　　　B. 108 度　　　C. 125 度　　　D. 180 度

4. 从哪个角度来说，"自家榨的油"不如精炼的油好？
   A. 营养　　　　　B. 安全　　　　C. 质量　　　　D. 味道

5. 丙烯醛对人体哪个部位有很强的刺激作用？
   A. 皮肤　　　　　B. 眼睛　　　　C. 耳朵　　　　D. 嘴巴

细读第 2 遍，完成下面的练习

二、根据阅读内容判断正误

1. 自家炸的油会更健康。　　　　　　　　　　　　　　　　　　（　　）
2. 在食品技术上，自家炸的油是粗油。　　　　　　　　　　　　（　　）
3. 葵花籽粗油的烟点和芝麻粗油的烟点一样。　　　　　　　　　（　　）
4. 从安全的角度说，"自家榨的油"比起精炼的油有一定的优势。（　　）
5. 对于食品，我们应该是在安全的前提下考虑营养。　　　　　　（　　）
6. 粗油冒烟所带来的危害，可以消除。　　　　　　　　　　　　（　　）

词语提示

追逐	（动）	zhuī zhú	追求；逐取。
作坊	（名）	zuō fāng	从事手工制造加工的工厂。
丙烯醛	（名）	bǐng xī quán	最简单的不饱和醛，化学式为 C_3H_4O，在通常情况下是无色透明有恶臭的液体，其蒸气有很强的刺激性和催泪性。

| 甾醇 | （名） | zāi chún | 类固醇的一种，又称固醇。 |
| 立竿见影 | 〈组〉 | lì gān jiàn yǐng | 在阳光下竖起竹竿，立刻就看到影子。比喻立刻见效。 |

阅读5

怀孕是女性一生非常特殊的时期，而分娩（无论是顺产还是剖宫产）会在短时间内改变女性十个月以来逐渐积累的生理变化。分娩后的一段时期医学称之为"产褥期"，一般规定为6周。我国民间也历来重视"坐月子"，这与现代医学重视的产褥期不谋而合。月子期间的保健对于产妇的身心健康非常重要。

在怀孕后期，胎儿逐渐长大成熟，为了供应足够的空间和营养，孕妇子宫大大增长，血液容量随之增加，双肾盂和输尿管由于受到胎儿的压迫而扩张，身体处于高负荷状态。分娩使得这一状态被迅速打破。所谓"产褥期"，是指产妇的各项身体机能从孕期的高负荷状态回复到相对正常的过程，它主要包括孕期高度扩张的子宫缩小至未孕时的容积；经过自然分娩后的产道恢复至原来大小；分娩时牵拉撕裂的盆底肌肉的愈合和锻炼；产后泌乳、内分泌改变以及其他身体机能的恢复等。

因此产褥期应以休息为主——但这并不意味着要整天呆在床上。整日卧床有几项弊端：首先，四肢缺乏适量活动，会增加静脉血栓形成的风险。人体的血液，尤其是下肢血液的回流是需要肌肉收缩的刺激来帮助完成的，整日卧床会使双腿血液回流速度缓慢，血液易凝集为血栓。产后女性由于子宫恢复和伤口愈合的需要，血液中的凝血因子本身就处于活跃状态，这更促进了血液的凝集。而血栓一旦形成，对人体的威胁不可小觑。其次，终日卧床会导致尿液潴留和便秘。在产前，由于胎儿的存在，女性体内血容量是大大超出未孕时的，简单的说，就是体内"血"太多了。分娩后，机体需要通过排尿等方式恢复到正常的血容量，因此产妇生产后往往尿量很多。长期卧床会使得盆腔缺乏刺激，容易出现排不出尿的情况；另外，胃肠道也同样需要活动刺激，产后几天内女性会食欲减退，食物中缺乏纤维素和肠蠕动减弱均会导致便秘，而适度活动则会加速肠道功能的恢复。第三，网络传言称产后活动会导致内脏下垂，故提倡产妇终日卧床——这也是不对的。自然分娩后盆底的肌肉会或多或少受到损伤，此时终日卧床反倒会增加子宫下垂的风险。产褥期应当有适量活动，最好坚持做产后的健身操。研究证实，产后缺乏相应锻炼的女性，盆底肌肉则很少能完全恢复到孕前。而盆底肌肉松弛加上过度体力劳动才是子宫脱垂的病因。

至于通常所说的"产后不能开窗见风，夏天不能开空调风扇，需长戴帽子且严禁洗头洗澡"的说法也是没有道理的，没有任何科学证据证明月子期洗澡和室内通风会导致产妇后遗症，相反，产后的女性更应重视个人卫生。除了剖腹产留下的伤口应当避免水湿污染外，体力许可时洗澡并无禁忌，但要保持水温和环境适宜。气温过高时应当调整室内温度，使产妇保持身体干爽。过多的汗液分泌、长期卧床加之室内通风不良会增加细菌滋生的几率，造成产褥感染。

有关坐月子期间的各种流言和秘方，其实都有它产生的土壤，人们之所以会相信或受骗上当，多数是源于对医学知识的不了解或误解。

（选自网络资源，有删减，作者：赵承渊）

练习

速读第 1 遍,完成下面的练习(建议阅读时间 4 分钟)

一、根据阅读内容选择正确答案

1. 在怀孕后期,孕妇身体处于什么状态?
   A. 子宫增长　　　B. 血容量不变　　　C. 输卵管扩张　　　D. 食欲减少

2. 产褥期身体机能的变化主要包括:
   A. 子宫缩小　　　　　　　　　B. 盆底肌肉愈合
   C. 产后泌乳　　　　　　　　　D. 三项皆有

3. 产后几天内女性食欲会如何变化?
   A. 食欲增强　　　B. 食欲减少　　　C. 食欲不变　　　D. 食欲加量

4. 下面哪一项不是产褥期整日卧床的弊端?
   A. 增加静脉血栓形成的风险　　　B. 导致尿液潴留和便秘
   C. 产道不能迅速恢复　　　　　　D. 增加子宫下垂的风险

5. 产后女性不可以:
   A. 大量运动　　　B. 洗头　　　C. 室内通风　　　D. 洗澡

细读第 2 遍,完成下面的练习

二、根据阅读内容判断正误

1. 分娩后的一段时期医学称之为"产褥期",一般规定为 42 天。　　　　　(　　)
2. 在产褥期,产妇的各项身体机能会从孕期的高负荷状态回复到相对正常。(　　)
3. 产后几天内,产妇饭量会减少。　　　　　　　　　　　　　　　　　(　　)
4. 产褥期应要整天呆在床上休息。　　　　　　　　　　　　　　　　　(　　)
5. 盆底肌肉松弛再加上过度体力劳动会导致子宫脱垂。　　　　　　　　(　　)
6. 月子期洗澡和室内通风会导致产妇后遗症。　　　　　　　　　　　　(　　)

词语提示

剖宫产	(名)	pōu gōng chǎn	剖宫产是经腹切开子宫取出胎儿的手术。
产褥期	(名)	chǎn rù qī	是指胎儿、胎盘娩出后的产妇身体、生殖器官和心理方面调适复原的一段时间,需 6～8 周,也就是 42～56 天。
潴留	(动)	zhū liú	指液体在体内不正常地聚集停留。
会阴	(名)	huì yīn	人体部位名,指外生殖器后方与肛门前方的部位。

阅读6

　　人人都不喜欢生病,但又免不了生病,所谓"无疾而终"的幸运儿,我至今还未见到。

　　近年来,我运气不好,病魔就像个凶悍的拳击师,接二连三把我击倒在地。痛苦和忍受是它赠送给我的唯一礼物。

是的，忍受。为了消除痛苦，你别无选择，只能咬紧牙关忍受。治病的过程，就是耐力和毅力经受锤打的过程。

但钱钟书先生别有高见。他主张病人要把"忍受变为享受"，要"苦中作乐，从病痛中滤出快活来"。这是他老人家所提倡的一种病的哲学。

遵照智者的教诲，我渐渐适应了病中的岁月，并努力用尽可能健康的灵魂超度不健康的肉体，慢慢从病痛中品尝出种种人生的乐趣。

于是，我松弛下来，难得有这种平和、冲淡、宁静的心境。这也是对平时超负荷运转的一种补偿吧！于是，我发现，自然界的一切都给人一种生机勃发的暗示，使我感到肌体内有一种新生和健康的力量在潜滋暗长。

首先，病是一种解脱。它使人暂时避开世俗。文山、会海、电话铃声、催稿信，全都离开远去，甚至，连妻子的菜篮子和孩子的成绩单也不必再加考虑。作为病人，休息是你的第一权利。

因为病，你集中承受着来自亲人、朋友、同事的种种关切。一束鲜花，一只苹果，一句真诚的祝福，一个关切的眼神，都使你为之心动，使你对自己的存在价值得以肯定，对人际关系中的光明面充满感激和依恋。当年迈的双亲从远方赶来探视时，我仿佛回到遥远的童年，重温高堂的舐犊情深。正因为有这许多感情的支柱，我深信生命的小屋绝不会訇然崩塌。同时，我也更领悟出为人必须宽容，必须以真诚报答真诚，病愈之后应该多关心他人，尤其在他人蒙难之时。

因为病，你结识了许多病友。因为同病相怜，你和病人之间最容易敞开心扉作毫无保留的倾谈。每个病人的经历都似一部长篇小说。你读别人的甜酸苦辣，悲欢离合，同时也在读世态，读人情，并从中辨出种种人生真谛。

在病人的眼里，身穿白衣的医生、护士，如上帝一般权威，救星一般光灿，哲学一般冷静，数学一般缜密，却又善良美丽如同天使。然而，他们也是凡人，也有疲倦、烦恼乃至病痛。于是，你又学会了对一种职业的理解和尊重。

病，更是阅读和思考的大好季节。因为静卧，你可以听新闻、听音乐，读你平时想读又来不及读的许多好书。读书疲劳时，你还可以读画册、画报乃至小人书。当抗菌素、生理盐水、氨基酸和葡萄糖水点点滴滴注入你的血管时，你的灵魂也同时得以洗涤和净化；当医生解剖你的肉体时，你同时也在解剖自己的灵魂。因为病，你被甩出了正常的生活轨道，那么，你就可以更从容更客观更冷静地审视自己，反思病前的生活，设计病后的日子。如果说，人生是一部越写越快的书，那么，一场病便是一个句号，一段承前启后的空白。你出院那天，便预示着生命史将另开一个新的章节，另开一个更动人的段落。

这就是病的快乐，它使你聪明、成熟，它教给你许多健康时学不到的东西，使你更加热爱生命，热爱生活。

（选自网络资料，有删减）

练习

速读第 1 遍，完成下面的练习（建议阅读时间 4 分钟）

一、根据课文内容选择正确答案

1. "我"生病前后对病的看法有何不同？

A. 痛苦与适应 　　　　　　　　　　B. 忍受与体验病的快乐

C. 苦中作乐与平和心态　　　　　　D. 始终痛苦

2. "因为病,你可以暂时避开世俗"。这里的"世俗"不包括下文中的哪一项?

　　A. 开会　　　　　B. 写材料　　　　C. 孩子的学习成绩　D. 父母

3. 下列哪一项不是作者在病中的感受?

　　A. 亲朋好友的关切　　　　　　　　B. 父母的关心

　　C. 自我存在的价值　　　　　　　　D. 对自己职业的理解和尊重

4. "我"从护士、医生身上学到了什么?

　　A. 温和　　　　　　　　　　　　　B. 细心

　　C. 对他们职业的羡慕　　　　　　　D. 对他们职业的理解

5. "我"对生病的理解发生改变是从谁那儿得到的启示?

　　A. 钱钟书　　　　B. 妻儿　　　　　C. 医生　　　　　　D. 病友

细读第 2 遍,完成下面的练习

二、根据阅读内容判断正误

1. 钱钟书先生主张病人要把"忍受变为享受"。　　　　　　　　　　　(　　)

2. "我"一直在忍受着病痛的折磨。　　　　　　　　　　　　　　　　(　　)

3. 因为病,你得到了来自亲人、孩子和同事的种种关切。　　　　　　　(　　)

4. 在病中"我"的灵魂得到了洗涤和净化。　　　　　　　　　　　　　(　　)

5. 生病减少了思考的时间和程度。　　　　　　　　　　　　　　　　(　　)

6. 生病让"我"更加热爱生命,热爱生活。　　　　　　　　　　　　　(　　)

词语提示

无疾而终	〈组〉	wú jí ér zhōng	没有疾病的死亡,引申为死得安详或者无意外的死亡。
訇然	(形)	hōng rán	形容大声。
崩塌	(动)	bēng tā	崩落而倒塌。
凶悍	(形)	xiōng hàn	凶猛的,强悍的,厉害的。
锤打	(动)	chuí dǎ	用锤子敲击。
潜滋暗长	〈组〉	qián zī àn zhǎng	在暗中不知不觉地生长。
舐犊情深	〈组〉	shì dú qíng shēn	老牛舐小牛的毛以示对它的深切疼爱。比喻对子女的感情很深。
洗涤	(动)	xǐ dí	冲荡;清洗。又作除去罪过、积习、耻辱等。

参考答案

第七单元　自然环境篇

第31课

主课文

一、1. √ 2. × 3. √ 4. √ 5. × 6. ×

二、1. D 2. B 3. C 4. A 5. B 6. A

三、1. 相对 2. 检测、探测 3. 浩淼无垠 4. 目所能及 5. 沧海一粟 6. 混沌

四、1. A 2. D 3. C 4. B 5. B 6. D

五、略

阅读1

一、1. C 2. B 3. D 4. C 5. B

二、1. √ 2. × 3. × 4. √ 5. × 6. √

三、1. A 2. C 3. D 4. B 5. A

阅读2

一、1. C 2. C 3. D 4. B 5. D

二、略

三、1. 大概 2. 叫做 3. 最多 4. 索要 5. 取之不竭

第32课

主课文

一、1. √ 2. √ 3. × 4. × 5. √ 6. √

二、1. A 2. B 3. C 4. D 5. A 6. B

三、1. 濒临 2. 首肯 3. 崛起 4. 枯竭 5. 日趋 6. 孕育

四、1. B 2. D 3. C 4. B 5. A 6. C

五、略

阅读1

一、1. B 2. A 3. C 4. B 5. D 6. D

二、1. √ 2. × 3. × 4. √ 5. × 6. √

三、1. C 2. B 3. D 4. A 5. B

阅读2

一、1. B 2. C 3. C 4. A 5. D 6. B

二、略

三、1. 用之不竭 2. 忘记 3. 固然 4. 刮目相看 5. 呼吁

第 33 课

主课文

一、1. √ 2. × 3. × 4. √ 5. √ 6. ×

二、1. A 2. C 3. B 4. B 5. C 6. B

三、1. 广袤 2. 广阔 3. 栖息 4. 休憩 5. 瞩目 6. 关注 7. 拓展 8. 发展

四、1. A 2. A 3. B 4. D 5. D 6. D

五、略

阅读 1

一、1. A 2. C 3. C 4. A 5. C

二、略

三、1. C 2. A 3. D 4. B 5. A

阅读 2

一、1. D 2. A 3. B 4. C 5. B

二、1. × 2. √ 3. × 4. √ 5. √ 6. ×

三、1. 造成 2. 日渐 3. 加重 4. 颠沛流离 5. 不足

第 34 课

主课文

一、1. × 2. √ 3. √ 4. × 5. √ 6. √

二、1. D 2. D 3. B 4. A 5. B 6. C

三、1. 顺水推舟 2. 死里逃生 3. 成群结队 4. 千钧一发 5. 见义勇为 6. 津津乐道

四、1. B 2. A 3. D 4. C 5. D 6. C

五、略

阅读 1

一、1. A 2. D 3. D 4. C 5. C

二、1. × 2. √ 3. × 4. × 5. × 6. ×

三、1. B 2. C 3. B 4. A 5. D

阅读 2

一、1. A 2. D 3. D 4. A 5. C

二、略

三、1. 乱抓 2. 随处可见 3. 看见 4. 迟疑 5. 惴惴不安

第 35 课

主课文

一、1. × 2. × 3. √ 4. × 5. × 6. ×

二、1. D 2. C 3. A 4. C 5. B 6. D

三、1. 纹丝不动 2. 心有余而力不足 3. 付诸行动 4. 欣欣向荣 5. 弥天大谎 6. 无动于衷

四、1. B 2. C 3. D 4. B 5. D 6. D

五、略

阅读1

一、1. B 2. B 3. B 4. C 5. D

二、1. × 2. × 3. √ 4. √ 5. √ 6. ×

三、1. A 2. D 3. B 4. C 5. B

阅读2

一、1. B 2. D 3. D 4. B 5. B

二、略

三、1. 原谅 2. 引发 3. 起码 4. 论证 5. 表明

单元阅读测试练习七

阅读1

一、1. D 2. B 3. D 4. C 5. A

二、略

阅读2

一、1. D 2. B 3. C 4. D 5. C

二、1. √ 2. √ 3. × 4. √ 5. √ 6. ×

阅读3

一、1. B 2. A 3. C 4. A 5. C

二、略

阅读4

一、1. C 2. D 3. A 4. C 5. D 6. A

二、略

阅读5

一、1. D 2. A 3. C 4. D 5. D

二、1. D 2. C 3. C 4. B 5. B

阅读6

一、1. D 2. D 3. C 4. D 5. A

二、1. × 2. √ 3. √ 4. × 5. × 6. ×

第八单元　生命科学篇

第36课

主课文

一、1. √ 2. × 3. √ 4. √ 5. √ 6. ×

二、1. A 2. A 3. B 4. B 5. B 6. C

三、1. 奠定 2. 夭折 3. 迹象 4. 蔓延 5. 势必 6. 肆意

四、1. C 2. D 3. A 4. A 5. A 6. A

五、略

阅读1

一、1. C 2. D 3. D 4. C 5. A

二、1. √ 2. √ 3. √ 4. √ 5. × 6. ×

三、1. D 2. C 3. A 4. B 5. A

阅读 2

一、1. A 2. B 3. A 4. B 5. A

二、略

三、1. 阐明 2. 一清二楚 3. 不胜枚举 4. 保存 5. 大有作为

第 37 课

一、1. √ 2. × 3. × 4. √ 5. √ 6. √

二、1. C 2. A 3. C 4. B 5. A 6. C 7. D

三、1. 卷土重来 2. 死灰复燃 3. 用场 4. 无药可治 5. 防不胜防 6. 缺陷

四、1. B 2. B 3. C 4. C 5. C 6. A

五、略

阅读 1

一、1. C 2. D 3. B 4. A 5. D

二、1. √ 2. × 3. × 4. √ 5. × 6. ×

三、1. D 2. B 3. A 4. C 5. C

阅读 2

一、1. C 2. D 3. A 4. D 5. C

二、略

三、1. 叫花子 2. 发芽 3. 使用 4. 接连不断 5. 存留

第 38 课

主课文

一、1. √ 2. × 3. √ 4. × 5. √ 6. ×

二、1. B 2. B 3. C 4. B 5. D 6. A

三、1. 进化 2. 抗衡 3. 适得其反 4. 繁殖 5. 退化 6. 萎缩

四、1. D 2. B 3. C 4. A 5. B 6. B

五、略

阅读 1

一、1. C 2. C 3. A 4. B 5. D

二、1. √ 2. √ 3. × 4. × 5. √ 6. √

三、1. A 2. D 3. A 4. A 5. C

阅读 2

一、1. B 2. B 3. D 4. D 5. D

二、略

三、1. 总有一天 2. 预先 3. 推动 4. 控制 5. 捡起

第 39 课

主课文

一、1. × 2. √ 3. × 4. × 5. √ 6. ×

二、1. C 2. D 3. C 4. B 5. C 6. B

三、1. 宣泄 2. 随意 3. 消耗 4. 袭击 5. 挑战 6. 适宜 7. 过渡 8. 特殊

四、1. A 2. D 3. B 4. C 5. C 6. D

五、略

阅读 1

一、1. B 2. D 3. B 4. C 5. B

二、1. √ 2. √ 3. √ 4. √ 5. × 6. √

三、1. A 2. A 3. A 4. C 5. A 6. B

阅读 2

一、1. C 2. B 3. D 4. D 5. A

二、略

三、1. 实际上 2. 怀疑 3. 一般 4. 混乱 5. 变化

第 40 课

主课文

一、1. √ 2. × 3. √ 4. × 5. × 6. √

二、1. D 2. D 3. D 4. C 5. A 6. B

三、1. 传导 2. 路径 3. 例外 4. 主干 5. 举足轻重 6. 丰硕

四、1. A 2. D 3. B 4. A 5. B 6. D

五、略

阅读 1

一、1. A 2. B 3. C 4. D 5. C

二、1. √ 2. √ 3. √ 4. √ 5. ×

三、1. C 2. B 3. C 4. A 5. B

阅读 2

一、1. C 2. B 3. C 4. C 5. B

二、略

三、1. 不小心 2. 讲 3. 无计可施 4. 迷迷糊糊 5. 住宿 6. 身首异处

单元阅读测试练习八

阅读 1

一、1. A 2. C 3. D 4. D 5. C

二、1. A 2. C 3. A 4. C 5. A

阅读 2

一、1. B 2. D 3. A 4. D 5. D

二、1. × 2. × 3. √ 4. √ 5. √ 6. ×

阅读 3

一、1. A 2. B 3. C 4. A 5. C

二、略

阅读 4

一、1. D 2. A 3. D 4. B 5. B

二、略

阅读5

一、1. B 2. C 3. D 4. B 5. A

二、1. × 2. × 3. √ 4. × 5. × 6. ×

阅读6

一、1. D 2. C 3. B 4. D 5. D

二、1. B 2. A 3. D 4. B 5. C

第九单元　人体结构篇

第41课

主课文

一、1. √ 2. √ 3. √ 4. × 5. × 6. ×

二、1. A 2. A 3. A 4. A 5. C 6. B

三、1. 瞩目 2. 憧憬 3. 严实 4. 迷茫 5. 有目共睹 6. 溢于言表

四、1. A 2. C 3. D 4. C 5. C 6. B

五、略

阅读1

一、1. A 2. D 3. D 4. A 5. A

二、1. √ 2. √ 3. × 4. × 5. × 6. √

三、1. C 2. A 3. B 4. A 5. B

阅读2

一、1. C 2. A 3. A 4. C 5. D

二、略

三、1. 团结一致 2. 影响 3. 面积 4. 祸患 5. 匪夷所思

第42课

主课文

一、1. × 2. × 3. √ 4. √ 5. √ 6. √

二、1. C 2. A 3. A 4. A 5. B 6. C

三、1. 侥幸 2. 锁定 3. 追踪 4. 唯独 5. 前所未有 6. 开辟

四、1. A 2. C 3. D 4. C 5. D 6. A

五、略

阅读1

一、1. D 2. A 3. C 4. D 5. B 6. D

二、1. √ 2. √ 3. × 4. × 5. √ 6. √

三、1. A 2. B 3. A 4. D 5. B

阅读2

一、1. C 2. B 3. B 4. A 5. C

二、略

三、1. 也许 2. 敏感 3. 吻合 4. 平均 5. 反之

第 43 课

主课文

一、1. √ 2. × 3. √ 4. √ 5. × 6. ×

二、1. C 2. B 3. C 4. B 5. D 6. D

三、1. 惊世骇俗 2. 等闲视之 3. 不可小视 4. 罹患 5. 维持 6. 固有

四、1. D 2. C 3. C 4. D 5. D 6. B

五、略

阅读 1

一、1. A 2. D 3. D 4. A 5. D 6. A

二、1. √ 2. √ 3. √ 4. √ 5. √ 6. ×

三、1. B 2. A 3. A 4. A 5. C

阅读 2

一、1. A 2. C 3. B 4. D 5. C

二、略

三、1. 不可缺少 2. 避免 3. 保持 4. 毫不畏惧 5. 稳定

第 44 课

主课文

一、1. √ 2. × 3. √ 4. √ 5. √ 6. √

二、1. C 2. A 3. A 4. B 5. A 6. D

三、1. 信手拈来 2. 解脱 3. 支撑 4. 局限 5. 不妨 6. 阻碍

四、1. A 2. D 3. A 4. B 5. A 6. D

五、略

阅读 1

一、1. D 2. C 3. D 4. A 5. B 6. D

二、1. × 2. √ 3. √ 4. √ 5. √ 6. ×

三、1. 表现为 2. 更加 3. 到了 4. 差于 5. 轻微

阅读 2

一、1. D 2. B 3. D 4. A 5. B

二、略

三、1. 规矩 2. 蓄积 3. 抽筋 4. 彻彻底底 5. 抗议

第 45 课

一、1. × 2. × 3. √ 4. × 5. √ 6. ×

二、1. C 2. A 3. D 4. A 5. C 6. A

三、1. 众目睽睽 2. 罪魁祸首 3. 四处游荡 4. 不速之客 5. 大惊小怪 6. 匪夷所思

四、1. D 2. B 3. D 4. D 5. D 6. D

五、略

阅读 1

一、1. A 2. D 3. D 4. A 5. C 6. C

二、1. √ 2. × 3. × 4. √ 5. √ 6. ×

三、1. A 2. C 3. A 4. C 5. A

阅读2

一、1. D 2. C 3. C 4. A 5. D 6. D

二、略

三、1. 肯定 2. 明明白白 3. 到达 4. 不知所措 5. 受不了

单元阅读测试练习九

阅读1

一、1. A 2. A 3. D 4. C 5. A

二、略

阅读2

一、1. A 2. D 3. C 4. C 5. C

二、略

阅读3

一、1. B 2. A 3. C 4. D 5. D 6. B

二、略

阅读4

一、1. C 2. C 3. D 4. A 5. A

二、1. × 2. √ 3. × 4. √ 5. √ 6. ×

阅读5

一、1. D 2. A 3. B 4. D 5. C

二、略

阅读6

一、1. C 2. D 3. B 4. B 5. D 6. A

二、1. √ 2. √ 3. × 4. √ 5. √ 6. √ 7. ×

第十单元　医学诺贝尔篇

第46课

主课文

一、1. √ 2. × 3. × 4. × 5. √ 6. ×

二、1. C 2. A 3. D 4. B 5. B 6. D

三、1. 转机 2. 实至名归 3. 转变 4. 濒临 5. 大名鼎鼎 6. 筛选

四、1. D 2. B 3. C 4. C 5. D 6. C

五、略

阅读1

一、1. C 2. D 3. B 4. C 5. A

二、1. × 2. √ 3. √ 4. × 5. × 6. √

三、1. B 2. D 3. A 4. B 5. A

阅读 2

一、1. B 2. D 3. C 4. A 5. D

二、略

三、1. 承担 2. 反而 3. 很难 4. 旗鼓相当 5. 不乏其人

第 47 课

主课文

一、1. √ 2. × 3. √ 4. × 5. × 6. √

二、1. B 2. B 3. A 4. D 5. B 6. A

三、1. 挽救 2. 如雷贯耳 3. 闻名遐迩 4. 退缩 5. 拯救 6. 打击

四、1. B 2. A 3. B 4. A 5. D 6. B

五、略

阅读 1

一、1. D 2. B 3. B 4. C 5. D

二、略

三、1. A 2. B 3. D 4. C 5. C

阅读 2

一、1. C 2. B 3. D 4. A 5. C

二、1. √ 2. × 3. √ 4. × 5. × 6. √

三、1. 滥用 2. 确诊 3. 减轻 4. 判断 5. 按照

第 48 课

主课文

一、1. √ 2. × 3. × 4. × 5. √ 6. ×

二、1. B 2. D 3. A 4. B 5. D 6. C

三、1. 自发 2. 大显身手 3. 崇尚 4. 大有作为 5. 崇高 6. 以免

四、1. B 2. D 3. C 4. A 5. A 6. C

五、略

阅读 1

一、1. A 2. B 3. D 4. B 5. C

二、略

三、1. B 2. C 3. D 4. B 5. A

阅读 2

一、1. D 2. A 3. C 4. D 5. B

二、1. √ 2. × 3. × 4. × 5. √ 6. √

三、1. 混杂 2. 不是 3. 好处 4. 考虑到 5. 分析得失

第 49 课

主课文

一、1. √ 2. × 3. × 4. √ 5. √ 6. ×

二、1. B 2. D 3. A 4. C 5. D 6. B

三、1. 立见成效 2. 杂乱 3. 立竿见影 4. 畸形 5. 众望所归 6. 紊乱

四、1. B 2. D 3. A 4. C 5. B 6. D

五、略

阅读1

一、1. C 2. D 3. A 4. B 5. D

二、略

三、1. D 2. C 3. A 4. B 5. D

阅读2

一、1. B 2. D 3. A 4. C 5. C

二、1. × 2. × 3. √ 4. √ 5. × 6. √

三、1. 舒展 2. 延迟 3. 重量 4. 支撑 5. 自由

第 50 课

主课文

一、1. √ 2. × 3. × 4. √ 5. √ 6. ×

二、1. C 2. B 3. D 4. B 5. A 6. C

三、1. 开创 2. 繁琐 3. 展露 4. 遥不可及 5. 开辟

四、1. D 2. B 3. C 4. A 5. C 6. A

五、略

阅读1

一、1. C 2. D 3. C 4. B 5. D

二、略

三、1. B 2. D 3. B 4. D 5. A

阅读2

一、1. C 2. D 3. A 4. C 5. D

二、1. √ 2. × 3. √ 4. × 5. × 6. √

三、1. 感染 2. 开战 3. 不知不觉 4. 熟悉 5. 再次

单元阅读测试练习十

阅读1

一、1. B 2. D 3. D 4. C 5. A

二、1. × 2. √ 3. √ 4. × 5. × 6. √

阅读2

一、1. D 2. C 3. B 4. A 5. D

二、略

阅读3

一、1. C 2. A 3. B 4. C 5. D

二、略

阅读4

一、1. B 2. D 3. A 4. B 5. B

二、1. × 2. × 3. √ 4. √ 5. × 6. ×

阅读 5

一、1. B 2. C 3. D 4. B 5. A

二、略

阅读 6

一、1. B 2. C 3. A 4. D 5. A 6. D

二、1. B 2. A 3. C 4. B 5. D

第十一单元　常见疾病篇

第 51 课

主课文

一、1. √ 2. × 3. √ 4. √ 5. × 6. ×

二、1. C 2. D 3. A. 4. D 5. C

三、1. 辗转反侧 2. 攻击 3. 嘱咐 4. 无奈 5. 胸有成竹 6. 庆幸

四、1. B 2. C 3. D 4. C 5. B 6. A

五、略

阅读 1

一、1. D 2. A 3. D. 4. B 5. C

二、1. √ 2. × 3. × 4. √ 5. √ 6. √

三、1. D 2. C 3. B. 4. C 5. D

阅读 2

一、1. C 2. D 3. A. 4. A 5. D

二、略

三、1. 必须 2. 避免 3. 特别 4. 间隔 5. 注意

第 52 课

主课文

一、1. √ 2. × 3. √ 4. × 5. × 6. √

二、1. D 2. A 3. B 4. C 5. A 6. D

三、1. 一知半解 2. 贸然 3. 明智 4. 漠然 5. 高明 6. 罹患

四、1. D 2. A 3. B 4. C 5. A 6. C

五、略

阅读 1

一、1. B 2. A 3. C 4. D 5. A

二、1. √ 2. √ 3. × 4. √ 5. √ 6. ×

三、1. D 2. C 3. B 4. C 5. D

阅读 2

一、1. A 2. D 3. B 4. A 5. C

二、略

三、1. 等同 2. 溜走 3. 关系 4. 反复做某事,折磨 5. 主要原因

第 53 课

主课文

一、1. × 2. × 3. × 4. × 5. × 6. √

二、1. A 2. C 3. B 4. A 5. D 6. C

三、1. 前车之鉴 2. 缓冲 3. 涵盖 4. 雪上加霜 5. 精湛 6. 犒劳

四、1. C 2. B 3. C 4. C 5. C 6. C

五、略

阅读1

一、1. B 2. A 3. B 4. C 5. B

二、1. × 2. √ 3. √ 4. × 5. √ 6. √

三、1. C 2. A 3. B 4. B 5. A

阅读2

一、1. A 2. B 3. B 4. C 5. B

二、略

三、1. 引发 2. 归罪 3. 竟不知 4. 斟酌 5. 严守

第 54 课

主课文

一、1. × 2. × 3. × 4. × 5. × 6. √

二、1. B 2. A 3. C 4. D 5. A 6. B

三、1. 尝试 2. 孤僻 3. 怪癖 4. 融合 5. 弥补 6. 威胁

四、1. C 2. D 3. D 4. A 5. D 6. C

五、略

阅读1

一、1. D 2. D 3. A 4. A 5. C

二、1. × 2. × 3. √ 4. √ 5. √ 6. √

三、1. A 2. B 3. B 4. C 5. A

阅读2

一、1. B 2. A 3. D 4. D 5. C

二、略

三、1. 轻视 2. 检查 3. 补偿 4. 忐忑不安 5. 流口水

第 55 课

主课文

一、1. × 2. √ 3. √ 4. × 5. √ 6. √

二、1. D 2. B 3. C 4. A 5. D 6. B

三、1. 过犹不及 2. 浅尝辄止 3. 危言耸听 4. 大行其道 5. 靠谱 6. 纠结

四、1. D 2. B 3. A 4. C 5. D 6. D

五、略

阅读 1

一、1. C 2. D 3. A 4. D 5. D

二、1. × 2. √ 3. √ 4. × 5. × 6. √

三、1. D 2. B 3. B 4. C 5. D

阅读 2

一、1. D 2. C 3. B 4. A 5. D

二、略

三、1. 确切 2. 坏 3. 牵连到 4. 知之甚少 5. 明显

单元阅读测试练习十一

阅读 1

一、1. × 2. × 3. √ 4. √ 5. × 6. ×

二、略

阅读 2

一、1. C 2. B 3. D 4. C 5. D

二、1. × 2. × 3. √ 4. × 5. × 6. √

阅读 3

一、1. D 2. C 3. B 4. A 5. B

二、略

阅读 4

一、1. A 2. B 3. D 4. A 5. D

二、略

阅读 5

一、1. C 2. D 3. B 4. A 5. D

二、略

阅读 6

一、1. B 2. B 3. D 4. C 5. B 6. D

二、略

第十二单元　医疗保健篇

第56课

主课文

一、1. × 2. √ 3. × 4. √ 5. √ 6. √

二、1. A 2. D 3. B 4. C 5. C 6. C

三、1. 佼佼者 2. 倾注 3. 突如其来 4. 无所适从 5. 演变 6. 积聚

四、1. D 2. C 3. C 4. D 5. C 6. B

五、略

阅读 1

一、1. B 2. B 3. A 4. B 5. C

二、1. × 2. × 3. × 4. √ 5. √ 6. ×

三、1. A 2. C 3. B 4. D 5. D

阅读 2

一、1. C 2. B 3. D 4. A 5. C

二、略

三、1. C 2. A 3. D 4. C 5. D

第 57 课

主课文

一、1. × 2. √ 3. × 4. √ 5. √ 6. √

二、1. C 2. B 3. C 4. A 5. B 6. B

三、1. 短缺 2. 浓郁 3. 谈资 4. 使然 5. 愉悦 6. 迁移 7. 耳熟能详

四、1. B 2. C 3. C 4. C 5. A 6. D

五、略

阅读 1

一、1. A 2. A 3. D 4. D 5. C

二、略

三、1. D 2. A 3. B 4. B 5. A

阅读 2

一、1. A 2. D 3. C 4. D 5. D

二、1. × 2. √ 3. √ 4. × 5. √ 6. √

三、1. A 2. A 3. C 4. C 5. C

第 58 课

主课文

一、1. √ 2. √ 3. √ 4. × 5. × 6. ×

二、1. A 2. A 3. D 4. B 5. D 6. C

三、1. 偏颇 2. 衰竭 3. 储备 4. 明智 5. 龙蛇混杂

四、1. D 2. D 3. B 4. C 5. B 6. A

五、略

阅读 1

一、1. D 2. C 3. D 4. C 5. B

二、1. × 2. × 3. √ 4. √ 5. × 6. ×

三、1. A 2. D 3. D 4. A 5. D

阅读 2

一、1. A 2. C 3. D 4. B 5. D

二、略

三、1. B 2. C 3. A 4. D 5. A

第 59 课

主课文

一、1. × 2. √ 3. × 4. √ 5. √ 6. √

二、1. B 2. B 3. B 4. C 5. B 6. C

三、1. 摄入 2. 吸收 3. 抑制 4. 抵制 5. 改变 6. 改善

四、1. B 2. C 3. A 4. D 5. A 6. A

五、略

阅读 1

一、1. C 2. A 3. A 4. D 5. B

二、1. √ 2. × 3. × 4. × 5. √ 6. √

三、1. D 2. C 3. C 4. A 5. B

阅读 2

一、1. B 2. D 3. D 4. A 5. A

二、略

三、1. 流窜 2. 庞然大物 3. 界定 4. 关键因素 5. 物理作用

第 60 课

主课文

一、1. √ 2. × 3. √ 4. √ 5. × 6. ×

二、1. A 2. C 3. B 4. C 5. A 6. B

三、1. 独特 2. 忽悠 3. 暗示 4. 奇特 5. 强化 6. 缓冲

四、1. D 2. A 3. B 4. D 5. C 6. A

五、略

阅读 1

一、1. B 2. D 3. D 4. A 5. B

二、略

三、1. 随机 2. 本质 3. 证实 4. 可信 5. 冲突

阅读 2

一、1. D 2. B 3. C 4. A 5. D

二、略

三、1. B 2. D 3. C 4. A 5. A

单元阅读测试练习十二

阅读 1

一、1. A 2. B 3. B 4. C 5. D

二、1. D 2. A 3. B 4. C 5. B

阅读 2

一、1. A 2. D 3. C 4. B 5. C

二、1. × 2. × 3. √ 4. √ 5. × 6. √

阅读 3

一、1. D 2. B 3. A 4. B 5. D

二、1. × 2. × 3. √ 4. √ 5. √ 6. √

阅读 4

一、1. A 2. D 3. B 4. B 5. B

二、1. × 2. √ 3. × 4. × 5. √ 6. ×

阅读 5

一、1. A 2. D 3. B 4. C 5. A

二、1. √ 2. √ 3. √ 4. × 5. √ 6. ×

阅读 6

一、1. √ 2. × 3. √ 4. √ 5. × 6. √

二、1. B 2. D 3. D 4. D 5. A

关于本教材涉及的有关著作权说明

　　本教材在编写时，为了让少数民族学生习得自然而真实的汉语言，其语料主要精选于一些优秀报刊杂志上的美文和令人信服网站上的电子资料，并根据教学的需要在真实语料的基础上进行了删减或改编。由于时间、地域等多方面的原因，我们没有一一与著作人取得联系，就使用并删改了有关作者的作品。基于发展新疆少数民族双语教育和提高少数民族高等教育质量的迫切之心，期望能得到您的理解和支持。对您作品的改编或删减可能使其失去了原著的精彩或完整性，希望您能谅解。另外，有些作品由于不清楚作者的信息，所以没有署上作者的名字，也请您谅解。

　　为了尊重原作者的著作权，特此申明：如著作人不同意自己的作品被当作教材使用，请联系我们，我们会及时更换；如需领取稿酬，也请联系我们。届时请提供相关资料：①本人身份证明；②作者身份证明。

　　联系方式如下：

　　地址：新疆乌鲁木齐 393 号新疆医科大学语言文化学院汉语教研室

　　电话：0991—4362454

　　联系人：于红梅

参考文献

[1] 教育部民族教育司中国少数民族汉语水平等级考试课题组编.中国少数民族汉语水平等级考试大纲(三级)[M].北京:北京语言大学出版社.

[2] 教育部民族教育司中国少数民族汉语水平等级考试课题组编.中国少数民族汉语水平等级考试大纲(四级)[M].北京:北京语言大学出版社.

[3] 周小兵,张世涛.中级汉语阅读教程[M].北京:北京大学出版社.

[4] 朱勇.民族汉考(四级)短期强化教程(阅读分册)[M].北京:北京语言大学出版社.

[5] 高顺全,吴中伟,陶炼.十级汉语[M].北京:北京语言大学出版社.

[6] 黄伯荣,廖序东.现代汉语(上、下)[M].北京:高等教育出版社.

[7] 戴庆厦.语言学基础教程[M].北京:商务印书馆.

[8] 《走进科学》丛书编委会编.人的一生[M].北京:科学普及出版社.

[9] 《走进科学》丛书编委会编.挑战疾病[M].北京:科学普及出版社.

[10] 《走进科学》丛书编委会编.关爱我们的生命[M].北京:科学普及出版社.

[11] 杨秉辉.全科医学概论[M].北京:人民卫生出版社.